Peligro

Peligro

Bob Woodward y Robert Costa

Traducción de
Ana Herrera, Elia Maqueda y Jorge Rizzo

Rocaeditorial

Título original en inglés: *Peril*

© 2021, Bob Woodward y Robert Costa

Publicado en acuerdo con el editor original, Simon & Schuster, Inc.

Primera edición: diciembre de 2021

© de la traducción: 2021, Ana Herrera, Elia Maqueda y Jorge Rizzo
© de esta edición: 2021, Roca Editorial de Libros, S.L.
Av. Marquès de l'Argentera 17, pral.
08003 Barcelona
actualidad@rocaeditorial.com
www.rocalibros.com

Impreso por LIBERDUPLEX, S.L.U.

ISBN: 978-84-18870-46-0
Depósito legal: B. 19594-2021

RE70460

Siempre para los padres:
Alfred E. Woodward y Jane Barnes.
Tom y Dillon Costa.

Índice

«Tenemos mucho que hacer, en este invierno de peligro.»

PRESIDENTE JOSEPH R. BIDEN JR.,
en su discurso de investidura,
el 20 de enero de 2021,
en el Capitolio de Estados Unidos

Nota de los autores

Claire McMullen, de veintisiete años, abogada y escritora australiana, ha trabajado como nuestra ayudante en este libro. Ha colaborado con nosotros en toda la cobertura periodística y la investigación, impulsándonos a profundizar más aún, a hacernos más preguntas y a ser más precisos. En cada una de las fases se ha mostrado centrada, llena de recursos y firme, incluso en los momentos más difíciles, y decidida a llevar a cabo cada fase con una atención meticulosa.

La devoción de Claire al trabajo duro no es algo que nosotros le hayamos pedido. Fue ella quien decidió dárnosla cada día, a todas horas. Estaba dispuesta a llegar siempre temprano, a quedarse hasta tarde por la noche, y trabajó incontables fines de semana con nosotros. También ha aportado a nuestro proyecto sus conocimientos sobre los derechos humanos, la política exterior y la naturaleza humana. Su carrera ofrece promesas sin límite. Es la mejor.

Siempre agradeceremos su amistad y su dedicación.

PRÓLOGO

*D*os días después del violento ataque al Capitolio de Estados Unidos del 6 de enero de 2021 por parte de los seguidores del presidente Donald Trump, el general Mark Milley, el oficial militar de mayor rango de la nación y presidente del Estado Mayor Conjunto, hizo una llamada urgente por una línea secreta extraoficial a las 7.03 de la mañana a su homónimo chino, el general Li Zuocheng, jefe del Estado Mayor Conjunto del Ejército de Liberación del Pueblo.

Por los informes de que disponía, Milley sabía que los líderes chinos estaban sorprendidos y desorientados por las imágenes televisadas del ataque sin precedentes a la cámara legislativa americana.

Li acribilló a preguntas a Milley. ¿Era inestable la superpotencia americana? ¿Se estaba hundiendo? ¿Qué estaba ocurriendo? ¿Iban a hacer algo los militares de Estados Unidos?

—Las cosas quizá parezcan inestables —dijo Milley, intentando calmar a Li, a quien conocía desde hacía cinco años—. Pero es la naturaleza de la democracia, general Li. Somos estables al cien por cien. Todo va bien. La democracia puede ser algo confusa, a veces.

Costó una hora y media (cuarenta y cinco minutos en esencia debido al uso necesario de los intérpretes) intentar tranquilizarlo.

Cuando Milley colgó, estaba convencido de que la situación era grave. Li seguía inusualmente nervioso, y las dos naciones se hallaban al filo del desastre.

Los chinos ya estaban en alerta sobre las intenciones de Estados Unidos. El 30 de octubre, cuatro días antes de las elecciones presidenciales, datos confidenciales mostraban que los chinos creían que Estados Unidos estaba conspirando secretamente para atacarles. Creían que Trump, desesperado, crearía una crisis, se presentaría a sí mismo como salvador y usaría esa táctica para conseguir la reelección.

Milley sabía que la afirmación china de que Estados Unidos planeaba un golpe secreto era ridícula. Había llamado ya antes al general Li por el mismo canal extraoficial para convencer a los chinos de que se tranquilizaran. Invocó su relación duradera, e insistió en que Estados Unidos no estaba planeando ningún ataque. En aquel momento le pareció que había tenido éxito tranquilizando a Li, que transmitiría el mensaje al presidente chino, Xi Jinping.

Pero dos meses más tarde, el 8 de enero, era evidente que los temores de China no habían hecho otra cosa que intensificarse debido a la insurrección.

—No comprendemos a los chinos —dijo Milley al personal de alto rango— y los chinos no nos entienden a nosotros.

Eso mismo en sí ya era peligroso. Pero había más…

Milley había presenciado muy de cerca el comportamiento de Trump, que era impulsivo e impredecible por naturaleza. Para empeorar aún más las cosas, Milley estaba seguro de que Trump había sufrido un grave declive mental después de las elecciones, y ahora se mostraba frenético, chillando a los funcionarios y construyendo su propia realidad alternativa acerca de interminables conspiraciones electorales.

Las escenas de un Trump vociferante en el Despacho Oval parecían proceder de *La chaqueta metálica*, la película de 1987 en la que aparecía un sargento de artillería de la Marina que insulta ferozmente a los reclutas gritándoles obscenidades deshumanizadoras.

—Nunca se sabe qué es lo que puede provocar la reacción de un presidente —dijo Milley al personal de alto rango. ¿En algún momento podían unirse los hechos y las tensiones y hacer que el presidente ordenase una acción militar?

Al convertir al presidente en comandante en jefe de todo el ejército, se da una tremenda concentración de poder en una sola persona, porque la Constitución confiere al presidente la autoridad en solitario para emplear a las fuerzas armadas como decida.

Milley creía que Trump no quería la guerra, pero ciertamente estaba dispuesto a lanzar ataques militares, como había hecho en Irán, Somalia, Yemen y Siria.

—Yo le recordaba continuamente —decía Milley— que, dependiendo de dónde y cómo atacase, se podía encontrar metido en una guerra.

Aunque la atención del público estaba puesta en las secuelas políticas internas desde los disturbios del Capitolio, Milley reconocía en privado que Estados Unidos se había visto impulsado a un nuevo periodo de un riesgo internacional extraordinario. Precisamente en ese entorno de «gatillo fácil», un accidente o una confusión podían complicarse catastróficamente.

Todo se estaba desarrollando con mucha rapidez, y en algunos aspectos se parecía a las tensiones durante la crisis cubana de los misiles de octubre de 1962, cuando Estados Unidos y la Unión Soviética casi entran en guerra.

Milley, de sesenta y dos años y antiguo jugador de hockey de Princeton, robusto y erguido, con su metro setenta y nueve de altura, no sabía qué haría China a continuación. Pero sí que sabía, después de treinta y nueve años en el ejército y muchos periodos de servicio con combates sangrientos, que un adversario es mucho más peligroso cuando está asustado y cree que podría ser atacado.

Si un adversario como China lo deseaba, decía, «podían decidir hacer lo que se llamaba "un primer movimiento ventajoso" o un "Pearl Harbor" y llevar a cabo un golpe».

Los chinos estaban invirtiendo en una expansión arrolladora de su estatus militar a casi el de superpotencia.

Justo dieciséis meses antes, en un desfile militar extraordinario en la plaza de Tiananmén en Pekín, el presidente Xi, el líder chino más poderoso desde Mao Zedong, había dicho que «no hay fuerza que pueda detener al pueblo chino e impedir a la nación china que siga adelante». Los chinos revelaron también su última arma de las que «cambian el juego», un misil hipersónico que podía alcanzar cinco veces la velocidad del sonido.

Milley informó al personal de alto rango: «Hay capacidades en cibernética o en el espacio en las que se podría hacer un daño realmente significativo a una sociedad industrial grande y compleja como la de Estados Unidos, y se podría hacer rápidamente mediante unas herramientas muy potentes que ya existen. China está construyendo todas esas capacidades».

China estaba también jugando a la guerra con mucha agresividad, y enviando aviones de combate cada día hacia la isla de Taiwán, la nación exterior independiente que China consideraba suya y que Estados Unidos había jurado proteger. El año anterior, el general Li había anunciado que China podía «aplastar decididamente» Taiwán, si era necesario. Taiwán sola ya era un polvorín.

En el mar de China Meridional, China había apostado fuerte, colocando bases militares en islas artificiales, con mucha agresividad y a veces incluso adoptando grandes riesgos, desafiando a los buques navales de Estados Unidos en importantes rutas de navegación globales.

Los inminentes ejercicios de Libertad de Navegación de la Marina de Estados Unidos en torno a Taiwán y el mar de China Meridional, y un ejercicio de bombarderos de las Fuerzas Aéreas de Estados Unidos preocupaban muchísimo a Milley.

Tales ataques simulados replicaban en lo posible las condiciones de guerra, y a menudo eran operaciones llenas de bravuconería e incitaciones, en las cuales los buques de la Marina de Estados Unidos ponían en cuestión deliberadamente y a gran velocidad las demandas de China sobre aguas territoriales internacionales reconocidas.

Furiosos, los oficiaes chinos frecuentemente intentaban empujar a los buques norteamericanos fuera de su rumbo siguiéndolos de cerca o bien saliendo velozmente frente a ellos. Debido al tamaño de los buques, cualquier giro rápido era peligroso de por sí: podían ocurrir accidentes que precipitasen una desastrosa reacción en cadena.

El presidente del Estado Mayor Conjunto es el oficial militar de mayor rango de las fuerzas armadas, y el principal consejero militar del presidente. Por ley, su papel es el de supervisor y consejero. El presidente del Estado Mayor no está en la cadena de mando, pero en la práctica el puesto implica un poder y unas influencias enormes, y ha sido ocupado por algunas de las figuras más icónicas de la historia militar, incluyendo a los generales Omar Bradley, Maxwell Taylor y Colin Powell.

Poco después de hablar con el general Li, el 8 de enero, Milley llamó por una línea segura al almirante Philip Davidson, el comandante en Estados Unidos del mando Indo-Pacífico que supervisa China.

—Phil —dijo Milley, recordándole que el presidente del Estado Mayor no era comandante—, no puedo decirte lo que debes hacer. Pero tienes que reconsiderar esos ejercicios ahora mismo. Con lo que está pasando en Estados Unidos, los chinos lo podrían considerar provocativo.

Davidson pospuso los ejercicios de inmediato.

Las operaciones planeadas traían ecos de un incidente similar de 1980 en el cual los líderes de la entonces Unión Soviética creyeron que Estados Unidos y el Reino Unido iban a lanzar un ataque nuclear preventivo. Un ejercicio militar de la OTAN llamado Able Archer (Arquero Capaz) magnificó mucho las sospechas de los soviéticos. Robert Gates, más tarde director de la CIA y secretario de Defensa, dijo: «Lo más terrorífico de Able Archer fue que quizá pudimos estar al borde de una guerra nuclear».

Era ese borde lo que preocupaba a Milley. Vivía en él.

China era, de lejos, la relación más delicada y peligrosa de la política exterior norteamericana. Pero la inteligencia de Estados Unidos demostraba que los disturbios del 6 de enero no solo habían alertado a China, sino que habían hecho que Rusia, Irán y otras naciones también se pusieran en alerta para controlar los acontecimientos militares y políticos de Estados Unidos.

—Medio mundo estaba terriblemente nervioso —aseguraba Milley.

Muchos países estaban aumentando el ritmo de sus operaciones militares y dando entrada a los satélites espías. Los chinos ya tenían a sus satélites de Inteligencia, Vigilancia y Reconocimiento (ISR, por sus siglas en inglés) observando atentamente para ver si Estados Unidos hacía algo errático o inusual o se disponía a llevar a cabo cualquier tipo de operación militar.

Milley estaba en plena alerta constante, monitorizando el espacio, las ciberoperaciones, los disparos de misiles, los movimientos por tierra, mar y aire, y las operaciones de inteligencia. Disponía de teléfonos seguros en casi todas las habitaciones de Quarters 6, la residencia del jefe en la Base Conjunta Myer-Henderson Hall, Virginia, que le podían conectar instantáneamente con la sala de guerra del Pentágono, con la Casa Blanca o con comandantes de combate de todo el mundo.

Milley les pidió a sus jefes de servicio del Ejército, de la Marina, de la Fuerza Aérea y de la infantería de Marina (los jefes del Estado Mayor Conjunto) que lo vigilaran todo «todo el tiempo».

Llamó al director de la Agencia Nacional de Seguridad (NSA, por sus siglas en inglés), Paul Nakasone, y le explicó su conversación con el general Li. La NSA monitoriza las comunicaciones de todo el mundo.

—Estad alerta —dijo Milley—. Seguid vigilando y examinándolo todo.

Debían centrarse en China, pero asegurarse también de que los rusos no estaban explotando la situación para «iniciar algún movimiento oportunista».

—Estamos vigilando nuestras rutas —confirmó Nakasone.

Milley llamó a la directora de la CIA, Gina Haspel, y le hizo una lectura de la conversación con Li.

—Vigiladlo todo con determinación, de cabo a rabo —dijo Milley a Haspel—. No deis nada por sentado, ahora mismo. Solo quiero llegar al veinte al mediodía. —Se refería a la investidura de Joe Biden como presidente.

Ocurriera lo que ocurriese, Milley estaba supervisando la movilización del estado de la seguridad nacional sin que lo supiera ni el pueblo americano ni el resto del mundo.

Milley había engañado al general Li al asegurarle que Estados Unidos estaba «cien por cien tranquilo» y que los disturbios del 6 de enero solo eran un ejemplo de que la democracia a veces resultaba «confusa».

Por el contario, Milley creía que los hechos del 6 de enero fueron un ataque planeado, coordinado y sincronizado al auténtico corazón de la democracia americana, destinado a derrocar al gobierno para evitar la certificación constitucional de unas elecciones legítimas ganadas por Joe Biden.

Era realmente un intento de golpe de Estado, y nada menos que «traición», dijo, y Trump quizás estuviera esperando lo que Milley llamó «un momento Reichstag». En 1933, Adolf Hitler cimentó un poder absoluto para sí mismo y para el partido nazi en el terror callejero y el incendio del edificio parlamentario del Reichstag.

Milley no podía descartar que el ataque del 6 de enero, tan inimaginable y brutal, fuese un simple ensayo para algo de mayor envergadura, mientras Trump se agarraba pública y privadamente a su creencia de que las elecciones habían sido amañadas por Biden y se las habían robado.

Milley estaba centrado en la cuenta atrás constitucional: doce días más de la presidencia de Trump. Estaba decidido a hacer todo lo que pudiera para asegurar una transferencia de poderes pacífica.

21

Inesperadamente, el oficial ejecutivo de Milley entró en su despacho y le pasó una nota escrita: «A la presidenta Pelosi le gustaría hablar con usted inmediatamente. Tema: sucesión. Vigésimoquinta enmienda».

La presidenta del Congreso, Nancy Pelosi, demócrata californiana, era la segunda en la línea de sucesión del presidente, después del vicepresidente, y recibía informes detallados del mando y control de las armas nucleares de Estados Unidos. Aquella veterana que llevaba treinta y cuatro años en el Congreso sabía muchísimo de seguridad nacional, de temas militares y de inteligencia.

Milley cogió la llamada de Pelosi en su móvil personal, una línea no confidencial, y puso el altavoz para que uno de sus asesores pudiera escuchar también.

Lo que sigue es una transcripción de la llamada obtenida por los autores.

—¿Qué precauciones tenemos disponibles —preguntó Pelosi— para evitar que un presidente inestable inicie hostilidades militares accediendo a los códigos de lanzamiento y ordenando un ataque nuclear? La situación con este presidente desquiciado no podría ser más peligrosa. Debemos hacer todo lo que podamos para proteger al pueblo americano de su ataque desequilibrado a nuestro país y a nuestra democracia.

Pelosi dijo que llamaba a Milley como funcionario militar de más alto rango porque Christopher Miller, instalado recientemente por Trump como secretario en funciones de Defensa, no había sido confirmado todavía por el Senado.

—Le aseguro que tenemos en alerta un montón de controles en el sistema —dijo Milley—. Y le puedo garantizar, y puede transmitir esto a las bancadas, que los habrá, y que los disparadores nucleares están seguros y no vamos a hacer… no vamos a permitir que ocurra nada alocado, ilegal, inmoral o falto de ética.

—¿Y cómo van a conseguir eso? ¿Le van a quitar el fútbol o lo que sea que tenga? —le preguntó ella.

Ella sabía muy bien que el «fútbol» es el maletín que lleva un ayudante militar de alto rango al presidente conteniendo los códigos de lanzamiento sellados y autentificados para usar las armas nucleares, y un llamado «libro negro» con una lista de opciones de ataque y de objetivos.

—Bueno —contestó Milley—, tenemos procedimientos. Se requieren códigos de lanzamiento y métodos específicos para hacer tal cosa. Y puedo asegurarle, como presidente del Estado Mayor Conjunto, puedo asegurarle que «eso» no ocurrirá.

—Y si tuviera alguna preocupación de que pudiera pasar, ¿qué pasos adoptaría usted?

—Si pensara eso por un nanosegundo… yo no tengo autoridad directa —dijo—, pero tengo la capacidad de evitar que pasen cosas malas a mi manera, aunque pequeña…

Pelosi le interrumpió.

—El pueblo americano necesita tranquilidad a ese respecto, general. ¿Qué piensa decir públicamente de esto?

—Pues no puedo decir nada, con franqueza, señora presidenta. Públicamente, no creo que deba decir nada, ahora mismo. Creo que cualquier cosa que dijese como individuo podría ser malinterpretada de diez maneras distintas.

—Pues entonces hablemos de ello en general, y no aplicado a un presidente en particular —dijo Pelosi—. Con todo el poder que se le confiere al presidente para tener ese poder (para usar el término dos veces), ¿qué precauciones existen?

—Las precauciones son procedimientos que tenemos instalados —dijo— y que requieren autentificación, certificación, y cualquier instrucción tiene que venir de una autoridad competente, y deben ser legales. Y ha de haber un sentido lógico para cualquier uso de un arma nuclear. Y no solo de las armas nucleares, sino de la fuerza. Así que puedo asegurarle que tenemos en funcionamiento unos sistemas sólidos como una roca. Que no hay probabilidad alguna de una bola de nieve, de que este presidente, o cualquier otro presidente, pueda lanzar un ataque nuclear de una manera ilegal, inmoral, sin ética y sin certificación por parte de...

—¿Ha dicho usted no solo nuclear, sino también del uso de la fuerza? —le preguntó ella.

—Absolutamente —le respondió Milley—. Muchas personas están preocupadas, y con razón, preocupadas por un posible incidente, digamos en... Irán. Yo vigilo todo eso como un águila. Cada hora lo examino todo en el extranjero. Y lo mismo interiormente, con cosas como la ley marcial, etcétera. O la Ley de Insurrección. Este es uno de esos momentos, señora diputada, en que va a tener que confiar en mí sobre esto. Se lo garantizo. Le doy mi palabra. No puedo decir nada de esto públicamente porque realmente no tengo autoridad, y sería malinterpretado de cincuenta modos distintos, pero le puedo asegurar que el estamento militar de Estados Unidos es firme como una roca, y no vamos a hacer nada ilegal, inmoral o no ético con el uso de la fuerza. Sencillamente, no lo haremos.

Pelosi exclamó:

—Pero él ha hecho algo ilegal, inmoral y falto de ética y nadie le ha detenido. Nadie. Nadie en la Casa Blanca. Esto ha ido agravándose porque el presidente estaba decidido a ello. El presidente lo ha incitado, y nadie en la Casa Blanca ha hecho nada al respecto. Nadie en la Casa Blanca ha hecho nada para detenerle.

—No estoy en desacuerdo con usted —replicó Milley.

—Entonces, ¿me está diciendo que va a asegurarse de que

23

no pase nada? —preguntó la presidenta—. Pero es que ya ha pasado… un ataque a nuestra democracia, eso ha pasado, y nadie ha dicho: «Oiga, usted no puede hacer esto». Nadie.

—Bueno, señora presidenta, el lanzamiento de armas nucleares y la incitación a disturbios…

—Ya sé que son dos cosas diferentes. Gracias. Lo que le estoy diciendo es que si ni siquiera han podido evitar que asaltara el Capitolio, ¿quién sabe qué otra cosa puede hacer? ¿Hay alguien a cargo en la Casa Blanca que esté haciendo otra cosa que besarle el gordo culo mientras tanto?

»¿Existe algún motivo para creer que alguien, alguna voz de la razón, pueda intervenir y hablar con él? Porque estamos muy, muy afectados por todo esto. Esto no es un accidente. Esto no es algo que pase y ya está, bueno, pues ya está hecho, vamos a olvidarnos. Sigamos adelante. No, no es así. Es muy fuerte lo que ha hecho. Ha dejado al personal traumatizado. Ha asaltado el Capitolio y todo lo demás. Y no va a salirse con la suya. No va a conseguir poder para hacer nada más.

Pelosi mencionó al presidente Richard Nixon, que se vio obligado a dimitir en 1974 por culpa del escándalo Watergate.

—Nixon hizo mucho menos y los republicanos le dijeron: «Tiene que dimitir». Ni siquiera estamos en la misma liga, con respecto a los hechos. «Tiene que dimitir.» Los republicanos son todos facilitadores de esta conducta, y me pregunto: ¿alguien está cuerdo en la Casa Blanca? Dígame que no va a pasar nada.

»Ellos pusieron ese vídeo fraudulento de ayer… eso de… "eh, él dice que no ha tenido nada que ver con esto" porque saben que tienen problemas. Y la cosa está mal, pero quién sabe lo que podría hacer. Está loco. Sabe perfectamente que está loco. Desde hace mucho tiempo. Así que no me diga que no sabe cuál es su estado mental. Está loco, y lo que hizo ayer es una prueba más de su locura. Pero de todos modos aprecio lo que dice.

—Señora presidenta —dijo Milley—, estoy de acuerdo con usted en todo.

—¿Y qué puedo decirles a mis colegas, que me están exigiendo respuestas sobre lo que se está haciendo para disuadirle de iniciar cualquier tipo de hostilidades de cualquier forma, en cualquier sentido, incluyendo apartarle las manos de ese poder? La única forma que tenemos de hacerlo es expulsándolo, porque no hay nadie a su alrededor con el valor suficiente para detenerlo y evitar que asalte el Capitolio e inflame e incite a la rebelión. Ahí está, es el presidente de Estados Unidos. Y usted ha respondido a mi pregunta. Gracias, general. Gracias.

Pelosi hizo una pausa y preguntó:

—¿Ese idiota del Departamento de Defensa, el secretario en funciones, tiene algún poder a ese respecto? ¿Vale la pena por un segundo llamarle?

—Yo estoy de acuerdo al cien por cien en todo lo que ha dicho —respondió Milley—. Lo único que puedo garantizarle es que como presidente del Estado Mayor Conjunto, quiero que sepa esto… quiero que sepa que en lo más profundo de mi corazón le puedo garantizar al ciento diez por ciento que el ejército, en uso del poder militar, ya sea nuclear o un golpe en un país extranjero de cualquier tipo, no va a hacer nada ilegal ni loco. No vamos a hacer…

—Bien —preguntó, Pelosi—, ¿qué quiere decir con ilegal o loco? ¿Ilegal, quién juzga lo que es o no ilegal? Ya ha hecho algo, y nadie le ha dicho nada.

—Bueno, estoy hablando del uso del ejército de Estados Unidos —dijo Milley—. Estoy hablando de golpear, de atacar militarmente. Usar el poder militar de Estados Unidos en el interior o internacionalmente.

—No voy a decir que eso me tranquilice —dijo ella—, pero sí que diré que le he preguntado todo esto… solo eso. Porque…

—Le puedo dar mi palabra —dijo Milley—. Lo máximo que puedo hacer es darle mi palabra de que voy a evitar que pase algo así con el ejército de Estados Unidos.

—Bueno —dijo ella—, espero que tenga usted éxito en el nido de serpientes dementes del Despacho Oval y en la familia loca también. La verdad es que tendría que haber habido ya una intervención, a estas alturas. Los republicanos tienen sangre en las manos, y todo el mundo que le permite hacer lo que está haciendo tiene sangre en las manos, y el efecto es traumático para nuestro país. Y nuestra gente joven, idealistas que trabajan aquí, a ambos lados del pasillo, está traumatizada hasta la exageración, porque ese hombre es un demente y todo el mundo lo sabe, pero nadie hace nada. Así que seguiremos presionando para que se cumpla la vigesimoquinta enmienda y para que algún líder republicano reemplace al presidente.

»Pero es muy triste que pase esto en nuestro país, que ha sido tomado por un dictador que ha usado la fuerza contra otra rama del gobierno. Y que sigue ahí aposentado. Tendrían que haberlo arrestado. Tendrían que haberlo arrestado de inmediato. Ha dado un golpe de Estado contra nosotros para poder seguir en el cargo. Tendría que haber una forma de sacarlo de ahí. Pero no sirve de nada perder tiempo con esto. Se lo agradezco. Gracias, general. Gracias.

—Señora presidenta, ya tiene mi palabra con respecto a este asunto. Conozco el sistema, y todo va bien. Solo el presidente puede ordenar el uso de armas nucleares. Pero no es él solo quien toma la decisión. Una persona puede ordenarlo, varias personas tienen que lanzarlo. Gracias, señora presidenta.

Pelosi tenía razón, y Milley se daba cuenta. Sus graves preocupaciones estaban bien fundadas. Desde el amanecer de la era nuclear, los procedimientos, técnicas e incluso los medios y el equipo para controlar el posible uso de las armas nucleares habían sido analizados, debatidos y a veces incluso cambiados.

Milley decía a menudo que el uso de armas nucleares tenía que ser «legal», y que los militares tenían unos procedimientos rigurosos.

Pero ningún sistema era a prueba de tontos, por muy afinado y practicado que estuviera. El control de las armas nucleares implicaba a seres humanos, y él sabía que los seres humanos, incluido él mismo, cometían errores. En el aspecto práctico, si un presidente estaba decidido a usar esas armas, era muy improbable que ningún equipo de abogados o de funcionarios militares pudiera detenerlo.

Υ

El antiguo secretario de defensa William J. Perry había dicho desde hacía años que el presidente era el único en Estados Unidos que tenía el control para el uso de armas nucleares.

En un artículo publicado a principios de 2021, Perry afirmaba: «En cuanto está en el cargo, el presidente adquiere la autoridad absoluta para iniciar una guerra nuclear. En solo unos minutos, Trump puede soltar centenares de bombas atómicas, o una sola. No necesita una segunda opinión».

Ahora, tras el cuestionamiento de Pelosi y la alarma de China, Milley quería encontrar una forma de introducir, de imponer incluso, esa segunda opinión.

Se le ocurrió una expresión, lo que llamó «el momento más duro de la posibilidad teórica».

Era un asunto que había que matizar, pero real. Existía la posibilidad teórica y espantosa de que al presidente Trump se le fuese la cabeza y ordenase alguna acción militar o el uso de armas nucleares sin pasar por los procedimientos requeridos.

Milley no tenía ninguna certeza de que los militares pudieran controlar a Trump. Creía que era trabajo suyo, como oficial militar de alto rango, pensar en lo impensable y adoptar cualquier precaución necesaria.

Se consideraba un historiador en secreto, y tenía miles de libros en su biblioteca personal.

Lo que necesitaba era «sacar un Schlesinger» para contener a Trump y mantener el control lo más estrecho posible de las líneas de comunicación y de la autoridad militar al mando.

Esta expresión hacía referencia a un mandato del antiguo secretario de Defensa James Schlesinger a los líderes militares en agosto de 1974, para que no siguieran órdenes que vinieran directamente del presidente Nixon —que se estaba enfrentando a un *impeachment*—, o de la Casa Blanca, sin pedirle referencias directamente a él o a su presidente del Estado Mayor Conjunto, el general George Brown.

Dos semanas después de que dimitiese Nixon a causa del escándalo Watergate, el *New York Times* sacó este titular: «El Pentágono mantiene un control estricto sobre los últimos días del gobierno de Nixon».

Schlesinger y el general Brown temían que Nixon pudiese saltarse la cadena de mando y contactar independientemente

27

con funcionarios o con alguna unidad militar y ordenase algún golpe, poniendo el país y el mundo entero en peligro. No estaban dispuestos a correr ese riesgo.

Milley veía alarmantes paralelismos entre Nixon y Trump. En 1974, Nixon se había vuelto cada vez más irracional y estaba cada vez más aislado, bebía muchísimo y, desesperado, no dejaba de acudir a rogar y suplicar al secretario de Estado Henry Kissinger.

Milley decidió actuar. Inmediatamente convocó a los oficiales de mayor rango del Centro Nacional Militar de Mando (NMCC, por sus siglas en inglés). Es la sala de guerra del Pentágono, usada para comunicar órdenes de acciones de emergencia desde la Autoridad Nacional de Mando (el presidente o su sucesor) para acciones militares o para el uso de armas nucleares.

El NMCC es parte del Estado Mayor Conjunto y se trabaja en él las veinticuatro horas del día, con equipos rotatorios de cinco turnos encabezados por un general o almirante con una estrella.

De inmediato, el oficial de una estrella y los diversos coroneles que estaban asignados a las operaciones sénior del NMCC fueron desfilando por la oficina de Milley. La mayoría no había estado jamás en ella. Parecían nerviosos y asombrados por estar allí.

Sin darles explicación alguna, Milley dijo que quería que repasaran los procedimientos y procesos del lanzamiento de armas nucleares. Solo el presidente podía dar la orden, dijo.

Pero luego dejó bien claro que «él», el presidente del Estado Mayor Conjunto, debía estar implicado directamente. Bajo el procedimiento en curso, se suponía que tenía que haber una conferencia telefónica por una red segura que incluyera al secretario de defensa, el presidente de la Junta y los abogados.

—Si les llaman —dijo Milley—, no importa quién sea, hay un proceso, hay unos procedimientos. Tienen que seguirlos. Y yo formo parte de ese procedimiento. Tienen ustedes que asegurarse de que en la red están las personas adecuadas.

Por si existía alguna duda de lo que estaba intentando recalcar, añadió:

—Asegúrense de que yo estoy en esa red. No se olviden. Sencillamente, no se olviden.

Dijo que esto se aplicaba a cualquier orden para una acción militar, y no solo para el uso de las armas nucleares. Él tenía que estar implicado. Y como resumen acabó diciendo:

—Los procedimientos estrictos están diseñados explícitamente para evitar errores involuntarios o accidentes o bien un lanzamiento nefando, involuntario, ilegal, inmoral o no ético de las armas más peligrosas del mundo.

Era su «Schlesinger», pero no lo llamó así ante los oficiales del NMCC allí reunidos.

—Procuren que todos los que estén de guardia en todos los turnos comprenden bien todo esto —dijo—. Están de guardia las veinticuatro horas, todos los días, todo el día.

Los equipos de guardia practicaban los procedimientos múltiples veces todos los días. Ante cualquier duda o cualquier irregularidad, tenían que llamarle a él directa e inmediatamente. Y no actuar hasta haberlo hecho.

Se señaló a sí mismo.

Luego recorrió la sala, pidiendo confirmación a cada oficial de que había comprendido sus palabras, mirándoles a los ojos.

—¿Lo ha entendido? —preguntó Milley.

—Sí, señor.

—¿Lo ha entendido? —le preguntaba a otro.

—Sí, señor.

—¿Lo ha entendido?

—Sí, señor.

—¿Lo ha entendido?

—Sí, señor.

Milley lo consideró un juramento.

De repente, en torno a las 12.03, Milley vio que aparecía una noticia en el televisor de su oficina que estaba sintonizado sin volumen en la CNN:

PELOSI DICE QUE HA HABLADO CON EL PRESIDENTE DE LA JUNTA DE JEFES PARA EVITAR QUE TRUMP «INICIE HOSTILIDADES MILITARES» O BIEN «ORDENE UN ATAQUE NUCLEAR».

—¿Qué cojones…? —preguntó un oficial.

Milley escuchó la noticia de la CNN y vio rápidamente que Pelosi no había revelado lo que él le había dicho, sino que solo había compartido parte de lo que ella le había dicho. Ella no hacía ninguna referencia a Nixon. Pero lo que había aireado públicamente era correcto, hasta el momento.

En aquellos últimos días, se preguntaba Milley, ¿podría Trump provocar el debilitamiento de la democracia americana y el orden mundial, cuidadosamente construido en los años posteriores a la Segunda Guerra Mundial?

Milley no iba a permitir que un comandante en jefe inestable, que parecía que había incurrido en una violación de su juramento, usase al ejército de una manera impropia.

La reactivación de «Schlesinger», cuarenta y siete años después de Nixon, había sido necesaria, un control prudente, cuidadosamente calibrado, de eso Milley estaba seguro.

¿Estaría socavando al presidente? Algunos podían sostener que Milley había sobrepasado su autoridad y había adquirido un poder extraordinario para sí.

Pero sus actos, le parecía, eran bienintencionados, una precaución para asegurarse de que no hubiera una ruptura histórica en el orden internacional, ni una guerra accidental con China o con otros, y que no se usaran las armas nucleares.

Casi cuatro años antes, Joe Biden estaba en su casa de la playa de Rehoboth, en Delaware, el fin de semana del 12 de agosto de 2017, y oyó hablar al presidente Trump por televisión. El presidente insistía en que las violentas reyertas entre una manifestación de supremacistas blancos y los contramanifestantes en Charlottesville, Virginia, eran culpa de ambos bandos.

Ante cuatro banderas americanas, en su club de golf de Nueva Jersey, Trump declaró que había «odio, fanatismo y violencia en muchas partes, en muchos bandos».

Indignado, Biden cogió el teléfono y llamó a Mike D., Mike Donilon, su consultor político más cercano, que con cincuenta y nueve años tenía el aspecto y los modales de un sacerdote de parroquia. Pelo gris, cejas pobladas, gafas, voz suave…

Como Biden, Donilon se había criado en una familia católica irlandesa. Su madre era organizadora en el sindicato local del Sur de Providence, Rhode Island, y su padre presidente de la junta escolar. Durante más de cuatro décadas se había convertido en el consejero de cabecera de Biden, una mezcla de los dos consejeros de John F. Kennedy: su hermano menor y estratega, Robert F. Kennedy, y Theodore Sorensen, el forjador de sus palabras.

Donilon salió al porche de la parte trasera de su casa porque su móvil tenía mala cobertura dentro de su hogar de Alexandria, Virginia.

En las cadenas de noticias reproducían sin parar unos vídeos agitados de los nacionalistas blancos. Muchos llevaban antorchas encendidas, y salmodiaban: «Los judíos no nos reemplazarán», y el eslogan nazi: «Sangre y tierra».

Marcharon desafiantes por el campus de la Universidad de Virginia justo antes del mitin «Unite the Right», protestando contra la eliminación de una estatua gigantesca del general confederado Robert E. Lee.

Heather Heyer, una contramanifestante de treinta y dos años, fue asesinada el 12 de agosto en los enfrentamientos que todavía se producían, y un hombre que se consideraba antisemita arrolló con su Dodge Challenger a una multitud del centro que llevaba pancartas en las que ponía AMOR, SOLIDARIDAD y BLACK LIVES MATTER.

—Tengo que decir algo públicamente sobre esto —le dijo Biden a Donilon—. Esto es distinto. Mucho peor y mucho más peligroso. Es una auténtica amenaza fundamental para el país.

Donilon notaba que en la voz de Biden sonaba una profunda alarma. A menudo Biden se sentía agitado emocionalmente y se explayaba con él, pero en Charlottesville insistió sin parar, mucho más de lo habitual.

—Lo que es distinto, en este momento de la historia, es que el pueblo americano va a tener que ponerse de pie y defender los valores del país y la Constitución, porque no tienen un presidente que lo vaya a hacer.

Biden nunca había visto una respuesta como la de Trump, seguramente en toda su vida. El presidente de Estados Unidos había dado equivalencia moral a los que se oponen al odio y a los que odian... es decir, había dado un refugio seguro a los supremacistas blancos y a los nazis que estaban dispuestos a salir a la luz.

—No tiene precedentes —dijo, usando una de sus palabras favoritas—. Trump está insuflando vida a los impulsos más oscuros y peores del país. ¡Ni siquiera se han molestado en taparse la cara! —exclamaba Biden—. Y si han creído que pueden hacerlo es porque piensan que tienen al presidente de Estados Unidos de su parte.

No pensaba quedarse sentado sin hacer nada. ¿Podía ayudarle Donilon a redactar algo... un artículo, un editorial, un discurso?

Hasta entonces Biden, de setenta y cuatro años, más de metro ochenta de altura, llevaba siete meses fuera del cargo, después de ocupar durante ocho años el de vicepresidente. Tenía el pelo de un blanco níveo y el rostro curtido por los años.

Biden había intentado atenerse al papel tradicional de la administración anterior: evitar los comentarios públicos sobre un nuevo presidente. A ver cómo se iba adaptando. Pero entonces le dijo a Donilon que aquella norma ya no se podía aplicar.

—Tengo que hablar —dijo—. Tengo que expresarme con toda claridad.

Biden aducía que, si la gente se quedaba callada, el tejido cívico de la nación se iría deshilachando cada vez más, y habría más terror en las calles. Trump estaba atacando sistemáticamente a los tribunales, la prensa, el Congreso… un movimiento ya clásico por parte de un autócrata para desmantelar las instituciones que constriñen su poder.

—Vale —dijo Donilon—. Me pongo a escribir.

El antiguo Biden estaba resurgiendo, como si todavía estuviera en su cargo.

Mientras Donilon se ponía a trabajar, Biden publicó un tuit a las 18.18 de aquel sábado: «Solo hay un bando».

Era el clásico Biden, sentencioso y recto. Y consiguió algo de adherencia en los medios sociales. Pero no fue una sensación, ni mucho menos. Un antiguo vicepresidente era una marca ya medio caduca.

Trump no cejó. El 15 de agosto, durante una conferencia de prensa en la Torre Trump de Nueva York, sostuvo: «Hay culpas en ambos bandos» y que había «gente excelente en ambos bandos».

Entre Biden y Donilon volaron los borradores a un lado y otro.

Donilon reflexionó, preguntándose cómo transmitir la urgencia de Biden. ¿Qué lenguaje debía usar? Estuvieron de acuerdo en que tenía que transmitir alarma sin parecer histérico. ¿Cómo podía enfrentarse mejor, para usar una expresión que Biden había susurrado después de que se aprobara la Ley de Asistencia Asequible de 2010, a ese inquietante momento americano, al «puto problemón»?

Buscaban un tema más importante, un entorno que invocase la fe católica de Biden y su espiritualidad. Algo visceral, con un componente de valores. Algo que captase el optimismo de Biden y el espíritu de la nación. Pero… ¿el qué?

33

Donilon dio con el tema del «alma», una palabra que nadie identificaba con Trump. A Biden le encantó. Estaba muy bien.

Al cabo de dos semanas, apareció un artículo de 816 palabras firmado por Biden en *The Atlantic*, con el encabezamiento: «Vivimos una batalla por el alma de esta nación».

«Los rostros enloquecidos y furiosos, iluminados por antorchas. Los cánticos haciéndose eco de la misma bilis antisemita que corrió por Europa en la década de 1930 —escribía Biden—. Los neonazis, los hombres del Klan y los supremacistas blancos surgiendo de nuevo de habitaciones oscuras y campos remotos y el anonimato de la red a la clara luz del día.»

Después de la marcha, afirmaba: «La conciencia moral de América se empezó a remover».

Tras aparecer ese artículo hubo una nueva y creciente intensidad en los discursos privados de Biden.

—¿Quién cree que la democracia es algo que nos viene dado? —preguntó Biden a los líderes empresariales en un acontecimiento cerrado el 19 de septiembre de 2017—. Si alguien cree eso, que se lo piense mejor.

Conocido como Señor Silencioso, Donilon sabía escuchar especialmente bien. Los ayudantes de Biden a menudo olvidaban que Donilon estaba en una conferencia telefónica, hasta que Biden preguntaba:

—Mike D., ¿estás ahí?

—Sí, sí que estoy, intentando enterarme de todo —decía entonces Donilon.

Pero el silencio servía para algo: para cristalizar las aspiraciones de Biden. Y esta vez Donilon sentía que había dado con algo potente con lo del «alma». En los discursos escritos a veces aciertas y a veces no.

«La batalla por el alma de la nación» no tenía la misma resonancia que el famoso discurso inaugural de JFK —«No te preguntes qué puede hacer tu país por ti. Pregúntate qué puedes hacer tú por tu país»—. Atañía a cuestiones más profundas, más fundamentales: ¿qué es tu país? ¿En qué se ha convertido con Trump?

2

*L*os republicanos estaban en una encrucijada aquel verano de 2017, complacidos de ostentar el poder en Washington, pero cada vez más nerviosos por Trump y su respuesta a lo de Charlottesville. Uno de ellos era Paul Ryan, que había sido compañero de candidatura de Mitt Romney en las elecciones presidenciales de 2012.

Ryan, originario del Medio Oeste, alto, con el pelo oscuro, era lo contrario de Trump en muchos aspectos. Era devoto del extenuante método de *fitness* p90X, padre de familia puritano y habitual en el Capitolio desde que tenía veintipocos años. Había sido elegido presidente de la Cámara en octubre de 2015.

La personalidad de Trump confundía a Ryan, que decía a los amigos que jamás había conocido a una persona como él.

A lo largo de toda la campaña de 2016, Ryan había apoyado al candidato republicano, que la mayoría de los líderes republicanos dudaban que fuera capaz de ganar. Pero su apoyo a Trump empezó a resquebrajarse aquel octubre, cuando Ryan declaró públicamente que se sentía «asqueado» por los comentarios lascivos de Trump sobre las mujeres grabados en una cinta y revelados por *The Washington Post*.

Cuando Trump ganó, a Ryan le pilló desprevenido. Y ahora tenía relación con él. Como presidente de la Cámara era el segundo en la línea de sucesión presidencial, justo por detrás del vicepresidente Mike Pence. No lo podía evitar.

Ryan empezó a investigar por su cuenta cómo tratar con alguien que es amoral y negociador. Al principio ese ejercicio le resultó difícil. A Ryan le gustaba considerarse un «político de pies a cabeza», pero sus peculiaridades no incluían la aceptación de la Seguridad Social, el Medicare y la psiquiatría.

Entonces un adinerado doctor de Nueva York, donante republicano, llamó a Ryan y le dijo:

—Tiene que comprender lo que es el desorden de personalidad narcisista.

—¿El qué? —preguntó Ryan.

El doctor envió un memorándum a Ryan por correo electrónico, con sus «ideas sobre cómo tratar mejor con una persona que tiene un trastorno antisocial de la personalidad». También le enviaba diversos vínculos a densos artículos en *The New England Journal of Medicine*.

El memorándum contenía material de la *Clasificación internacional estadística de enfermedades y problemas relacionados con la salud*, décima edición llamada ICD-10. Ryan lo estudió durante semanas, convencido de que Trump tenía aquel trastorno de la personalidad.

Lo principal que aprendió Ryan entonces fue que no hay que humillar a Trump en público. Si humillas a un narcisista te arriesgas a un verdadero peligro, a una respuesta frenética, si se siente amenazado o criticado.

Ryan probó el resultado de su investigación el 9 de diciembre de 2016. Llegó junto con sus ayudantes de mayor rango, incluyendo el que pronto sería jefe de gabinete, Jonathan Burks, a la Torre Trump en Manhattan para celebrar una reunión de transición con el presidente electo.

Ryan, Burks y otros entraron en el brillante ascensor y no dijeron nada. Burks se preguntaba si el ascensor estaría pinchado. Se decía que Trump hacía grabaciones secretas.

Una vez arriba, los condujeron a la oficina de Trump en el piso 26. Burks se acercó a cerrar la puerta para que el presidente de la Cámara y el presidente electo pudieran mantener una reunión privada.

—Ah, no, dejémosla abierta —dijo Trump.

—Vale —dijo Burks, y se sentó.

Trump gritó a la que era su ayudante administrativa desde hacía mucho tiempo, Rhona Graff:

—¡Rhona! ¡Rhona! Trae café. Del bueno, ¿eh? Es Paul Ryan —aullaba Trump—. ¡Hemos comprado del bueno para él!

Entraba sin parar gente de Trump, que luego volvía a salir. Steve Bannon, el desaliñado estratega conservador que había migrado a la órbita de Trump desde *Breitbart*, una website de ultraderecha y anti-Ryan. El consejero de seguridad nacional entrante, Michael Flynn. Ivanka Trump.

«Bueno, esto es Nueva York», pensó Burks.

Trump asentía mientras Ryan hablaba muy serio de impuestos y salud pública, y luego miró su móvil, que estaba sonando. Era Sean Hannity, de Fox News. Respondió la llamada mientras Ryan y sus consejeros se quedaban allí callados.

—Sí, estoy aquí con Paul —dijo Trump a Hannity—. ¿Ah, sí? ¿Quieres hablar con él?

Trump miró a Ryan y luego puso el manos libres.

—Sean, habla con Paul —dijo al presentador, y Hannity lo hizo así durante unos siete minutos.

Esta forma de conducta inconexa continuó cuando Trump se convirtió en presidente. Seguía estallando y adoptando decisiones erráticas, y se ponía furioso si creía que le estaban haciendo un desprecio.

El 26 de abril de 2017, Ryan se enteró de que Trump estaba a punto de anunciar que Estados Unidos abandonaría el NAFTA, el Tratado para el Libre Comercio de Norteamérica, un pacto que vinculaba a Estados Unidos, Canadá y México. Ryan le dijo a Trump que se arriesgaba a una humillación pública.

—Va a causar un crac en el mercado de acciones —le advirtió Ryan.

Trump se echó atrás.

La ruptura más duradera llegó el 15 de agosto de 2017. En una excursión con su familia en Colorado, un miembro del equipo de seguridad de Ryan, que constaba de ocho personas, se acercó con un teléfono por satélite.

En la línea, un consejero traía malas noticias: Trump insistía de nuevo en lo de los «dos bandos» en Charlottesville. Los medios le pedían que hiciera algún comentario. Ryan suspiró. Esta vez tenía que replicar públicamente a Trump.

Solo en la ladera de una montaña, Ryan empezó a dictar una declaración cortante que luego fue publicada en un tuit.

En cuanto pudieron volver a usar el móvil normal, sonó el teléfono de Ryan. Era Trump.

—¡No estás en la trinchera conmigo! —chillaba Trump.

Ryan le chilló a su vez:

—¿Ha terminado? ¿Puedo hablar ahora? Usted es el presidente de Estados Unidos. Tiene la obligación de ejercer un liderazgo moral para arreglar esta situación, y no puede declarar que hay una equivalencia moral.

—Pero esa gente me quiere. Son los míos... —replicó Trump—. No puedo dar una puñalada por la espalda a la gente que me apoya.

—Había supremacistas blancos y nazis en Charlottesville —dijo Ryan.

—Sí, bueno, había gente mala —replicó Trump—. Eso lo entiendo. No estoy con ellos. Estoy en contra de todo eso. Pero también había algunas personas que me apoyan. Algunos que son buena gente.

Ryan habló más tarde con John Kelly, el jefe de gabinete de Trump y general de cuatro estrellas retirado de la Marina. Kelly dijo que Ryan había hecho lo correcto publicando ese tuit.

—Sí, hay que reñirle por esto —dijo Kelly—. No se preocupe.

El 21 de marzo de 2018, Ryan pasó por otro episodio agobiante cuando el presidente amenazó con vetar un presupuesto de gastos de 1300 millones de dólares, conocido en Washington como el «ómnibus». Trump había oído a unos expertos analizarlo en Fox News. Un veto podía paralizar al gobierno. Ryan se dirigió a la Casa Blanca.

Cuando llegó, Trump se puso a chillar de inmediato. Decía que le tenía sin cuidado el ómnibus, y que se estaba enemistando con sus votantes básicos.

—¡Es terrible! ¿Quién ha redactado esta mierda? —preguntaba Trump. Nadie le respondió—. Es una mierda absoluta, un acuerdo horrible —dijo, poniéndose cada vez más furioso—. ¡El muro! ¡Aquí no está!

—Tiene que firmar eso porque acabamos de votarlo —dijo Ryan—. Ya lo hemos discutido antes. Es el ejército. Es la reconstrucción. Son los veteranos.

Cuando Trump empezó a quejarse otra vez por dar solo 1600

millones para la construcción del muro de la frontera en el ómnibus, Burks dijo que la cifra que aparecía en la ley era la que había pedido el presidente para ese fin, en su propio presupuesto.

—¿Quién demonios aprobó eso? —preguntó Trump.

Nadie dijo nada.

Una hora después, Ryan preguntó:

—Bueno, ¿va a firmar esa ley o no?

—Sí, vale. La firmaré —dijo Trump.

Cuando se fueron Ryan y Burks, se acercaron a Marc Short, consejero de Pence desde hacía décadas y que había accedido a ocupar el cargo de director legislativo de Trump.

—¿Qué demonios ha sido eso? —preguntó Ryan.

—Este es nuestro pan de cada día —dijo Short.

—Dios mío… —exclamó Ryan.

Dos días después, un Trump enfadado volvió a vacilar cuando llegó el momento formal de firmar la ley.

Aquella mañana, en Fox News, el comentarista conservador Pete Hegseth, un veterano, había dicho que era el epítome de un «presupuesto empantanado». Steve Doocy, uno de los copresentadores de *Fox & Friends*, lamentaba que en la legislación «no hubiese muro». Trump tuiteó que «estaba pensando en un veto».

Si Trump no firmaba la ley a medianoche, el gobierno quedaría paralizado.

Ryan telefoneó a Jim Mattis, entonces secretario de defensa. El presidente lo llamaba «Perro Loco».

—Tiene que mover el culo y sentarse allí con él y asegurarse de que firma esa cosa —dijo Ryan—. Si está ahí de pie delante de él, la firmará.

Mattis despejó su agenda y pasó varias horas con el vicepresidente Pence y Marc Short, instando a Trump a que firmase. Al final lo hizo.

A principios de 2018, Ryan ya no pudo más. La reforma de impuestos había sido aprobada y firmada por Trump. Los tres hijos de Ryan en Wisconsin todavía eran lo bastante jóvenes para necesitar pasar tiempo con él. Su propio padre murió cuando él era aún adolescente.

El 11 de abril de 2018, Ryan anunció que no se presentaría a la reelección. Tenía cuarenta y ocho años. El mundo de la prensa política se quedó asombrado. Ryan era considerado un posible candidato presidencial, o al menos alguien a lo Bob Dole, que podía pasar varios años a la cabeza del liderazgo republicano.

Ryan se reunió enseguida con el líder de la mayoría del Senado, Mitch McConnell, de Kentucky. El orador y líder había trabajado conjuntamente con él para manejar a Trump. McConnell, de setenta y seis años y conocido por ser muy precavido y calculador, también había encontrado a Trump extravagante y resistente a la lógica y al consejo.

Cuando Ryan entró en la oficina del líder de la mayoría, pensó que McConnell se iba a echar a llorar.

—Eres un tipo con mucho talento —dijo McConnell—. Tenemos una relación de primera.

Pero estaba muy alterado. Él y Ryan eran los dos líderes del Partido Republicano en el Congreso. Los entrenadores en el campo. Si Ryan se iba, ¿no quedaría Trump sin límites? ¿Quién podría sujetarlo y contenerlo?

—No me gusta nada que abandone el terreno de juego —dijo McConnell.

3

Las dos primeras veces que Joe Biden se presentó a la presidencia, en 1988 y 2008, fueron verdaderos desastres, hubo acusaciones de plagio en el primer caso y de observaciones racistas en el segundo.

Tras su segunda candidatura malograda, Biden escribió un nuevo prólogo para la versión en libro de bolsillo de su autobiografía de campaña, que tenía 365 páginas: *Promesas que cumplir*. Cuenta a su manera la historia de un hombre que siguió avanzando a pesar de los dramas impactantes que vivió tanto en la vida como en la política presidencial, remontándose a la horrible muerte de su primera esposa, Neilia, y de su hijita Naomi, en un accidente de tráfico en 1972, cuando él tenía solo treinta años y le acababan de elegir para el Senado.

El padre de Biden, Joe sénior, nunca se rindió y nunca se quejó durante la niñez de Biden en Scranton.

«No tenía tiempo para la autocompasión. "¡Levántate!" Esa era su frase favorita, y ha tenido eco a lo largo de toda mi vida. ¿El mundo te ha golpeado en la cabeza? Mi padre diría: "¡Pues levántate!". ¿Estás echado en la cama, sintiendo una enorme lástima por ti mismo? "¡Levántate!" ¿Te han dado una patada en el culo en el campo de fútbol? "¡Levántate!" ¿Malas notas? "¡Levántate!" ¿Los padres de la chica no la dejan salir con un chico católico? "¡Levántate!"

»Pero no lo aplicaba solo a las cosas pequeñas, sino también a las grandes, cuando la única voz que podía oír era la mía propia. ¿Después de la cirugía, senador, puede perder la capacidad de hablar...? "¡Levántate!" ¿Los periódicos te llaman plagiario, Biden? "¡Levántate!" ¿Tu mujer y tu hija... lo siento, Joe, no hemos podido hacer nada para salvarlas? "¡Levántate!"

¿Has suspendido una asignatura en la facultad de Derecho? "¡Levántate!" ¿Los niños se ríen de ti porque tartamudeas Bi-Bi-Bi-Bi-Biden? "¡Levántate!"»

El fracaso de Biden en 2008 ofreció un premio de consolación: el entonces senador por Illinois Barack Obama, que pronto sería el primer presidente negro de la nación, lo eligió para ser su compañero de candidatura. Dio a Biden importantes papeles en política exterior y en negociación de presupuestos, al parecer estableciendo a Biden como su apuesta más clara para que se presentara de nuevo para la presidencia.

Pero ya casi al final de su segundo mandato, el presidente Obama aludía con insistencia a que era el turno de Hillary Clinton. Ella casi había derrotado a Obama para la nominación de 2008, y luego le sirvió con habilidad como secretaria de Estado. También le dijo a Biden rotundamente que sería difícil derrotarla.

Biden mantuvo la idea sobre la mesa. Le gustaba Obama. Estaban muy unidos. Pero comentó a sus ayudantes que nunca había tenido la sensación de estar obligado a seguir sus indicaciones sobre si presentarse o no a otras elecciones.

42

El hijo menor de Biden, Hunter Biden, y la que entonces era su esposa, Kathleeen, fueron a cenar un viernes por la noche, el 6 de febrero de 2015, a casa de Bob Woodward en Washington. La mujer de Woodward, Elsa Walsh, y Kathleen se habían hecho amigas a través de Sidwell Friends, un colegio cuáquero privado al que asistían sus hijos.

El alcoholismo, la adicción a las drogas y los problemas financieros de Hunter generarían más tarde muchos titulares. Pero ni Woodward ni Walsh eran muy conscientes de todo ello entonces, aparte de una breve noticia en octubre de 2014 que indicaba que Hunter, graduado en Derecho por Yale y lobista, había sido expulsado de la Reserva de la Marina de Estados Unidos después de dar positivo por cocaína en una prueba. Tampoco sabían nada del tumor cerebral que amenazaba la vida del hermano de Hunter, Beau, un secreto guardado celosamente por la familia.

En la cena, Walsh le preguntó:

—¿Va a presentarse tu padre para presidente?

Hunter, de cuarenta y cinco años, delgado, con el pelo de un negro intenso, respondió rápidamente que sí. Sentada ante la mesa del comedor, hablando con confianza, Kathleen contó que varios días antes su suegro la había llamado y le había dicho que quería ir a cenar a su casa. Tenía noticias importantes.

Kathleen, que trabajaba con víctimas de la violencia doméstica, dijo que volvió a guardar los espagueti, que ya estaban servidos, de nuevo en la olla, para esperar la llegada de «papi» a su casa, que estaba cerca.

Una vez allí, el vicepresidente explicó que había decidido presentarse. Hunter y Kathleen parecían encantados. Aquella podía ser por fin la ocasión de Joe Biden.

En sus memorias de 2021, *Beautiful Things*, Hunter Biden decía: «Beau y yo siempre supimos que papi no se retiraría hasta conseguir ser presidente. Era el sueño colectivo de los tres». Beau y Hunter, que también iban en el coche aquel día, quedaron heridos, pero sobrevivieron al accidente de coche de 1972. Hunter también escribió que detestaba a los que dudaban dentro del Ala Oeste y que «debilitaban» a su padre.

43

Woodward y Walsh no se sintieron especialmente sorprendidos. La esperanza presidencial estaba muy arraigada en el carácter de Biden. Al parecer iba a seguir presentándose eternamente para la presidencia.

Cuando más tarde les hablaron de las afirmaciones de Hunter aquel febrero, los consejeros de Biden insistieron en que no eran conscientes de su decisión por aquel entonces. A menudo guardaba sus pensamientos íntimos estrictamente para la familia.

Pocos meses más tarde, el 30 de mayo de 2015, Beau Biden moría a los cuarenta y seis años, concluyendo así una vida que incluía una Estrella de Bronce por su servicio militar en Irak y dos mandatos como fiscal general de Delaware.

Joe Biden quedó destrozado.

—Va a ser una época muy dura personalmente —le dijo Biden a Steve Ricchetti, su jefe de gabinete durante casi tres años y fundamental también en la hermandad política de Biden—. La única forma de que pueda superar esto, y de que consigamos sobrellevarlo como familia, es que yo esté trabajando y muy ocupado.

Ricchetti, como Donilon con el pelo gris y ya medio calvo, nada adepto a aparecer en televisión o ante los focos, adoraba a Biden. Su resiliencia, su generosidad, su amistad. Si Biden decía que necesitaba trabajar, él sabía cómo mantener ocupado al vicepresidente. Agenda. Acción.

Ricchetti más tarde contaba a otros que «a veces, parecía casi cruel».

Pero mantenerse ocupado significaba estudiar detenidamente otra campaña electoral presidencial.

Biden le pidió a Donilon que examinara con toda honestidad si le quedaba el tiempo suficiente para presentarse y ganar.

En la reunión final decisiva del 20 de octubre de 2015, Donilon explicó que Clinton era vulnerable en unas elecciones generales, y más vulnerable aún en la carrera por las primarias demócratas contra Biden.

Donilon les recordó a los demás: «Yo nunca vacilé a la hora de pensar que él podía presentarse, y creía que podía ganar».

Pero cuando observó a Biden, vio que la muerte de Beau era una pesada carga para él, la pérdida de un segundo hijo y el tercer miembro de su familia que desaparecía. Biden estaba desolado por el dolor, y su habitual sonrisa fácil ahora era una mueca con la mandíbula apretada.

—No creo que debas hacerlo —le dijo Donilon finalmente.

Era la primera vez en años que le aconsejaba que no se presentara. Biden lo tomó como un buen consejo que procedía de un amigo, y Donilon recibió instrucciones de preparar una declaración.

Al día siguiente, Biden apareció en la rosaleda de la Casa Blanca con el presidente Obama a su lado y anunció que no se presentaría a la presidencia.

4

Biden empezó a contemplar la posibilidad de algo tremendamente poco habitual para él: una vida sin cargo alguno. Pero otros se mostraban escépticos. «El pez siempre vuelve a nadar, las aves siempre vuelven a volar, y Biden se volverá a presentar», le dijo una vez a Biden un amigo suyo.

Biden le dijo a Ricchetti: «Lo único que quiero es seguir haciendo lo que siempre he hecho. ¿Cómo dejar de trabajar en las cosas a las que llevo dedicando toda mi vida, las cosas que más me preocupan?».

Biden y Ricchetti esbozaron los pilares de lo que sería su vida posterior: la Fundación Biden, la Iniciativa Biden por el Cáncer, el Centro Penn Biden para la Diplomacia, el Compromiso Global en la Universidad de Pensilvania y el Instituto Biden en la Universidad de Delaware.

—Hillary va a ser elegida, y encontraremos una forma de contribuir —dijo Biden.

Un año más tarde, el 8 de noviembre de 2016, Biden reunía a sus principales consejeros en el Observatorio Naval, la residencia del vicepresidente, para presenciar el recuento.

La noche empezó bien, con las proyecciones señalando una victoria de Clinton. La mujer de Biden, Jill, se relajó y subió al piso de arriba con un libro y una copa de vino.

Jill y Joe Biden llevaban casados desde 1977. Él se fijó en ella, que entonces era profesora y modelo a tiempo parcial en la zona de Filadelfia, en un anuncio del aeropuerto, y buscó su número de teléfono. Le propuso matrimonio cinco veces antes de que ella accediera a casarse con él.

Jill le ayudó a criar a sus dos hijos, y tuvieron una hija a la que pusieron Ashley. Al final ella obtuvo un doctorado en educación y se dedicó a enseñar lengua en un Community College del norte de Virginia. Era una corredora implacable, y se consideraba introvertida, incómoda bajo los focos dando discursos, y sin embargo, ardiente defensora de su marido.

A medida que iba pasando la noche, la balanza se fue inclinando hacia Trump. Joe Biden estaba muy inquieto. Trump ganó Ohio a las 22.36 de la noche, y Florida a las 22.50. A las 2.29 de la mañana, la Associated Press declaró ganador a Trump, y pronto una conmocionada Hillary Clinton tuvo que reconocerlo.

Biden se sumergió en un mar de llamadas de teléfono.

—Dios mío, el mundo se ha vuelto del revés —decía él.

Mientras Biden deambulaba por el primer piso de su casa, les decía a los amigos que había notado que Clinton tendría problemas hacía mucho tiempo. Trump parecía robar el apoyo al partido entre los obreros de base, sin luchar demasiado.

—No se oyó ni una sola frase en la última campaña sobre ese tipo que trabaja en una línea de producción y gana 60 000 dólares al año, y su mujer que gana 32 000 como camarera en un restaurante —declaró Biden más tarde, en una aparición en 2017 en Penn.

El 20 de enero, Biden se sentó a escuchar el crudo discurso de toma de posesión de Trump sobre la «masacre americana», y luego se puso a escribir unas segundas memorias: *Prométemelo, papá*. Era la oportunidad para pensar en Beau y hablar de él, una «búsqueda de una forma de avanzar en su vida», como explicó Ricchetti. Biden quería demostrar que una persona podía sufrir una tragedia que la dejase destrozada y aun así encontrar un propósito en la memoria.

Pronto la familia Biden volvió a aparecer en las noticias. La mujer de Hunter, Kathleen, había pedido el divorcio discretamente en diciembre, alegando abuso de drogas e infidelidad, y presentó una nueva petición rogando al tribunal que congelara todos sus activos. El 1 de marzo, el *New York Post* informó por primera vez de que Hunter estaba saliendo con la viuda de Beau, Hallie.

Joe Biden hizo unas declaraciones al periódico de Nueva York: «Tenemos mucha suerte de que Hunter y Hallie se hayan encontrado el uno al otro mientras intentaban rehacer su vida juntos de nuevo, después de tanta tristeza. Tienen el apoyo total de Jill y mío, y nos sentimos muy felices por ellos».

Fueron malos tiempos para Hunter. En sus memorias escribió que sus hijas estaban nerviosas por su conducta y sus negocios empezaban a hundirse. Los clientes le abandonaban. «Y peor aún, empecé a caer de nuevo» en las drogas.

Prométemelo, papá, el segundo libro de Joe Biden, fue publicado aquel noviembre, tres meses después de lo de Charlottesville. Era muy crudo, y Biden registró en él gráficamente el vacío interior que le abrumaba. Pero esta vez fue Beau, al final de su vida, quien le dijo: «¡Levántate!».

—Tienes que prometerme, papá, que no importa lo que ocurra, te va a ir bien. Dame tu palabra, papá —dijo Beau Biden, según el libro.

—Sí, me va a ir bien, Beau —replicó Biden.

—No, papá —insistió Beau Biden—. Dame tu palabra como Biden. Dame tu palabra, papá. Prométemelo, papá.

«Y se lo prometí», escribió Biden.

Aunque Beau hablaba del bienestar de su padre, muchos interpretaron el título del libro en el sentido de que Beau le pedía a Biden que prometiera presentarse a la presidencia.

47

Biden empezó la gira nacional de su libro a mediados de la campaña del Congreso de 2018.

Cedric Richmond, de cuarenta y cuatro años, el único miembro demócrata de la delegación del Congreso de Louisiana y presidente del poderoso Caucus Negro, pidió a Biden que se pusiera en marcha por los Demócratas Negros.

Richmond era una estrella en ascenso en el partido y un estratega muy habilidoso, cuyos colegas en el Congreso pensaban que algún día quizá se convertiría en el primer presidente de la Cámara negro. Le encantaban las charlas entre bastidores sobre política, trazar el recorrido de las relaciones entre el Congreso y el partido.

Richmond tenía también la constitución y los movimientos gráciles de una estrella del atletismo. Había sido centrocampista y lanzador en la facultad de Morehouse, antes de asistir a la facultad de Derecho. En el campeonato de béisbol anual del

Congreso se había ganado la reputación de ser el único jugador realmente bueno.

Richmond observó que Biden era bienvenido en todas partes. Otros grandes nombres despertaban precauciones en determinadas partes del país. Pero a Biden «no hay ni un solo distrito en todo el país que no lo quiera». El liberal Nueva York, el Medio Oeste, los enclaves de barrios residenciales conservadores, el Sur.

Mike Donilon también monitorizó la recepción de Biden. Había una posibilidad política real para un antiguo vicepresidente al que apoyaban activamente 65 candidatos en 24 estados. La cuestión clave que preguntó Donilon fue: «¿Tiene Biden auténtico prestigio en el partido y en el país?». La respuesta, concluyó, era que sí. El libro alcanzó el número uno en la lista de más vendidos del *New York Times* durante una semana. Biden atraía a las multitudes.

Donilon y Ricchetti seguían pinchando a Biden para que considerase otra campaña. Le dijeron que los datos mostraban un camino en un partido que sufría cambios rápidos. Trump había cambiado las motivaciones y prioridades de algunos votantes demócratas. Sobre todo querían que se fuera Trump.

El encuestador de Biden, John Anzalone, hijo de un Teamsters (miembro del sindicato más grande de Estados Unidos) de Michigan que había trabajado con Biden desde su fallida campaña de 1988 en Iowa, preparó unas diapositivas conocidas como «barajas de Anzo» para que Biden se las llevase cuando estuviera de camino, y hojease candidatos y donantes.

En una de las diapositivas Anzalone escribió: «Los votantes primarios demócratas tienden a apoyar a los candidatos más tradicionales del *establishment* antes que a los agitadores progresistas».

Una diapositiva final concluía: «Lo más importante es que no hay demanda urgente por parte de la generación más joven de liderazgo entre los votantes».

Biden no dijo si se presentaría o no. Se mostraba reservado, y dejó que las dispositivas explicaran los hechos.

Υ

—Cedric, ¿puedo hacer algo por ti, cuando haga la gira del libro? —preguntó Biden a Richmond, antes de su intervención de junio de 2018 para hablar del libro en Nueva Orleans.

—No necesito un donante de fondos —dijo Richmond. Su escaño estaba seguro. Por el contrario, le propuso que jugara al golf en el campo Joseph M. Bartholomew, un campo de golf histórico que recibía su nombre del arquitecto negro que había diseñado gran parte de los mejores clubes de campo de Louisiana pero no podía jugar en ellos, ya que estaban en el Sur segregacionista.

Cuando apareció Biden, Richmond observó que lo acompañó un representante de publicidad. Ni seguridad, ni ayudantes.

Después de los nueve primeros hoyos empezó a llover, y el grupo se trasladó al interior del edificio del club, donde treinta golfistas negros de avanzada edad esperaban a Biden. Richmond hizo que sirvieran bandejas de comida y bebidas.

Richmond estudió a Biden mientras este recorría la sala haciendo preguntas. ¿A qué se dedica usted? ¿Está jubilado? La curiosidad parecía auténtica. Algunos eran veteranos de Vietnam, y Biden les dijo que su difunto hijo era abogado del Ejército, que se había presentado voluntario para cumplir con su deber en Irak. Habló del tumor cerebral de Beau y de la herida que había dejado su pérdida. No dio ningún discurso político.

—Debería presentarse —dijo uno de los hombres. Otro asintió, y luego otro más—. ¡Preséntese! —decían las voces, aumentando su volumen cada vez más.

—No me comprometo a presentarme —dijo Biden—. Simplemente quiero que llegue un momento en el que podamos derrotar a Donald Trump. No tengo que ser yo la persona que le derrote.

Biden pasó dos horas con aquellos hombres. Era el encuentro más honrado y humano que había presenciado jamás Richmond en un político.

49

*E*se verano, Mitch McConnell luchó para mantener a Trump a raya, sobre todo con los jueces. Virar la judicatura federal a la derecha podía ser la piedra angular de su legado.

Normalmente Trump se alineaba con McConnell y el consejero de la Casa Blanca de Trump, Don McGahn, que trabajaba estrechamente con el líder del Senado para llenar la judicatura de candidatos conservadores. Pero el compromiso de Trump con la empresa nunca se basó en la ideología, sino solo en ganar, de manera que era susceptible de cambiar de opinión.

Trump nombró a Brett Kavanaugh para ocupar la vacante del magistrado Anthony M. Kennedy. Justo antes de la vista del Comité Judicial del Senado para Kavanaugh, una profesora universitaria, Christine Blasey Ford, apareció ante el público el 16 de septiembre de 2018 y acusó a Kavanaugh de agredirla sexualmente cuando ambos eran adolescentes.

Blasey Ford pronto fue convocada para testificar ante el comité, el 27 de septiembre.

Trump llamó a McConnell aquella mañana. ¿Podía activar el nombramiento de Kavanaugh?

—¿Por qué no hablamos después de que testifique la doctora Ford? —preguntó McConnell—. Piense en ello como en un intermedio.

Trump accedió. Esperaría.

Blasey Ford, precavida y con dudas, fue vista en general como un testigo creíble durante su declaración. Trump, inquieto, se mantuvo en contacto con McConnell. Esperaría a ver qué decía Kavanaugh. El testimonio de este, aquel mismo día, fue acusatorio y a la defensiva, y muy alabado en la derecha.

Trump hizo otra llamada después de que testificaran tanto Blasey Ford como Kavanaugh.

—¿Qué le parece el testimonio de Kavanaugh? —preguntó Trump.

—Pues más fuerte que meado de mula —dijo McConnell.

—¿Cómo? —exclamó Trump.

—En Kentucky no hay nada más fuerte que el meado de mula —dijo McConnell.

—Deberíamos apoyarle. Tenemos que conseguirlo de una manera u otra, porque no sabemos si todavía tendremos mayoría, después de noviembre.

McConnell necesitaba un voto rápido de confirmación sobre Kavanaugh. Estaba convencido de que sería la única forma de tener el tiempo suficiente para aprobar a otro candidato antes de las elecciones. Si Kavanaugh carecía de apoyo, o bien dejaba la carrera, no había garantía alguna de que pudieran conseguirlo.

El Senado votó para confirmar a Kavanaugh el 6 de octubre, por 50 votos a 48.

La euforia de estar de nuevo en campaña llevó a Joe Biden a visitar 13 ciudades en los últimos seis días de las elecciones al Congreso de 2018. Y el 6 de noviembre trajo consigo ganancias para los azules. Los demócratas consiguieron 40 escaños adicionales en el Congreso y tomaron el control, entregando el mazo de presidenta a Nancy Pelosi por segunda vez. Los republicanos mantuvieron la mayoría del Senado.

Richmond y Virgil Miller, su jefe de gabinete, pidieron una cita para ver a Biden en su despacho, en Washington, en la avenida de la Constitución 101, a unos pasos del Capitolio.

—Quizá sea usted la única persona que puede derrotar a Donald Trump —dijo Richmond—. Creo que debería hacerlo: presentarse y derrotarlo.

Richmond era amigo del senador Cory Booker de Nueva Jersey y de Kamala Harris de California, dos demócratas negros que se esperaba que se presentasen. Pero seguía recurriendo a Biden. Para Richmond lo principal era la capacidad de ser elegido. «No se puede gobernar si no ganas primero», decía.

—No estoy seguro de ser la persona adecuada —respondió Biden. Richmond sintió verdadera reticencia por parte de Biden—. No tengo por qué ser yo. Esto no va conmigo. Lo puede hacer algún otro.

Richmond dijo que el tema primordial del Caucus Negro del Congreso era derrotar a Trump. «Muchos le apoyarán —decía—. Tiene usted unas relaciones fabulosas con la comunidad negra.»

Le recordó a Biden su visita al Campo de Golf Bartholomew. Le presionó.

—Mire, los afroamericanos aprecian, en primer lugar, su autenticidad. En segundo lugar, aprecian que usted apoyase a Barack Obama. Y en tercero, saben que su comunidad tiene mucho que perder si los demócratas no derrotan a Trump.

Richmond añadió que el apoyo de Biden se extendía no solo al Caucus Negro, sino también al Caucus Hispano, y entre los moderados también. Tenía una base.

En Acción de Gracias de 2018, todas las piezas empezaron a encajar, aunque con vacilaciones. Greg Schultz, un hombre nervudo que aún no había cumplido los cuarenta, era el jefe de campaña informal para una posible campaña de Biden. Era lo contrario de Donilon: un joven táctico, centrado en la mecánica de la organización de base, todo datos, nada de alma.

En su zona nativa de Cleveland, Schultz había ayudado a Obama a conseguir victorias consecutivas en Ohio, como director estatal suyo, y más tarde se unió a la oficina de la vicepresidencia de Biden como consejero sénior.

Biden lanzaba ideas y quejas a su antiguo personal, pero ellos contaban con Schultz para mantener la maquinaria política de Biden en funcionamiento. Schultz se enfrentaba a sus propios desafíos. La máquina chirriaba un poco, y todos los talentos de campaña habían fichado con otros candidatos que pensaban que el tiempo de Biden había pasado.

No era una valoración que careciese de motivos: Biden era popular en la campaña, pero nunca fue un recaudador de fondos con demasiado éxito. Su seguimiento en las redes sociales era lo que se podría esperar de un antiguo vicepresidente muy querido, pero su presencia política era casi inexistente.

Schultz y su segundo, Pete Kavanaugh, enviaron a Biden un memorándum muy detallado de once páginas en diciembre de 2018 sobre los pasos necesarios para establecer una campaña nacional. Incluía decisiones sobre cuarteles generales, calendario, viajes, personal. La campaña de Clinton en Brooklyn cuatro años antes había sido auténticamente colosal. La de Biden en comparación era un pequeño grupito de leales.

El anuncio de campaña y lanzamiento se propuso para la primera semana de marzo de 2019.

Richmond seguía haciendo apariciones en la avenida de la Constitución, 101.

—Estoy a un 74 por ciento —dijo Biden en un momento dado. Poco después decía—: Estoy a un 82 por ciento.

¿De dónde demonios salían esos porcentajes?, se preguntaba Richmond. Qué absurdo.

A continuación fue el 85 por ciento, luego el 88 por ciento.

Mierda, se presenta seguro, se dio cuenta Richmond. Era la forma que tenía Biden de decir que sí.

*A*l acabar el año 2018, el presidente Trump nombró al general Milley, entonces jefe del Ejército, presidente del Estado Mayor Conjunto, un año antes del final oficial del mandato del general de la Marina Joseph Dunford Jr.

Trump dejó muy claro a sus colaboradores que sentía que Milley, con sus anchos hombros y su carácter extrovertido, era el tipo de general que prefería. David Urban, graduado de West Point y lobista a quien Trump atribuía haberle ayudado a ganar en Pensilvania en 2016, y que era un refuerzo constante para Trump en la CNN, había recomendado calurosamente a Milley. Jim Mattis, el secretario de defensa de Trump, presionó por su parte para que fuera el jefe del Estado Mayor de las Fuerzas Aéreas, David L. Goldfein. Trump se alineó con Urban.

Durante la vista de confirmación de Milley ante el Comité de Servicios Armados, el senador Angus King, independiente de Maine, dijo:

—General Milley, dados los riesgos que ha articulado usted y que articula también la Estrategia Nacional de Defensa, considero que su cargo es el segundo más importante del gobierno de Estados Unidos, porque vivimos en un mundo peligroso. Y su posición como consejero principal del presidente, en un tiempo de tensión internacional elevada y alto riesgo, es increíblemente significativo e importante. Ya sabe cuál va a ser mi pregunta.

—Si me voy a dejar intimidar —respondió Milley.

—Sí, es la pregunta —dijo King—. ¿Y cuál es su respuesta?

—Rotundamente no, por nadie, nunca. Daré los mejores consejos militares que pueda. Será todo limpio, honesto. Será riguroso. Será exhaustivo. Y eso es lo que pienso hacer cada vez, siempre.

Milley alardeaba de superioridad moral y proclamaba su independencia. Pero no estaba preparado para enfrentarse a Trump. No hay ningún curso de capacitación, ningún trabajo preparatorio, ninguna escuela que te enseñe a manejar a un presidente que está completamente fuera del sistema. Trump abrazaba la imaginería y el lenguaje militar y simultáneamente podía ser terriblemente crítico con los líderes militares. Trump tenía instintos aislacionistas e impredecibles en lo que respecta a la política. «América primero» a menudo significaba «América sola».

Una vez instalado en su nuevo cargo, Milley creía que su misión principal era impedir una guerra entre grandes potencias. Una estantería enorme en el vestíbulo de Quarters 6 contenía centenares de gruesos libros sobre China.

El trabajo significaba también ser el consejero militar de mayor rango de Trump, una responsabilidad que impulsaba a Milley a pensar en una doctrina llamada «movimiento por contacto», según la cual en un espacio de combate vas desplazándote a través del humo e intentas palpar lo desconocido paso a paso, aprendiendo cosas a medida que avanzas. Milley lo había practicado ya antes de Trump, pero entonces se convirtió en su forma de vida.

Mattis bautizó esa tendencia de Trump a distraerse durante las reuniones informativas como «rampas de salida de la autopista de Seattle a ninguna parte». Los reportajes de Fox News eran «lo más importante para él».

Trump no aflojaba ni en los asuntos graves ni en los más pequeños. Se obsesionó con el portaaviones USS Gerald R. Ford, su coste y la ubicación de la «isla», el centro de mando de vuelo, instalada en cubierta.

Trump se quejaba repetidamente de que el general y los almirantes eran muy malos como hombres de negocios, y especialmente nefastos a la hora de adquirir grandes barcos y hacer tratos, de manera que el ejército siempre acababa estafado.

El Ford, llamado así por el trigésimo octavo presidente, era un ejemplo importantísimo de esas prácticas de negocios ruinosas, decía Trump. Arremetía contra casi todo a bordo del Ford: los ascensores que subían y bajaban munición del barco, las catapultas usadas para lanzar aviones desde cubierta...

—Yo estaba en el negocio de la construcción —decía Trump

a líderes militares, en una reunión—. Sé algo de ascensores. Si les entra agua, se pueden estropear.

Pero era la ubicación rediseñada de la isla, más que la popa, lo que ponía de los nervios al presidente.

—No queda bien. Yo tengo buen ojo para la estética —dijo Trump en una cena con Milley. Entonces se tocó el pelo—. ¿No le parece? —insistió, de una manera jovial.

Los oficiales navales de alto rango explicaron entonces a Trump que la isla estaba situada en la parte trasera para ampliar el espacio de pista para los aviones que aterrizaban en la cubierta. Si la isla estuviera en el centro, decían, canalizaría todo el viento de una forma que dificultaría la función a los pilotos.

—Pero es que no me gusta cómo queda —dijo Trump.

Trump volvió a este tema del *Ford* en numerosas ocasiones, y Milley le escuchaba siempre. ¿Qué podía decir? Al presidente no le gustaba el aspecto de aquel barco. Él tenía que aguantarse y dejar que se explayara.

56   Trump había anunciado el 7 de diciembre de 2018 que nombraría a William Barr como fiscal general para reemplazar a Jeff Sessions. Barr, de sesenta y ocho años, había sido fiscal general veintiséis años antes para el presidente George H. W. Bush, desde finales de 1991 a principios de 1993, y luego sirvió como consultor general para Verizon durante catorce años.

Republicano conservador, Barr era uno de los defensores más acérrimos del poder ejecutivo del presidente, y firme partidario de las políticas de Trump, los recortes de impuestos y la desregulación. Había criticado públicamente la investigación del fiscal especial Robert Mueller por supuesta connivencia entre Trump y Rusia, por infringir el poder de Trump; un gesto que hasta algunos republicanos vieron como deliberadamente obsequioso.

—Mi primera elección, desde el primer momento —había dicho Trump—. No hay nadie más capaz ni cualificado para este puesto.

En su entrevista con Trump, Barr había puesto de relieve que el presidente y la Casa Blanca tenían que mantener la distancia de las investigaciones criminales que llevaba a cabo el Departamento de Justicia, supervisadas por el fiscal general.

La interposición de acciones judiciales tenía unos requisitos rigurosos: debía haber pruebas más allá de toda duda razonable. Esa era la base sobre la cual alguien era acusado o no. Barr decía que estaba en interés del propio presidente, la Casa Blanca, el fiscal general y el Departamento de Justicia mantener un muro entre las decisiones de la justicia criminal y los políticos. Dijo que había aprendido eso la primera vez que fue fiscal general. No podía haber excepciones y no toleraría ningún intento de atravesar ese muro, por parte de nadie. Era algo definitivo.

Para que quedase bien claro, Barr dijo de nuevo que no toleraría que el presidente intentase mangonear el proceso de justicia criminal: a quién se acusaba, a quién no se acusaba.

—Ni hablar de eso —dijo Barr—. Si hay algo que es necesario que sepa, se lo diré.

Trump se hizo cargo de la declaración de Barr, pero Barr no estaba seguro de que el presidente la hubiera entendido.

—Según las normas, Bob Mueller solo podía ser despedido por una buena causa —testificó Barr un mes más tarde, en la vista de su confirmación ante el Comité Judicial del Senado. Conocía desde hacía décadas a Mueller, que había sido director del FBI durante doce años. La reputación de Mueller era impecable, era independiente y adicto al trabajo—. Francamente, me resulta inimaginable que Bob hiciera algo que pudiera dar lugar a una buena causa.

Barr añadió:

—Creo que ahora mismo el interés público general es permitirle terminar. —Y con más intención—: No creo que el señor Mueller acabe implicado en una caza de brujas.

Antes de nombrar a Barr, Trump había dicho que la investigación sobre Rusia era «una caza de brujas» ochenta y cuatro veces.

Barr no atacó a Mueller intencionadamente. Durante una pausa de unas dos horas en la vista, volvió a una sala de espera. Su equipo de consejeros le dijo que realmente lo estaba haciendo de puta madre, un gran trabajo.

Apareció el jefe de gabinete de Barr y dijo que acababa de recibir una llamada de Emmet Flood, quien recientemente había sido consejero en funciones del presidente en la Casa Blanca.

—Dice que tiene un cliente problemático.

—¿Por qué? —preguntó Barr.

—Porque el presidente está como loco. Cree que ha cometido un error nombrándole, por lo que ha dicho. Usted ha dicho cosas buenas de Bob Mueller.

En la Casa Blanca, la primera dama, Melania Trump, opinaba lo contrario que el presidente.

—¿Estás loco? —le preguntó a su marido—. Ese hombre da el tipo maravillosamente. Mira —y señaló a Barr—, ese sí que es un fiscal general.

El contraste con Sessions, que era muy poquita cosa, estaba bien claro.

Melania hablaba el mismo lenguaje que el presidente, que daba gran importancia al aspecto de la persona. William Barr, de metro ochenta y con un vientre extraordinariamente abultado, daba la impresión de ser un abogado formal, entendido, decía ella.

Más tarde, Trump habló a Barr de las observaciones de su esposa, y de lo importantes que eran para él.

—Das muy bien el tipo.

Parecía excusar el aspecto de Barr, que era algo dejado. Barr sabía que daba una imagen a lo Notorious Big, con una voz potente y confiada.

Trump, también bastante voluminoso, habló a Barr de su peso.

—Lo llevas bien, Bill. Lo llevas muy bien. Ten cuidado, porque si pierdes demasiado peso, te va a empezar a colgar la piel.

Mueller finalmente acabó su informe en marzo de 2019, y siguiendo la ley y las normas, entregó el documento de 448 páginas a William Barr como fiscal general. Barr y sus ayudantes de mayor rango lo leyeron.

—No se va a creer esto —dijo Barr en una llamada a la presidenta del Comité Judicial, Lindsey Graham—. Después de dos putos años, va y dice: «Pues no sé, decida usted».

Barr dijo que Mueller no encontró prueba alguna de que Trump o sus colaboradores trabajasen ilegalmente o en connivencia con Rusia. Pero sobre la cuestión crítica de si Trump había obstruido la justicia o no, Mueller escribió una de las frases más retorcidas de la historia de las investigaciones de alto perfil: «Aunque este informe no concluye que el presidente haya cometido un delito, tampoco lo exonera».

El fiscal general creía en lo que él llamaba la norma de «haz lo que debas o si no lárgate» para los fiscales. O acusaban o no acusaban. Los fiscales no podían emitir juicio alguno sobre exoneración. Barr publicó una carta diciendo que él y su colaborador «habían concluido que las pruebas encontradas durante la investigación del fiscal especial no bastaban para establecer que el presidente cometiera un delito de obstrucción a la justicia».

La carta de resumen de cuatro páginas y esa conclusión resultaron más controvertidas que el informe de Mueller en sí mismo. Muchos se sintieron escandalizados y dijeron que Barr era un adulador y un lealista que protegía diligentemente al presidente, y que limpiaba lo que ensuciaba Trump.

—Ha sido una exoneración absoluta y total —dijo Trump, contradiciendo la carta de Barr, que afirmaba que la declaración del informe de Mueller «no lo exoneraba».

El propio Mueller se quejó de que la carta de Barr distorsionaba sus conclusiones. A continuación intervinieron setecientos antiguos fiscales federales diciendo que el informe de Mueller mostraba múltiples actos de obstrucción a la justicia por parte del presidente, y que no se le había acusado porque la política del Departamento de Justicia era no acusar jamás a un presidente en ejercicio.

En un pleito que atañía a la Ley de Libertad de Información, un juez federal dijo que Barr «había distorsionado los resultados del informe de Mueller», otra crítica que acusaba a Barr de bailarle el agua a Trump.

A efectos prácticos la investigación de Mueller había terminado, pero sería debatida durante años. Trump no fue acusado ni sufrió un *impeachment* como resultado de los hallazgos de la investigación de Mueller.

Trump consiguió capear una auténtica amenaza a su presidencia. Le dijo a Woodward en una entrevista grabada en cinta: «Lo más bonito es que todo se evaporó. Acabó en un suspiro. Fue asombroso. Quedó en nada».

*B*iden continuaba deliberando si presentarse o no. A principios de 2019, invitó a Anita Dunn, veterana de la Casa Blanca de Obama y directora ejecutiva de SKDK, una firma de política y comunicación en Washington, a que se reuniera con él en la residencia que tenía alquilada en la zona residencial de Virginia.

Dunn, casada con Bob Bauer, que había ocupado el puesto de consejero en la Casa Blanca de Obama, era ardiente defensora del ala centrista del partido. Se consideraba una orgullosa liberal, pero no iba codo con codo con los más progresistas que estaban consiguiendo cada vez más poder después de que el senador Bernie Sanders de Vermont construyera un movimiento en su campaña de las primarias de 2016 contra Clinton.

Sanders y sus partidarios definían su política como «progresista», a la izquierda de los «liberales». El término «progresista» lleva en sí un espíritu de protesta *antiestablishment* y antiempresarial, y un enfoque mucho más contundente e izquierdista de los temas económicos y culturales. Los progresistas a menudo abrazaban ideas como «Medicare para todos» e impuestos para los ricos, aunque la etiqueta carecía de un credo específico.

Con sesenta y un años, Dunn tenía la misma edad más o menos que Donilon y Richetti, y había empezado en la política presidencial en la Casa Blanca de Jimmy Carter. A Dunn se la consideraba formidable, con las ideas muy claras, dura e inteligente.

Dunn tenía un mensaje fundamental para Biden: el Partido Demócrata está malinterpretando las elecciones de mitad de periodo de 2018 si cree que el partido ha recuperado el control tras la oleada progresista que está barriendo el país.

Aunque una demócrata socialista de veintiocho años, Alexandria Ocasio-Cortez, de Nueva York, había inquietado a un líder demócrata del Congreso en unas primarias, y otros aliados de Sanders estaban haciendo avances, tal oleada no existía, dijo Dunn.

«Prestemos atención a los demócratas tipo Biden que han ganado», dijo. Señaló a Abigail Spanberger, de Virginia, antigua oficial de operaciones de la CIA, y otros que habían ganado escaños que eran republicanos desde hacía mucho tiempo.

Biden expresó sus dudas. ¿No será demasiado tarde para mí? ¿Habrá talentos disponibles para esta campaña? Estaba inquieto y nervioso, sin duda recordando la gran cantidad de personal de Obama que se había alineado con Clinton en 2015.

Le apoyaré si se presenta, le dijo Dunn. Biden tenía una ventaja muy clara: la mayoría de los candidatos tienen problemas para encontrar un mensaje. En su caso, el mensaje era él.

Pero la falta de dirección de Biden preocupaba a Dunn. Era notoriamente lento a la hora de tomar decisiones, y no estaba consiguiendo el funcionamiento que habría necesitado para empezar la carrera en una posición de fuerza. Nadie parecía estar capacitado para ofrecer trabajo, y a él se le veía muy incómodo pidiéndole a la gente que se apuntara para una posible campaña.

Concluyó que, si surgía un candidato alternativo destacado que Biden pensara que podía derrotar a Trump, quizá no se presentase.

A principios de marzo, Biden convocó a Ron Klain, que había sido jefe de gabinete en la oficina del vicepresidente durante los dos primeros años de su primer mandato.

—Ven y hablemos de la campaña —le dijo Biden.

Klain, de cincuenta y cinco años, con el pelo oscuro y ondulado, parecía el rector de alguna universidad que hubiese pasado años en el claustro. Cómodo con el poder, pero más cómodo aún en la selva de la política. De trato fácil y sociable, se mostraba muy duro si alguien intentaba alterar su agenda.

Klain había entrado en la órbita de Biden más de dos décadas antes, sirviendo como asesor principal para el Comité Judicial del Senado cuando Biden era presidente. Era uno de los triunfadores de la Ivy League de Biden, *magna cum laude* en la facultad de Derecho de Harvard, editor de la *Law Review* y secretario del Tribunal Supremo con el juez Byron White.

También estaba entusiásticamente en sintonía con la jerarquía de Washington y con Biden. Una vez observó con franqueza:

—Joe Biden se presentó para presidente en 2008. Y uno no se presenta si no cree que pueda ser presidente, ¿no? Obviamente, el 99 por ciento de los demócratas pensaron que debía ser presidente otra persona, pero él pensó que lo sería. Y seguía teniendo esa misma sensación cuando se convirtió en vicepresidente.

Klain había respaldado la candidatura presidencial de Hillary Clinton en 2016, cuando Biden tardó demasiado en decidirse, y la ruptura fue dolorosa para ambos.

«Ha sido un poco duro para mí representar semejante papel en la desaparición de Biden —escribía Klain al jefe de campaña de Clinton, John Podesta, en octubre de 2015, una semana antes de que Biden anunciase que no se presentaría—. Definitivamente, estoy acabado para ellos... pero me alegro de estar en el equipo de Hillary.» Este mensaje de correo era parte del conjunto de mensajes de Podesta que hackearon los rusos.

Klain, que trabajaba para una firma de inversiones dirigida por el fundador de AOL, Steve Case, se metió en su coche en su casa en Chevy Chase, Maryland, y se fue a Wilmington, a dos horas de distancia.

Un par de horas analizando las alternativas de Biden sería un ejercicio muy satisfactorio, intelectual y políticamente, hierba gatera para Klain, que pertenecía a ese club semipermanente de políticos de Washington que accedían al sector privado pero acudían corriendo ante la menor oportunidad de volver a la política presidencial.

—Parece que tendré que hacerlo —dijo Biden cuando se sentaron—. Trump representa algo fundamentalmente distinto y erróneo en la política.

Las siguientes palabras de Biden se le quedaron grabadas para siempre a Klain: «Ese tipo no es realmente un presidente americano».

La certeza de Biden sorprendió a Klain. Había anticipado el habitual y agotador tira y afloja de Biden, ese jugueteo con los más y los menos de las decisiones importantes.

Klain también se quedó sorprendido de lo distinto que parecía Biden al de aquella primera candidatura presidencial a finales de los ochenta. Entonces las conversaciones se centraban en apostar a ver qué candidato podía ganar. La teoría era que Biden, entonces de cuarenta y cuatro años, era de la generación adecuada y tenía el aspecto adecuado, y el *National Journal* lo había puesto en su portada como una figura kennediana, un elogio significativo en aquella época.

Los cálculos en 1988 eran todos políticos, la versión del departamento de marketing de lo que podía costar conseguir la Casa Blanca. Fue un desastre.

Ahora Klain tenía una sensación muy distinta. No estaban allí para discutir de política. Se trataba simplemente de arreglar lo que había estropeado Trump, de una misión. No hablaron de los estados en los que podía ganar Biden, del muro demócrata azul ni de los colegios electorales.

Otros que se presentaban estaban diciendo que el país tenía que pasar página después de Trump. Biden decía que iba a hablar de Trump regularmente, quizá de una forma inacabable.

—Esto va a ser brutal para tu familia —le dijo Klain—. Lo único que es seguro con Trump es que no hay normas. Te echará encima todas las mentiras, las cosas más duras y más malvadas que pueda, a ti y a tu familia.

El lado oscuro de Hunter ya había llegado a la prensa: alcohol y adicciones, finanzas extranjeras confusas, una relación con la viuda de Beau, una tarjeta de crédito muy cargada y deudas por impuestos. Su antigua esposa, Kathleen, le había acusado de despilfarrar su dinero con drogas y otras mujeres.

Klain presionó.

—¿Está preparada tu familia realmente para lo que se avecina?

Era una forma de apuntar delicadamente a los asuntos de Hunter.

—Sí —dijo Biden—. Lo comprenden.

—¿Estás preparado para lo que se avecina? —le preguntó

entonces Klain—. No se parece a ninguna campaña en la que te hayas presentado antes.

Cuando Biden se presentó en la candidatura de 2008, él y el senador John McCain, entonces nominado republicano, tuvieron conversaciones extraoficiales, por canales alternativos, para suavizar las cosas.

—No habrá llamadas telefónicas aquí —dijo Klain—. Va a ser una batalla a muerte. Nada está fuera de lugar. Trump usará todas las herramientas que pueda, tanto legítimas como ilegítimas, justas e injustas, verdaderas y falsas, para intentar destruirte a ti y a tu familia.

Biden estaba bien afianzado. Había cruzado la línea de la decisión. Se presentaba.

Se estaban quedando sin tiempo para hacer un anuncio formal. Los empleados más importantes de la campaña se habían volcado trabajando para el senador Harris y la senadora Elizabeth Warren de Massachusetts, cuyas credenciales progresistas la convertían en una verdadera fuerza. Pete Buttigieg, alcalde de South Bend, Indiana, de treinta y siete años, gay, veterano y alumno de Rhodes, estaba obteniendo entusiásticas reseñas. En privado, algunos donantes y rivales desdeñaban a Biden, considerándolo el pasado.

Después de las cuatro de la tarde y tras hablar durante seis horas, Biden y Klain acabaron.

—Ganaré —le dijo Biden a Klain.

—¿*S*abes? —dijo una vez Joe Biden a Mike Donilon durante ese periodo—. La familia será la que tome la decisión.

Joe y Jill convocaron una reunión familiar a principios de febrero de 2019 que incluía a sus cinco nietos, señal para los consejeros de que se iba acercando.

—¿Qué opináis? —preguntó Jill a sus nietos—. El abuelo se lo está pensando.

Los nietos de Biden estaban muy emocionados.

—¡Tiene que presentarse! Tiene que hacerlo.

Joe y Jill Biden se contuvieron. Sabían que, si Biden se presentaba, la carrera se arriesgaba a volverse tortuosa, con ataques maliciosos a la familia.

—Lo entendemos, abuelo —le aseguraron sus nietos.

Biden recordaba después que aquel año todos los niños «escribieron cada uno su propia historia, una nota explicando que sabían que la cosa iba a ser dura», pero también por qué Biden y su familia debían estar unidos en una candidatura.

El nieto de Biden, Robert *Hunter* Biden II le tendió una foto que les hicieron a los dos en el funeral de su padre, Beau. Él tenía nueve años, y Biden se había agachado a consolarlo, cogiendo la barbilla del niño con la mano. Los rincones más derechistas de Internet se habían puesto al rojo vivo con aquel gesto de Biden, sugiriendo que era un pedófilo. El joven Biden le dijo a su abuelo que sabía que la campaña podía ponerse muy fea.

—Lo hacemos todo con reuniones familiares —dijo Biden al público en la Universidad de Delaware, el 26 de febrero de 2019, explicando que había «consenso» en que debía presentarse—. Ellos, las personas más importantes de mi vida, quieren que me presente.

Lo que no desveló Biden fue que su familia también se hallaba en una grave crisis. Hunter Biden estaba bajo las garras del *crack*. Los amigos más íntimos de Biden se confiaban entre ellos que Hunter estaba en la mente de su padre a todas horas.

El joven había dejado su centro de tratamiento y se había refugiado en un motel de New Haven, Connecticut. Fumaba todo el *crack* que podía, recorriendo las calles por la noche o haciendo largos recorridos con su Porsche. Escribió en sus memorias que tenía un «deseo de muerte», viendo su capacidad de «encontrar *crack* en cualquier momento y en cualquier parte» como un «superpoder. Era una depravación inacabable».

Joe Biden frecuentemente enviaba mensajes de texto y llamaba a Hunter, preguntándole por su bienestar y su paradero.

«Yo le decía que todo iba bien —escribió Hunter—. Todo iba bien. Pero después de un tiempo, ya no se lo creía.»

En marzo de 2019 la familia preparó una intervención.

66

«Un día, de repente, tres o cuatro semanas después de empezar aquella locura, me llamó mi madre —escribía Hunter en sus memorias.

»Me dijo que estaba preparando una comida familiar en casa, y que tenía que ir, e incluso quedarme unos cuantos días en Delaware. Que sería fantástico, porque no nos habíamos reunido desde hacía siglos. Yo estaba hecho polvo, pero me pareció apetecible.

»Creo que llegué un viernes por la noche. Entré en la casa, iluminada y acogedora como siempre.»

Se sorprendió al ver a sus tres hijas, Naomi, Finnegan y Maisy.

«Supe que estaban tramando algo… Entonces vi a mi madre y mi padre sonriendo de una manera rara, como con dolor.»

Hunter vio a dos orientadores en la sala. Los reconoció de un centro de rehabilitación en Pensilvania.

—Ni hablar —dijo Hunter. Recuerda que Joe Biden le miró aterrorizado.

—Ya no sé qué otra cosa puedo hacer —le suplicó su padre—. Tengo mucho miedo. Dime qué puedo hacer.

—Esto no, joder —dijo Hunter.

«Fue horrible. Horrible —relataba Hunter—. La velada evolucionó hasta una debacle intensa y agónica.» Joe Biden persiguió a su hijo hacia la entrada de la casa, mientras él intentaba irse, lo agarró y lo abrazó muy fuerte, llorando. Una de sus hijas le quitó las llaves del coche.

Al final de la escena, Hunter accedió a acudir a un centro de rehabilitación cercano en Maryland.

«Cualquier cosa, por favor», le suplicaba Joe Biden.

Pero minutos después de que lo dejaran allí, Hunter llamó a un conductor de Uber y volvió a la habitación de su hotel, donde fumó más *crack*.

«Durante los dos días siguientes, mientras todos los que habían estado en casa de mis padres pensaban que yo estaba bien y a salvo en aquel centro, me quedé en mi habitación fumando el *crack* que llevaba en mi bolsa de viaje.»

Entonces Hunter reservó un vuelo a California y lo único que hizo fue «huir, huir y huir». Según escribió, estaba «desapareciendo».

Con luz verde ya, Mike Donilon preparó un informe sobre las trampas a las que podía enfrentarse Biden. En resumidas cuentas, se trataba de ignorar el ruido de Twitter y de los periodistas. La esencia del memorándum: «Tiene que presentarse como Joe Biden».

Donilon resumió verbalmente el memorándum a Biden. Fue directo.

—Mire, tiene que presentarse como quien es. ¿Y sabe qué? Ha sido vicepresidente de Estados Unidos, empieza esta campaña con un perfil con los votantes que es extraordinariamente fuerte, y que ha conseguido siendo quien es. Y si trata de cambiarlo, más valdrá que se vaya a su casa. No se preocupe.

Volvieron al concepto de «alma». Por aquel entonces había arraigado no solo en la retórica de Biden, sino como idea con un seguimiento enorme, gracias al libro de 2018 de Jon Meacham *El alma de América*.

Cuando Meacham moderó la conversación con Biden en la Universidad de Delaware, aquel invierno, le dijo: «Escribí el libro por lo de Charlottesville».

Meacham, que vivía en Tennessee, también se había hecho amigo de Biden y Donilon entre bastidores, y hacía comentarios sobre el lenguaje y chismes históricos cuando se llamaban. Tal y como lo definía Meachan, el alma era un conjunto de valores, una fuerza que empujaba a los norteamericanos hacia la bondad.

A Biden y a Donilon les encantó la referencia. Parecía que Meacham entendía a Biden, a diferencia de muchos de los expertos habituales en las noticias por cable, y poco a poco se convirtió en un Arthur M. Schlesinger Jr. informal, investido como historiador del poder, para la campaña todavía no anunciada de Biden.

—Voy a anunciarlo —dijo Biden a la delegación del Congreso de Delaware, consistente en tres personas, todas ellas demócratas, el 19 de marzo. Biden había pedido a los dos senadores del estado, Chris Coons y Tom Carper, y a la única miembro del Parlamento de Delaware, Lisa Blunt Rochester, que comieran con él en la avenida de la Constitución, 101.

Coons, que estaba licenciado en Derecho y Teología por Yale, siempre sintió que comprendía a Biden. Ambos eran hombres espirituales, hombres de Delaware.

Conocía a Biden desde hacía treinta años, y había sido elegido para la Corporación del Condado de New Castle, el mismo cargo en el que empezó Biden. Él y Beau Biden también habían sido amigos, y Beau había pedido a Coons que se presentara al escaño de su padre en el Senado en 2010, cuando Joe Biden renunció para convertirse en vicepresidente.

Coons no se sentía sorprendido de oír que Biden estaba en marcha. Biden le habló de Charlottesville, de las alarmantes divisiones del país. Su discurso básico se estaba refinando.

Carper y Blunt Rochester se fueron después de comer, pero Coons se quedó. Biden y él hablaron de Delaware.

—Joe —dijo Coons, mirando a Biden a los ojos—. Tengo un consejo para ti. Y a lo mejor no te gusta lo que te voy a decir, pero Lisa es congresista por derecho propio. —Esta era la primera mujer y la primera negra que ostentaba el escaño de Delaware—. Es una funcionaria estatal electa.

—Sí —dijo Biden—. ¿Qué me quieres decir con eso?

—Has hablado de su padre, que fue presidente del Ayuntamiento. Has hablado de lo unido que estabas a John Lewis. —Congresista de Georgia e icono de los derechos civiles—. Has hablado de que te iban a respaldar tal persona y tal otra. Pero tenías que haberle demostrado a ella el respeto suficiente para mirarla a los ojos y decirle: «Congresista, me sentiría muy honrado de tener su apoyo».

Biden parpadeó y se volvió a mirar hacia la ventana.

—Pensaba que lo había hecho… —dijo.

—No, no lo has hecho —dijo Coons—. Ya sé que te resulta incómodo, porque no quieres que te diga que no. También es incómodo para nosotros, porque no queremos que nos den por sentados. Pero te lo digo, tienes que invertir tiempo en respetarla y pedirle su apoyo.

A Coons le preocupó durante un momento que Biden se enfadara. Hizo una pausa y se calló. Biden miró a Coons.

—¿Sabes? Eso es lo que me habría dicho Beau, si hubiera estado aquí.

Biden se quedó callado.

—Va a ser mucho más duro de lo que pensaba, porque no tengo a nadie que me dé este tipo de consejos. Quiero que me prometas que cuando veas algo como esto me lo dirás, aunque me cabree, aunque no quiera oírlo.

Coons se lo prometió.

—Bueno, ¿qué sensación tienes de cómo ha ido la comida? —dijo más tarde Coons en una llamada telefónica a Blunt Rochester.

Hubo un silencio. Coons le preguntó si pensaba que Biden había sido respetuoso al pedirle su apoyo.

—Pues no, demonios —dijo ella—. Era como si me estuviera diciendo que tengo que apoyarle porque mi padre le apoyó. Y yo no soy mi padre.

—Sí —dijo Coons—, eso es lo que me ha parecido. —Aunque ya había hablado con Biden, le preguntó—: ¿Te ofendería mucho si transmitiera todo esto al vicepresidente?

—Ayudaría mucho, porque me he quedado algo preocupada —dijo ella.

Blunt Rochester fue invitada al cabo de poco tiempo a visitar a Biden en su casa, un sábado. Ella tenía graves dudas acerca del hecho de que Biden fuera candidato presidencial. «¿Estará realmente preparado para ello? ¿Será el más adecuado?» Llamó a su puerta. Nadie respondió, pero oía ladrar a sus perros.

De repente vio a Biden que bajaba por la colina en su coche, con café y bollos. No sabía si querría comer algo, le dijo. Fueron a su estudio. Ella vio una foto de Beau con su cazadora.

Biden le dijo que le preguntara lo que quisiera, por difícil que resultara.

Ella le preguntó cómo podría salvar el hueco existente entre progresistas y moderados en el partido. ¿Qué tipo de gente tiene usted para llevar esta campaña? ¿A quién mira, para formar su gabinete?

Las respuestas de él no fueron especialmente originales, pero ella se sintió afectada por la intensidad de su compromiso. Él quería que ella le hiciera más preguntas. Casi parecía sentir dolor al hablar de su familia, del precio que tendrían que pagar y de cómo le animaban para que se presentara a la presidencia. Sobre la política interior, dijo que quería ampliar el Obamacare.

—Quiero a una mujer como compañera de candidatura —le dijo Biden. Fue una sorpresa para Blunt Rochester, y no era algo que él hubiera dicho todavía públicamente.

Biden le dijo que la gente le presionaba para que dijera que solo gobernaría durante un mandato, pero que él se resistía.

Al cabo de dos horas y media, la acompañó hasta el coche. Antes de irse, ella le pidió que rezaran un momento juntos, y así lo hicieron. Ella se fue sintiendo que Biden había nacido para ese momento.

Blunt Rochester pronto apoyó a Biden y fue a múltiples estados e iglesias a hacer campaña por él, desde Harlem al centro. Lo hizo mucho más intensamente que Coons. Biden le pidió que fuera una de las copresidentas de su campaña, y más tarde, que estuviera en su comité de selección vicepresidencial.

Cuando Biden fue elegido, ella sabía que él ya tendría muchas opiniones, consejos, ruegos especiales, recomendaciones… Pero siguió cerca de él de todos modos, con su buen criterio. «Siempre sentí que él me escuchaba», dijo.

Los hábitos del pasado de Biden seguían presentes. Su tendencia a abrazar y besar a las mujeres a las que conocía, incluyendo candidatas y funcionarias electas, fue escrutada de nuevo cuando el movimiento Me Too sacó a la luz los acosos y agresiones sexuales.

Biden había desestimado desde hacía mucho tiempo las críticas a su conducta como un burdo intento de los republicanos de sexualizar sus interacciones con las mujeres. Pero el 29 de marzo de 2019 no fue una republicana, sino una mujer que había estado en la asamblea demócrata del estado de Nevada, quien acusó a Biden de «conducta denigrante y poco respetuosa» por besarle la coronilla en un acontecimiento en 2014.

«Un beso raro cambió mi forma de ver a Joe Biden», decía el titular del artículo, escrito por Lucy Flores, la demócrata de Nevada, para la revista *New York*. Biden se quedó de una pieza.

En una llamada a su personal, Biden parecía herido y exasperado.

—Yo nunca quise… —empezó, pero su voz desfalleció.

Luego, en un discurso unos días más tarde, Biden bromeó sobre el hecho de que tenía permiso de la presidenta de la asociación que le había presentado para abrazarla. También dijo a los reporteros: «No lamento nada de lo que he hecho». La reacción fue virulenta. Biden dejó de hacer esas bromas.

En su libro, Jill decía que su marido viene de una familia a la que le gusta abrazar. Pero después del episodio de Flores y de las quejas públicas de otras seis mujeres, que dijeron que el hecho de que Biden las tocara y las besara hizo que se sintieran incómodas, Jill se puso firme con Joe. Tienes que cambiar, y rápido.

—Debe respetar el espacio de la gente —dijo más tarde Jill Biden a *CBS This Morning*. Ella dijo que las mujeres que habían dado un paso al frente eran muy valientes—. Joe ha captado el mensaje.

10

En abril de 2019, Biden y Donilon estaban bajo presión para lanzar la campaña. Diecinueve demócratas habían entrado ya en la competición, el campo más amplio desde hacía décadas.

Al principio, Donilon pensaba que Biden debía dar un discurso en Charlottesville. Pero surgieron complicaciones a la hora de usar la Universidad de Virginia como telón de fondo. Por el contrario, Biden hizo algo que iba en contra de su costumbre: un vídeo grabado de tres minutos y medio, muy controlado, compartido en las redes sociales. Algo más joven y más contemporáneo.

Vestido con traje pero con el cuello de la camisa abierto, con un fondo de música muy dramática, Biden dijo: «Charlottesville, Virginia, es el hogar del autor de uno de los documentos más importantes de toda la historia de la humanidad», Thomas Jefferson. También «es el hogar de un momento definitorio para esta nación en los últimos años. Si le damos a Donald Trump ocho años en la Casa Blanca, alterará fundamentalmente y para siempre el carácter de esta nación. Lo que somos. Y no podemos quedarnos quietos contemplando cómo ocurre».

Lo más llamativo era lo que no se incluía. Nada de biografía. Ningún comentario político. Solo Charlottesville, el «alma de la nación», y Trump como aberración moral.

La cobertura de ese anuncio en las noticias tuvo una cualidad de simple trámite. El candidato eterno. Muchos reporteros políticos encontraban a Biden poco emocionante, como un abuelo al que uno quiere pero que cuenta demasiadas batallitas. Los progresistas lo detestaban abiertamente como reliquia de los errores demócratas en Irak, y por la dura ley contra la criminalidad de 1994, que afectaba desproporcionadamente a los negros. Fue muy recordada su forma de tratar las acusaciones de Anita Hill de acoso sexual por parte del candidato del Tribunal Supremo, Clarence Thomas.

Dentro del círculo de Biden, había quejas privadas por la pulla sutil tras la cobertura de las noticias: un hombre blanco y viejo, con un historial de fracasos y de abandonos tempranos, se presenta a la competición primaria presidencial más diversa de la historia. ¿No veían acaso que él dirigía toda la lucha directamente contra Trump?

Biden se subió al tren Amtrak que va desde Washington a Wilmington, una ruta que había hecho muchas tardes cuando estaba en el Senado para volver a casa con su familia. Se detuvo en Gianni's Pizza, pidió una pizza de *pepperoni* para llevar y habló con la gente de la localidad. Llamó a la madre de Heather Heyer, Susan Bro, en torno a las 16.30, y hablaron de pérdidas.

Entonces Biden se dirigió a un acto de recogida de fondos de campaña en Filadelfia. Al día siguiente su campaña informó de que había recaudado 6,3 millones de dólares en las veinticuatro horas que siguieron a su anuncio, más que ningún otro candidato demócrata en su primer día.

Donilon veía esperanza entre todo el negativismo, particularmente sobre el tema del «alma», demasiado vago y anticuado. Así era Biden. Lo último que quería Donilon era que se presentase otro demócrata con otra campaña típica presidencial con promesas sobre la economía o la cobertura sanitaria. Había algo mucho más importante en juego.

La Casa Blanca de Trump reaccionó con sorpresa. «Qué oportunidad perdida para Joe Biden», le dijo al presidente la controvertida consejera Kellyanne Conway, diseccionando el vídeo de Biden. ¿Charlottesville?

Trump estuvo de acuerdo. Lo encontró ridículo.

—Su mayor oportunidad —dijo Conway a Trump— habría sido recordarle a todo el mundo que él y solo él fue el número dos de Barack Obama.

Tener ese respaldo. Recordarle a la gente que contaba con el currículum perfecto de Washington. Por el contrario, Biden no hizo referencia alguna a Obama ni a su experiencia.

Ella vio un enfoque mejor y se puso automáticamente en modo campaña.

—Biden tendría que haber dicho: «Trump es lo que ocurre cuando no tienes suficiente experiencia en Washington. Trump es lo que ocurre cuando no conoces lo que tienes a tu alrededor en el Capitolio, como lo conozco yo. Para aquellos que echáis de menos los años de Obama, yo soy vuestro hombre».

Conway dijo que había desaprovechado el anuncio.

—Biden se ha perdido una segunda oportunidad —dijo—. Tendría que haber hecho seis o siete paradas enérgicas y entusiásticas el día del anuncio en los estados que ganaron Obama-Biden dos veces y que usted ganó en 2016.

Conocían bien esos estados —Michigan, Wisconsin y Pensilvania—, y sabían cuál era el margen de victoria de Trump.

—Debería haber tenido a chicos de los sindicatos detrás de él. Tendría que haber dicho a los votantes: «Quiero que volváis otra vez».

Trump asintió y clasificó a Biden como un candidato de poca o ninguna importancia, enormemente descolocado en su partido. Pero también sabía que tenía una marca. Si alguien comprendía el poder de una marca ese era Trump. Obama-Biden había ganado dos competiciones nacionales. Lo seguiría de cerca.

«Bienvenido a la carrera de Sleepy Joe —dijo Trump en Twitter—. Solo espero que tenga la inteligencia, puesta en duda muchas veces, de hacer una campaña de primarias con éxito. La cosa se pondrá fea… estará tratando con gente que realmente tiene algunas ideas muy locas y absurdas. Pero si lo consigue, ¡nos veremos en la línea de salida!»

Unos días más tarde, Trump se detuvo a hablar con unos reporteros en el jardín de la Casa Blanca antes de subir al Marine One. Las aspas del helicóptero giraban. El presidente estaba optimista, y su tono era provocador.

—Me siento como un hombre joven. Soy muy joven. Es increíble —les dijo Trump—. Soy un hombre joven y lleno de entusiasmo. Y si miro a Joe… no veo nada de eso.

Cuando a Biden, que aparecía en el programa *The View* de

la ABC aquel día, le hablaron del comentario de Trump, inclinó la cabeza juguetonamente un segundo, parpadeó dos veces exasperado y sonrió.

—Miren —bromeó—, si él parece joven y entusiasta comparado conmigo, yo probablemente debería irme a casa.

Los ojos de Biden estaban fijos en Trump. A finales de abril de 2019, viajó a Pittsburgh para ofrecer sus argumentos de clase media a una multitud bulliciosa en Teamsters Local 249.

—Soy un hombre de los sindicatos —dijo a las bases del partido—. Voy a derrotar a Donald Trump en 2020, eso es lo que va a pasar.

Pero en verano, Anzalone volvió con resultados de una votación de Iowa, la primera contienda. Lo del «alma» era un fracaso. Los demócratas de Iowa ansiaban un mensaje económico más potente.

Donilon no cedió y Biden nunca le pidió que cambiara. «El alma de la nación», así quedó la cosa.

11

*E*l mentor político de Cedric Richmond, responsable disciplinario de la mayoría en la Cámara, James Clyburn, tomó nota de las críticas. ¿Biden otra vez? ¿Por qué no sangre nueva? ¿No debían unirse los Demócratas Negros con uno de los suyos?

Pero ese no era un año normal para aquel demócrata de Carolina del Sur, dos años mayor que Biden y el líder negro de más alto rango del Congreso. Había que derrotar a Trump.

Clyburn, orador resistente ya desde los tiempos de su niñez y sus días como maestro de escuela en Charleston, también valoraba su tiempo privado. Últimamente había estado estudiando la historia de los fascistas, centrándose en Italia. Veía a Trump como un Benito Mussolini americano a la espera.

Clyburn se preguntaba si Trump dejaría la Casa Blanca si perdía la reelección.

Un húmedo viernes 21 de junio de 2019, Biden llegó a Columbia, Carolina del Sur, para asistir al pescado frito anual de Clyburn, una reunión que se había convertido en parada obligada para los demócratas que tenían esperanzas presidenciales. Los asistentes eran negros, sobre todo, y se les servían filetes de pescadilla frita con salsa picante.

Biden necesitaba vitalidad y una exhibición de apoyo por parte del rey del partido en Carolina del Sur.

La cobertura de los medios de la campaña de Biden había dado el peor giro imaginable. Aquella semana, Biden había dicho que había una «cierta cortesía» en sus años en Washington. Citaba su experiencia al trabajar con senadores segregacionistas.

—Estuve en un caucus con James O. Eastland —dijo Biden a un recaudador de fondos, refiriéndose al antiguo senador de

Misisipi y segregacionista—. Nunca me llamó «chico», siempre me llamó «hijo».

Biden recordó también al antiguo senador de Georgia segregacionista Herman Talmadge, «una de las personas más malvadas que conocí en toda mi vida».

—Puedes repasar la lista de todos esos tipos. ¿Y sabes qué? Al menos había cierta cortesía. Hacíamos cosas. No estábamos de acuerdo en casi nada, pero hacíamos cosas. Las remataábamos. Pero hoy en día, te despistas un momento y resulta que eres el enemigo. No la oposición, sino el enemigo. Ya no hablamos entre nosotros.

Cuando más tarde un montón de reporteros le preguntó por sus comentarios, Biden se puso a la defensiva.

—Yo me presenté al senado de Estados Unidos porque no estaba de acuerdo con los puntos de vista de los segregacionistas —dijo.

Entonces le preguntaron si pensaba disculparse.

—¿Disculparme por qué? —preguntó Biden, levantando una ceja—. No tengo ni una pizca de racista.

Clyburn procuró defender a Biden cuando los reporteros le acosaban por lo del pescado frito. Biden era un buen hombre, y punto. Pero no le apoyó, siguiendo su tradición de no anunciar a ningún favorito en la carrera de las primarias.

Cuando Clyburn volvió a casa aquella noche, hizo un resumen a su esposa Emily, de sesenta años, que se aproximaba al final de una larga lucha de décadas contra la diabetes. Él observó que la multitud rugía apoyando a Joe Biden.

Emily, bibliotecaria, era una observadora política muy astuta, los ojos y los oídos de Clyburn. Cuando asistían juntos a la iglesia, ella se llevaba una libreta y anotaba cómo reaccionaban los demás a su marido. Le gustaba hacerle una lectura.

—Si queremos ganar realmente, y derrotar a Trump, nuestro candidato debería ser Joe Biden —le dijo aquella noche Emily Clyburn, con voz suave.

—Probablemente en eso tengas razón —le dijo Clyburn—. Pero eso sería en las generales. El problema es conseguir que pase las primarias.

Υ

Una semana más tarde, en Miami, el mayor Buttigieg vio a Biden, con la cabeza gacha, tocando el rosario que llevaba en la muñeca antes de salir al escenario del primer debate presidencial de las primarias demócratas.

Biden se volvió y le dijo a Buttigieg que era de Beau.

Biden parecía estar en el punto de mira de todos los candidatos. Fue una salida dura. El golpe más fuerte vino de la senadora Harris, que denunció la antigua oposición de Biden al *busing* escolar (traslado de los estudiantes a colegios fuera de su zona, en autobús, para favorecer la integración racial).

—Sobre el tema de la raza —dijo Harris—, no podría estar más de acuerdo en que es un tema que todavía no se ha discutido con sinceridad y honradez. —Hizo una pausa y miró a su derecha—. Voy a dirigir esta pregunta ahora al vicepresidente Biden. No creo que usted sea racista. Y estoy de acuerdo con usted cuando se compromete en la importancia de encontrar un terreno común. Pero ha sido muy doloroso oírle hablar de la reputación de dos senadores de Estados Unidos que construyeron sus respectivas carreras con la base de la segregación de la raza en este país. Y no solo eso, sino que usted trabajó con ellos para oponerse al *busing*. ¿Y sabe usted? —prosiguió, con la voz llena de emoción—, había una niñita en California que formaba parte de la segunda clase integrada en su escuela pública, y a la que llevaban en autobús al colegio cada día. Esa niñita era yo.

Harris causó impresión.

Los miembros de la familia de Biden se quedaron sorprendidos e indignados. La senadora Harris, antigua fiscal general de California, había estado muy unida a Beau cuando él era fiscal de Delaware.

¿Cómo había podido?

A la semana siguiente, una encuesta de la universidad de Quinnipiac mostraba que Harris había subido y había llegado a un empate virtual con Biden por el liderazgo de la carrera, con él a un 22 por ciento y ella a un 20 por ciento entre los votantes demócratas.

79

12

$\mathcal{L}$os progresistas estaban en marcha, ansiosos de apartar el partido de Wall Street y de los halcones de la política exterior… y de Biden. La subida de la senadora Harris al escalón superior no duró, y a principios del otoño, los senadores Sanders y Warren eran los dos faros dirigentes del ala izquierda en la carrera.

Mientras Sanders tenía todavía unos seguidores fervientes desde su campaña de 2016, cuando parecía cerca de derrotar a Clinton, sus rivales progresistas ahora lo veían vulnerable. Su ataque al corazón el 1 de octubre durante una parada en la campaña, en Las Vegas, a la edad de setenta y ocho años, suscitó muchas preguntas sobre si debería permanecer en la carrera o no.

Sin embargo, Sanders se recuperó rápidamente y se centró en Biden. Sanders, que había sido una antigua estrella del atletismo, siempre se estaba presentando, volviendo a las campañas con escasas posibilidades y sin éxito a nivel estatal en los años setenta, y luego a su victoria repentina en Burlington, la carrera para alcalde en Vermont, en 1981.

Si cogía músculo a lo largo de la campaña de otoño, Sanders y su equipo contemplaban un enfrentamiento cara a cara con Biden, quizá ya entrado 2020.

—A lo largo del tiempo, senador, es el complemento perfecto para usted —le dijo Faiz Shakir, el director de campaña de confianza de Sanders. Podían colocar a Sanders como progresista en el lado correcto de la historia, y a Biden como el pasado.

Sanders estuvo de acuerdo. Buttigieg y otros se esforzaban por ser la alternativa centrista a Biden. También lo era el multimillonario Michael Bloomberg, antiguo alcalde de Nueva York, que quería presentarse. Pero Sanders nunca pensó que sobreviviría a su antiguo colega del Senado.

—Joe Biden es el único al que vamos a tener que derrotar —dijo Sanders.

Shakir dijo más tarde a otros que Sanders «siempre lo creyó, y siempre lo sintió» en relación al liderazgo de Biden.

—En todos los debates. En todas las conversaciones que hemos tenido sobre la carrera electoral, siempre ha sido Biden, Biden, Biden. No ha aparecido ni Bloomberg, ni Warren, ni nadie más —dijo Shakir—. Siempre ha sido eso de: «¿Qué está haciendo Joe Biden? ¿Qué tal van sus operaciones?». Eso es lo que siempre quería saber.

Donilon seguía resistiéndose a persistentes llamamientos para que hiciera una remodelación del mensaje. Organizó un conjunto de grupos de sondeo en Carolina del Sur, el estado que creía que era el cortafuegos de Biden.

Donilon les enseñó vídeos: los vídeos del anuncio y otro vídeo sobre el «alma de la nación».

Los participantes eran sobre todo mujeres ancianas negras, votantes que Clyburn sabía que serían cruciales. Cuando les proyectaron los vídeos, las mujeres se echaron a llorar. Dijeron que aquella era la América en la que ellas vivían. De eso tenemos miedo. Por eso estamos preocupadas. Esa es nuestra vida. Por eso queremos que gane Biden.

Donilon se sintió muy animado al discutir los resultados con los colegas, y más tarde dijo: «Siempre recordaré esa constatación de lo potente que era aquel mensaje, y lo claro y resonante que resultaba para esos votantes, en particular los votantes afroamericanos y las mujeres afroamericanas de edad avanzada en Carolina del Sur».

Fuera del intenso eco de la cámara en Twitter, dijo Donilon: «Hay un miedo fundamental» sobre el quid de la carrera presidencial.

Donilon informó a Biden, y le dijo: «Lloraban».

Pero Biden parecía abierto a otros consejos. Sabía que estaba a caballo entre generaciones.

—Sé tú mismo —le dijo la presidenta Pelosi, en el fune-

81

ral del congresista por Maryland Elijah Cummings, en octubre—. Hazlo de tal manera que muestre tu autenticidad. Después de todo lo que se ha dicho y hecho, es lo que quiere ver la gente. La sinceridad. Lo genuino.

Ella había ido siguiendo la campaña, viéndole debatirse desde un principio. Se mantuvo neutral en la carrera de las primarias, pero no escondía su afecto por él, personal y políticamente.

—¿Sabes? —añadió Pelosi—, esos jóvenes de ahora tienen un tiempo de atención mucho más corto. Así que tenemos que ser breves a la hora de hablar.

A final de año, antes de que se votase nada, la senadora Harris y el antiguo congresista de Texas Beto O'Rourke habían caído, a pesar de sus entusiastas principios.

Biden había sobrevivido, pero su campaña todavía estaba atascada, con Sanders, Warren y Buttigieg ahora subiendo en los primeros estados con votaciones.

Para complicar más las cosas, Bloomberg, que se había unido a la carrera en noviembre, estaba gastando millones de dólares en anuncios y operaciones sobre el terreno. Debido a su entrada tardía, apostaba por un enfoque heterodoxo y sobrepasaba a sus competidores en los primeros estados votantes.

Los aliados de Biden, como el congresista Tim Ryan, en la demócrata Ohio, estaban nerviosos. Biden parecía haber desaparecido por completo de las noticias.

—Confiemos en el plan —le dijo Biden a Ryan cuando se cruzaron sus caminos en el aeropuerto de Pittsburgh.

Durante una entrevista del 5 de diciembre de 2019 en el Despacho Oval para el libro de Woodward *Rabia*, Trump le pidió a Woodward que hiciese una predicción sobre quién sería su oponente demócrata. Woodward no quiso responder.

—Para ser sincero con usted, creo que es un grupo de candidatos terribles —dijo Trump—. Es muy vergonzoso. Me avergüenzo de los candidatos demócratas. Quizá tenga que competir con uno de ellos, y ¿quién sabe? Son unas elecciones. Y a mí ahora mismo me va muy bien.

*E*n enero de 2020, Biden estaba haciendo campaña a tiempo completo en Iowa, por delante de los caucus.

Entre parada y parada se reunía regularmente con Tony Blinken, su consejero de política exterior más importante desde hacía mucho tiempo, para compartir información sobre el mundo.

Blinken había trabajado como número 2 en el Departamento de Estado durante los años de Obama, después de haberlo hecho para Biden en la oficina de la vicepresidencia. Se mantenía en contacto con los departamentos de política exterior y de inteligencia, así como con todos los que estaban fuera del gobierno.

Aunque era conocido por su hábil diplomacia en sus tratos personales y profesionales, Blinken seguía llevando el pelo largo y tocaba en una banda de *dad-rock*.

Aquel enero surgió en China la noticia de un virus muy violento. El 23 de enero China cerró Wuhan, una de sus ciudades más pobladas, y confinó a toda su población de once millones de personas en sus hogares, para intentar controlar el brote.

Blinken le dijo a Biden que podía estallar una emergencia de salud mundial, quizás incluso una pandemia. Instó a Biden a que hablase de ello. Biden habló con Klain, que supervisó la crisis del ébola para la administración Obama a finales de 2014 y principios de 2015. Klain dirigió el rastreo de individuos de los países afectados por el ébola y trabajó estrechamente con los Centros de Control y Prevención de Enfermedades.

—Salga y hable en voz alta —sugirió Klain a Biden—. Denuncie la situación bien alto. Esos brotes siempre son más duros y cuestan más tiempo de lo que nadie piensa. No terminan hasta que terminan del todo, y uno se arriesga a responder en exceso o demasiado poco.

Estuvieron de acuerdo en que era precisamente un tema de gobierno y de organización que Trump no sería capaz de manejar. Pero Biden sí que podía.

Biden y su equipo redactaron un artículo de opinión y lo publicaron en el *USA Today*, el periódico diario destinado a los viajeros que se podían sentir alarmados ante una crisis sanitaria mundial. Salió el 27 de enero. El titular era: «Trump es el peor líder posible para ocuparse de un brote de coronavirus». Biden recriminó a Trump que tuiteara «todo irá bien», y que propusiera «recortes draconianos» a los CDC (Centros de Control y Prevención de Enfermedades) y a los Institutos Nacionales de Salud. Juraba que, si le elegían, «defendería siempre la ciencia, no la ficción ni el alarmismo».

Al día siguiente, el consejero nacional de seguridad Robert O'Brien advirtió a Trump, en una sesión informativa diaria presidencial de alto secreto, de que el brote del misterioso virus similar a la neumonía sería un verdadero cataclismo.

Sentado ante el escritorio Resolute, Trump miró de hito en hito a O'Brien.

—Será la amenaza a la seguridad nacional más importante a la que se enfrentará en su presidencia —dijo O'Brien.

—¿Y qué hacemos, pues? —preguntó Trump, volviéndose hacia Matthew Pottinger, el consejero adjunto de seguridad nacional que fue reportero del *Wall Street Journal* en China. Pottinger dijo que sus excelentes fuentes allí creían que Estados Unidos podía sufrir centenares de miles de muertes por el virus.

—Prohíba los viajes de China a Estados Unidos. Se avecina una crisis de salud muy grave —dijo Pottinger—. Esto podría parecerse a la epidemia de gripe española que hubo en 1918, y que se estima que mató a unos 675000 americanos.

Tres días más tarde Trump restringió los viajes desde China, pero el presidente seguía poco centrado. Estaba la Super Bowl, que iba a empezar, el campo demócrata presidencial, su discurso del Estado de la Unión… y su juicio por *impeachment* ante el Senado.

En el corazón del juicio se encontraba el agobio que sentía Trump ante Biden. Lo despreciaba públicamente, pero tanto él como sus consejeros de mayor rango sabían que Biden, a diferencia de Hillary Clinton, tenía una fuerte base entre los votantes de cuello azul (*blue collar*, trabajadores manuales o de fábricas, menos cualificados, en contraposición a los *white collar* —de cuello blanco—, dirigentes y cuadros superiores). Dado que Trump había derrotado a Clinton por un escaso margen, cualquier erosión al apoyo de Trump entre esos votantes podía resultar fatal para sus posibilidades de reelección.

El 25 de julio de 2019, Trump había llamado al primer ministro de Ucrania recientemente elegido, Volodymyr Zelensky, y estaba buscando un compromiso de ayuda militar de Estados Unidos en el conflicto de Ucrania con Rusia.

En la llamada, cuya transcripción más tarde Trump ordenó que se hiciera pública, el presidente pedía a Zelensky que hablase con el fiscal general William Barr y el abogado presidencial personal Rudy Giuliani sobre una investigación de los Biden, sobre todo del trabajo de Hunter Biden para Burisma, una compañía de energía ucraniana que se enfrentaba a problemas legales.

A principios de febrero, Trump fue absuelto por el Senado controlado por los republicanos en el proceso de *impeachment* de la acusación de abusar de su poder y obstruir al Congreso, quedándose a 10 votos de distancia de los 67 votos, dos tercios de la mayoría, requeridos por la Constitución para sacar al presidente de su cargo.

85

Jake Sullivan, antiguo colaborador de alto rango de seguridad nacional con Biden y con Hillary Clinton, era otro super-triunfador de los que estaban dentro de la campaña de Biden.

Sullivan, de cuarenta y dos años, era licenciado en la facultad de Derecho de Yale, becario de Rhodes y secretario judicial del juez del Tribunal Supremo Stephen Breyer. Era un hombre muy delgado, precavido y serio. En las reuniones Biden a menudo le preguntaba: «¿Qué opinas, Jake?».

Sullivan había estudiado los caucus y las próximas primarias. Obviamente era un terreno poco amistoso para Biden, con preeminencia de votantes blancos y del mundo rural.

Enseguida, Sullivan dio con una estrategia que diseñó y mantuvo luego: 4-3-2-1. Cuarto en Iowa, tercero en New

Hampshire, segundo en Nevada y primero en Carolina del Sur, donde tenían que ganar.

En febrero de 2020, el plan 4-3-2-1 estaba a punto de derrumbarse del todo, y el director de campaña Greg Schultz estaba bajo una presión creciente.

Biden, nada adicto al dramatismo de una remodelación total, mantenía a Schultz a bordo, pero envió a Anita Dunn al cuartel general de la campaña en Filadelfia para que se hiciera cargo de una campaña desmoralizada con un presupuesto reducidísimo. Ella se convirtió en directora de campaña *de facto*.

Los caucus de Iowa del 3 de febrero fueron una auténtica paliza: el esperado cuarto puesto final. Biden consiguió solo el 16 por ciento de los votos, y quedó por detrás de Buttigieg, Sanders y Warren. El trío consiguió el 70 por ciento del voto en el estado.

Cuando se acercaban ya las primarias de New Hampshire, Dunn advirtió a los demás de que Biden quizá no fuera capaz de competir si Bloomberg empezaba a hacer avances nacionales. El supermartes, una batalla con 1357 delegados en catorce estados, se encontraba muy cerca, el 3 de marzo, después de las cuatro primeras competiciones.

Biden no señalaba a nadie con el dedo ni culpaba a nadie. Dunn no vio autocompasión en él. Por el contrario, preguntó: «¿Cuál es nuestro plan, y cómo vamos a hacerlo?».

Como los fondos eran muy escasos, Dunn suspendió la participación de Biden en el supermartes. El personal de campo del este de Misisipi fue enviado a Carolina del Sur. Los que estaban al oeste del Misisipi fueron enviados a Nevada, donde Biden buscaba el apoyo de los trabajadores.

Buttigieg, resurgiendo en las encuestas después de ganar apretadamente por un delegado en Iowa, vio las primarias de New Hampshire del 11 de febrero como una oportunidad de ponerse en cabeza.

Para intentar frenarlo, la campaña de Biden preparó un brutal vídeo de ataque llamado «El historial de Pete», comparando su historial con el de Biden. El narrador del anuncio decía que tanto Biden como Buttigieg habían participado en «combates muy duros».

«Bajo la amenaza del Irán nuclear, Joe Biden ayudó a negociar el trato con Irán —decía el narrador. Luego la música de fondo se volvía más ligera, como de dibujos animados—. Y bajo la amenaza de la desaparición de los animales domésticos, Pete Buttigieg negoció regulaciones de licencias más permisivas para los escáneres de chips de los animalitos.»

Y seguía así, alternando la música, promocionando el trabajo de Biden sobre la economía y el paquete de incentivos de Obama «salvando nuestra economía de una depresión» mientras «Pete Buttigieg revitalizaba las aceras del centro de South Bend colocando ladrillos decorativos».

La campaña, sin embargo, no tenía dinero suficiente para pasar el anuncio por televisión. Donilon le dijo a Biden que era necesario políticamente ponerlo en los medios de comunicación y en YouTube. La mejora podía hacer que valiera la pena pagar un anuncio.

—No me gusta nada —dijo Biden, pero estuvo de acuerdo en que se podía emitir el vídeo.

Unas seis horas más tarde, Biden llamó a Donilon:

—Quítalo. Quítalo ahora mismo. ¡No quiero que se siga emitiendo! ¡Quítalo!

Era demasiado tarde. Los medios de comunicación estaban pasando el anuncio, y algunos comentaristas decían que aquello mostraba la desesperación de Biden. Los ayudantes de Buttigieg etiquetaron aquel ataque como el clásico ejemplo de política mordaz y sucia de Washington.

Biden quedaba el quinto en las encuestas de New Hampshire. Además, las finanzas de la campaña iban disminuyendo.

A punto de votar en New Hampshire, la directora de comunicación de Jake Sullivan y Biden, Kate Bedingfield, se sentó en un bar de Mánchester, New Hampshire. Sullivan escribió una nueva secuencia en una servilleta:

4-5-2-1

New Hampshire fue una catástrofe. Sanders y Buttigieg recibieron cada uno el 25 por ciento de los votos, y la senadora Amy Klobuchar de Minnesota, otra moderada, superó sus expectativas y consiguió el 20 por ciento. Warren acabó el cuarto.

Biden, con un 8 por ciento de los votos, en quinto lugar, dejó New Hampshire aquella noche y se dirigió a Carolina del Sur.

*E*l domingo 23 de febrero, el Caucus Negro del Congreso celebró una reunión en el USS Yorktown, un portaaviones enorme y retirado del servicio fondeado en Charleston. Faltaban seis días para las primarias de Carolina del Sur.

Biden necesitaba que Clyburn se mojara ya, de inmediato, y le apoyara. Llegó al barco tarde, por la noche. Clyburn le esperaba en una habitación apartada.

Fue directo al grano. Aquella reunión era sobre política dura. Si Clyburn iba a jugar al salvador, a cambio quería unas ciertas garantías políticas: Biden convertiría a los votantes negros en su prioridad, en la campaña y en la Casa Blanca.

Clyburn pensaba también que Biden estaba algo oxidado, y que necesitaba recibir una buena patada en el culo.

—Hay tres cosas que me gustaría que hiciera y creo realmente que harían que funcionase mi apoyo —dijo Clyburn a Biden.

—Le escucho —dijo Biden.

—Lo primero que tiene que hacer es acortar mucho sus discursos, e ir más al grano.

Biden no dijo nada.

—Es el consejo que me dio mi padre —dijo Clyburn, recordando a su padre, que era pastor—. Que sea sencillo, que sea breve. Él me decía: «Cuando hables, acuérdate del Padre, del Hijo y del Espíritu Santo. No vayas más allá de esas tres cosas». Mi segundo punto es el 10-20-30.

Biden conocía la referencia. Era el plan antipobreza típico de Clyburn para el gasto federal, adjudicando «al menos un 10 por ciento de fondos de cualquier programa federal a condados donde el 20 por ciento de la población ha vivido por debajo del umbral de la pobreza durante treinta años o más».

—Tiene que adoptar el 10-20-30 —le dijo Clyburn—. Sí, ya sé que está en su plataforma, pero tiene que insistir en ello. Y finalmente, la tercera cosa es que tengo tres hijas. Estoy muy orgulloso de mis tres hijas, y es un poco extraño para nosotros estar en este momento de nuestra historia y que nunca haya habido una sola mujer afroamericana en el Tribunal Supremo. Cuatro mujeres. Ninguna afroamericana. Algo no cuadra en todo esto.

—Yo desempeñé un papel a la hora de tener a la primera latina en el Tribunal Supremo, y me gustaría hacer lo mismo con una mujer afroamericana —dijo Biden.

Biden y Clyburn se estrecharon la mano.

Los demás demócratas se reunieron en Charleston el 25 de febrero para el debate final, antes de las primarias.

Biden estaba en el punto de mira. Pero también lo estaba Sanders, que ganó los caucus de Nevada el 22 de febrero, donde Biden quedó en segundo lugar. Con dos victorias totales en New Hampshire y Nevada, y una casi a punto en Iowa, resultaba imaginable algo que parecía una fantasía solo cinco años antes: una nominación de Sanders.

En el debate, Clyburn se sentó delante. Había ofrecido su apoyo a Biden con condiciones, y no estaba sellado todavía. Pero hasta el momento no se había filtrado nada. Si Biden fracasaba o no lo respetaba, Clyburn podía retirarse.

Se empezó a agobiar, pues Biden había desperdiciado numerosas ocasiones para mencionar su promesa con respecto al Tribunal Supremo.

Durante un intermedio, Clyburn le dijo a un amigo que iba al lavabo. Por el contrario, se fue entre bastidores y llevó a Biden a un lado.

—Hombre, ha habido un par de veces esta misma noche en que podía haber mencionado lo de tener a una mujer negra en el Tribunal Supremo —le dijo Clyburn—. No puede dejar el escenario sin hacerlo. Tiene que hacerlo.

Biden le dijo que sí, que lo haría. En su discurso final, Biden cumplió por fin.

—Todo el mundo tiene que estar representado. Todo el mundo —dijo—. Lo que deberíamos estar haciendo… hemos hablado del Tribunal Supremo. Quiero asegurarme de que haya una mujer negra en el Tribunal Supremo para que podamos tener toda la representación efectiva.

La multitud rugió. Clyburn asintió. Al día siguiente, este habló en North Charleston.

Con traje oscuro y una corbata dorada, veía a dos de sus hijas, Jennifer y Angela. Estaban sentadas aparte, con un asiento libre entre ellas. Clyburn pensó en su difunta esposa, Emily, que había muerto en septiembre.

—Yo conozco a Joe —dijo Clyburn—. Todos conocemos a Joe. Pero lo más importante es que Joe nos conoce a nosotros. Sé dónde está su corazón. Lo sé muy bien. ¡Le conozco! Y también sé dónde está este país.

Biden estaba de pie a la derecha de Clyburn, con las manos entrelazadas. Los ojos de Biden se llenaron de lágrimas por la emoción al escuchar a Clyburn ofrecer su apoyo apasionado. Era lo que necesitaba en aquel momento. Y fue una auténtica explosión política.

Durante meses hubo quejas constantes por la campaña de Biden. Era demasiado viejo, demasiado lento, no tenía la energía suficiente. Era demasiado centrista. Era el pasado. Los funcionarios del partido, el cuerpo de la prensa… todos habían utilizado esa cantinela. Pero ya no lo harían nunca más. Biden era ahora el candidato posicionado para derrotar a Sanders. El único que podía unir a los Demócratas Negros. El único que podía derrotar a Trump.

Durante una entrevista con la CNN aquel viernes, justo antes de las primarias, Clyburn hizo una declaración impactante: Biden tenía que ganar al menos por 15 o 16 puntos. Cedric Richmond le reprendió tomando unas copas, aquella noche.

—No nos hace ningún favor —dijo Richmond—. No hemos ganado nada todavía. ¿Y ahora de repente quiere una victoria aplastante por quince o dieciséis puntos? Ha subido mucho las apuestas.

Clyburn estaba seguro de que Biden acabaría muy por encima.

—Yo conozco Carolina del Sur —dijo. También conocía a Sanders, que aunque había hecho grandes progresos con los votantes negros desde su traspiés en 2016, no había encontrado la forma de galvanizarlos de la misma manera que emocionaba a los progresistas blancos.

Un día más tarde, el 29 de febrero, Biden ganó por un 48,7 por ciento el voto de Carolina del Sur, una victoria colosal. Sanders se despeñó, de ir en cabeza a atraer solamente el 19,8 por ciento del voto, un segundo lugar muy deslucido. Buttigieg y Klobuchar acabaron con un solo dígito.

En el mitin nocturno de Biden de las primarias, una sonriente Jill Biden dio un abrazo a Clyburn mientras ella y Joe Biden subían al escenario. Sonaba a todo volumen «Move on Up», de Curtis Mayfield, y sus partidarios levantaban los pósteres azules de Biden.

—¡Mi colega, Jim Clyburn! ¡Él me ha vuelto a traer! —dijo Biden a la multitud—. Y estamos todavía muy vivos.

Buttigieg y Klobuchar corrieron a reunirse con Biden en Dallas y darle su apoyo. También lo hizo Beto O'Rourke, el joven texano al que le gustaba subirse a las mesas a dar discursos.

Sería un mitin de unión, el 2 de marzo, el día antes del gran enfrentamiento del supermartes.

El temor de Sanders de repente se había hecho realidad. Muchos demócratas corrían a respaldar a Biden y para que terminara la carrera… y evitaban un retorno de Sanders. Este, creían, perdería contra Trump en unas elecciones generales.

Biden estaba conmovido cuando llegaron sus rivales.

—Creo que nunca antes había hecho esto, pero me recuerda a mi hijo, Beau —dijo Biden, en un acto justo antes del mitin, de pie junto a Buttigieg, muy arreglado con su camisa blanca impoluta y su corbata oscura. Buttigieg había servido en Afganistán, en la Reserva de la Marina—. Sé que quizás esto no signifique mucho para la mayoría de la gente. Pero para mí, es el cumplido más grande.

Entre bastidores, Klobuchar y su marido, John Bessler, se reunieron con Joe y Jill Biden. Su charla fue cortés. Entonces Klobuchar observó que Cameron Smith, la joven fotógrafa de su campaña, estaba llorando.

—Cam, no importa —dijo Klobuchar—. Todo va bien.

Biden se acercó a Smith y la rodeó con el brazo de una manera paternal.

—Cam, vamos a trabajar todos juntos. Estarás bien.

Jill Biden también lloró entre bastidores. Era una catarsis. Todo se había juntado al final.

Klobuchar le dijo a Jill Biden que a menudo miraba a Jill durante los debates porque ella tenía una «cara buena», cálida y optimista. Y, observó con una sonrisa, Jill asentía de una forma muy agradable, de vez en cuando, al responder ella.

Después del mitin, O'Rourke y su mujer, Amy, se unieron a Biden y fueron a tomar algo a última hora en Whataburger, una cadena de comida rápida. Biden estaba efervescente, estrechó la mano a todos los trabajadores que estaban detrás del mostrador y firmó autógrafos.

Tomando hamburguesas y batidos, hablaron de sus hijos. Los de O'Rourke estaban creciendo muy rápido. Biden observó que se acercaba la universidad, y recordó el momento en que visitó algunos campus, décadas atrás.

Biden recordaba también que a su padre no le gustaba la facultad de Amherst de Massachusetts, muy elitista, una de las pequeñas «Ivies», aunque Biden sí estaba interesado en asistir a ella.

—Me dijo: «Tendrías que trabajar en el comedor, sirviendo a los chicos ricos» —les contó Biden. Y añadió que su padre, que había ido al instituto en St. Thomas Academy, en Scranton, sencillamente no quería visitar Amherst. Se habría sentido incómodo allí, fuera de lugar.

—Eso me llegó al alma —observaba más tarde O'Rourke, que se graduó en la Universidad de Columbia—. Porque obviamente fue algo que afectó a Biden —Sentía la vergüenza de su padre, cincuenta años después.

O'Rourke anotó en su diario aquella noche que «parte del mérito de Biden consiste en comprender ese sentimiento de su padre».

92

15

$\mathcal{F}$aiz Shakir, director de campaña de Sanders, pronto recibió una llamada telefónica de su antiguo jefe, el anterior líder de la mayoría del Senado, Harry Reid, de Nevada. Apoyaba a Biden.

—Escucha, Faiz —dijo Reid—. Espero que seas consciente de que he recibido un montón de presión.

Shakir llamó a Sanders. «Si Harry Reid se desplaza hacia Joe Biden, eso significa que están ocurriendo muchos otros movimientos. Harry Reid no se mueve solo.» Los líderes del partido, donantes y funcionarios… todos querían que terminase aquello.

El supermartes consiguió diez estados más para Biden, recogiendo sus ganancias desde el Sur al Medio Oeste y Nueva Inglaterra, y ganando en Texas. Las primarias de Michigan, el 10 de marzo, eran críticas, y Biden ganó también allí. No eran solo los mandamases los que hacían una declaración formal. Eran los votantes.

Aquella noche, en un vuelo, Sanders hizo señas a Shakir de que se acercara. Era hora de llamar a la gente de Biden.

—Simplemente, pregúntales si los progresistas tienen un papel que representar en esta campaña —dijo Sanders en voz baja—. Pregúntales eso, nada más. A ver hasta dónde quieren llegar.

A diferencia de 2016, cuando él y sus aliados guerrearon con la campaña de Clinton todo el tiempo hasta la convención, y la veían como elitista y moderada, Sanders quería cooperar y apoyó a Biden. Quizá pudiera incitar a Joe a que hiciera alguna transformación grande, hacia una agenda que incorporase ideas progresistas.

Biden se ahorraría una guerra civil demócrata. Fue uno de los cambios más espectaculares en la historia de las campañas presidenciales.

Biden se enfrentaba a un nuevo mundo: ya era, efectivamente, el candidato presidencial demócrata. Pero la pandemia tumbó sus planes de campaña.

Biden suspendió la campaña en persona a mediados de marzo, a medida que el virus se iba extendiendo y los gobernadores de todo el mapa empezaron a prohibir las reuniones grandes. Se centró en los eventos virtuales.

El cambio fue raro, de unos días maratonianos y frenéticos con vuelos y mítines a una vida de reclusión, trabajando desde su casa en Delaware rodeado por el servicio secreto. Hablaba con ayudantes y partidarios suyos a lo largo del día, por teléfono y por videoconferencia, en lugar de asistir a actos. Hizo muchas entrevistas por televisión. Trump se reía de Biden, y le llamaba «Biden el del sótano».

Incluso con Sanders en el redil, unir a los demócratas era una prioridad. Biden necesitaba mantener cerca a sus antiguos rivales, para asegurarse de que la izquierda se sentía bienvenida. Para derrotar a Trump no se podía quedar nadie al margen.

94

El hermano mayor de la senadora Elizabeth Warren, Don Reed, murió a finales de abril de 2020 por el coronavirus. Era un veterano de las Fuerzas Aéreas que había participado en la guerra de Vietnam.

Warren, descolgada después del supermartes en marzo, recibió docenas de llamadas de condolencias estereotipadas.

Y luego la llamó Joe Biden.

—Esto es horrible. ¡Es horrible, maldita sea! —le dijo Biden.

Biden dijo que no conocía a Don Reed, pero que estaba «seguro de que se sentía terriblemente orgulloso» de ella.

Le dijo que hermanos y hermanas tienen una relación especial. Habló de su hermana, Valerie, y de que iban juntos en bicicleta.

—Esas relaciones internas que creas cuando eres pequeño son para siempre —dijo. Y luego rio—. Y andamos ya todos por los setenta… Pero estas cosas que nos unieron de niños nos unen como seres humanos, incluso después de la muerte.

Biden desvió la conversación hacia la pandemia y la economía. Dijo que el país estaba al borde del precipicio y de la calamidad en ambos casos, a menos que se emprendieran acciones significativas.

Warren, una progresista que había construido una campaña sobre «planes» de reformas económicas generales y un influjo de gastos federales, se animó. ¿Estaba señalando acaso Biden que se iba a desplazar hacia ella?

—Es malo, y estamos al borde —le dijo Biden—. Y este tipo —Trump— intenta negarlo.

Biden dijo que estaba desesperado por hacer algo. Algo que tuviese impacto.

Expresó su agradecimiento a ella y a otros en el partido por respaldarle. Significaba mucho ver que los demócratas se unían. Warren notaba que estaba conmovido.

—No podría hacer esto sin ti, chica —le dijo Biden. La conversación había durado treinta minutos.

El 27 de abril de 2020, Tony Fabrizio, encuestador principal republicano que trabajaba para el presidente, envió un memorándum muy mordaz de tres páginas a Brad Parscale, entonces director de campaña de Trump. Era un documento que merecía acabar en los anales de las campañas políticas.

«Hemos visto al enemigo, y el enemigo somos nosotros», escribía Fabrizio. No conseguían definir a Biden y le estaban permitiendo que expresara libremente su propia imagen.

El memorándum ofrecía una previsión ominosa de la campaña de Trump: este iba de camino hacia una derrota épica:

> Probablemente esté harto de mi alarmismo, pero creo que lo que he expuesto aquí nos da una razón de peso para incrementar inmediatamente nuestros intentos de definir a Biden.
>
> Estamos en un punto muy bajo… El colapso del optimismo sobre la economía y el impacto del CV [coronavirus] en todas partes, y más específicamente la percepción de cómo está manejando este asunto el POTUS, han sido un triple revés para nosotros. Inversamente, Biden ha estado prácticamente desaparecido en combate, y moviéndose todo el tiempo en los medios nacionales y en los medios del mercado local, y ha rehabilitado sistemáticamente su imagen en todo el tablero de juego.
>
> Si no se da una recuperación milagrosa de la economía en dos meses, o Biden literalmente se hunde solo, existen pocas posibilida-

des de que nos encontremos de nuevo en la posición en que estábamos en febrero, sin un compromiso pleno de Biden.

Fabrizio resumía las encuestas de la campaña y la investigación hasta el momento en 10 puntos. Advertía de que el liderazgo de Trump en la pandemia era una desventaja.

Y aunque el POTUS empezó en una posición fuerte, por su manejo [del coronavirus], aunque continuase dominando el terreno y atrajese a enormes audiencias con sus informes diarios, las controversias y conflictos que han surgido de ellos a menudo han sido el único resultado para los votantes.

Fabrizio subrayaba su conclusión:

Como hemos visto muchas veces antes, no son las políticas del POTUS las que causan el mayor problema, sino las reacciones de los votantes a su temperamento y su conducta.

Fabrizio desdeñaba el rumor de que los demócratas reemplazarían a Biden en su convención. Ese cotilleo se había extendido en los círculos de los medios de derechas y derivó hasta el Despacho Oval. Trump lo fomentaba constantemente.

«Sé que el POTUS tiende a expresar esta opinión», señalaba Fabrizio. Pero decía que la idea era absurda.

«A no ser que se derrumbe por completo él solo, Biden será el candidato», aseguraba Fabrizio. En mayo, era necesario un «ataque sostenido de varias semanas con un peso significativo para mover números».

Fabrizio no esperaba que Parscale siguiera su consejo. Este estaba muy unido al yerno y consejero de Trump, Jared Kushner, que, según creía Fabrizio, ocultaba sistemáticamente todas las verdades políticas incómodas del presidente.

Fabrizio, un hombre recio con la barba gris, decidió entregar las malas noticias directamente a Trump en el Despacho Oval.

—Señor presidente, cada día que la campaña trata de usted, vamos perdiendo —le dijo—. El día que la campaña va de Joe Biden, ganamos. Y ahora mismo Joe Biden no está haciendo nada, de modo que la carrera va constantemente de usted.

16

Después de quince meses llevando el Departamento de Justicia para el presidente, al fiscal general Bill Barr también le preocupaba en abril de 2020 que Trump estuviera saboteando sus posibilidades de reelección. Necesitaba una reunión reveladora.

Barr consultó a dos personas lo que debía decir a Trump. Primero a su mujer, de cuarenta y siete años, Christine, bibliotecaria, muy amiga de la mujer de Robert Mueller, Ann.

—No puedes salvar a nadie de sí mismo —le dijo Christine a su marido—. Ese tipo está obcecado con su manera de hacer las cosas, y es como es, y tú no puedes cambiar eso.

—Ya lo sé —dijo Barr—. Pero voy a intentarlo.

Continuaría llevando el Departamento de Justicia de la manera en que creía que debía hacerlo, en mejor interés tanto de Trump como de la administración, y entonces, «es de esperar que tendrá una posibilidad de ser reelegido».

Barr confió a su mujer, sin embargo, que se sentía un poco frustrado.

—Llevo el tiempo suficiente por aquí para saber que no se debe guardar rencor, pero creo que muchos otros y yo vinimos aquí para ayudar a ese hombre, para conseguir que se aclimatase al sistema de Washington, para guiar a Trump y enseñarle los límites. El problema es la propia testarudez y ceguera de Trump.

Barr recordaba que se montó una intervención similar veintiocho años antes con el presidente George H. W. Bush, cuando Barr fue fiscal general por primera vez.

Jack Kemp, entonces secretario de Vivienda, y Barr, fueron a ver a Bush después de una reunión del gabinete, en marzo de 1992, cuando Bush era líder en las encuestas para su reelección.

—Señor presidente, sobre la trayectoria actual, pensamos que va a perder usted —dijo Barr. Kemp se hizo eco también. Bush se quedó boquiabierto. Su mensaje era que tenía que prestar mucha más atención a los asuntos internos y a la economía. Resultó ser un buen consejo. Bush perdió en parte porque no consiguió hilvanar un mensaje coherente sobre la economía.

Barr habló con Jared Kushner, que dijo que el camino estaba libre para ir a hablar con Trump a solas. Kushner admitió que Trump tenía que oír aquello, y que le apoyarían también otros funcionarios. Pero Barr sería el primer bateador, porque podía conseguir un tanto.

Barr se acercó al pequeño comedor del Despacho Oval y tomó asiento. Se preparó, porque el enfoque habitual de Trump cuando detectaba que alguien venía con una recomendación no deseada o algo que no quería oír era usar maniobras dilatorias.

—No se haga el despistado, señor presidente, por favor —dijo Barr—. Realmente espero que se tome en serio lo que le digo, porque es importante para mí que me escuche.

Trump asintió y dijo que escuchaba.

—Señor presidente, creo que está usted en camino de perder las elecciones. Yo viajo probablemente más que cualquier otro secretario del gabinete en el país. Y le estoy hablando de la gente corriente. Ya sabe, policías y gente así. Todavía tengo que encontrar a uno de nuestros partidarios que no venga y me diga: «Me encanta el presidente, y le queremos. Queremos un selfi con él. Gracias a Dios. Dios les bendiga».

»Pero luego, esa gente susurra: "Por favor, ¿podría decirle al presidente que baje un poco el volumen? ¿Podría decirle que no tuitee tanto? Él mismo es su peor enemigo".

»Estas elecciones dependerán de los barrios residenciales. Sabe que tiene que atraer a sus bases, y no ganará nada si resulta cada vez más insultante. Creo que tiene que hacer un cierto trabajo de reparación entre los republicanos y los votantes independientes a los que en general les gustan sus políticas.

Barr hizo una pausa y acabó por pronunciar su resumen:

—Simplemente, piensan que es usted un puto gilipollas.

Trump no parecía desconcertado ni insultado.

—En mi opinión —añadió Barr—, en estas elecciones lo que importa no son las bases. Tiene usted una buena base, y con ellos se las arreglará bien. Pero hay muchas personas por ahí fuera, independientes y republicanos, en los barrios residenciales de los estados críticos, que creen que es usted un gilipollas. Creen que actúa como un gilipollas, y tiene que empezar a tener en cuenta esto. Ya sabe, usted se enorgullece de ser un luchador, y eso funcionó en 2016, cuando querían que entrase un disruptor. Todavía quieren un disruptor, pero no a alguien que sea un completo gilipollas. Por lo tanto, tiene usted que recurrir a la otra cosa que hace mejor, que es seducir a la gente. Creo que estas elecciones van de eso. ¿Y sabe?, me preocupa que de alguna forma se convierta en cautivo de todos los que se han autoproclamado portavoces de sus bases, que vienen y le dicen lo que quieren. Le están asfixiando con sus necesidades.

Barr pensaba en algunos grupos de interés que tenían la puerta del Ala Oeste siempre abierta, como los defensores de las armas, el líder de la Judicial Watch (Observación Judicial) que perseguía a los liberales dentro de la burocracia federal, las personalidades de la Fox News…

99

—El otro tema básico —siguió hablando Barr—, y sé que esto es oportuno porque está usted impaciente por el trabajo que estamos haciendo en el departamento… La cuestión es que a la gente, las mamás y papás de Wisconsin y Pensilvania y Michigan, le importa una mierda y en realidad no quieren procesar al antiguo director del FBI James Comey y a otros por la forma de manejar la investigación de Rusia; sus bases quieren que Comey y todos los demás sean responsables, pero esa otra gente, no. No les importan sus putos agravios. Y parece que, cada vez que sale usted ahí, habla de sus malditos agravios. A ellos les preocupa su futuro. Están preocupados por la economía, con la covid y ese tipo de cosas.

»Usted debería estar hablando de lo que hablaba antes de la covid, de que es el hombre que va a remontar el país después, de que tiene un historial demostrable, y darles una visión de adónde quiere llevar al país. De eso es de lo que debería estar hablando, y no de toda esa mierda, no de los agravios que sufre.

—Bill —le respondió Trump—, esa gente es mala. Tengo que luchar. Necesito a mis bases. Mis bases quieren que sea fuerte. Esa es mi gente.

—Esta es mi valoración, señor presidente —dijo Barr—. Creo que usted fue capaz de rehacerse en el último momento, después de «agarrarlas por el coño» la última vez, porque se serenó un poco y se dio cuenta de que no lo sabía todo, y empezó a escuchar a gente como Kellyanne y otros. Se portó usted bien durante un mes y eso bastó, porque el electorado era fluido. Me temo que aquí hay dos cosas distintas, esta vez, y por eso estoy hablando con usted ahora.

»El electorado no es tan fluido. La última vez no le conocían como figura pública y estaban dispuestos a darle una oportunidad. Ahora, mucha gente ya se ha decidido sobre usted. Piensan que saben quién es. De modo que ya no es tan fluido. Y hay otra cosa que también es diferente, y yo creo que es el problema principal, y es que usted cree que es un puto genio políticamente hablando.

»Usted cree que es un genio y por lo tanto no piensa escuchar a nadie. Cree que sabe lo que quieren todos. Y creo que está usted equivocado. Todavía tengo que encontrar a uno de sus partidarios que no me haya dicho eso. Gente a la que usted le gusta y que tolera sus mierdas. Pero solo las toleran. No le apoyan porque usted actúa de esa manera. Y creo que a menos que… en fin, a menos que emprenda una ofensiva de amabilidad y empiece a intentar recomponer parte del daño que ha provocado en algunos de esos barrios residenciales, creo que va a perder.

—Tengo que ser un luchador —dijo Trump—. He llegado adonde estoy porque estoy dispuesto a luchar. A ellos les gusto así. Tengo que luchar.

Sus consejeros, decía, le habían dicho que si conseguía 65 millones de votos, ganaría.

A Barr le pareció que los consejeros pensaban que Trump podía ganar azuzando a la base y consiguiendo que se registrase más gente en las zonas rurales.

—Este no es un terreno de juego estático —le advirtió Barr—. El otro lado está trabajando también.

$\mathcal{A}$pesar de los ruegos de Barr, Trump no cambió.

Trump convocó una reunión en la Sala Roosevelt el 4 de mayo de 2020, con sus consejeros políticos y legales de mayor rango, sobre la Ley de Asistencia Asequible, la ley sanitaria más conocida como Obamacare.

El Tribunal Supremo había aceptado un recurso contra las medidas de cuidados sanitarios que proporcionaban cobertura médica a más de 20 millones de americanos.

—Señor presidente —dijo Barr, irrumpiendo de pronto—, este caso no se va a ganar. Tendrá usted suerte si obtiene más de un 9-0 en esto.

El Obamacare ya había sobrevivido a dos recursos del Tribunal Supremo. Trump quería que el gobierno federal se uniera al caso contra el Obamacare presentado por Texas y otros diecisiete fiscales generales en los estados dominados por el Partido Republicano.

—No, no, no, no —dijo Barr—. Señor presidente, es año de elecciones. Los liberales del Tribunal Supremo han votado para ocuparse de este caso porque se dan cuenta de que lo va a perder. Estamos en medio de una epidemia de covid. Y está usted creando incertidumbre en cuanto a la cobertura médica de la gente. No hay plan para sustituirlo y vamos a perder el caso. Ya nos hemos cargado el mandato.

En 2017, el Congreso controlado por los republicanos consiguió anular una de las provisiones fundamentales de la LAA, el mandato individual, de modo que ya no había penalización impositiva sobre los individuos que no lo comprasen.

—Esa es nuestra victoria —argumentó Barr—. Declare la victoria y diga que va usted a presentar una ley mejor la próxima vez. Pero esto ¿por qué lo hacemos? No vamos a ganar. Son solo inconvenientes políticos.

—Tenemos que estar con Texas —dijo Trump—. Son mis bases.

—El fiscal general de Texas no es el presidente de Estados Unidos —le dijo Barr—. Tiene su circunscripción. Y usted tiene la suya. No veo que debamos externalizar nuestra política para el puto estado de Texas.

—Bueno, me lo pensaré —dijo Trump. De nuevo invocó a sus bases.

—Señor presidente —le dijo Kellyanne Conway—, creo que ahora conozco un poquito a sus bases. He sido encuestadora para el Partido Republicano desde hace décadas. Esto se va a perder. No le ayudará nada. El tema de la salud es el motivo por el cual perdimos escaños en 2018, señor presidente. ¿Por qué estamos trabajando de nuevo para el otro bando?

Parecía indecoroso que el presidente de Estados Unidos formase parte de una cruzada legal para quitarle el seguro médico a 20 millones de americanos.

El consejero de la Casa Blanca Pat Cipollone dijo que estaba de acuerdo, pero no dio argumentos adicionales.

La cosa volvió a Barr.

—Señor presidente, este caso huele fatal —dijo—. Es difícil no reírse ante nuestra argumentación.

Texas y los otros diecisiete estados dirigidos por los republicanos afirmaban que, como el Congreso había revocado la multa por mandato individual, toda la ley entera de salud, su cobertura y protecciones debían ser eliminadas.

—Reduzcamos en lo posible las pérdidas en este caso —dijo Barr—. Nadie va a echar abajo esa ley.

Barr impulsó a Trump a que adoptara un enfoque más centrado que considerase conservar partes de la ley. Otros republicanos también meneaban la cabeza ante la recusación.

—El argumento del Departamento de Justicia en el caso de Texas es lo más descabellado que he oído jamás —dijo el senador Lamar Alexander, republicano de Texas.

Como predecía Barr, el Tribunal Supremo rechazó después el argumento de la administración de Trump y mantuvo la ley por 7 votos a 2, el 17 de junio de 2021.

ϓ

—¿Cuándo van a presentar esa ley sobre la ciudadanía como derecho de nacimiento? —preguntó Trump a Barr y a Cipollone un día. Se había convertido en su cantinela constante en la primavera de 2020, cuando empezó a patinar en las encuestas electorales.

Barr negó con la cabeza, sin sonreír. Pero Trump no paraba. Barr decía que parecía *Atrapado en el tiempo,* su versión de la película de 1993 de Bill Murray en la que está cautivo en un bucle temporal interminable y torturante, viviendo siempre el mismo día.

La ciudadanía por derecho de nacimiento tiene sus raíces en la decimocuarta enmienda, adoptada en 1868, e indica que todas las personas nacidas o naturalizadas en Estados Unidos «son ciudadanos de Estados Unidos».

Trump quería una orden ejecutiva que negase la ciudadanía a las personas nacidas en Estados Unidos cuyos padres estuvieran ilegalmente en el país. Estados Unidos no les entregaría documentos de ciudadanía.

Tal orden pondría patas arriba la historia política y constitucional. Semana tras semana, Barr y Cipollone le decían al presidente que era un asunto legal muy complicado. Se podía crear una gran discusión, decía Barr.

—La única forma de hacerlo es pedir al Congreso que apruebe esa legislación. Este tendría el poder de ajustarla, refinar la definición de una enmienda constitucional. Pero si se hace con una orden ejecutiva, no va a funcionar. La van a rechazar. No sobrevivirá a la prueba de los tribunales —dijo el fiscal general—. Y además en un año electoral, lo que hará es cuestionar la ciudadanía de diez millones de personas americanas o más.

—No la haré retroactiva —dijo Trump. La orden solo se aplicaría a los hijos futuros de inmigrantes ilegales.

—No, no puede decir que no la hará retroactiva —replicó Barr—. Básicamente está diciendo que no son ciudadanos, ¿no? Por lo tanto, todos aquellos que estuvieron en la misma situación en el pasado tampoco son ciudadanos. De modo que ¿cómo va a tranquilizarlos, en ese sentido?

Trump no quería tranquilizarlos en absoluto. Esas personas eran sobre todo demócratas, creía Trump, y si no tenían la ciudadanía, no podrían votar.

—Existen todo tipo de leyes que requieren que las personas sean ciudadanos para tener determinadas licencias y otras cosas —dijo Barr, incluyendo el hecho de votar.

A Trump parecía que no le importaba que aquello pareciese *Atrapado en el tiempo*. Insistía una y otra vez, una y otra vez. En un momento dado Cipollone se hartó.

—Bill —le dijo Cipollone a Barr en privado—, hemos estado andando por un campo de minas. ¿Crees que vamos a salir bien de todo esto?

Después de toda aquella resistencia, ¿no debían darle algo al presidente? Ciertamente, la ley no soportaría la prueba de los tribunales…

Barr previamente había sido jefe de la poderosa Oficina de Asesoría Jurídica en el Departamento de Justicia, que asesora legalmente al presidente y a todos los departamentos y agencias ejecutivas. Ostentaba el puesto ya en los tiempos de la administración de Bush padre, y como abogado de treinta y nueve años entonces, pudo empaparse de temas constitucionales sobre el poder presidencial.

—No, no lo vamos a hacer —dijo Barr—. Yo conseguiré desactivar este asunto.

La mañana del 14 de mayo, Trump declaró a Fox News que antiguos jueces y funcionarios del FBI merecían ser acusados.

—Si yo fuera demócrata en lugar de republicano, creo que todo el mundo estaría en la cárcel hace mucho tiempo con sentencias de cincuenta años —dijo—. La gente debería ir a la cárcel por este asunto… La culpa fue de Obama. Y de Biden también.

Se refería a la investigación que estaba llevando a cabo el fiscal de Connecticut John Durham, quien exploraba cómo manejó el FBI su investigación sobre la campaña de Trump y la supuesta connivencia con Rusia.

Para Barr esto era una absoluta exageración por parte de Trump. Le había dicho que tenía que ser paciente con la inves-

tigación de Durham, especialmente dado que la pandemia re-
trasaba las operaciones de todo el departamento. Que Durham
cumpliera su cometido.

Barr preparó un pequeño discurso para dar una conferencia
de prensa al día siguiente. Dijo que estaba harto de que los políticos usaran el «sistema judicial como arma política». Poniendo a Biden y a Obama como blancos, Trump, en efecto, estaba
desacreditando el trabajo de Durham. Barr sabía que si Trump
seguía insistiendo, Durham acabaría por dimitir.

—Sé que la gente quiere que se exijan responsabilidades,
y estamos trabajando en ello, pero no se va a hacer así, políticamente no, y tampoco será ojo por ojo, diente por diente
—dijo Barr a Trump. Y le recordó que el presidente del Tribunal Supremo recientemente había legislado que no todo lo
que se considera un abuso de poder equivale a un delito legal.
Trump dijo que esa respuesta no le gustaba nada.

105

«*En* lo más profundo de Delaware, Joe Biden está sentado en su sótano. Solo. Escondido. Acobardado», decía un anuncio de Trump. «Punxsutawney Joe», era otra pulla, refiriéndose a la marmota de Pensilvania, Phil, que surge de su madriguera subterránea una vez al año para predecir lo largo que será el invierno. Y la campaña de Trump tuiteaba cada día los días que habían pasado desde la última rueda de prensa de Biden.

También los demócratas estaban preocupados por la desaparición de Biden de la campaña electoral, meses atrás. Era un candidato conocido por relacionarse con los votantes en las pequeñas ciudades y estrecharles la mano. Su ventaja de 6 puntos en marzo de 2020 era mucho más pequeña que la de Hillary Clinton en aquel mismo marcador en 2016.

Pero la estrategia de dejar que Trump jugase contra sí mismo parecía ir funcionando. La ventaja de Biden se amplió a dos dígitos mientras el presidente seguía sin manejar bien la pandemia. En una conferencia de prensa el 23 de abril de 2020, Trump dijo que había que inyectarse lejía para combatir el virus.

Mientras tanto, Biden, que podía ser también un poco gafe, estaba usando el confinamiento como un regalo inesperado. Normalmente los candidatos apenas tienen un momento de descanso debido a los viajes de sus campañas.

Sin que lo supieran el público y los medios de comunicación, Biden estaba recibiendo informaciones diarias sobre el virus por parte de los dos expertos médicos más importantes del país: el doctor Vivek Murthy, antiguo director general de Salud Pública de Obama, y el doctor David Kessler, antiguo comisionado de la Administración de Alimentos y Medicamentos (FDA, por sus siglas en inglés), conocido por su guerra contra el tabaco.

Cada día, Murthy y Kessler preparaban un informe escrito sobre la covid-19 para Biden, basado en la información más actualizada y recogido tras horas y horas de investigación al teléfono con expertos del gobierno y de la industria de todo el país, y suplementados con datos proporcionados por un pequeño equipo de voluntarios confidenciales que peinaban información pública y privada. Inicialmente el informe diario constaba de unas ochenta páginas con mapas, gráficos y diagramas.

Programadas para un total de cuarenta y cinco minutos por teléfono o por Zoom, las reuniones informativas orales duraban habitualmente una hora y media. Kessler y Murthy se mostraban los dos tremendamente alarmados por la actitud de Trump y por su incapacidad de comprender a lo que se estaba enfrentando el mundo.

—Yo intenté minimizarlo siempre —le dijo Trump a Woodward, en una entrevista de marzo de 2020—. Todavía intento minimizarlo, porque no quiero que cunda el pánico.

Trump había tuiteado aquel mismo mes sus puntos de vista: «Bueno, pues el año pasado murieron 37 000 americanos a causa de la gripe común. Es un promedio de entre 27 000 y 70 000 personas por año. No se cerró nada, la vida y la economía seguían. En este momento hay 546 casos confirmados de coronavirus, con veintidós muertes. ¡Pensadlo!».

Trump cerró el país una semana más tarde, pero casi de inmediato empezó a hablar de volverlo a abrir.

—Nuestro país no está hecho para estar cerrado. Este no es un país que se haya hecho para eso —dijo Trump el 23 de marzo, durante una conferencia de prensa en la Casa Blanca—. América ha estado y estará siempre abierta para los negocios.

Murthy sabía que Trump se equivocaba de medio a medio. Un coronavirus era un iceberg. Si había tan pocos casos registrados de un virus transportado por el aire, altamente contagioso y para el que solo había pruebas limitadas, eso quería decir que había muchos, muchos casos sin detectar. Ya estaba en Estados Unidos y pronto se extendería.

Biden estudió los datos científicos con Murthy y Kessler, buscando un tutorial diario. Era una máquina de hacer preguntas. Preguntaba: «¿Cómo ataca el cuerpo este virus?».

«Las gotitas de saliva de una persona infectada cuando tose o estornuda, o incluso con el aliento normal, entran en la nariz y la garganta y atacan los muchos receptores de superficie celular llamados ACE2, se apoderan de la célula y se multiplican —le dijeron—. Como los pulmones son como un árbol respiratorio que acaba en unos pequeños sacos aéreos, también ricos en receptores ACE2, el virus se mueve hacia allí y puede destruir las células pulmonares.»

También le describieron cómo puede atacar el virus a los distintos tipos de células y tejidos, incluyendo los vasos sanguíneos y el corazón.

«¿Y las vacunas que se están desarrollando?», preguntó Biden.

Hay dos tipos, dijeron los doctores. La primera era una vacuna basada en el adenovirus, que permite a las células producir proteínas *spike* (espícula) que construyen anticuerpos, soldados muy efectivos, para defenderse contra el virus.

108

La segunda era la ARNm (ARN es ácido ribonucleico, y la «m» es de mensajero). Esta vacuna activa las respuestas inmunitarias dando a las células las instrucciones para producir una proteína *spike*. Es como una receta de tu ADN. Si posteriormente se infecta, el cuerpo recuerda cómo luchar contra el virus. La formulación del ARNm se puede cambiar en la vacuna si aparece una variante del virus. Los virus mutan a menudo.

«No es lo bastante detallado», decía Biden, en un momento dado. «No lo entiendo», decía en otra ocasión. O bien: «¿Por qué?» o «¿Cómo funciona esto científicamente?».

Durante una entrevista con Trump, el 19 de marzo, Woodward preguntó al presidente si alguna vez se había sentado con el doctor Anthony Fauci, el director del Instituto Nacional de Alergias y Enfermedades Infecciosas, para que le hiciera un tutorial de los datos científicos que se hallaban detrás del virus.

—Sí, supongo que sí —dijo Trump—, pero la verdad es que no tengo demasiado tiempo para eso, Bob. Estamos muy ocupados en la Casa Blanca. Han pasado muchas cosas. Y luego ha ocurrido esto.

Woodward le preguntó si había un momento en el que se hubiera dicho a sí mismo: ¿será esta la prueba del liderazgo de una vida?

—No —respondió Trump.

Murthy se sorprendió por el nivel de detalle que quería Biden. Iba examinando sus explicaciones y le hacía más y más preguntas. Por qué el virus afectaba más severamente a la gente de color, afroamericanos y americanos de otras razas.

Los doctores explicaron que las desigualdades muy arraigadas en el cuidado de la salud, la educación y los recursos financieros hacían que las poblaciones ya vulnerables todavía lo fuesen más. Era mucho más probable que los negros y otros fueran hospitalizados o murieran del virus.

Si se podía crear una vacuna, la distribución equitativa sería esencial, dijo Biden.

—Si por fortuna tenemos la oportunidad de liderar, hemos de pensar cómo ejecutar esto juntos y cómo ocuparnos de esta pandemia y darle la vuelta por completo.

Empezó a desarrollar un plan detallado de respuesta al virus.

Murthy estaba seguro de que sus informes diarios pronto llegarían a su fin. Ocupaban demasiado tiempo de campaña. Por el contrario, las sesiones informativas se hicieron más largas y detalladas.

—Señor —decía Murthy—, nos estamos quedando sin tiempo. No tenemos problema en guardarnos parte de todo esto hasta mañana…

—No, no, no —decía Biden. Quería hablarlo todo.

—¿Quiere usted que intentemos apartar a esos, restringirlos? —le preguntó Murthy a Jake Sullivan, el director de política de la campaña de Biden.

—Es él quien lleva su propio barco —les respondió Sullivan—. Quiere enterarse de esas cosas. Le preocupa mucho. Así que dejemos que lo dirija él mismo.

Murthy ya veía que el candidato Biden parecía entender que el virus iba a definir no solo la campaña, sino toda su presidencia si ganaba.

Murthy era el Doctor Agradable y tenía una voz muy relajante. Como médico en ejercicio, sabía por experiencia que hay que pasar mucho tiempo escuchando a los pacientes, porque había averiguado que a menudo te dan un autodiagnóstico preciso.

Antes de que Biden hubiese anunciado su decisión de presentarse a la presidencia por tercera vez, Murthy le había visitado en Wilmington. Estaba escribiendo un libro: *Juntos: el poder de la conexión humana,* y le dijo a Biden que la soledad y el aislamiento afectan a la salud mental y física.

En sus sesiones informativas sobre el virus, Biden aludía frecuentemente a algunos amigos que le llamaban para conversar, ya que tenía la costumbre de dar su número de móvil a la gente con la que hablaba en la campaña. Era evidente, dijo, que el virus estaba aislando a la gente y afectando a su salud mental. Los niños echaban de menos el contacto social en las aulas, igual que los trabajadores de las oficinas. La pandemia estaba devorando el tejido social, dijo Biden.

19

$\mathcal{A}$ finales de mayo surgieron protestas airadas en más de 140 ciudades de todo el país. El oficial de policía de Minneapolis Derek Chauvin fue grabado en un vídeo apretando con la rodilla el cuello de George Floyd, un hombre negro de cuarenta y seis años, durante 7 minutos y 46 segundos, hasta que murió.

Algunas de las protestas se convirtieron en violentos enfrentamientos con la policía y saqueos, a medida que caía la oscuridad por las tardes. Las escenas se retransmitían sin parar en las noticias por cable.

En una entrevista de aquella época, Trump le dijo a Woodward: «Son pirómanos, ladrones, anarquistas, mala gente. Gente muy peligrosa. Es gente muy bien organizada. Los lidera Antifa». Señalaba al movimiento antifascista que se enfrentaba con los supremacistas blancos y otros.

Stephen Miller, de treinta y cuatro años, director de redacción de discursos de la Casa Blanca y uno de los consejeros de alto rango más conservadores de Trump, se mostró partidario de la línea dura en el tema de los disturbios. Varios colegas creen que fue el responsable de azuzar al presidente y echar leña al fuego sobre la violencia.

Duro y capaz de expresarse muy bien, conocido por sus trajes a medida y sus corbatas finas, Miller ayudó a redactar el discurso de toma de posesión de Trump conocido como «Masacre americana», y fue el arquitecto de la polémica prohibición de viajar para los países de mayoría musulmana. Parecía que siempre estaba presente en el Despacho Oval, esperando una oportunidad para potenciar su agenda.

Si hubo alguna vez un Rasputín moderno, concluía Milley, el presidente del Estado Mayor conjunto, ese era Miller.

Milley hacía que su personal le preparase un informe diario clasificado como SECRETO, «Panorama Nacional de Disturbios Internos». Dicho informe seguía el rastro de los últimos hechos violentos en ciudades americanas con una población de más de 100 000 personas.

Menos de una semana después del asesinato de Floyd, Milley fue repasando el informe con Trump en el Despacho Oval.

—Señor presidente —dijo Miller de repente desde uno de los sofás del Despacho Oval—, están quemando América. Antifa, Black Lives Matter, están quemándolo todo. Tiene usted entre sus manos una insurrección. Los bárbaros están ante las puertas.

Milley se dio la vuelta desde su asiento frente al escritorio Resolute.

—Cállate la puta boca, Steve. Señor presidente —dijo entonces Milley, volviéndose hacia Trump—, no lo están quemando todo. —Extendió sus manos de manera que quedasen planas ante él, y luego se las llevó a los hombros y las fue bajando despacio con un movimiento tranquilizador. Citó datos del informe secreto diario—. Señor presidente, en Estados Unidos hay 276 ciudades con más de 100 000 habitantes. Ha habido dos ciudades en las últimas veinticuatro horas con protestas graves. En todos los demás sitios había de 20 a 300 manifestantes. Aunque las imágenes de fuego y violencia estaban en televisión, la mayoría de las protestas eran pacíficas, un 93 por ciento de ellas, según un informe neutral.

»Han usado pintura en espray, señor presidente —dijo Milley—. Eso no es insurrección. Ese tipo de ahí —y señaló el retrato de Abraham Lincoln que estaba en la pared del Despacho Oval—, ese tipo de ahí, Lincoln, ese sí que vivió una insurrección. —Citó el bombardeo de la milicia del Fuerte Sumter del ejército de Estados Unidos en 1861, que dio inicio a la Guerra Civil—. Eso sí que fue una insurrección. Somos un país de 330 millones de personas. Y usted soporta unas protestas insignificantes.

Añadió que la situación ni siquiera se acercaba a resultar amenazante, como los disturbios de 1968 en Washington D.C. y en otras partes después del asesinato del reverendo Martin Luther King.

Barr, que también asistió a esa reunión, comprendía lo frustrado que se sentía Milley con Miller. También le había dicho una vez a Miller que cerrase la puta boca. Milley había ido llamando a Barr regularmente las últimas semanas, pidiéndole que presionara durante las reuniones en el Despacho Oval como escudo térmico y protector para los militares.

—Mira, Steve —dijo Barr—, tú no tienes experiencia operativa para hablar de estas cosas, ¿de acuerdo? Son asuntos muy delicados. Por cada vez que acaba con éxito, tienes un Waco. —Se refería al asedio y asalto del FBI en 1993 a la secta religiosa de la rama de los davidianos, que acabó con la muerte de 76 miembros de la secta, incluyendo 25 niños y mujeres embarazadas—. Hay que tener muchísimo cuidado. Debes saber lo que estás haciendo. Así que deja de decir esas cosas. Los incidentes que hay podemos manejarlos muy bien. Pero ahora mismo no se requiere a los militares. No voy a apostar nunca por eso; llevar a los militares es solo una opción de emergencia, un último recurso.

Milley se volvió hacia el general retirado del ejército Keith Kellogg, consejero de seguridad nacional de Pence y leal a Trump, que también estaba allí sentado en un sofá.

—Keith —dijo Milley—, esto no se parece en nada a lo de 1968. Entonces eras el teniente Kellogg, sentado en uno de esos edificios de ubicación compartida con el general al mando de la 82.ª División Aerotransportada. —El presidente Lyndon B. Johnson había desplegado tropas de combate en Washington—. Esto no está al mismo nivel que todo el asunto de 1968, cuando decenas de miles de manifestantes y alborotadores campaban por Detroit, Chicago y Los Ángeles.

—Eso es verdad, señor presidente —dijo Kellogg.

—Hay que vigilar a los manifestantes —dijo Milley—. Prestarles atención. Es importante. Pero es un asunto de la policía local y de orden público local, de los alcaldes y los gobernadores. No se trata de que el ejército de Estados Unidos despliegue fuerzas en las calles de Estados Unidos, señor presidente.

Milley había mencionado con muchas precauciones el tema del racismo sistémico y las políticas de Trump.

—Se da en comunidades que han venido experimentando lo que perciben como brutalidad policial —dijo.

Trump no respondió nada.

ϒ

El 1 de junio de 2020, Trump estaba furioso.

Las protestas habían ido aumentando de tamaño e intensidad en todo el país. Trump estuvo muy agitado todo el fin de semana por las sonoras protestas ante las puertas de la Casa Blanca. Una zona peatonal de la calle Dieciséis, que conducía a la Casa Blanca y que pronto se rebautizaría como «Black Lives Matter Plaza», se había convertido en foco de atención para distintos grupos, con presencia policial en aumento.

La noche anterior, la del 31 de mayo, se había iniciado un fuego en la guardería que había en el sótano de la iglesia histórica episcopal de St. John, apenas a trescientos metros de la Casa Blanca, llamada a menudo la Iglesia de los Presidentes. En un momento dado, el servicio secreto incluso llevó a Trump al búnker subterráneo.

Cerrada con tablas y carbonizada, la iglesia y la zona circundante fuera de ella llevaron los disturbios raciales que convulsionaban todo el país ante la puerta delantera de Trump.

114

Trump convocó a sus funcionarios de mayor rango a una reunión en el Despacho Oval el 1 de junio, en torno a las 10.30 de la mañana.

Trump les dijo que quería una ofensiva de ley y orden, 10 000 tropas regulares en activo en la ciudad. Preguntó por la Ley de Insurrección, una ley de 1807 que daba autoridad al presidente para usar tropas en servicio activo a nivel nacional simplemente declarando que había una insurrección.

—Parecemos débiles —dijo Trump, furioso—. No parecemos fuertes.

Estaba sentado con los brazos cruzados ante el escritorio Resolute.

El secretario de defensa Mark Esper encajaba la mayoría de las preguntas de Trump. Esper sabía que el «nosotros» de Trump significaba «él».

Esper, de cincuenta y seis años, de mandíbula cuadrada y con gafas, podía haber sido un extra de la serie de televisión *Mad men* sobre ejecutivos del mundo de la publicidad en los años sesenta. Mantenía una actitud muy discreta, pero era una de las personas con más experiencia en defensa de su tiempo, habiéndose graduado en West Point en 1986 y luego servido veintiún años en el ejército. Se había desplegado con la 101.ª División Aerotransportada «Screaming Eagles» como oficial de infantería en la guerra del Golfo en 1991, donde ganó una Estrella de Bronce. Más tarde estuvo en la Guardia Nacional y consiguió un máster en la Kennedy School de Harvard, y un doctorado en administración pública.

Esper había trabajado en el Congreso como funcionario de presidencia, y como lobista de Raytheon (gran grupo empresarial industrial, uno de los contratistas militares más importantes de Estados Unidos) antes de que Trump lo nombrara secretario del Ejército, luego vicesecretario en funciones y finalmente secretario.

—Señor presidente, no hay necesidad de invocar la Ley de Insurrección —dijo Esper—. La Guardia Nacional está sobre el terreno, y es más adecuada.

La Guardia Nacional, compuesta por reservistas voluntarios, a menudo ayudaba en los desastres nacionales.

Barr lanzó una interjección y dijo que podía aportar una respuesta policial adicional, que era la forma tradicional de manejar las protestas nacionales. Barr tenía a los fiscales del FBI y de Estados Unidos trabajando juntos para recopilar entre todos lo que estaba ocurriendo en diversas ciudades, y hablaba casi cada día con Milley.

—Señor presidente —dijo Barr—, si se tratase de mantener la ley y el orden en las calles, yo no dudaría en usar las tropas regulares si tenemos que hacerlo. Pero no tenemos por qué. No son necesarias. Están pasando muchas cosas en distintas ciudades, pero son manejables si las ciudades redoblan su actuación. Tienen los recursos adecuados para hacerlo, especialmente si usan su Guardia Nacional o su policía estatal.

»Parece muy grave por la forma que tienen los medios de cubrirlo. Pero en algunas de esas ciudades hay solo 300 personas en la esquina de una calle y un coche ardiendo al fondo. No es necesaria la 82.ª División Aerotransportada.

Pero Trump se mostraba inflexible: quería que la histórica 82.ª División Aerotransportada, estacionada en Fort Bragg, Carolina del Norte, la respuesta militar de élite para las crisis, llegase a Washington antes de que se pusiera el sol, momento en que había una protesta convocada en la plaza Lafayette, el parque de tres hectáreas de terreno entre la Casa Blanca y la iglesia de St. John.

Esper explicó a Trump que la 82.ª División Aerotransportada estaba entrenada para luchar contra el enemigo con las armas más potentes y modernas. No tenían entrenamiento para tratar con multitudes ni disturbios civiles. Eran los menos adecuados para ese trabajo.

El presidente se mostraba cada vez más obstinado, y a Esper le preocupaba que, si no ponía algo encima de la mesa, Trump pudiera ordenarle formalmente que trajera a la 82.ª División Aerotransportada a Washington D.C. Tenía que conseguir que el presidente se calmase.

—Señor presidente —dijo Esper—, hagamos lo siguiente. Alertamos a las tropas y empezamos a transportarlas hacia el norte desde Fort Bragg. Pero no las traigamos todavía a la ciudad. Podemos convocar a la Guardia aquí a tiempo. Si no podemos, si la cosa se descontrola, tenemos esas otras fuerzas.

Milley estuvo de acuerdo con el enfoque que había propuesto Esper. Ni él ni Esper querían una confrontación en las calles sangrienta e impredecible entre los manifestantes de Black Lives Matter y unas fuerzas militares de combatientes de Estados Unidos altamente letales.

Trump se quedó allí sentado, todavía con los brazos cruzados. Empezó a chillar y su rostro se acaloró. Esper notaba que los engranajes de Trump se iban moviendo. Se quedó muy quieto.

Un funcionario entró a toda prisa:

—Señor presidente, los gobernadores están al teléfono por conferencia.

Trump se puso de pie y fue a la Sala de Crisis. Dijo a los gobernadores que debían tomar medidas enérgicas contra los manifestantes. No les hizo la pelota como de costumbre. Su tono era beligerante.

—Tienen que dominarlos —les dijo Trump, casi como si fuera una orden—. Si no los dominan, estarán perdiendo el tiempo. Les pasarán por encima. Ahora mismo están quedando como un montón de idiotas. Tienen que dominar esto y arrestar a gente, y juzgarla, y que vayan a la cárcel mucho tiempo.

—La respuesta policial no va a funcionar a menos que dominen las calles, como ha dicho el presidente —dijo el fiscal general Barr a los gobernadores, adoptando el mismo lenguaje—. Tenemos que controlar las calles.

Esper se hizo eco.

—Estoy de acuerdo, necesitamos dominar el campo de batalla —dijo en la conferencia.

Milley salió de la Casa Blanca y se dirigió al centro de la ciudad para visitar el puesto de mando del FBI que seguía las manifestaciones. Previendo que la cosa se iba a alargar aquella noche, se puso su uniforme de camuflaje para estar más cómodo.

117

*E*sper se fue y llamó al director de la Guardia Nacional, el general Joe Lengyel, jefe de los casi 460 000 miembros de la Guardia Nacional del ejército y del aire.

—Joe, necesitamos llevar a unos cuantos guardias a la ciudad, enseguida —dijo Esper—. ¿A quién tengo que llamar?

Esper llamó a los gobernadores de Maryland, Virginia y Pensilvania. Al final, él y Lengyel convencieron al menos a diez estados de que enviasen unidades de guardias.

Esper no les dijo que Trump quería inundar la ciudad con fuerzas en activo, si no se movían con rapidez.

Cerca de las seis de la tarde, Esper se dirigió al centro de mando del FBI para reunirse con Milley. Planeaban visitar a la guardia en las calles, darles las gracias y ver un poco qué era lo que estaba ocurriendo sobre el terreno. Ir a la escena, averiguarlo ellos mismos.

Pero de camino hacia el FBI, llegó una llamada para Esper.

—El presidente le reclama en la Casa Blanca.

En cuanto llegaron al Ala Oeste, Esper preguntó:

—¿Dónde es la reunión?

—No hay reunión, señor —le dijeron.

—¿Cómo que no hay reunión?

Así que Esper tuvo que esperar.

Hacia las 18.30, la Policía de Parques de Estados Unidos condujo a un grupo de agentes de la ley, vestidos con uniforme antidisturbios y a caballo, entre la multitud, y empezó a desalojar a los manifestantes de la plaza Lafayette a la fuerza. Aunque ese movimiento se había planeado días antes con el propósito de construir una verja en torno al parque, rápidamente se convirtió en una escena caótica.

Los oficiales de policía de Washington D.C. usaban dispositivos de control de disturbios, creando fuertes explosiones, fogonazos y humo. Se arrojaron a los manifestantes «bolas de pimienta» que irritaban los ojos y la nariz. Algunos policías tiraron a los manifestantes al suelo. Otros, que iban a caballo, apartaron a la gente.

A las 6.48 de la tarde, cuando los manifestantes se dispersaron, Trump habló durante siete minutos en la rosaleda de la Casa Blanca. Lucharé para protegeros.

—Soy vuestro presidente, defiendo la ley y el orden, y aliado de los manifestantes pacíficos —dijo—, y juro que controlaré todos los tumultos y desórdenes que se han extendido por nuestro país. Si una ciudad o estado se niega a adoptar las acciones necesarias para defender la vida y la propiedad de sus residentes, desplegaré a los militares de Estados Unidos y rápidamente resolveré el problema. Mientras hablamos estoy enviando a miles y miles de soldados fuertemente armados, personal militar y agentes de policía para que detengan los tumultos, saqueos, vandalismo y asaltos y la destrucción gratuita de propiedades.

Uno de los ayudantes de bajo nivel de Trump en la Casa Blanca se volvió hacia Esper y otros funcionarios de alto rango que habían asistido al discurso de Trump y dijo:

—Pónganse en fila.

—¿Que nos pongamos en fila? ¿Para qué? —preguntó Esper.

—Bueno, señor, vamos a ir andando a través de la plaza Lafayette —dijo el funcionario—. El presidente quiere ir a través del parque y ver la iglesia de St. John. Quiere que todos ustedes, los miembros de su gabinete, se unan a él.

Milley había llegado con su uniforme de camuflaje.

—Vamos a la iglesia —les dijo Trump.

Casi toda la Casa Blanca parecía haberse unido a ellos esa tarde: Esper y Milley, el consejero de seguridad nacional Robert O'Brien y Barr, consejeros de alto rango, miembros de la familia como Jared Kushner e Ivanka Trump, asesores sénior de Trump, Hope Hicks y el jefe de gabinete, Mark Meadows.

Fue uno de los desfiles más fotografiados y grabados en vídeo de toda la presidencia de Trump.

119

Esper de repente se sintió fatal al ver una multitud de reporteros y cámaras que venían corriendo, filmando y disparando sus flashes, mientras el desfile avanzaba a toda prisa a través del parque. Trump seguía moviéndose, atrayendo a todo el mundo hacia él como un imán.

—Nos han embaucado —dijo Esper a Milley mientras iban andando hacia la iglesia—. Nos han utilizado.

Milley estuvo completamente de acuerdo. Se volvió hacia su jefe de seguridad personal y dijo:

—Esto es una absoluta mierda y es un acto político, así que tengo que irme de aquí. Nos vamos ahora mismo. Se ha acabado esta puta mierda.

Milley se apartó del grupo.

Pero era demasiado tarde para que escapara sin ser visto. Fue fotografiado con su ropa de camuflaje, como si estuviera dispuesto para el combate. También recibió una llamada de teléfono que algunos interpretaron como una llamada para coordinar la ofensiva contra los manifestantes. Pero en realidad era su mujer, Hollyanne.

—¿Qué está pasando? —le preguntó ella. Había visto la escena por televisión—. ¿Estás bien?

Milley dijo que sí, que estaba bien, pero no era cierto.

En cuarenta y cinco segundos, Milley se dio cuenta de que había cometido un error que amenazaba con comprometer su posesión más preciada, forjada a lo largo de décadas: su integridad e independencia como funcionario militar de rango superior de Estados Unidos de América.

Andar junto a Trump cuando este iba en misión política, aunque hubiera sido solo un segundo, era algo completamente equivocado. «Este es mi momento del camino hacia Damasco», pensó Milley, sintiendo como si se estuviera asomando a un abismo personal.

Milley no estaba en la iglesia cuando Trump se quedó allí de pie un par de minutos, sosteniendo una Biblia, incómodo, y agitándola de un lado a otro. Pero no importaba: el daño ya estaba hecho.

El presidente le había utilizado y había politizado a los militares de Estados Unidos. Se habían convertido en peones de Trump.

Esper, que reconocía que sus antenas políticas eran menos

sensibles que las de Milley, tendría que soportar las inevitables secuelas de ir caminando junto al presidente mientras miles de americanos se reunían junto a la iglesia coreando consignas y pidiendo reformas policiales.

Pero a Esper le preocupaba mucho más la institución mejor considerada de todo el país, la maquinaria militar, muy afinada y orgullosamente independiente, que estaba en peligro de verse arrastrada por una tormenta política. La república parecía poco firme. ¿Cómo calmar las cosas? ¿Cómo quebrar lo que solo se podía describir como una fiebre?

—¡Bill! ¡Bill! ¡Bill! —había chillado Trump a Barr en un momento del paseo—. ¡Ven aquí!

En ese momento Barr quiso que lo tragase la tierra. A diferencia de Milley, él tenía un nombramiento político, y quería que Trump consiguiese un poco de buena prensa y ganara. Pero sabía que aquel espectáculo, que según le habían dicho antes sería una simple «salida» junto al presidente, era absolutamente ridículo. No había otra palabra que pudiera describirlo.

Tenía la sensación de que sabía por qué lo había hecho Trump: se sentía avergonzado por haber bajado al búnker de la Casa Blanca. Quería mostrar fortaleza.

Para colmo de males, Barr vio que Trump volvía andando a la Casa Blanca y vio a la rama uniformada del servicio secreto alineada en dos filas, sujetando los escudos. Parecía una guardia de honor, con todo el boato de una operación militar vistosa.

—No voy a pasar entre esa puta guardia de honor —murmuró Barr.

Aquella misma noche, Esper y Milley finalmente hicieron una ronda por la ciudad para pasar revista al resto de la Guardia. Docenas de tropas de la Guardia Nacional con su armadura, con los rostros casi completamente cubiertos por máscaras grises y gafas de sol oscuras, fueron fotografiadas más tarde en los escalones del monumento a Lincoln. Parecían amenazadores, una versión militarizada de la declaración de ley y orden de Trump.

—Hay que reducir esto —dijo Milley a Esper.

Esper no podía estar más de acuerdo. Había traído un batallón, unas 600 tropas de combate regulares de la 82.ª División Aerotransportada, a la Base Conjunta Andrews en Maryland, junto a Washington. Estaba manteniéndolos intencionadamente fuera de la ciudad. Pero ¿cuánto tiempo los podría contener? La mecha de Trump ya estaba encendida… y ya los había manipulado una vez.

Al día siguiente, 2 de junio, Milley emitió un memorándum de una página: «TEMA: Mensaje al Estado Mayor Conjunto», para los jefes de todos los servicios militares y mandos de combatientes. Les recordaba a los militares su deber, y le permitía recomponerse él mismo, un día después del caos junto a Trump en la plaza Lafayette.

Junto a su firma, Milley garabateó un mensaje adicional escrito a mano: «Todos hemos dedicado nuestras vidas a la idea que es América… y seguiremos fieles a ese juramento y al pueblo americano».

DESCLASIFICADO

Presidente del Estado Mayor Conjunto
Washington D.C., 20318-9999

MEMORÁNDUM PARA EL JEFE DE GABINETE DEL EJÉRCITO; COMANDANTE DEL CUERPO DE MARINES; JEFE DE OPERACIONES NAVALES; JEFE DE GABINETE DE LAS FUERZAS AÉREAS; JEFE DEL DEPARTAMENTO DE LA GUARDIA NACIONAL; COMANDANTE DE LA GUARDIA COSTERA; JEFE DE OPERACIONES ESPACIALES; COMANDANTES DE LOS COMANDOS DE COMBATE

TEMA: Mensaje al Estado Mayor Conjunto

1. Todos los miembros del ejército de Estados Unidos han hecho el juramento de apoyar y defender la Constitución y los valores contenidos en ella. Este documento se funda en el principio esencial de que hombres y mujeres han nacido libres e iguales, y deben ser tratados con respeto y dignidad. También da a los americanos el derecho a la libertad de expresión y a la reunión pacífica. Nosotros, los uniformados, de todas las ramas y componentes, y de todos los

rangos, seguimos comprometidos con nuestros valores y principios nacionales contenidos en la Constitución.

2. Durante la crisis actual, la Guardia Nacional está operando bajo la autoridad de los gobernadores estatales para proteger vidas y propiedades, preservar la paz y procurar la seguridad pública.

3. Como miembros del Estado Mayor Conjunto, comprendidas todas las razas, colores y credos, ustedes representan los ideales de nuestra Constitución. Por favor, recuerden a todas nuestras tropas y líderes que mantengan los valores de nuestra nación, y actúen en concordancia con las leyes nacionales y con nuestros propios y elevados estándares de conducta en todo momento.

(*a mano*) Todos hemos comprometido nuestras vidas con la idea que es América… y seguiremos fieles a ese juramento y al pueblo americano.

MARK A. MILLEY
General del ejército de Estados Unidos

c.c.:

Secretario de Defensa; subsecretario de Defensa; vicepresidente del Estado Mayor Conjunto; director del Estado Mayor Conjunto

123

DESCLASIFICADO

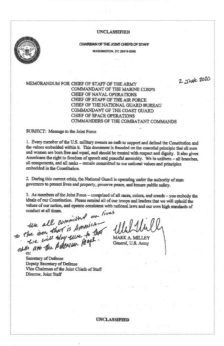

«*D*ebemos estar muy atentos hacia la violencia que está ejerciendo el presidente en ejercicio sobre nuestra democracia y la prosecución de la justicia», dijo Biden durante un discurso en el City Hall de Filadelfia, el 2 de junio. Tenía varias banderas americanas detrás. Fue su primer discurso ante un público en vivo desde marzo y el inicio de la pandemia.

El mensaje: presidencial. La única y solitaria señal de campaña era la que tenía en su atril. Después de la muerte de George Floyd, Biden mostró una nueva disposición a decidirse a avanzar y mostrarse más agresivo. Muchos de sus consejeros lo vieron como un punto de inflexión para él, al recordar cómo estaban las apuestas a sus votantes.

—No podemos dejar este momento pensando que una vez más podemos apartarnos y no hacer nada. Porque no podemos —dijo Biden a la multitud en Filadelfia—. Ha llegado el momento de que nuestra nación se ocupe del racismo sistémico. Que se ocupe de la creciente desigualdad económica. Y de que se ocupe de la negación de las promesas de esta nación para tantos.

Esper se quedó muy nervioso el 3 de junio. Como las protestas continuaban en Washington, Trump todavía quería a 10 000 tropas en activo desplegadas en la ciudad.

Igual que Milley, Esper era muy consciente de lo que podía significar aquello. Los tumultos de 1968 hacían erupción entre plagas similares de pobreza urbana, racismo e ira por la brutalidad policial. Poner militares en activo en las calles, en una época de medios de comunicación sociales y televisión global, podía provocar una tragedia humana.

Esper decidió que debía actuar antes de que las cosas se deteriorasen aún más con Trump. Pero su consejo privado no significaba demasiado. Este presidente trazaba su capital político mediante declaraciones públicas e intervenciones mediáticas. Esper decidió que declararía pública e inequívocamente que no veía razón alguna para invocar la Ley de Insurrección.

Sugirió que Milley apareciese junto a él.

—No deberías hacer tal cosa —dijo Milley—. Estás a punto de hacer una declaración política significativa, y yo no debería aparecer ahí de uniforme. Pero es uno de esos momentos, ya sabes...

Esper apareció ante el cuerpo de prensa del Pentágono solo. Milley escuchaba desde el fondo de la sala.

—Siempre he creído y sigo creyendo que la Guardia Nacional es la más adecuada para dar apoyo interno a las autoridades civiles, para reforzar la policía local —dijo Esper—. Y digo esto no solo como secretario de Defensa, sino también como antiguo soldado y antiguo miembro de la Guardia Nacional.

»La opción de usar fuerzas en activo en un papel de policía debería ser solamente un último recurso, y solo en una situación de gran urgencia y dureza. No estamos en una de esas situaciones ahora mismo. No apoyo que se invoque la Ley de Insurrección.

Milley pensaba que habría que agradecer siempre a Esper que trazase esa línea tan clara. Era un momento muy importante.

Empezaron a sonar sus teléfonos a lo loco.

—El presidente está muy enfadado —dijo Mark Meadows, el jefe de gabinete de la Casa Blanca, al cabo de unos minutos, a Esper—. Está como loco. Te va a partir la cara.

Esper y Milley tenían que asistir a las diez de la mañana a la Casa Blanca a una reunión del Consejo de Seguridad Nacional sobre los planes para retirar las tropas de Estados Unidos de Afganistán. El general Frank McKenzie, el comandante central que supervisaba la guerra, con diecinueve años en el cargo, estaba en Washington para informar al presidente.

—¿Puedes ocuparte tú de la información? —preguntó Esper a Milley—. Frank y tú solos, porque esto se va a poner muy feo.

125

—Podemos hacerlo, claro —dijo Milley—. Pero no debería ser así. Tendrás que ir.

Esper suspiró audiblemente.

—La cosa se va a poner mal de verdad. Me va a chillar e insultar…

—Sí —dijo Milley. Se conocían muy bien los dos. Ambos habían trabajado estrechamente antes de ocupar sendos cargos militares en el gobierno de Estados Unidos. Esper había sido secretario del ejército, y Milley jefe de gabinete del ejército durante dieciocho meses.

—Eso es cierto —dijo Milley—, pero a veces hay que enfrentarse al dragón. Fingir que estás de vuelta en «El llano» (el campo de entrenamiento) de West Point y te están dando para el pelo.

Cuando se dirigieron al Despacho Oval, casi todo el mundo estaba allí con la cabeza gacha, mirándose los zapatos.

«Debe de estar ocurriendo algo malo —pensó Milley—. Una emboscada.»

Las sillas estaban dispuestas en semicírculo frente al escritorio Resolute, donde Trump estaba sentado con los brazos cruzados. Pence ocupaba una de las sillas. Meadows otra. La silla del centro estaba reservada para Esper. Otra para Milley.

Un grupo del personal de Trump estaba sentado en los sofás y en otras sillas. Trump estaba sentado muy tieso. Tenía la cara roja. Fulminó con la mirada a Esper, que le miró a su vez.

—¿Qué has hecho? —chilló Trump—. ¿Por qué has hecho eso?

—Señor presidente, se lo dije —respondió Esper—. Lo que le dije antes es que no creo que esta situación requiera invocar la Ley de Insurrección. Creo que sería terrible para el país y terrible para los militares.

—¡Me has quitado mi autoridad! —chilló Trump.

—Señor presidente, yo no le he quitado su autoridad. Su autoridad es suya. Me he limitado a expresar cuáles eran mis creencias al respecto, y si lo apoyo o no.

Trump respondió furioso, citando una versión tergiversada de los comentarios de Esper a los medios aquel mismo día.

Esper sacó una transcripción de su conferencia de prensa de su carpeta. Había subrayado sus comentarios sobre la ley y tiró el dosier encima del escritorio Resolute. Luego lo empujó hacia el presidente.

—¡Esto es lo que he dicho!

Trump lo miró.

—Me importa una mierda tu puta transcripción.

Esper no estaba seguro de que Trump fuera a leer los comentarios, pero tuvo la sensación de que al menos había conseguido que el presidente se diera por enterado. La cara de Trump se fue poniendo más roja cada vez, y a Esper le dio la sensación de que el presidente pensaba que ya no tenía la capacidad de invocar la Ley de Insurrección. Y a Esper le parecía muy bien que fuera así. Habían contenido a Trump.

—¿Quién te crees que eres? —chilló Trump a Esper—. Me has quitado mi autoridad. ¡Tú no eres el presidente! ¡Yo soy el maldito presidente!

Milley, sentado en silencio junto a Esper, observó a Trump detenidamente. Creía que la escalada de la rabia que estaba contemplando de primera mano era inquietante, otra bronca que le recordó a *La chaqueta metálica*.

Seguía la avalancha de insultos. Cuando el presidente se hubo despachado a gusto con Esper, se volvió a los demás que estaban sentados en el Despacho Oval.

—¡Sois unos cabrones! —les chilló—. Todos. Unos verdaderos cabrones. Todos y cada uno de vosotros.

—Robert —susurró Milley a O'Brien—. Creo que tenemos que informar al presidente de lo de Afganistán. —Se suponía que la reunión iba a empezar pronto.

—Está bien —dijo Trump al final, como si hubiera cambiado de repente el canal de televisión—. Fuera de aquí todos. Largaos todos.

A Milley le gustaba pensar que él y Esper no habían subvertido la autoridad del presidente, sino que habían cumplido con su deber de proporcionarle el mejor consejo, sin adornos. Tenían la obligación constitucional de que el presidente estuviese plenamente informado de las opciones que tenía. Pero una vez Trump decidía y emitía una orden, a ellos se les requería que la ejecutasen.

La única excepción era una orden ilegal, inmoral o falta de ética. Ese sería el punto en el cual alguien podía considerar di-

127

mitir, razonaba Milley. Pero este no recordaba ninguna época de la historia en que un funcionario de gabinete, tan esencial como por ejemplo el secretario de Defensa, hubiese arrojado un papel con ira al escritorio Resolute.

«Le hemos dado jaque mate», pensaba Milley, con un alivio aún indeciso. Habían atado las manos de Trump, le habían superado en el juego, y por eso se había puesto tan furioso.

De camino hacia la Sala de Crisis, Milley le dijo a Esper:

—Tú quédate ahí sentado, sin decir nada. Deja que Frank y yo manejemos este asunto.

Minutos más tarde, en la Sala de Crisis, el presidente tomó asiento a la cabecera de la mesa.

El general McKenzie, un marine con vasta experiencia de mando, empezó a revisar las opciones para la retirada de Afganistán, una de las promesas fundamentales en la campaña de Trump. Los generales seguían afirmando que querían luchar contra los terroristas en Afganistán, y no en casa. Regularmente invocaban el recuerdo de la trama del 11 de septiembre, que se había originado en Afganistán, y aseguraban que la presencia de tropas de Estados Unidos era una póliza de seguros contra otro atentado como el del 11 de septiembre.

Esa discusión empezó siendo muy tranquila y racional, sin ningún exceso notable de fuegos artificiales a lo *Chaqueta metálica* en el Despacho Oval.

Luego alguien sacó a colación la amenaza de Irán.

—Vale —dijo Trump—. Habladme de Irán. Decidme qué planes tenemos, qué opciones tenemos para Irán.

Irán se encontraba bajo el mando central del general McKenzie, que tenía la responsabilidad de Oriente Medio y Afganistán. Sin embargo, no estaba en su agenda. Pero McKenzie conocía los planes de ataque y de guerra sin necesidad de preparación alguna.

—Frank, adelante —dijo Milley—, informa al presidente de lo que tenemos para Irán.

McKenzie recitó de un tirón un montón de opciones: ataques aéreos, ataques por mar, sabotaje, ciberataques, infiltración e invasión por tierra, si era necesario.

—Hala… —respondió Trump—. ¿Y cuánto tiempo costaría hacer eso?

Queriendo mostrarse receptivo, McKenzie hizo que algunas de las versiones sonaran apetecibles.

—Pues sí, señor —dijo McKenzie—, podemos hacerlo.

—Eh, eh, eh… —dijo Milley, levantando la mano—. Frank, cuéntale el resto de la historia.

Milley entonces recitó rápidamente una lista de afirmaciones y preguntas, todas ellas suscitando dudas sobre el hecho de lanzar un ataque en Irán.

—Háblale del coste.

—Háblale de las bajas.

—Cuéntale cuánto tiempo costaría.

—¿Cuántos barcos acabarían hundidos?

—¿Cuántos soldados morirían?

—¿Cuántos pilotos serían abatidos?

—¿Cuántas bajas civiles?

—¿Y las familias en Baréin? —El puerto base de la Quinta Flota de la Marina de Estados Unidos.

—¿Cuánto tiempo cree que costaría? ¿Serían treinta días o treinta años?

—¿Se convertiría esto en otra guerra?

El presidente iba mirando a uno y otro, a Milley y a McKenzie. Las respuestas iban telegrafiando consecuencias y resultados desconocidos.

Uno de los halcones sobre Irán era O'Brien, el consejero de seguridad nacional. Si Irán golpeaba los objetivos militares de Estados Unidos, las represalias tenían que ser rápidas y masivas, dijo.

—Golpeémosles bien fuerte, señor presidente —dijo O'Brien varias veces—. Tenemos que darles fuerte.

—Es fácil meterse en una guerra —intervino Milley, usando una de sus frases favoritas, también favorita de Esper—. Pero es difícil salir.

A lo largo de los años, Milley había estudiado la Primera Guerra Mundial, cuyo desencadenante había sido el asesinato del archiduque Francisco Fernando en Sarajevo, en 1914.

Sin embargo, aquel año hubo muchos asesinatos en la política del mundo entero. ¿Por qué había sido aquel el desen-

129

cadenante? Milley seguía preguntándoselo. Los historiadores intentaban responder esa pregunta, pero en aquel momento ninguno podía haber predicho las ramificaciones globales. Con cualquier ataque se puede tener un plan, pero el resultado nunca es seguro. Y con las grandes potencias siempre era posible una guerra, si Estados Unidos no tenía cuidado.

Milley sabía que Meadows le había dicho al presidente que una guerra sería una mala noticia para la campaña de reelección de Trump. Meadows también le había dicho que despedir a otro secretario de defensa no serviría a Trump políticamente.

—No le conviene que haya una guerra, señor —había dicho Milley a Trump en una reunión previa.

Y aun entonces, sentado en la Sala de Crisis, Milley no pensaba que el presidente estuviese buscando una guerra. Pero un ataque parecía estar siempre encima de la mesa. Había que procurar manejar bien su curiosidad.

Atacar a Irán o cualquier otra acción se volvía cada vez menos apetecible, cuando acabó la sesión.

$\mathcal{M}$illey siguió acosado por los hechos del 1 de junio. Sus críticos estaban por todas partes: en los canales de noticias por cable, en los medios de comunicación social, en los artículos de opinión.

Milley sabía que había hecho el ridículo. Le habían fotografiado con traje de faena junto a un presidente que estaba decidido a politizar a los militares. Había sido un desastre.

Llamó a muchos de sus predecesores para buscar consejo.

—¿Debería dimitir? —le preguntó a Colin Powell, que había sido presidente del Estado Mayor Conjunto desde 1989 a 1993, bajo el mandato George H. W. Bush.

—¡Joder, no! —exclamó Powell—. Te dije que no cogieras ese cargo. No tendrías que haber aceptado el cargo. Trump es un puto maníaco.

Milley recibió consejos similares, aunque no tan expresivos, de una docena de antiguos secretarios de Defensa y presidentes.

Decidió disculparse públicamente, pero no advirtió previamente de ello a Trump.

El 11 de junio, en una charla grabada en vídeo en la graduación de la Universidad de Defensa Nacional, Milley dijo: «Como líderes de alto rango, todo lo que hagan será observado muy de cerca, y yo tampoco soy inmune. Como muchos de ustedes vieron, el resultado de la foto que me hicieron en la plaza Lafayette la semana pasada fue suscitar un debate nacional sobre el papel de los militares en la sociedad civil. No tendría que haber estado allí. Mi presencia en ese momento y en ese entorno creó la percepción de que los militares están implicados en asuntos de política interior. Como oficial uniformado al mando, fue un error del que aprendí, y sinceramente espero que todos podamos aprender de él. Abracen la Constitución, llévenla muy cerca de su corazón. Es nuestra Estrella del Norte».

Varios días más tarde, Trump detuvo a Milley después de una reunión de rutina en el Despacho Oval.

—Eh, ¿qué pasa, no estás orgulloso de andar al lado de tu presidente? —le preguntó Trump.

—¿A la iglesia? —preguntó Milley.

—Sí. ¿Por qué te has disculpado?

—Señor presidente, en realidad no tiene nada que ver con usted.

Trump seguía escéptico.

—Tenía que ver conmigo —dijo Milley—. Tenía que ver con este uniforme. Tenía que ver con las tradiciones de los militares de Estados Unidos, y el hecho de que somos una organización apolítica. Usted es político, usted es un actor político. Para usted hacer eso es su deber. Pero yo no puedo formar parte de los acontecimientos políticos, señor presidente. Es una de nuestras tradiciones más antiguas.

—Pero ¿por qué te disculpaste? —le preguntó el presidente de nuevo—. Es una señal de debilidad.

—Señor presidente —respondió él, mirando directamente a Trump—, no es así de donde yo vengo. —Era nativo de la zona de Boston—. Donde yo nací, y según me educaron, cuando cometes un error, lo reconoces.

Trump inclinó la cabeza a un lado como el perro del gramófono, el famoso perrito representado mirando un fonógrafo mecánico y usado durante mucho tiempo como mascota por RCA Records.

—Hum… —dijo—. Vale.

Más tarde, Trump llamó a Milley dos veces para preguntarle cómo podían tratar los militares el asunto de las banderas confederadas, estatuas y bases militares con nombres de generales confederados. Milley dijo que él era partidario de hacer cambios.

Durante una reunión en el Despacho Oval, Trump volvió al tema. Dijo que no quería cambiar nada.

—No vamos a prohibir las banderas confederadas. Es el orgullo y la herencia del Sur.

Meadows decía que las banderas confederadas no podían ser prohibidas. Era un tema de libertad de expresión, y los abogados del Pentágono estuvieron de acuerdo con él.

Trump le preguntó a Milley:

—¿Qué opinas?

—Ya se lo he dicho dos veces, señor presidente. ¿Seguro que lo quiere oír otra vez?

—Sí, venga, dilo —dijo Trump.

—Señor presidente, yo creo que debería usted prohibir las banderas, cambiar el nombre de las bases y echar abajo las estatuas.

»Yo soy de Boston, y todos esos tipos eran unos traidores.

Alguien preguntó:

—¿Y los muertos confederados enterrados en el Cementerio Nacional de Arlington?

—Es interesante —dijo Milley—. De los casi quinientos soldados confederados enterrados allí, resulta que están en círculo, y los nombres de las tumbas dan hacia dentro, y eso simboliza que volvieron la espalda a la Unión. Fueron traidores en sus tiempos, son traidores hoy y serán traidores en la muerte para toda la eternidad. Cambie los nombres, señor presidente.

Hubo un breve silencio en el Despacho Oval.

Pence, que casi siempre adoptaba una actitud muy seria apoyando a Trump, medio bromeó:

—Creo que yo mismo he encontrado mi ser unionista.

Pat Cipollone, consejero de la Casa Blanca, añadió:

—¡Yo también soy yanqui!

Sin decir nada, Trump pasó al siguiente tema que le vino a la cabeza.

David Urban, lobista y aliado cercano de Trump con Esper, intentó más tarde otro enfoque con Trump.

—Si no lo hace usted —dijo, abogando por el cambio de nombres—, los demócratas los cambiarán de todos modos. ¿Está usted familiarizado con el USNS Harvey Milk?

—¿Qué es eso? —preguntó Trump.

—Es un buque de la Marina de Estados Unidos que ha

133

recibido el nombre de un concejal gay de San Francisco que fue asesinado en 1978. ¿Cree que lo hicieron los demócratas o los republicanos?

—Vale. De acuerdo —refunfuñó Trump—. Déjame pensarlo.

Urban sugirió que volvieran a nombrar las bases con nombres de condecorados con la Medalla de Honor.

—Así celebrarán lo mejor de América.

Como Trump seguía sin decidirse, Urban le echó la culpa a Meadows. Otro error en una campaña muy dura.

—Es un maldito retraso —le dijo Urban a Esper—. ¿Qué ha hecho Meadows, coger a ochocientos tíos del Sur y llamar al presidente diciendo que todos son héroes?

Milley decidió que necesitaba desarrollar una estrategia para el periodo previo a las elecciones y para después.

La curiosidad de Trump y los comentarios sobre un posible ataque a Irán habían hecho mella en Milley, y también la rabia de Trump, al parecer siempre dispuesta a emerger. Milley tenía que mantenerse firme, ser un baluarte. Tenía que estar preparado para cualquier cosa, incluyendo una súbita crisis en la conducta de Trump y el orden en el interior del Ala Oeste.

—Así es como veo el próximo periodo de tiempo —manifestó Milley en una reunión privada—. Mi obligación con el pueblo americano es asegurarme de que no tenemos una guerra innecesaria en el extranjero. Y que no se da el uso ilegal de la fuerza en las calles norteamericanas. No vamos a volver nuestras armas contra el pueblo americano, ni tampoco vamos a tener un escenario tipo *La cortina de humo* en el extranjero.

La cortina de humo era una película de 1997 sobre un presidente que usaba la guerra para distraer de un escándalo.

Milley creía que había que seguir presionando a Trump, porque, efectivamente, Trump no podía despedirle.

Si a Trump no le gustaban los consejos de Milley, podía ignorarlo sin más. Pero el poder simbólico del cargo seguía teniendo peso. Despedir a un presidente del Estado Mayor podía ser un terremoto político… y Milley había sido confirmado por el Senado por 89 votos a 1, sugiriendo un apoyo casi unánime por parte de ambos partidos.

En el Tanque, la sacrosanta sala de reuniones del Estado Mayor conjunto en el Pentágono, donde los líderes militares podían hablar francamente, Milley esbozó su plan para los jefes.

—La fase 1 es desde ahora hasta las elecciones, el 3 de noviembre —dijo Milley—. La fase 2 es la noche de las elecciones, a través de certificación. —Cuando el Congreso formalmente certificaba las elecciones, el 6 de enero de 2021—. La fase 3 es la certificación a través de la toma de posesión, el 20 de enero. Y la fase 4 son los primeros cien días de quien quiera que gane las elecciones.

»Vamos a hacer esto paso a paso. Vamos a estar en contacto constante. Vamos a trabajar conjuntamente. Yo estaré al tanto. Ustedes, los jefes del Estado Mayor Conjunto, tendrán que estar codo con codo… todo el mundo. Y la consigna de hoy es mantenerse firmes en la silla. Vamos a mantener los ojos clavados en el horizonte, y vamos a hacer lo que sea bueno para el país, sin importar el coste que tenga para nosotros.

135

$\mathcal{A}$finales de junio de 2020, los casos de coronavirus iban en aumento. Pero Trump estaba decidido a revivir sus mítines característicos, repletos de partidarios vitoreándole con sus gorras rojas y llevando carteles. Los echaba muchísimo de menos.

En un mitin multitudinario en Tulsa, Oklahoma, tenían preparado un centro BOK con 19 000 asientos para el 20 de junio, el primero en sesenta días. Los funcionarios de sanidad de la ciudad, sin embargo, estaban preocupados de que se celebrase un «evento supercontagiador» y le instaron a que lo cancelase.

Un día antes, Trump le dijo a Woodward en una entrevista que el mitin sería un enorme éxito.

—Tengo un mitin mañana por la noche en Oklahoma —dijo Trump—. Ya se han apuntado más de 1,2 millones de personas. Solo podrán entrar 50 o 60 000. Porque es un recinto muy grande, ¿sabe? Pero podemos meter a 22 000 en un recinto, y 40 000 en otro. Vamos a tener dos recintos bien cargados. Piénselo. Nadie había hecho mítines como estos.

En el mitin, el recinto estaba lleno solo a medias, como mucho, y un mar de asientos azules vacíos se enfrentaba a Trump, en parte como resultado de una broma en las redes sociales organizada por adolescentes críticos con Trump. Miles de ellos se registraron pidiendo entrada, con la intención de no aparecer por allí.

Más tarde Trump estalló en cólera con su jefe de campaña, Brad Parscale. Con más de dos metros de alto y barbudo, Parscale parecía un luchador profesional vestido con traje y corbata. Había conseguido notoriedad nacional por sus campañas digitales y por organizar a los partidarios de Trump en plataformas de redes sociales como Facebook.

—Un enorme error de mierda —dijo Trump en una reunión

en su despacho—. No tendría que haber ido a ese maldito mitin —se lamentó, y añadió que Parscale era «un puto gilipollas».

Parscale fue despedido como jefe de campaña el 16 de julio y degradado a consejero sénior.

No mucho después, en otra reunión de julio en el Despacho Oval, su encuestador Tony Fabrizio dijo que los votantes, especialmente los independientes, estaban exhaustos emocionalmente.

—Bueno, para ser sinceros, señor presidente —dijo Fabrizio—, los votantes están muy cansados, sencillamente. Están hartos de caos. Están hartos de tumultos.

Normalmente solícito con Fabrizio, que había ayudado en su campaña de 2016, esta vez Trump saltó al oírlo.

—Ah, ¿o sea, que están cansados? —preguntó Trump en voz muy alta, rabioso—. ¿Que están cansados, me cago en todo? Bueno, pues yo también estoy cansado y fatigado, joder.

Todo el Despacho Oval quedó en silencio.

Entonces Fabrizio sacó el tema de Biden, y Trump de inmediato se mostró desdeñoso.

—Es viejo —dijo Trump—. No está en forma. Ya sabes, ni siquiera es capaz de decir una frase seguida.

—No lo puede considerar usted como un liberal loco —dijo Fabrizio—. No creo que la gente se lo trague.

Fabrizio sabía que había estropeado sus posibilidades con Trump, pero el presidente seguía buscando algo o a alguien que reforzase su desfalleciente campaña.

La Casa Blanca y la campaña llegaban a todos los rincones, consultando con el antiguo presidente del Congreso Newt Gingrich e incluso con Dick Morris, un desacreditado consejero de campaña de Bill Clinton.

«Si se percibe que usted ha fallado en tiempos de crisis, no podrá volver. Piense en Neville Chamberlain, o en Herbert Hoover», escribió Morris en verano en un mensaje a los consejeros de mayor rango de Trump, refiriéndose al primer ministro británico conocido por sus desastrosas reuniones con Hitler y al presidente recordado por la Gran Depresión.

Trump seguía desafiante en medio de la crisis sanitaria mundial. El 7 de agosto decidió, aparentemente por capricho, dar una conferencia de prensa en su club de golf de Nueva Jersey.

137

«La pandemia está desapareciendo —insistía—. Va a desaparecer.» En Estados Unidos se había alcanzado la cifra de casi 4,9 millones de casos confirmados, y más de 160 000 muertes. Los colegios, en su mayor parte, no estaba previsto que abrieran de momento.

«El Estado profundo —tuiteó Trump dos semanas más tarde—, o quienquiera que esté en la FDA, está poniendo difícil a las empresas farmacéuticas que consigan gente para probar las vacunas y las terapias. Obviamente, esperan retrasar la respuesta hasta después del 3 de noviembre. ¡Deben centrarse en acelerar y salvar vidas!»

Ese «quienquiera que esté» era el doctor Stephen Hahn, de sesenta años, comisionado para la Administración de Alimentos y Medicamentos.

Nombrado por Trump, Hahn había sido el prestigioso jefe médico ejecutivo del Centro de Cáncer Anderson MD, en la Universidad de Texas, y había publicado más de 220 artículos revisados por pares durante su carrera médica. También era donante habitual de los candidatos republicanos.

Hábil jugador político desde sus años en el mundo competitivo de la medicina académica, Hahn tenía una tensa relación con Meadows, que estaba bajo presión de Trump para que acelerase el proceso.

—Decididamente, quería que yo acelerase y quería los datos. Deseaba información para poder hablar con el presidente —explicó Hanh a un colega—. Cuando hablé con él del proceso que estábamos usando, mencionó que trabajaba para una firma de consultoría y que tenía experiencia en procesos y mejora de procesos. Y que lo habíamos hecho todo mal, que teníamos demasiados pasos intermedios en este análisis. No se molestó en preguntar por qué se requerían determinados pasos. No veía que tuviera ninguna validez lo que yo estaba diciendo con respecto a nuestro proceso.

Después del tuit de Trump del «Estado profundo», Hahn llamó de inmediato al presidente.

—Quiero reiterarle que nadie está bloqueando nada —dijo. Producir una vacuna es un procedimiento complicado, gober-

138

nado por las leyes, y los fabricantes de vacunas y las agencias del gobierno ya estaban acelerando el proceso a velocidad de vértigo, trabajando en colaboración con la iniciativa de la administración Trump «Operación Warp Speed».

—No estamos entorpeciendo la inscripción en las pruebas. Estamos haciendo todo lo que podemos para obtener datos e información —dijo. Y eso no tenía nada que ver con la política. Intentó explicarle el proceso de pruebas clínicas a Trump.

La FDA es un organismo regulador, que sigue unas guías estrictas para determinar cuándo es segura una vacuna y eficaz para su uso por parte del público en general en Estados Unidos. No produce la vacuna. Crear una vacuna normal lleva habitualmente entre diez y quince años. La vacuna de las paperas, la más rápida que se ha desarrollado jamás, tardó cuatro años.

—Mire —dijo Hahn—. Estos ensayos clínicos están organizados por empresas, por el NIH (Instituto Nacional de Salud).

La vacuna estaba siendo desarrollada por empresas como Pfizer-BioNTech, Johnson & Johnson y Moderna. Ellos llevaban a cabo el estudio científico, incluyendo investigación de laboratorio y ensayos no clínicos en animales, y luego presentaban una solicitud a la FDA para obtener el permiso de empezar los ensayos clínicos multifases en humanos.

—Aunque la FDA supervisa la investigación clínica, no lleva a cabo los ensayos —volvió a decir Hahn. Su papel era evaluar los datos suministrados por las empresas, para determinar su seguridad y su eficacia.

—Estoy orgulloso de vosotros —contestó Trump, cambiando completamente de tercio y poniendo fin a la conversación. Parecía avergonzado, y no dijo nada de su tuit.

Hahn se dio cuenta de que el presidente no tenía ni idea de cómo funcionaba la FDA, y no había hecho esfuerzo alguno para enterarse, antes de enviar el tuit. Era un clásico exabrupto en forma de tuit, ignorante y perturbador. Trump no comprendía el poder que tenían sus palabras. La fe pública en los procedimientos seguros era crítica para convencer a la gente de que se vacunase.

Hahn no preguntó al presidente si alguna vez había considerado lo que podían pensar miles de trabajadores de la FDA al leer aquel comentario atacando su trabajo por parte del presidente de Estados Unidos.

24

*J*im Clyburn continuaba teniendo un prestigio único ante Biden, que siempre recordaba el triunfo en las primarias de Carolina del Sur. Biden derrotó al corredor favorito, Bernie Sanders, casi por un 30 por ciento de puntos, después de que Clyburn le ofreciera su apoyo sincero y memorable. Había salvado su candidatura.

En marzo, Biden juró públicamente que pondría a una mujer como compañera de candidatura. Clyburn tuvo mucho cuidado de no pedir nunca a Biden que fuese una mujer negra. Escoger a una mujer negra sería «un plus, no un deber», una frase que él repetía a menudo en privado con Biden y con otros. Ya había hecho un trato con Biden para un puesto en el Tribunal Supremo, y este prometió nombrar a una mujer negra para el alto tribunal.

Pero Clyburn sabía que una mujer negra podría ser una ventaja enorme en el Partido Demócrata, según su propia lógica. Él tenía a varias mujeres negras en su lista, incluyendo a dos distinguidas miembros del Congreso y una senadora.

Clyburn no conocía a la senadora Kamala Harris tan bien como sus colegas del Congreso. Pero una cosa sobresalía en Harris: era exalumna de la Universidad de Howard en Washington (una de las HBCU, las más prominentes universidades históricas negras). Y era miembro también de una de las sororidades negras más antiguas históricamente: la Alfa Kapa Alfa.

Cuando Biden mencionó a Harris en una llamada aquel verano, Clyburn dijo que se trataba de una graduada de una HBCU. Clyburn, que se había graduado también en una universidad histórica negra, la del estado de Carolina del Sur, explicó el significado a Biden.

—Eso significa algo para la gente de las HBCU —explicó—. Aunque los afroamericanos muy brillantes ahora van también a facultades de la Ivy League, la gente tiende a olvidar que los padres de esa gente fueron a alguna HBCU, y sus abuelos también. En el caso de los abuelos, muy pocos podrían haber ido a alguna otra parte.

El título de Harris era más que una licenciatura. Tenía peso político entre la gente adecuada que Biden necesitaba que fuera a votar, le informó Clyburn.

—Creo que la gente no piensa en eso, no piensa en la historia —dijo—. Todo consiste en «yo fui a Yale, yo fui a Harvard». Pues muchos de nosotros hicimos lo que pudimos, en unos momentos en que esas oportunidades no existían. Ya fuera la universidad de Carolina del Sur, la de Carolina del Norte A&T, o lo que sea.

Clyburn había mantenido esa postura desde hacía años. Para él las HBCU eran el núcleo de identidad y poder de la comunidad negra, aparte de la educación. Tenía la sensación de que la mayoría de los americanos tendían a olvidar que, durante gran parte de su generación, los hombres y mujeres negros no tuvieron acceso a la participación cívica en Clubes Rotarios, Clubes de Leones y otros grupos. La gente negra contemplaba entonces las hermandades y sororidades como uno de los pocos lugares donde podían contribuir.

141

También había otro asunto presente en el corazón de la decisión de Biden: ¿a quién le habría recomendado su difunto hijo, Beau Biden?

Confió a otras personas que la respuesta sería, casi con toda seguridad, Kamala Harris.

Kamala y Beau habían trabajado juntos como fiscales generales estatales, Harris por California y Biden por Delaware. Durante la crisis de la vivienda y la recesión económica de una década antes, los dos colaboraron en una investigación en los bancos más importantes.

«Nos guardábamos las espaldas el uno al otro», escribió Harris en sus memorias de 2019 tituladas *Nuestra verdad*.

Cuando murió Beau en 2015, Harris asistió a su funeral.

Publicó una foto en Instagram el 8 de junio de 2015 y dijo que la ceremonia fue «un tributo muy emotivo» para «mi querido amigo».

En 2016, Joe Biden apoyó a Harris para que ocupara el escaño vacío de la senadora Barbara Boxer de California. «Beau siempre la apoyó», escribió en una declaración. Ella se convirtió en la primera persona negra elegida para representar a California en el Senado.

Harris era hija de madre india, Shyamala, y padre jamaicano, Donald, que habían emigrado a Estados Unidos antes de que naciera su hija. Ambos se conocieron como activistas de derechos civiles en Berkeley, Donald como economista, Shyamala como científica.

Harris proyectaba una gran valentía interna, un espíritu luchador que había alimentado la trayectoria meteórica de su carrera. Había sido la primera mujer en ocupar el cargo de fiscal del distrito de San Francisco, y la primera persona negra y la primera mujer que fue fiscal general del estado.

Aunque su historial de voto era invariablemente liberal, en un partido donde Bernie Sanders ahora representaba el ala izquierda, ella parecía estar más en el centro. Siguió cercana al presidente Obama, y le apoyó desde el principio en su candidatura de 2008.

La campaña presidencial que ella emprendió, iniciada en Oakland ante 20 000 partidarios, fracasó. Pero como Biden había dejado dos carreras electorales, dijo a otros que no contemplaba la decisión de retirarse de Harris como un fallo. Era parte del camino que se recorre para llegar a la presidencia.

Como antiguo presidente del Comité Judicial del Senado, también admiraba que ella se hubiese convertido desde el principio en una voz de alto perfil en ese comité. Sus preguntas directas durante la vista de confirmación de Kavanaugh en 2018 habían atraído nueva atención.

Y aunque sus golpes le habían escocido a Biden durante la campaña, él sabía que no era una persona fría, en absoluto. Era confiada y atlética, de risa fácil, y calzaba unas zapatillas Converse deportivas y clásicas en campaña, en lugar de zapatos planos o de tacón.

Biden le dijo al antiguo senador de Connecticut, Chris Dodd, que encabezaba el comité de búsqueda vicepresidencial, que había superado cualquier posible herida sufrida en el debate de 2019, cuando Harris se metió con su política sobre los autobuses escolares. Dodd entonces trasladó al comité de investigación que si Biden podía superarlo, todo el mundo debería hacerlo también.

En un acto de campaña en Wilmington, Delaware, el 28 de julio, fue fotografiada la ficha que tenía Biden.

«Kamala Harris —decía la ficha—. No alimento ningún rencor. Hizo campaña conmigo y con Jill. Mucho talento. Gran ayuda en la campaña. Gran respeto por ella.»

Cuando Clyburn habló con Biden por teléfono, durante la última semana de la búsqueda vicepresidencial, tuvo la sensación de que era la gran oportunidad para ella.

Las protestas para que hubiera cambios esenciales de política para encarar el racismo sistémico estaban barriendo todo el país después del asesinato de George Floyd. Se hicieron cada vez más intensas las peticiones de que Biden eligiese a una mujer negra. Hasta los rivales de Harris, incluida la senadora Elizabeth Warren y la gobernadora de Michigan, Gretchen Whitmer, ambas competidoras para la elección, lo dijeron también. Esa pasión era compartida por muchos otros en el partido, que querían reconocer el poder y la vitalidad de las mujeres negras no solo en el partido, sino también en la política americana.

La lógica de elegir a Harris era evidente.

El 11 de agosto Biden se sentó frente a su portátil en su escritorio de Wilmington disponiéndose a llamar a la senadora Harris por Zoom. En su escritorio descansaba una postal de felicitación enmarcada, regalo de su padre, con el personaje de cómic «Olaf el amargado». Olaf chillaba a los cielos tormentosos: «¿Por qué yo?» y el cielo replicaba: «¿Por qué no?»

—¿Dispuesta para trabajar? —preguntó Biden a Harris.

Ella hizo una pausa.

—Ay, Dios mío, claro que sí, estoy preparada para trabajar.

El marido de Harris, el abogado Doug Emhoff, se unió a Harris en la pantalla y Jill apareció también junto a Biden.

—Nos vamos a divertir mucho —dijo la doctora Biden.

Poco después de la llamada Biden anunció formalmente que Harris sería su compañera de candidatura.

Los medios cubrieron la elección considerándola un momento americano histórico, y un movimiento político muy astuto que podía atraer a nuevos votantes a la coalición demócrata. Había unos 10 millones más de mujeres que de hombres registradas para votar. Harris también aportaría su energía fiscalizadora cuando se uniese al vicepresidente Mike Pence en su debate.

Harris era muy popular en las encuestas. La campaña recaudó 48 millones de dólares en las cuarenta y ocho horas que siguieron al anuncio, y 365,4 millones en agosto, todo un récord, más que cualquier recaudación de fondos total en anteriores elecciones presidenciales.

El 12 de agosto, Harris y Biden aparecieron en Delaware juntos.

—A Joe le gusta decir que el carácter está en la papeleta, y es cierto —dijo ella—. Cuando vio lo que ocurrió en Charlottesville, hace ahora tres años, supo que tendríamos que librar una batalla por el alma de nuestra nación.

25

$\mathcal{T}$rump llevaba semanas furioso por la cobertura en las noticias de su retirada al búnker de la Casa Blanca. Su rabia volvió a aparecer otra vez el 10 de agosto, cuando estaba en la sala de conferencias de la Casa Blanca respondiendo preguntas.

Un agente del servicio secreto interrumpió a Trump y lo sacó de la sala, llevándolo hacia una zona de espera para la prensa de la Casa Blanca.

—Hay disparos fuera —contestó el agente al presidente.

Trump frunció el ceño.

—No me voy a meter en el puto búnker —dijo.

Un día más tarde, poco después del anuncio vicepresidencial de Biden, Trump tuiteó: «Kamala Harris empezó fuerte en las primarias demócratas y acabó débil, huyendo al final de la carrera con casi nulo apoyo. ¡Ese es el tipo de oponente con el que sueña todo el mundo!».

La campaña de Trump emitió un vídeo («Joe el Lento y Kamala la Falsa», y una voz de narrador decía: «Perfectos juntos, un error para América»).

El consejero exterior de Trump Dick Morris mandó más tarde unos correos electrónicos a los encuestadores y funcionarios de campaña del presidente. Se preguntaba si podrían instrumentalizar la elección de Harris.

—¿Es Biden fácil de manipular? Sabemos que es débil y frágil, pero ¿de ahí se deduce que puede verse influido de una manera indebida por el personal, consultores y donantes? ¿Podemos decir que eligió a Harris porque los líderes negros le dijeron que lo hiciera? ¿Podemos citar que ha abrazado la agenda radical tras una manipulación exitosa por parte de la gente de Bernie?

ϒ

Dentro de la campaña de Trump, que ahora llevaba el agente político veterano de Nueva Jersey Bill Stepien —después de haber despedido a Brad Parscale—, la frustración era creciente. Las cifras de Trump iban decayendo. Gente de fuera como Dick Morris y Sean Hannity tenían demasiada influencia, y le daban ideas y consejos que iban en contra de la estrategia ya probada en las urnas.

El miércoles 23 de septiembre, a las 8.20 de la mañana, el consejero de Trump Jason Miller mandó un mensaje de correo a Stepien y a los encuestadores de campaña John McLaughlin y Tony Fabrizio. El tema era: «¿¿¿Se ha compartido esta nueva encuesta con Dick Morris???».

Fabrizio respondió a las 11.23 de la mañana, escribiendo: «El presidente me ha dicho que le enseñe las cifras».

Miller respondió tres minutos más tarde:

> Pues vaya mierda.
> Ahora está «amenazando» con decirle al presidente que nuestras cifras se han «venido abajo».
> Ya no quiero volver a hablar nunca más de nada con Dick Morris.

A finales de septiembre, la FDA envió unas líneas generales sobre su proceso de aprobación de emergencia de las vacunas contra el coronavirus a la Casa Blanca. Durante dos semanas esperaron un comentario. El culpable del retraso era Mark Meadows. Le preocupaba que hubiera demasiados pasos innecesarios en el proceso de autorización de la FDA. Costaría demasiado tiempo.

Para Hahn era otra intervención de Meadows, el antiguo hombre de negocios de Carolina del Norte, excesivamente desenvuelto, que intervenía como supuesto experto en el proceso de la FDA, aunque no fuera doctor.

Las directrices requerían unos estudios de fase 3 que incluían un periodo de seguimiento de dos meses para ver si los participantes informaban de algún efecto secundario grave.

Peter Marks, director del Centro para la Evaluación Biológica e Investigación de la FDA, tenía un doctorado en biología celular y molecular, y estaba trabajando codo con codo con Hahn en el proceso de aprobación.

—Me asombró mucho que Mark Meadows pensara que sabía más que Peter Marks con respecto a cómo evaluar la seguridad y la eficacia de una vacuna —había comentado Hahn a otros—. Cree que sabe cosas que en realidad no sabe, y que es experto en cosas que en realidad desconoce.

Siete antiguos miembros de la FDA publicaron un artículo de opinión en *The Washington Post* el 29 de septiembre, pidiendo a la Casa Blanca que dejase a la FDA hacer su trabajo:

> La Casa Blanca ha dicho que podía intentar influir en los estándares científicos para la aprobación de vacunas presentados por la FDA.
>
> Esa afirmación vino justo después de que algunos líderes importantes de la FDA, el Centro para el Control y la Prevención de Enfermedades y el Instituto Nacional de Salud, apoyaran todos públicamente la guía. Los fabricantes de medicamentos también han jurado que se atendrán a los estándares científicos de la FDA.

Aquella misma tarde, en el primer debate presidencial sostenido en Cleveland, Trump dijo: «He hablado con Pfizer, he hablado con toda la gente con la que había que hablar, con Moderna, con Johnson & Johnson, y otros. Estamos todavía a semanas de tener una vacuna». Insistía en que las empresas «podían ir más rápido». A pesar de haberle quitado importancia, de forma retórica, al virus, Trump sabía que una vacuna antes de las elecciones podía ayudarle políticamente.

El jefe ejecutivo de la Pfizer Albert Bourla se unió al coro de voces de la comunidad científica intentando cambiar las tácticas y el tono del presidente.

«Una vez más, me decepcionó mucho que la prevención para una enfermedad mortal se discutiese en términos políticos, en lugar de tener en cuenta los hechos científicos», decía Bourla en una carta abierta a sus colegas.

Durante una sesión preparatoria de debate en otoño, Biden le preguntó a Ron Klain:

—¿Ha pensado en qué es lo que quiere hacer cuando acabe la campaña?

—Si gana —contestó Klain—, me interesaría volver.

—¿Querría ser mi jefe de gabinete?

—Me siento muy honrado, muy halagado de que piense en mí —dijo Klain—. Creo que tendremos un buen follón entre manos si gana. Me encantaría formar parte de todo ello.

—Mire, soy supersticioso —dijo Biden, guardándose todas las opciones para sí—. No voy a ofrecer a nadie ningún puesto hasta después de ser elegido. Pero es importante para mí tener en mente que le gustaría hacerlo.

—Sí —confirmó Klain—. Si me ofrece ese puesto, aceptaré.

La predicción anterior de Klain, durante la reunión privada en Delaware, se convirtió en un hecho real en el primer debate Trump-Biden. No quedó nada fuera, ni siquiera la familia de Biden.

Trump se mostró agresivo y furioso, incordiando e interrumpiendo a Biden todo el rato.

—¿Se quiere callar de una vez, hombre? —le interpeló Biden, exasperado.

Fue la frase de la noche.

La hospitalización del presidente Trump con coronavirus, a última hora del viernes 2 de octubre, rompió brevemente el tramo final de su campaña. Condujeron a Trump en helicóptero al Centro Médico Militar Nacional Walter Reed, en Bethesda, Maryland.

Trump se había resistido a ir, pero cuando sus niveles de oxígeno en sangre se desplomaron hasta los 80 mm Hg, una zona potencialmente fatal, y el presidente empezó a tener problemas para respirar, su médico tuvo que ponerle oxígeno. Varios consejeros le dijeron que era posible que tuvieran que sacarlo en silla de ruedas o algo peor, si no se iba ya. Accedió a abordar un Marine One y se dirigió a Bethesda.

Una vez hospitalizado, el estado de Trump se estabilizó. A Trump le dieron lo que sus médicos llamaban un «cóctel de anticuerpos», incluyendo Regeneron, un tratamiento de anticuerpos que todavía estaba en fase de experimentación. Los funcionarios de salud de Estados Unidos hicieron frenéticos esfuerzos para asegurarse de que la FDA aprobaba el uso de la droga por parte de Trump, y debatieron si era apropiada para él, con su obesidad y sus setenta y cuatro años, tomar el cóctel, según Yasmeen Abutaleb y Damian Paletta, del *Washington Post*.

—Disfrute de su comida de hospital —le dijo Kellyanne Conway a Trump al teléfono, durante el periodo de tres noches que pasó en el hospital.

Meses antes, cuando Conway había estado en cuarentena en casa después de contraer el virus, Trump la animó.

—Tienes cero por ciento de grasa corporal, cariño —dijo Trump—. Cariño, si tienes cero por ciento de grasa corporal, estarás bien.

Le dieron el alta el 5 de octubre, y se quitó la mascarilla teatralmente en el balcón de la Casa Blanca, luego levantó el pulgar y saludó al Marine One.

La Casa Blanca seguía siendo una zona caliente para las infecciones. Meadows y otros miembros del personal de alto rango evitaban las mascarillas y al personal de bajo nivel le parecía que las normas de la casa les animaban a ignorar las directrices de salud pública. Asistían a una reunión tras otra en las cuales Trump y sus consejeros se burlaban de Fauci y compañía, considerándolos sermoneadores liberales. En octubre, al menos «34 miembros del personal de la Casa Blanca y otros contactos» habían contraído el virus, observaba un memorándum interno de la FEMA, la Agencia Federal para el Manejo de Emergencias.

149

El líder de la mayoría del Senado, Mitch McConnell, vigilaba atentamente la campaña para las elecciones generales de Biden, muy sobria. Pensaba que era muy astuta, porque le estaba presentando como un moderado (el abuelo tranquilo de Delaware, frente a un salvaje titular republicano). Casi todos los demócratas estaban seguros de que saldría elegido, después de que los votantes observaran la conducta de Trump.

—Ser Donald Trump —vaticinó McConnell— basta para que pierda en noviembre. La personalidad de Trump ha sido siempre su mayor problema, y desde el punto de vista de la personalidad, Joe es lo contrario de Trump.

McConnell veía aquella dinámica como una tragedia republicana. Habían presentado una reforma de los impuestos. Habían pisado el acelerador a fondo para llenar todas las judicaturas federales de conservadores. La economía iba viento en popa antes de que la pandemia se apoderase de todo en marzo. Nada de todo aquello era un accidente. En todo ello se veía la mano de Trump.

—Hemos tenido cuatro años condenadamente buenos —anunció McConnell.

Pero ahora, todo dependía de la personalidad. La de Trump.

Biden, que nunca había ganado más del 1 por ciento del voto en sus dos anteriores intentos presidenciales, tenía suerte y un sentido de la oportunidad perfecto.

—No estoy diciendo que sea solo eso, pero la verdad es que sí ha tenido buena suerte —remarcaba McConnell.

En cuanto a Trump, McConnell no quería una guerra pública con el presidente. Pero tampoco albergaba ninguna esperanza de que este pudiera cambiar.

150

Durante casi cuatro años, McConnell había conseguido lo que llamaba una «hermandad» con funcionarios del gabinete, como el antiguo secretario de Defensa James Mattis y el antiguo jefe de gabinete de la Casa Blanca John Kelly, y ahora con el fiscal general, William Barr. Todos habían intentado empujar a Trump hacia la normalidad.

Era un ejercicio sistemáticamente perdedor. Fútil. Y en su tramo final, la supuesta hermandad había visto cómo muchos de sus miembros salían de escena.

Entre bastidores, en el Partido Republicano, una broma que le gustaba mucho repetir a McConnell era sobre el antiguo secretario de estado Rex Tillerson, un miembro del gabinete que le caía muy bien.

En 2017, el Departamento de Estado negó categóricamente que Tillerson hubiera llamado «idiota» a Trump.

—¿Sabe por qué Tillerson pudo decir que no había llamado «idiota» al presidente? —preguntaba McConnell a sus colegas, con su acento arrastrado de Kentucky—. Porque le llamó «puto idiota».

*E*l viernes 30 de octubre, cuatro días antes de las elecciones, el jefe del Estado Mayor Milley examinó los últimos datos confidenciales. Lo que leyó era alarmante: los chinos creían que Estados Unidos iba a atacarles.

Milley sabía que aquello no era cierto, pero los chinos estaban en alerta máxima, y cuando una superpotencia está en alerta máxima, el riesgo de guerra aumenta vertiginosamente. Las noticias asiáticas estaban llenas de rumores y comentarios sobre tensiones entre los dos países por los ejercicios de libertad de navegación en el mar de la China Meridional, un lugar donde la Marina de Estados Unidos navega habitualmente, por determinadas zonas, para desafiar las exigencias marítimas de los chinos y promover la libertad de los mares.

Había sospechas de que Trump podía querer crear una guerra estilo *Wag the Dog* antes de las elecciones para galvanizar a sus votantes y derrotar a Biden.

Las malas comunicaciones son a menudo semillas de la guerra. En 1987, el almirante William J. Crowe, presidente del Estado Mayor Conjunto con el presidente Ronald Reagan, estableció una relación extraoficial con el jefe del ejército de la Unión Soviética para evitar una guerra accidental. Crowe no había informado al presidente Reagan de su decisión de tomar la seguridad nacional en sus propias manos y trabajar directamente con el mariscal Serguéi Ajroméyev, jefe del Estado Mayor soviético.

Milley era consciente de que sus predecesores inmediatos, los generales Martin Dempsey y Joseph Dunford, habían establecido similares arreglos extraoficiales con los jefes del ejército de Rusia y de China.

Y en tiempos de crisis, Milley sabía que podía llamar al general ruso Valery Gerasimov o al general Li Zuocheng del Ejército de Liberación del Pueblo.

Aquel era precisamente uno de esos momentos. Aunque a menudo lo que hacía era detener provisionalmente o suspender algunos ejercicios militares tácticos y de rutina de Estados Unidos que podían parecer provocativos al otro lado, o se podían malinterpretar, aquel no era el momento para detenciones provisionales. Preparó una llamada con el general Li.

Trump atacaba a China cada vez que podía, en campaña, echándole la culpa del coronavirus. «Yo derroté a ese loco y horrible virus chino», dijo en Fox News, el 11 de octubre. Milley sabía que los chinos podían confundirse perfectamente y no saber dónde acababa la política y dónde empezaba la posible acción.

Para darle a la llamada a Li un aire mucho más rutinario, Milley primero se ocupó de temas triviales, como las comunicaciones entre el personal de ambos países y los métodos para asegurarse de que siempre podían encontrarse el uno al otro con rapidez.

Finalmente Milley fue al grano y dijo:

—General Li, querría asegurarle que el gobierno americano es estable, y que todo va a ir bien. No vamos a atacar ni llevar a cabo ninguna «acción cinética» contra ustedes. General Li, usted y yo nos conocemos desde hace ya cinco años. Si fuéramos a atacar, yo le llamaría por adelantado. No va a haber ninguna sorpresa. No va a aparecer ningún relámpago de repente. Si hay una guerra o algún tipo de acción cinética entre Estados Unidos y China, habrá una escalada, igual que ha pasado siempre en la historia. Y también habrá tensión. Y yo me voy a comunicar con usted con mucha regularidad. No estamos en uno de esos momentos. Todo va a ir bien. No vamos a pelearnos.

—De acuerdo —contestó el general Li—. Le tomo a usted la palabra.

Milley se dio cuenta al instante de lo valioso que era el canal que tenía. En unos pocos minutos había sido capaz de reducir la tensión y evitar una mala comunicación que podía conducir a un incidente o incluso a una guerra entre Estados Unidos y China.

Milley veía el Monumento a Lincoln desde Quarters 6, su hogar. El Cementerio Nacional de Arlington estaba cerca.

—He enterrado a 242 chicos allí —comentó a sus acompañantes, un sábado por la mañana—. No me interesa entrar en guerra con nadie. Defenderé a mi país, si es necesario. Pero la guerra, el instrumento militar, debe ser un último recurso, no un primer recurso.

No habló a Trump de su conversación con el general Li.

Justo antes de las elecciones, Milley recordó a los jefes que el periodo poselectoral (lo que etiquetó como «Fase 2» en el Tanque, unos meses antes) sería el periodo más peligroso para el país, con una espera enervante entre las elecciones y la certificación de los resultados el día 6 de enero.

—Si el presidente Trump gana, va a haber una explosión de tumultos y desórdenes civiles en las calles. Si el presidente Trump pierde, habrá también cuestiones importantes sobre la impugnación de las elecciones —informó Milley, en una reunión.

Había ya señales de futuros tumultos en las calles. En las redes sociales, la campaña de Trump estaba infiltrando la idea de un enfrentamiento político al estilo militar. Las papeletas enviadas por correo, que se usaban en muchos estados debido a la pandemia, se estaban calificando de fraudulentas y de herramientas conspirativas.

«¡Necesitamos que te unas al EJÉRCITO DE TRUMP para la operación de seguridad de las elecciones!», rezaba uno de los mensajes oficiales de la campaña de Trump a finales de septiembre, en el cual Donald Trump Jr. suplicaba a «todo hombre o mujer capacitados» que se alistasen para la campaña de «seguridad» del presidente.

«No dejéis que nos lo roben —dijo Trump Jr.—. Alistaos hoy mismo.»

153

*L*a noche de las elecciones empezó como otras fiestas de Trump en los cuatro años anteriores en la Casa Blanca: pidiendo comida basura. Pizzas y bolsas de bocadillos de pollo Chick-fil-A se apilaron en la Sala Roosevelt. La Sala de los Mapas, donde Franklin Roosevelt iba siguiendo las batallas en la Segunda Guerra Mundial, servía como centro neurálgico.

Los miembros de la familia Trump y sus colaboradores de mayor rango iban y venían ansiosamente por allí, y la Fox News sonaba en todas las pantallas de televisión en torno al Ala Oeste.

Los meses anteriores a la elección, Trump aseguró sistemáticamente que el resultado estaría amañado. Si no ganaba, sería que le habían robado las elecciones. Eran suyas, a menos que hubiera un fraude masivo.

El 22 de junio tuiteó: «Millones de papeletas por correo serán impresas en países extranjeros y otros. ¡Será el escándalo de nuestros tiempos!».

En su discurso ante la Convención Nacional Republicana del 27 de agosto, Trump declaró: «La única forma de que puedan quitarnos estas elecciones es con unas elecciones amañadas».

Por la tarde del 3 de noviembre, los aliados de Trump estaban eufóricos. Trump había ganado un montón de estados rojos hacia las ocho de la noche: Kentucky, Virginia Occidental y Tennessee, entre otros. A las once de la noche había ganado también Misuri y Utah. Luego, diecinueve minutos después de la medianoche, la Associated Press adjudicó Ohio a Trump. Luego Iowa, Florida y Texas. Los vítores se dejaron oír en la Sala Este, donde se habían reunido cientos de partidarios.

James Clyburn estaba nervioso viendo la televisión desde casa. Cuando Biden lo llamó para hacer un seguimiento, Clyburn le dijo que no le gustaba nada lo que estaba viendo.

Biden se mostraba optimista. Dijo que sus consejeros sabían muy bien que muchos estados iban atrasados a la hora de contar las papeletas. La campaña de Biden había estimulado mucho el voto por correo, mientras que Trump había promocionado el voto en persona, dijo, de modo que los números iniciales siempre tenderían a inclinarse a favor del presidente.

—Creo que nos va a ir bien —manifestó Biden.

El ánimo en la Sala de Mapas estaba empezando a ensombrecerse.

Tres de los hijos de Trump (Donald Trump Jr., Eric Trump e Ivanka Trump, su consejera principal) seguían apareciendo por allí y molestando a los colaboradores. Eric pidió datos que pudiera citar su padre en su discurso. Se frustró mucho cuando le dijeron que las cifras seguían cambiando. Los estados seguían con el recuento.

La mesa de decisiones de Fox News adjudicó Arizona a Biden poco antes, a las 11.30 de la noche, dejando boquiabiertos a los seguidores de Trump. Este presionó a los miembros de su familia y consejeros para que le dijeran a la cadena televisiva que rectificara. La Fox se negó, lo cual puso muy furioso al presidente, que dijo que Fox News estaba de acuerdo en el robo.

Biden empezó a acumular triunfos. La Associated Press le adjudicó Wisconsin y Michigan. Pensilvania y Georgia, dos de los premios gordos de la noche, también estaban a escaso margen. A las 12.26 de la madrugada del 4 de noviembre, el recuento electoral era de 214 para Biden y 210 para Trump, ambos aún a horas de distancia todavía de conseguir los 270 votos electorales necesarios para ganar las elecciones.

Poco antes de las 12.45, Biden se subió a un escenario en Wilmington. Predijo su victoria, pero no la declaró directamente. La multitud estaba sobre todo en coches aparcados fuera del Chase Center, debido a las normas de distancia social. Los conductores hicieron sonar sus bocinas.

—Vuestra paciencia es admirable —dijo Biden—. Pero mirad, nos sentimos muy orgullosos de dónde estamos. De

155

verdad que sí. Estoy aquí para deciros esta noche que creemos que estamos en camino de ganar estas elecciones.

Les pidió paciencia mientras esperaban el voto por correo y a que se contara hasta la última papeleta.

A las 2.30 de la madrugada del 4 de noviembre, mientras sus ventajas en otros estados iban desapareciendo, el presidente Trump se acercó a grandes zancadas a un atril en la Sala Este. Llevaba un traje oscuro con corbata de seda azul y la bandera en la solapa. La primera dama, Melania Trump, y el vicepresidente Pence estaban a su lado.

Sonó muy fuerte «Hail to the Chief», y luego él empezó a hacer sus observaciones ante una pared llena de banderas americanas y una multitud que había esperado una celebración.

—Este es un fraude al público americano —dijo. El tono de Trump era despectivo, indignado—. Es una vergüenza para nuestro país. Estábamos preparados para ganar estas elecciones. Francamente, la verdad es que hemos ganado estas elecciones. Así que tendremos que ir al Tribunal Supremo de Estados Unidos.

156

—¿Cómo demonios hemos perdido los votos ante Joe Biden? —preguntó Trump a Kellyanne Conway, unas horas más tarde, el 4 de noviembre. Conway, encuestadora veterana, había abandonado la Casa Blanca en agosto, pero seguía muy cercana a Trump.

Se negaba a aceptarla públicamente, pero al parecer estaba dispuesto, al menos en privado, a reconocer su derrota.

—Han sido las papeletas por correo —dijo ella—. La covid. Su campaña además se ha quedado sin dinero. Y los debates.

—Sí, sí —dijo él, preocupado—. Pero es que no lo entiendo… Es terrible.

Había dos formas de mirar los resultados. Por una parte, Biden había ganado por 7 millones de votos: 81 millones ante los 74 de Trump. Por otra parte, un cambio de 44 000 votos en Arizona, Wisconsin y Georgia había dado a Trump y a Biden un empate en el Colegio Electoral.

Un análisis del *Washington Post* observaba que Biden había acabado haciendo lo que no pudo hacer Hillary Clinton en 2016: encontrar apoyo en la clase trabajadora americana que ra-

ramente participaba en la política. Algunos habían votado antes a Trump. Además, Biden había generado un fuerte incremento de votos entre los demócratas tradicionales de toda la nación.

«Esos votantes que han ido de Trump a Biden estaban terriblemente preocupados por la covid-19, y un 82 por ciento incluso lo consideraban un "factor fundamental" en su elección presidencial», concluía el análisis, basándose en encuestas a la salida de la votación.

Los consejeros de Trump intentaron transmitirle optimismo.

Brian Jack, director político de Trump de treinta y dos años, que le mantenía al día acerca de todos los miembros del Congreso, informó al presidente en su comedor privado el 5 de noviembre.

Los republicanos del Congreso habían ganado 10 escaños, de 13 escaños que antes eran demócratas, y habían perdido solo tres escaños republicanos, dijo Jack, examinando las cifras. Se había elegido un número récord de mujeres republicanas, elevando el total de mujeres republicanas a más de 25 en la Cámara.

—Usted las ayudó en las teleasambleas públicas, tuiteó a su favor —comentó Jack. Trump estaba deprimido.

—¿Me lo han agradecido? —preguntó—. ¿Se han mostrado agradecidas?

Jack le aseguró que sí.

Trump hizo docenas de llamadas más, los días siguientes, y muchos aliados suyos le insistieron fervientemente en que había ganado. Que se lo habían robado delante de sus narices, le dijeron muchos. «Hemos oído contar cosas terribles de Pensilvania y de Michigan.»

Algunos aliados muy antiguos entonces fueron a Fox News y siguieron con el mismo soniquete. Amaños. Fraudes.

Uno de ellos era Rudy Giuliani, antiguo alcalde de Nueva York y abogado personal de Trump. En tiempos héroe de la Gran Manzana, tras los atentados del 11 de septiembre, ahora era un combatiente habitual en la órbita de Trump que fumaba puros regularmente. Le dijo al presidente que necesitaba una estrategia mejor. Le ofreció ayuda.

Trump dejó de decir en privado que había perdido las elecciones. Y le dio su bendición a Giuliani para que empezase a fisgonear por ahí.

28

Giuliani llegó al cuartel general de la campaña de Trump en Arlington el 6 de noviembre y se dirigió a una sala de conferencias, rodeado por amigos y colaboradores.

Cerca, el abogado general de la campaña, Matt Morgan, estaba observándoles. Morgan había trabajado con Pence y se asemejaba a este en muchas cosas. Tranquilo, profundamente conservador, cuidadoso.

Morgan preguntó qué estaba haciendo allí Giuliani. Su equipo legal tenía un plan. Ya estaban presentando demandas en algunos estados y trabajando con varias firmas de abogados externas. La estrategia poselectoral de la campaña llevaba meses en estudio con la aprobación del presidente.

Los amigos de Giuliani y los responsables de la campaña de Trump parloteaban muy alterados, en un frenesí de documentos, memorándums y iPhones. Giuliani empezó a hablar, confiado, sobre enormes pucherazos de votos tardíos en los estados demócratas y las ciudades azules. Las cifras eran imposibles, insistía. Tenían que habérselo robado.

Morgan no dijo nada. Cualquier abogado electoral curtido sabía que algunos condados eran famosos por transmitir sus resultados tardísimo, años y años después. Nada nuevo.

Giuliani dijo que a los observadores de la campaña de Trump no se les permitió el acceso a las mesas de recuento. «¡Los echaron de malos modos porque estaban haciendo trampas! Todo esto forma parte de un plan coordinado por los demócratas.»

Agitó un fajo de papeles.

—Tengo ocho declaraciones juradas —dijo—. Tengo ocho declaraciones juradas que dicen que echaron fuera a los observadores de Michigan. Ha habido trampas.

Υ

Aquel mismo día, Trump convocó al grupo de Giuliani y a sus abogados al Despacho Oval, donde se les unieron los abogados de la Casa Blanca. Giuliani de nuevo se lanzó a su teoría de la conspiración.

Trump preguntó:

—¿Cómo nos enfrentaremos a esos abusos de los que habla Rudy ante los tribunales?

—No será fácil —replicaron los abogados—. Necesitará usted una posición, una base legal que demuestre el derecho del partido a demandar. Estar preocupado no es algo que se recoja en términos legales.

—Bueno, ¿y por qué no vamos directamente al Tribunal Supremo, sin más? —preguntó Trump—. ¿Por qué no podemos ir a ellos directamente y ya está?

—Hay que seguir un proceso legal —le repetían los abogados.

—Averiguad cómo se podría hacer —les dijo Trump.

El grupo se fue por el pasillo hacia la Sala Roosevelt.

Dentro, los abogados de campaña de Trump y los de la Casa Blanca mantenían una discusión tensa y muy básica, de primero de facultad de Derecho, sobre lo que debían decirle al presidente. Trump tendría que presentar una demanda en tribunales de distrito, luego conseguir que un tribunal de apelaciones entendiera sobre el caso, y luego recurrir al Tribunal Supremo. Todo ello costaría mucho tiempo.

Entró Giuliani. Venía gritando.

—¡Tengo veintisiete declaraciones juradas! —decía, agitando las reclamaciones electorales en diversos estados.

«Qué raro», pensó Morgan. Una hora antes, Giuliani había asegurado que solo tenía ocho declaraciones juradas.

Pronto Trump volvió a llamar a todo el mundo al Despacho Oval. El grupo rodeó al presidente. Giuliani seguía chillando y atacando violentamente a Michigan por un supuesto fraude.

Giuliani levantó la mano.

—Si me pone a cargo a mí —le dijo a Trump—, podemos arreglar esto. Tengo ochenta declaraciones juradas —aseguró con certeza.

159

ϒ

El sábado 7 de noviembre, la Associated Press declaró ganador a Biden a las 11.25 de la mañana, después de concluir que el candidato había ganado Pensilvania y sus 20 votos electorales, impulsándole por encima del umbral de 270 votos necesarios para conseguir la Casa Blanca.

«Joe Biden es elegido 46.º presidente de Estados Unidos», decía el titular de la web del *New York Times*. Aunque no se habían contado aún todos los votos en algunos estados, el resto de los medios nacionales, que normalmente siguen a AP a la hora de transmitir los resultados electorales, empezaron a decir lo mismo, una conclusión de sentido común en vista de los datos disponibles.

Dentro del círculo interno del líder de la mayoría en el Capitolio, McConnell era el menos sorprendido. Lo había visto todo bien de cerca. «Hubo muchísimos momentos de antiácido durante esos cuatro años», dijo a su personal.

Mientras Trump protestaba descaradamente por los resultados, McConnell dijo que le daría espacio a Trump para que se desahogase y no reconociese públicamente a Biden como presidente electo. Seguía necesitando mantener una relación de trabajo con Trump, y lo más importante, a McConnell le preocupaba que Trump pudiera reaccionar negativamente y tumbar las próximas elecciones al Senado en Georgia, una segunda votación ferozmente reñida. Aquellos escaños eran necesarios para mantener la mayoría republicana, y a McConnell como líder de la mayoría.

También dijo que no quería que Biden, que era muy adicto al teléfono, le llamase. Si Biden hablaba con él por teléfono, seguramente Trump se pondría rabioso y le llamaría, algo que no le apetecía nada, preguntándole si creía o no que Biden había ganado la presidencia. Era mejor mantener la línea desocupada.

McConnell encargó al senador John Cornyn, republicano de Texas, antiguo segundo suyo en el liderazgo e íntimo amigo, que hablase en privado con el senador Chris Coons, aliado íntimo de Biden de Delaware. Coons había buscado a McConnell después de las elecciones y le había ofrecido actuar como canal extraoficial si McConnell quería hablar con Biden.

Le pidió a Coons que le dijera a Biden que no le llamara…
una petición firme.

McConnell quería que su estrategia fuera confidencial. No
deseaba que hubiese un aluvión de noticias en la prensa diciendo que no pensaba cogerle el teléfono a Biden. Este lo enten-
dería. Ambos eran políticos muy curtidos, que comprendían el
juego a largo plazo.

—Estamos en una situación muy delicada —dijo Cornyn a
Coons—. Reconozco que vuestro hombre será probablemente
el próximo presidente electo de Estados Unidos. Y ambos sabemos que él y el líder de la mayoría tienen una relación larga
y personal. Y este no quiere que el vicepresidente se ofenda,
al no llamarle directamente. Pero no ayudará nada que el vicepresidente llame al líder de la mayoría. El presidente Trump
supondrá entonces que están haciendo un trato a espaldas suyas para eliminarle, y se irritará mucho más todavía.

Coons le trasladó el mensaje a Biden.

Biden se dirigió a sus partidarios en Wilmington la tarde
del 7 de noviembre. Una vez más, en un aparcamiento junto
al Chase Center, con filas de coches tocando el claxon, era un
mitin de victoria, inequívocamente.

Los principales colaboradores de la campaña de Biden le dijeron que tenía que mostrarse decidido y claro: todo ha terminado.

—Amigos, la gente de esta nación ha hablado. Nos han
entregado una victoria clara, una victoria convincente —dijo
Biden, sonriendo, con un traje oscuro y corbata azul empolvado—. La comunidad afroamericana me ha apoyado. Siempre
habéis estado respaldándome, y yo os respaldaré a vosotros.

Adoptando un lema ya usado por Gerald Ford cuarenta y
seis años antes, al asumir la presidencia en agosto de 1974, después de la dimisión de Nixon, Biden dijo: «Ya es hora de que
América se cure».

—Dejemos que esta época de culpabilización en América
acabe, aquí y ahora —dijo, leyendo el sugerente texto que habían preparado Mike Donilon y Jon Meacham, los guardianes
del tema del alma—. Para todos aquellos que habéis votado
por el presidente Trump, comprendo que estéis desilusionados

esta noche. Yo mismo he perdido un par de veces. Pero ahora démonos una oportunidad los unos a los otros.

Empezó a sonar la canción clásica de R&B de Jackie Wilson «(Your Love Keeps Lifting Me) Higher and Higher», y en los coches se oyeron de nuevo los cláxones. Los partidarios se subieron a la caja de las camionetas y los camiones, agitando banderas y carteles. Explotaron fuegos artificiales en el cielo oscuro.

La familia Biden se abrazaba en el escenario. Jill Biden, Hunter Biden, Ashley Biden, los nietos. Kamala Harris y su familia se les unieron también. Todos miraban al cielo, y las chispas de colores resplandecían reflejadas en sus rostros.

Margaret Aitken, que había sido secretaria de prensa de Biden en el Senado durante diez años, estaba entre el público. Seguía siendo muy amiga del presidente electo y era un centro de intercambio de información para un enorme número de conexiones de Biden en Delaware, aún uno de los centros de su vida.

Aitken había enviado un mensaje de texto a Biden: Elaine Manlove, comisionada de elecciones de Delaware durante doce años, y su marido, Wayne, se habían matado en un accidente de coche la semana antes, justo después de celebrar su quincuagésimo primer aniversario de boda. Se habían detenido con su Chevrolet Equinox ante un semáforo en rojo en la carretera 13 y un camión con remolque, cuyo conductor se quedó dormido, los atropelló y murieron.

Aitken dijo a Biden que se celebraría una misa funeral el 9 de noviembre en St. Elizabeth, la iglesia católica más grande de Wilmington.

Elaine había trabajado en la primera campaña de Biden para el Senado en 1972, y siempre lo llamaba «mi senador». Era una institución en el estado. Vivía en la playa, en Sussex County, Delaware, un enclave republicano. Cada vez que alguien de su vecindario ponía un cartel de Trump, ella ponía otro de Biden en su césped. Acabó con diecisiete carteles. Al final Biden ganó en su estado natal, que tiene una población de menos de un millón, por 19 puntos y los tres votos electorales del estado.

El domingo 8 de noviembre, en su primer día como presidente electo, Biden llamó a Aitken.

—Te vi anoche —dijo Biden.

—¿Ah, sí?

—Te estaba haciendo señas.

—Pensaba que saludabas a la multitud.

—No puedo ir al funeral de Elaine —informó Biden—. Hay demasiadas restricciones. La gente a mi alrededor tiene que hacerse la prueba de la covid. He de tener muchísimo cuidado. Y está todo eso del servicio secreto. No puedo interrumpir algo tan importante como un funeral.

Aitken dijo que todo el mundo lo comprendería.

—Elaine tenía un hijo —recordó Biden—. ¿Cuál es su número de teléfono?

Aitken le dio el número de Matthew Manlove. Aquella noche, Biden lo llamó. Matt, de cuarenta y dos años, recibió una llamada hacia las siete de la tarde, de un número desconocido. Como se aproximaba el funeral, respondió.

—Hola, Matt, soy Joe Biden.

—Joe —dijo Matt, que de repente se dio cuenta de que estaba hablando con el presidente electo. Pidió permiso para poner su llamada en manos libres, y que así sus dos hermanos, Joseph, de treinta y nueve, y Michael, de treinta y cinco, pudieran unirse.

—Siento muchísimo lo de tu madre y tu padre —dijo Biden—. Tu madre, a quien conocía muy bien, era una fuerza viva para el bien y el honor en la política. Una leal servidora de Delaware. Fue enormemente generosa conmigo y con todo el mundo. Tenía muy buen concepto de ella.

»Estoy muy apenado por vuestra pérdida. Debe de ser un momento terrible para todos vosotros. Hace casi cincuenta años, en 1972, yo también perdí a mi mujer y mi hija en un accidente de coche. Entiendo por lo que estáis pasando. El dolor más intenso. Todo parece que va a ir mal en vuestras vidas. Pero os aseguro, lo sé muy bien, que irá mejorando un poco cada día. Lo superaréis.

Siguió hablando. No parecía tener prisa.

—Quería asistir al funeral de vuestros padres mañana, pero no podré a causa de la covid. Mis médicos no me permiten estar a menos de treinta metros de una multitud. Tendría que hacerse pruebas todo el mundo. Además está lo del servicio

163

secreto. Siento muchísimo no poder estar allí. Pero estaré con vosotros en espíritu. Que Dios os bendiga a vosotros y a vuestros padres, para siempre.

Biden dijo entonces que quería recitar algunos de sus versos favoritos del gran poeta irlandés Seamus Heaney. Los consideraba una oración y los citaba a menudo, recientemente para cerrar su discurso de aceptación de la nominación demócrata, en agosto.

> La historia dice: No esperéis nada
> de este lado de la tumba.
> Sin embargo, una vez en la vida,
> el ansiado maremoto
> de la Justicia puede alzarse
> Y la historia rimar con la esperanza.*

—Gracias, presidente Biden —dijeron los tres jóvenes.

Matt pensó que había sido una llamada inolvidable y que había durado unos cuantos minutos, y entonces miró el reloj de su teléfono. Biden había hablado durante casi veinte minutos. Notó una explosión de emociones. La primera persona a la que pensó llamar para explicarle que había hablado con el presidente Biden fue a su madre. Biden más tarde envió a los tres jóvenes una carta personal.

---

* De «La curación de Troya», traducción de Andrés Catalán en *100 poemas* de Seamus Heaney, Alba, 2018.

29

—Soy el perro que atropelló al coche —bromeaba Biden al teléfono con su viejo amigo el senador Lindsey Graham, los días posteriores a las elecciones.

Graham rio con ganas.

—Antes éramos amigos… —dijo Biden.

—Joe, seguimos siendo amigos —contestó Graham—. Sabes que te ayudaré en todo lo que pueda.

Graham esperaba apoyar a varios de los candidatos del gabinete de Biden, especialmente para puestos de seguridad nacional de alto rango.

Una docena de años antes, Biden, mientras era vicepresidente, le había dicho al presidente Obama: «Lindsey Graham tiene las mejores intuiciones en el Senado». Obama estuvo de acuerdo, y Graham, que era abogado, estaba soltero y era coronel en la reserva de las Fuerzas Aéreas. Él y Biden habían viajado por el mundo en diversas misiones diplomáticas y militares durante la presidencia de Obama. Era un vínculo mutuo, realmente.

La amistad se había deteriorado durante la presidencia de Trump debido al apoyo de Graham a los ataques de Trump a Hunter Biden y a sus negocios.

Graham no se disculpó nunca.

En la llamada telefónica con Biden, le dijo: «No tengo problemas contigo. Pero Joe, si el hijo de Mike Pence o alguien de Trump hubiera hecho lo que hizo Hunter, sería juego, set y partido».

Para Biden, cualquier cosa relacionada con su familia era algo tremendamente personal. Graham, que no tenía hijos, había cruzado la línea roja.

Biden y Graham no se hablaron durante meses… y si hubiera sido por Biden, probablemente no habrían vuelto a hablar nunca más.

Hope Hicks, antigua modelo que en 2017 se había convertido en directora de comunicaciones estratégicas de la Casa Blanca de Trump a los veintiocho años, fue la colaboradora más cercana al presidente durante la campaña de 2016, y se volvió a unir a la Casa Blanca en febrero de 2020, después de una temporada como jefa de comunicaciones de la Fox.

Debido a su historia y a su estrecha relación de trabajo, Hicks tenía la sensación de que podía ser sincera con el presidente. A diferencia de la mayoría de los otros colaboradores, no tenía responsabilidades directas.

El 7 de noviembre, el día que los medios de comunicación adjudicaron las elecciones a Biden, Hicks se reunió con el yerno de Trump y consejero principal, Jared Kushner, y con otros consejeros de campaña de Trump aquella mañana en el cuartel general en Arlington. Trump estaba jugando al golf en su propio club allí cerca, en Virginia.

¿Quién le iba a comunicar al presidente que la carrera había terminado, cuando acabase de jugar al golf? Nadie se presentó voluntario.

Kushner, muy delgado y con una voz suave, que servía como confidente del presidente, habló entonces.

—Hay momentos para un médico y momentos para un sacerdote —dijo. Miró a diversos colaboradores importantes de la campaña. Quizá pudieran ser los médicos quienes le dieran el duro diagnóstico al presidente.

La extremaunción política, si llegaba, se la daría la familia, indicó Kushner.

—La familia entrará cuando tenga que entrar —dijo Kushner—. Pero todavía no es la hora.

Otros afirmaron que la lucha legal no había hecho más que empezar. Quizá Trump consiguiera algunos triunfos… Pero nadie confiaba en que pudiera reclamar la presidencia.

Hicks habló entonces.

—¿Por qué no nos limitamos a decirle la verdad? —preguntó—. Puede darle la vuelta a un resultado malo. No ha sido una derrota aplastante. No ha sido un rechazo total —afirmó, señalando los más de doce escaños recuperados en la Cámara.

La mayoría demócrata de 232 escaños se había reducido a un puñado por encima de los 218, el mínimo imprescindible para tener el poder en la cámara.

—Esto ha sido un respaldo a su política, aunque no personal; a veces las cosas simplemente van de otro modo —dijo Hicks, y añadió que había una forma de cerrar las cosas con dignidad, en lo posible. Los contratos para libros, mítines nostálgicos, ostentosos programas de televisión y discursos pagados quizá pudieran hacer que Trump aceptase mejor la pérdida. Podía ser el rey de Palm Beach, dirigiendo el Partido Republicano.

Otros colaboradores de campaña de alto nivel estuvieron de acuerdo en hablar con Trump aquella tarde, incluyendo al consejero de comunicación Jason Miller y al director de campaña Bill Stepien, que habían ascendido como figuras fundamentales después de que fuera despedido Parscale.

Trump no quiso ni oír hablar de reconocer la derrota.

167

Rudy Giuliani dio una conferencia de prensa en Northeast, un barrio de Filadelfia de cuello azul conocido por sus talleres mecánicos y bocadillos baratos de carne con queso, en el aparcamiento de la empresa Paisajismo Four Seasons.

Las fotografías de Giuliani y consejeros de Trump con aspecto muy serio de pie en un aparcamiento cutre se difundieron pronto por Twitter y las noticias.

De pie en el exterior del pequeño garaje de la empresa, junto a un edificio pintado de un verde desvaído, y con un autoproclamado observador de las votaciones que los noticiarios más tarde identificaron como un agresor sexual convicto, Giuliani divagó a sus anchas, hablando de tramas conspirativas y soltando refranes ingeniosos.

—Joe Frazier todavía vota aquí… algo muy raro, ya que murió hace cinco años —bromeó Giuliani, refiriéndose a la difunta leyenda del boxeo—. Pero Joe sigue votando. Si no recuerdo mal, Joe era republicano. Así que no deberíamos quejarnos. Pero deberíamos ir a ver si Joe está votando republicano o demócrata ahora, desde la tumba.

También aseguraba que el padre del actor Will Smith, que murió en 2016, había votado dos veces desde su muerte.

—No sé a quién vota, porque el voto es secreto. En Filadelfia mantienen en secreto los votos de las personas muertas.

Cuando un reportero le dijo a Giuliani que Biden había ganado las elecciones, se echó a reír.

—Venga, hombre, no sea ridículo —dijo—. Las redes sociales no deciden las elecciones. Los tribunales sí.

Aquella noche, en la residencia de la Casa Blanca, Trump dijo a un grupo de aliados y consejeros que no estaba complacido con la actuación de Giuliani en aquella ubicación de mala muerte, de la cual se burlaban en la televisión por cable. Pensaba que Rudy iba a estar en el lujoso hotel Four Seasons.

La cobertura de los medios de la victoria de Biden y Paisajismo Four Seasons pareció decidir más aún a Trump a seguir adelante, de modo que preguntó:

—¿Cuál es el plan? ¿Qué plan tenemos en cada estado? ¿Qué opciones nos quedan?

Estaba centrado en cómo obtener decenas de miles de votantes en varios estados. Eso le daría un segundo mandato, otros cuatro años.

—Pues va a ser un poco duro —dijo un consejero político externo de Trump, David Bossie—. Tenemos que hacerlo de la manera correcta, metódicamente, y el trabajo es duro. Podemos luchar y ganar, pero va a ser difícil. Va a ser una batalla muy ardua.

Bossie, político muy batallador y curtido, había sido subdirector de campaña de Trump en 2016.

—¿Ah, sí? —le preguntó Trump—. ¿No crees que deberíamos luchar?

—No, eso no —dijo Bossie—. Hay que luchar por cada papeleta legal.

El personal de servicio trajo unas bandejas con albóndigas y salchichas envueltas en hojaldre. Trump tomó su habitual Coca-Cola light.

—¿Cómo encontramos los 10 000 votos que necesitamos en Arizona? ¿Cómo encontramos los 12 000 que necesitamos en Georgia? —preguntó Trump—. ¿Y los votos militares? ¿Están contados todos?

A la mañana siguiente, el 8 de noviembre, Trump convocó a Bossie otra vez en la Casa Blanca. Quizás este pudiera ponerse al mando, dejando que Rudy hiciera de Rudy. Bossie podía mantener las cosas en funcionamiento. Era la habilidad que tenía.

Cuando llegó aquella tarde, le hicieron la prueba del coronavirus y entró en la residencia. Pero antes de dirigirse arriba para ver a Trump, un funcionario de la Casa Blanca se llevó abruptamente a Bossie a un lado. Tenía que dirigirse de nuevo a la unidad médica. Su prueba estaba mal.

—Joder, joder, joder, joder —pensaba Bossie mientras entraba en el consultorio médico. Su prueba de coronavirus dio positivo, uniéndose así a una larga lista de colaboradores leales de Trump en la Casa Blanca que habían contraído el virus.

Bossie se hizo unas cuantas pruebas más, solo para asegurarse. Se quedó sentado en los escalones del edificio de la antigua oficina ejecutiva hablando con Peter Navarro, consejero comercial de línea dura de Trump, hablando de política, un domingo tranquilo.

Estaba furioso. Sabía que Trump estaba a punto de entregarle las riendas de la lucha por las elecciones y era un papel público importantísimo. Pero ahora tenía que aislarse y dejar la Casa Blanca. Esas eran las reglas.

Desde los escalones, a medida que caía la tarde, vio a Giuliani y a Sidney Powell. Esta, una abogada muy seria de derechas, en tiempos una fiscal muy bien considerada, recientemente había empezado a afirmar cosas raras diciendo que las máquinas de votar estaban amañadas.

Hablando con el presentador de Fox Business, Lou Dobbs, a quien Trump veía regularmente, el 6 de noviembre Powell

169

afirmó que había una «gran probabilidad de que el 3 por ciento del voto total se cambiara en las preelecciones, unas papeletas de voto que se habían recogido digitalmente. Eso habría producido un enorme cambio en el voto en todo el país, y explicaría muchas cosas de las que estamos viendo».

Afirmaba que habían aparecido cientos de miles de papeletas de la nada para dar ilegalmente a Biden la presidencia.

Bossie vio a Powell y a Giuliani entrar en la Casa Blanca juntos. Le entró el pánico.

Powell era una vendedora de motos, pensó. Y no podía detenerla. Ella y Giuliani eran ahora mismo los que estaban dentro.

*E*l 9 de noviembre, Meadows llamó a Esper por la tarde para decirle que Trump le iba a despedir.

—Sirve usted para estar a la disposición del presidente. No le ha apoyado lo suficiente —dijo Meadows, sin disculparse por aquel juicio sumario.

Esper siempre había seguido su propio rumbo y recientemente había escrito una carta confidencial oponiéndose a la retirada de las tropas de Estados Unidos de Afganistán. Según lo veía Meadows, Esper no había aprendido los juegos políticos necesarios que iban con el cargo de secretario de defensa de Trump.

—Mi juramento es a la Constitución —replicó Esper—. Aunque reconozco que el presidente tiene su autoridad.

Unos ocho segundos más tarde, a las 12.54, Trump tuiteó: «Mark Esper ha sido despedido como secretario de Defensa. Me gustaría agradecerle sus servicios».

Esper estaba sorprendido de haber durado tanto, sabiendo que andaba siempre en la cuerda floja. Llevaba todo el verano diciéndole a la gente que le despedirían en cualquier momento.

Anticipando el hecho de que le despidieran más tarde o más temprano, había dicho al *Military Times* en una entrevista: «¿Y quién vendrá después de mí? Tiene que ser un auténtico "hombre sí señor". Que Dios nos coja confesados entonces».

Trump nombró a Chris Miller, jefe del Centro Contraterrorista, como secretario de defensa en funciones.

«¡Chris hará un gran trabajo!», tuiteó Trump.

David Urban, que era amigo íntimo de Esper, llamó a Jared Kushner. Estaba furioso.

—Jared, ¿qué cojones ha pasado? Esto es una mierda, una locura.

Kushner le dijo que no tenía nada que ver con él.

—Yo no soy el que conduce el autobús —dijo.

—¿Pues quién lo lleva entonces?

Kushner no respondió.

—Es repugnante lo que le ha hecho a Esper. —Urban recordó a Kushner que Esper siempre había estado dispuesto a renunciar, si se lo pedían—. ¡Es un soldado!

—Ya lo sé —dijo Kushner.

Urban colgó. Luego comentó que Miller y sus aliados seguramente empezarían a intentar ejercer más influencia sobre la política de seguridad nacional. Gente a la que conocía y en la que confiaba ya no estaba en disposición de hacerlo.

«Ese fue el día en que la puta música dejó de oírse para mí», dijo.

El despido de Esper quedó eclipsado aquel día por un súbito y gran avance médico. Pfizer anunció que las pruebas de su vacuna tenían un 90 por ciento de efectividad a la hora de prevenir el virus, y señaló que se trataba de «un momento histórico».

Kathrin Jansen, jefa de investigación de vacunas y desarrollo en Pfizer, dijo al *New York Times* que se enteró de los resultados el día anterior, domingo, a la una de la mañana, y mantenía que las elecciones no tenían ninguna influencia en la publicación de aquella información.

—Siempre hemos dicho que la ciencia es lo que guía nuestro comportamiento —dijo—, y no la política.

Pero Trump se negaba a creerlo. «La FDA de Estados Unidos y los demócratas no querían que fuera un GANADOR con la vacuna antes de las elecciones —tuiteó más tarde—, de modo que, por el contrario, salió cinco días más tarde... ¡como yo había dicho desde siempre!»

Pfizer siguió trabajando en su solicitud a la FDA de una Autorización de uso urgente para distribuir la vacuna al público en general, un proceso riguroso.

El vicepresidente Mike Pence, buen jugador de equipo, también se negó a aceptar públicamente que Biden había ganado. Había hipotecado su futuro político al ser abrazado por los votantes de Trump como el devoto segundo del presidente y su sucesor más lógico.

«Las cosas no terminan hasta que terminan —tuiteó Pence el 9 de noviembre—. ¡Y todavía NO han terminado!»

Pero el equipo de Pence no quería verle arrastrado hacia la lucha por las elecciones de Trump.

—Sacadlo cagando leches de D.C., de Loquilandia —aconsejó el veterano consejero político de Pence, Marty Obst, a Marc Short, nuevo jefe de gabinete de la vicepresidencia.

Short, que era un conservador intenso con muchos vínculos profundos con el mundo de los negocios y con el Congreso, que llevaba la cabeza afeitada, empezó a planear viajes diarios para Pence. El vicepresidente, que todavía encabezaba el grupo operativo de la Casa Blanca contra el coronavirus, viajaría para vacunar en urbanizaciones y fábricas.

Pompeo, un hombre grueso y gregario, con poca tolerancia hacia los liberales, siempre fue considerado uno de los partidarios más acérrimos de Trump en el gabinete. Fue a ver a Milley a Quarters 6 la tarde del 9 de noviembre y se sentaron a la mesa de la cocina para hablar del presidente.

—Los locos se están haciendo cargo —dijo Pompeo. Cada vez le preocupaba más ver reunirse a Trump con el circo ambulante de Giuliani. Ahora Sidney Powell, Michael Flynn y el tipo de My Pillow (Mike Lindell, campechano antiguo drogadicto y gerente millonario de My Pillow, una empresa de colchones y almohadas) tenían acceso a la Casa Blanca.

Primero de su clase en West Point en 1986, Pompeo era un militar como Milley. Era compañero de clase de Esper, y le preocupaba cómo llevaba este el despido por parte de Trump. Había sido cruel e injusto. Despedir al secretario de defensa era simbólicamente distinto a despedir a cualquier otro secretario del gabinete, debido al enorme poder y armamento del ejército.

Milley recordaba vivamente una afirmación que había hecho Trump a *Breitbart News*, en marzo de 2019: «Puedo asegurarles que tengo el apoyo de la policía, el apoyo de los militares, el apoyo de los motoristas. Tengo a la gente más dura, pero no

173

se hacen los duros hasta que llegan a un punto determinado, y en ese momento se pueden volver malos, muy malos».

Parecía una amenaza. Milley pensó en el ejército, la policía, el FBI, la CIA y otras agencias de inteligencia, así como en los ministerios del poder. Esos centros de poder a menudo habían sido las herramientas usadas por los déspotas.

Sentados en la cocina de Quarters 6, Milley le confió que creía que Trump estaba sufriendo un declive mental. Cualquiera que buscara la presidencia ya de por sí tenía un ego enorme. El de Trump estaba más hipertrofiado todavía, observó. Y Trump había sufrido el rechazo más cruel imaginable. Le dolería con una intensidad que otros nunca llegarían a comprender del todo.

—¿Sabe? —replicó Pompeo—, ahora mismo está completamente ausente…

—Pues no sé… —dijo Milley, vagamente. Dijo que se estaba centrando en la estabilidad. En la transición.

Para Milley, el despido de Esper en el momento álgido de la agitación de las elecciones había sido un punto de inflexión. El peligro para el país se estaba acelerando, empeñado en una marcha descabellada hacia los desórdenes, más y más cada vez.

Pompeo dijo que las cosas estaban adquiriendo un cariz que era peligroso para la república.

—Tenemos que permanecer muy unidos, codo con codo —dijo Pompeo—. Somos los últimos mohicanos.

Al día siguiente, en una sesión pública del Departamento de Estado con reporteros, le preguntaron a Pompeo sobre la transición con Biden.

—Habrá una transición muy suave a una segunda administración de Trump —dijo Pompeo. Luego sonrió y añadió, con un guiño—: Ya verán.

El 10 de noviembre a las 8.10 de la mañana, la directora de la Agencia Central de Inteligencia, Gina Haspel, la primera mujer que encabezaba la CIA de manera permanente, llamó a Milley.

Haspel, que había trabajado treinta y cinco años en la CIA, era una funcionaria muy experta, dura y hábil a la hora de controlar a líderes inestables en el extranjero. Estaba preocupada por el despido de Esper, y creía que Trump quería despedirla a ella también.

—Ayer fue horrible —le dijo a Milley—. Estamos al borde de un golpe de Estado de derechas. Todo esto es una verdadera locura. Ese hombre está actuando como un niño de seis años con una pataleta.

—Vamos a mantenernos firmes —Milley repitió su mantra—. Como una roca. Tendremos los ojos puestos en el horizonte. Alertas ante cualquier riesgo o peligro. Mantendremos los canales de comunicación abiertos.

¿Qué otra cosa podían hacer? Trump todavía era presidente, y ellos no eran más que subordinados, constitucional y legalmente.

Aquel martes por la tarde, Hope Hicks visitó a Trump en el Despacho Oval.

—Hay oportunidades —dijo ella, alegremente, sugiriendo que se guardaran las armas políticas y que se abrieran hacia el futuro—. Tiene usted una enorme cantidad de buena voluntad, y puede capitalizarla de muchísimas formas distintas. No podemos desaprovecharla.

Trump no quería oír hablar de nada que se acercara ni remotamente a una concesión. La fulminó con la mirada y frunció el ceño, mostrando decepción, pero no sorpresa. Llevaba días notando que ella se mostraba reservada.

—Yo no soy de los que se rinden —le dijo Trump—. No soy de los que hacen eso. No me importa mi legado. Mi legado no tiene importancia. Si pierdo, ese será mi legado. Mi gente espera que luche, y si no lo hago, los perderé.

—Ya sé que es duro —le dijo Hicks—. Es muy duro. No me gusta perder. A nadie le gusta perder. Pero se puede ganar mucho siguiendo adelante.

$\mathcal{M}$illey, Pompeo y Meadows hablaban regularmente a las ocho la mayoría de las mañanas de noviembre, por una línea telefónica segura, solo los tres, para evaluar la situación internacional diplomática y militar.

El objetivo de aquellas conferencias era preservar la estabilidad durante un periodo de posible inestabilidad, y evitar cualquier cosa perjudicial o provocativa.

Chris Miller no estaba invitado a unirse a ellos. Milley también sospechaba de Meadows, que parecía formar parte del grupo que apoyaba las afirmaciones de Trump de que le habían robado las elecciones.

—Tendremos que hacer aterrizar ese avión —dijo Milley precavidamente en una de las primeras llamadas de la nueva *troika* en el poder—. Hay que asegurarse de que se da una transferencia del poder pacífica.

Milley dispuso las cosas para hablar en una celebración del Día de los Veteranos en el Museo del Ejército, el 11 de noviembre.

—No hacemos un juramento de lealtad a un rey, ni a una reina —dijo Milley a la multitud—, ni a un tirano o un dictador. Nosotros no juramos fidelidad a un individuo. No, nosotros no juramos lealtad a un país, a una tribu o una religión. Nosotros juramos lealtad a la Constitución. Cada uno de nosotros protegerá y defenderá ese documento, sin tener en cuenta el precio que pueda pagar personalmente.

Después de este discurso, el secretario del ejército, Ryan McCarthy, dijo:

—Tiene unas cinco horas antes de que Trump lo averigüe y lo despida.

Hollyanne, la mujer de Milley, supuso lo mismo.

—¡Y no nos hemos comprado una casa siquiera!

Pero al parecer Trump no se enteró de esos comentarios. No dijo nada a Milley y no ocurrió nada.

Aquel mismo día, Milley subió las escaleras hasta el despacho del secretario en funciones Miller a la una de la tarde y se sentó. Se le unieron el jefe de gabinete de Miller, Kash Patel, un fiscal y un antiguo consejero de inteligencia del congresista de California Devin Nunes, poco conocido pero muy controvertido, uno de los defensores más incondicionales de Trump.

El columnista David Ignatius decía que Patel era «casi una figura tipo Zelig» en las filas de la administración Trump, y creía que había un «estado en la sombra» que operaba contra el presidente. Después de trabajar con Nunes, Patel se había unido al Consejo Nacional de Seguridad de Trump y más tarde obtuvo otro puesto importante de inteligencia antes de terminar como jefe de gabinete de Miller.

Una vez, mientras hablaba con Barr, Mark Meadows dejó caer la idea de que Trump nombrase a Patel subdirector del FBI. Meadows, feroz crítico de la investigación de Rusia y de la forma en que había llevado el asunto el FBI, pensó que Patel podría ser un aliado dentro de una oficina cuyo liderazgo creía que era corrupto.

—Por encima de mi cadáver —dijo Barr.

—Tiene que entender una cosa —reflexionó Meadows—. Todo el mundo en este edificio es un «agente». Todos han pasado por la academia. Todos han llevado ciudades, contraterrorismo, crimen. Tienen el mismo entorno. La única persona aquí que no es un agente es el director.

Barr le preguntó a Meadows:

—¿Cree que ese hijo de puta aparecerá allí y que esa gente lo respetará? Se lo comerán vivo.

Meadows insistía en intentar encajar a la fuerza a Patel en el puesto del FBI. Pero aquel era el mundo de Barr, y este no cedía. Finalmente Meadows se olvidó del tema. Luego intentó meter a Patel en la CIA.

La directora de la CIA, Gina Haspel, le dijo a Barr que Meadows, al parecer responsable de la inserción profesional *de facto* de Patel, le dijo que despidiera a su actual subdirector, Vaughn Bishop, e hiciera sitio para el nuevo. Era un hecho consumado.

Haspel explicaba la reunión que tuvo con Meadows en la Casa Blanca.

—Vale, pues me voy al otro lado del pasillo —le dijo ella.

—¿Por qué? —le preguntó Meadows.

—Voy a decirle al presidente que no pienso tolerar esto —dijo ella—. Dimito.

Entonces Meadows la respaldó por segunda vez.

178 El 11 de noviembre, Patel dejó un memorándum de una página en la mesa y se lo pasó a Milley.

Memorándum del 11 de noviembre de 2020 para el secretario de Defensa en funciones: Retirada de Somalia y Afganistán. Por la presente le encomiendo que retire todas las fuerzas de Estados Unidos de la República Federal de Somalia no más tarde del 31 de diciembre de 2020 y de la República Islámica de Afganistán no más tarde del 15 de enero de 2021. Informe a todos los aliados y fuerzas aliadas de las directrices. Por favor, confirme la recepción de esta orden.

Iba firmado «Donald Trump», con grandes trazos de su celebrado rotulador negro.

—¿Tiene usted algo que ver con esto? —preguntó Milley a Patel.

—No, no —contestó Patel—. Acabo de verlo, presidente.

—¿Está usted detrás de esto? —preguntó Milley al subsecretario de Defensa en funciones.

—No, no, no —dijo Miller.

Trump había intentado conseguir una retirada completa de Afganistán durante toda su presidencia. Los militares se habían resistido, año tras año. Ahora, en sus últimos cinco meses, Trump iba a dar la orden... si es que el memorándum era auténtico.

Por una parte era sospechoso, porque el formato no era el adecuado y no tenía el estilo tradicional de un NSM (Memorándum de Seguridad Nacional, por sus siglas en inglés), que a menudo eran largos y formales. Por otra parte, Milley dudaba de que le hubiesen presentado una falsificación en el despacho del secretario de Defensa, aunque Miller era nuevo, y solo secretario de defensa en funciones.

—Bueno, voy a ponerme el uniforme —dijo Milley, porque entonces iba vestido de camuflaje—. Voy a ver al presidente, pues ha firmado algo que concierne a las operaciones militares y lo ha hecho sin la debida diligencia y consejo militar que se supone que tengo que darle por ley. Este es un asunto muy jodido, y tengo que ir a ver al presidente. Voy para allá. Ustedes pueden venir si quieren o no.

Decidieron acompañarle. Una vez Milley se hubo cambiado y puesto su uniforme, se presentaron sin previo aviso en la Casa Blanca, donde los acompañó la seguridad.

—Robert, ¿qué cojones es esto? —dijo Milley después de que Miller, Patel y él hubieran entrado en el despacho esquinero del consejero nacional de Seguridad O'Brien, en el Ala Oeste. Keith Kellogg, consejero de seguridad nacional de Pence y aliado de Trump, también estaba allí.

Milley tendió la copia de la orden a O'Brien, que se puso de pie junto a su escritorio.

—¿Cómo ha podido pasar esto? —preguntó Milley—. ¿Se ha seguido algún proceso? ¿Cómo ha podido hacer esto el presidente?

O'Brien miró el memorándum y lo leyó.

—No tengo ni idea —dijo.

—¿Qué quiere decir con que no tiene ni idea? Usted es el consejero de seguridad nacional del presidente. ¿Me está diciendo que no sabe nada de esto?

—No, no sabía nada de esto —le confirmó O'Brien.

—¿Y el secretario de Defensa tampoco sabía nada? ¿Y el jefe de gabinete del secretario de Defensa, tampoco sabía nada? ¿Y el presidente de la junta tampoco lo sabía? ¿Cómo demonios ha podido pasar?

—Déjame que lo consulte —dijo Kellogg, teniente general retirado. Lo cogió y lo escaneó—. Esto es una mierda. El encabezamiento está mal. No se ha hecho correctamente. Esto no viene del presidente.

—Keith —dijo Milley a Kellogg—, ¿me está diciendo que alguien ha falsificado la firma de una directriz militar del presidente de Estados Unidos?

—No lo sé —decía Kellogg—, no lo sé.

—Déjeme que lo mire —dijo O'Brien—. Vuelvo enseguida.

Lo dejó allí varios minutos. Por lo que sabía O'Brien, el Consejo Nacional de Seguridad, el secretario de gabinete y el abogado de la Casa Blanca no estaban implicados ni habían sido consultados.

—Señor presidente, tiene usted una reunión con los jefes —dijo O'Brien.

El presidente no dijo que la firma fuera una falsificación. Sí, lo había firmado él, pero accedió a tener una reunión de jefes de departamento antes de que se tomara ninguna decisión de política formal.

—Está bien —dijo O'Brien, volviendo a su oficina—, ya nos hemos hecho cargo de esto. Ha sido un error. El memorándum queda anulado.

Efectivamente, era un memorándum falso y no tenía validez. El presidente más tarde se reuniría con los jefes de departamento para tomar una decisión sobre las tropas de Afganistán.

—De acuerdo, bien —dijo Milley, aceptando las explicaciones.

Miller, Patel y él se fueron, sin haber visto en ningún momento al presidente.

Caso cerrado.

Más tarde, en mayo de 2021, Jonathan Swan y Zachary Basu de Axios pudieron establecer que John McEntee, antiguo guardaespaldas del presidente y *exquarterback* universitario que ahora llevaba el Departamento de Personal, y el coronel retirado del ejército Douglas Macgregor, consejero de alto rango de Miller, representaron algún papel a la hora de redactar y firmar ese memorándum.

Al día siguiente, jueves 12 de noviembre, los grupos de seguridad de las elecciones, incluyendo el Departamento de Ciberseguridad Nacional, la Agencia de Infraestructuras de seguridad (CISA, por sus siglas en inglés) y la Asociación Nacional de Directores de Elecciones Estatales, emitieron un comunicado conjunto que decía: «Las elecciones del 3 de noviembre fueron las más seguras de toda la historia de Estados Unidos. Todos los estados con resultados reñidos en la carrera presidencial de 2020 tienen registros en papel de cada voto, permitiéndoles así volver atrás y recontar todos los votos, si fuera necesario. Esto supone un beneficio añadido en cuanto a seguridad y resistencia. Este proceso permite la identificación y corrección de cualquier error u omisión».

En negrita, añadía: «No existe prueba alguna de que ningún sistema de votación borrase o perdiese votos, cambiase votos o resultase comprometido en ningún aspecto».

Trump despidió inmediatamente al presidente de Ciberseguridad Nacional, Chris Krebs, mediante un tuit.

A las cinco de la tarde del 12 de noviembre, Trump convocó a su equipo de seguridad nacional para otra reunión sobre Irán.

La Agencia Internacional de Energía Atómica acababa de informar el día antes de que Irán había acumulado 2442 kilogramos de uranio poco enriquecido, doce veces la cantidad permitida bajo el tratado nuclear de Obama con Irán, que Trump había abandonado.

Era el uranio suficiente para producir dos bombas nucleares, pero le costaría meses a Irán enriquecer más el uranio, hasta llegar al calibre de una bomba.

La directora de la CIA Haspel confirmó que sus informes mostraban que Irán estaba a muchos meses de distancia de tener armamento nuclear.

Milley revisó la lista estándar de opciones, desde el aumento de ciberataques hasta el uso de fuerzas terrestres de Estados Unidos.

—Aquí están los costes en bajas y en dólares —dijo—. Alto y nada cierto. Aquí están los riesgos: muy alto e incierto. Y estos son los posibles resultados. Los golpes militares dentro de

Irán significarían la guerra. Significan que vamos a la guerra. Está usted en una escalada de la que no puede salir. No tiene necesariamente el control del resultado y el fin.

Milley se dio cuenta de que una de las variables permanentes era que ni él ni nadie más quizá sabía cuál era el punto que ponía a un presidente en el disparadero. Quizá ni siquiera el propio presidente lo supiera, especialmente en el caso de Trump.

—Recomiendo que rechacemos todas las opciones —dijo Milley—. Demasiado arriesgadas e innecesarias.

Milley se volvió hacia Pompeo.

—¿Qué opinas, Mike? —desde hacía tiempo, Pompeo defendía la acción militar contra Irán.

—Señor presidente —dijo Pompeo—, el riesgo no vale la pena.

Pompeo y Milley fueron de aquí para allá como una pareja de lucha libre, subrayando los motivos por los que no había que emprender ninguna acción militar.

El vicepresidente Pence y el secretario de Defensa en funciones, Miller, que solo llevaba tres días en el cargo, parecían de acuerdo en que no se debía emprender ninguna acción militar.

—De acuerdo, gracias —dijo Trump.

Él no iba a decir «hagámoslo», ni tampoco «no lo hagamos». La decisión quedaba en el aire, una forma de actuar desesperante y no concluyente, especialmente tras la experiencia del memorándum de Afganistán nulo. Como dijo una vez Milley a un consejero, «todo el asunto de Irán va y viene, va y viene, va y viene».

Haspel estaba preocupada por la falta de una decisión clara, así que llamó a Milley.

—Es una situación altamente peligrosa. ¿Vamos a atacar por su ego?

Más tarde, aquella noche, Pompeo llamó a Milley y le dio las gracias por sus argumentos en contra de un ataque, y por poner énfasis en los resultados negativos.

—Todos estamos bien —dijo Milley. Puso de relieve la importancia de la calma y exageró las metáforas—. Tranquilos. Respiremos por la nariz. Firmes como una roca. Vamos a hacer aterrizar este avión a salvo. Tenemos un avión con cuatro motores, y tres de ellos están estropeados. No tenemos tren de aterrizaje. Pero vamos a conseguir aterrizar este avión y vamos a hacerlo con total seguridad. —Y añadió—: Subida al Suribachi.

Hacía referencia a la montaña de 168 metros en Iwo Jima donde los marines levantaron una bandera americana en 1945, momento recogido en una icónica fotografía. En la célebre batalla murieron casi 7000 marines y 20 000 quedaron heridos.

Pompeo dijo que el momento para la acción militar había pasado.

—Es demasiado tarde —dijo—. No podemos atacar Irán ahora. Dejémoslo al siguiente que venga. No quiero volver a hablar nunca más del puto Irán.

Rudy Giuliani, a través de su ayudante, pidió a la campaña de Trump que le diera una compensación. En una carta, el ayudante escribió que su equipo necesitaría 20 000 dólares al día.

Varios funcionarios de campaña de Trump fueron a verle y le preguntaron: ¿qué quiere que hagamos?

—No, no, no, no —les dijo Trump—. Rudy apuesta al ganador —dijo, usando el lenguaje de sus días como director del casino Trump Plaza, en Atlantic City. Dijo que todo era un ejercicio de contingencia. Si Trump terminaba ganando, se pagaba a Rudy. La campaña le dijo a Giuliani que le reembolsaría sus gastos.

Trump y Graham continuaron hablando por teléfono. Graham intentaba empujar a Trump hacia la aceptación de la derrota, aunque afirmaba que comprendía su lucha legal.

El 18 de noviembre, en una llamada matutina de primera hora, Graham le dijo:

—Señor presidente, trabajar con Biden le ayuda a usted, vuelve loca a la izquierda. Usted ha expandido el Partido Republicano —le dijo Graham—. Ha conseguido votos de las minorías. Ha conseguido muchas cosas de las que estar orgulloso. Va a ser usted una fuerza en la política americana durante mucho tiempo. Y la mejor manera de mantener ese poder es ir dejando todo esto de manera que le dé a usted un segundo acto, ¿de acuerdo?

Trump se resistía a ese consejo. Graham le encontró furioso, decepcionado y a veces nostálgico.

Υ

Al día siguiente, 19 de noviembre, Rudy Giuliani y Sidney Powell mantuvieron una conferencia de prensa en el cuartel general del Comité Republicano Nacional, en Washington.

Giuliani sudaba y parecía casi una caricatura.

—¿Habéis visto todos *Mi primo Vinny*? —preguntó a los reporteros, vinculando una referencia legal con una comedia de 1992.

En un momento dado, un líquido de un color marrón oscuro, mezclado con gotas de sudor, bajó por su mejilla. El titular en *Vanity Fair*: «El tinte capilar de Rudy Giuliani chorreándole por la cara fue la parte menos estrafalaria de esa conferencia de prensa absolutamente loca».

Powell, que llevaba un jersey con estampado de leopardo, fue más allá aún que Giuliani, insistiendo en que las máquinas de votar fabricadas por Dominion, una empresa que tiene sus oficinas principales en Toronto y Denver, formaban parte de una conspiración comunista global.

—A lo que nos estamos enfrentando realmente aquí —dijo Powell—, y vamos descubriendo más y más cada día, es a la influencia masiva del dinero comunista a través de Venezuela, Cuba y probablemente China en la interferencia de nuestras elecciones.

En Fox News, el presentador de máxima audiencia Tucker Carlson miraba a Powell.

—Si Sidney Powell tiene esa información, si tiene pruebas de fraude, le damos una semana entera de programas. Le daríamos la hora entera —dijo Carlson a sus productores—. Sería la mayor noticia presentada jamás en la política americana. Un Watergate 2.0. Pero esperemos primero a ver si tiene las pruebas.

Pronto quedó claro que no las tenía. Carlson mandó un mensaje de texto a Powell y ella se mostró vaga y evasiva. Carlson notó que ella dirigía a la gente a su website, donde se podía donar dinero.

«Seguimos presionando y ella se puso furiosa —escribió Carlson en un comentario para FoxNews.com—, y nos dijo que dejáramos de contactarla.»

Los titubeos de Powell hicieron poco por calmar el fervor. Aquella noche Graham les dijo que los medios tenían un doble

185

rasero para los problemas en las elecciones. «Cuando Stacey Abrams cuestionó sus elecciones, era una patriota. En cambio Trump cuestionándose las suyas es un dictador.»

Abrams, la primera mujer negra en ser nominada por el Partido Demócrata como gobernadora en Georgia, se negó a reconocer al republicano Brian Kem en 2018, acusándole de suprimir votos, y dijo que su campaña tenía pruebas «bien documentadas». Su negativa irritó a los republicanos, aunque finalmente ella reconoció que Kemp se podía certificar como ganador.

Aun así, dijo Graham, el espectáculo de Rudy y Sidney fue un momento decisivo. «Fueron algo más que estrambóticos. Creo que quitó mucho aire al globo que las quejas fueran tan poco centradas, tan incoherentes y conspirativas.» La conferencia de prensa «aceleró el principio del fin».

Trump desdeñó todas las advertencias y preocupaciones.

—Sí —dijo Trump a sus consejeros, hablando de Giuliani—, está loco. Dice locuras. Pero ninguno de los abogados cuerdos puede representarme, porque los han presionado. A los abogados normales les han dicho que no pueden representar mi campaña.

Dentro de la oficina de prensa de la Casa Blanca se acumulaban las preguntas sobre Powell y Giuliani. Un nuevo refrán hizo furor entre el personal de menor rango: «No dejes que Rudy entre en el edificio. No dejes que Sidney entre en el edificio».

Pero las risas se fueron desvaneciendo. John McEntee dejó bien claro entre muchos colaboradores de Trump que nadie debía empezar a buscar nuevos trabajos. Se avecinaba un segundo mandato, juró. Sin sonrisas.

McEntee era conocido como el responsable de seguridad favorito de Trump… y tenía toda la pinta. Era alto, estaba en forma y podía pasar por agente del servicio secreto. Había perdido su trabajo en la Casa Blanca en 2018 por un motivo de seguridad, que más tarde se averiguó que era la preocupación por su afición al juego, a veces apostando incluso miles de dólares de una sola vez.

Pero cuando Trump volvió a admitir a Hicks, en febrero de 2020, este volvió a llevar con él a McEntee también. Quería su núcleo duro de leales a su alrededor.

La directora de comunicaciones de la Casa Blanca, Alyssa Farah, se cansó de toda aquella farsa y de la presión de McEntee. A ella le parecía muy bien vender los objetivos de Trump, pero el Ala Oeste estaba derivando hacia una extraña nueva realidad. Una fantasía.

—Me sentía como si estuviera mintiendo al público —dijo Farah a un conocido—. A una gente realmente buena y muy trabajadora que apoyaba al presidente, que no tiene ni mucho tiempo ni dinero ni energías para invertir en política, le están contando una sarta de mentiras.

Farah, que era joven y conservadora, había sido secretaria de prensa de Pence y había trabajado para Esper. Había sido amiga de Hicks, y fue una de las primeras personas a las que contrató Meadows como jefe de gabinete de la Casa Blanca. Pero Trump ya no la escuchaba.

—Puedes tener todo tipo de estructuras y mecanismos de información —dijo ella—, pero al final él llamará a gente desde el comedor de su casa. Hará acudir a quien le dé la gana. O los tendrá en la propia residencia, y ni siquiera te enterarás hasta que te dé la alarma el servicio secreto.

Era demasiado. Dimitió.

Barr cogió una llamada de Cipollone el 23 de noviembre.

—Bill —dijo Cipollone—, es todo un poco extraño. Él pregunta por ti. No has aparecido.

Barr fue a la Casa Blanca.

—Señor presidente —dijo—, hizo usted un gran trabajo aquí al final, y no me parece bien que salga de la forma en que lo está haciendo.

—Bueno, es que hemos ganado. Hemos ganado por mucho. Y además hay un fraude. Bill, no podemos dejar que se salgan con la suya en esto. Nos están robando las elecciones. He oído que os estáis echando atrás. Pero tú... no sé por qué, no crees que sea tu papel controlar esto.

—No, señor presidente, eso no es verdad. ¿Sabe?, lo que no

es nuestro papel es tomar partido. El Departamento de Justicia no puede tomar partido, como sabe muy bien, entre usted y el otro candidato. Por eso tenemos elecciones que lo deciden. Pero si hay un delito de una magnitud suficiente, o información específica y creíble que indique un posible fraude a una escala que pueda afectar al resultado, estoy dispuesto a echarle un vistazo. Por cierto —dijo Barr—, mucha gente de Justicia cree que no deberíamos hacerlo, pero yo no les he hecho caso. Y he dicho que sí lo haremos, caso por caso.

En cinco estados donde las cifras eran muy reñidas pidió a los fiscales de Estados Unidos que echaran un vistazo a las cosas más importantes cuando alguien había hecho una reclamación de fraude sistémico que pudiera afectar al resultado. Esos estados eran Arizona, Wisconsin, Michigan, Georgia y Pensilvania. Barr les ordenó que no abrieran una investigación en toda regla, pero que hicieran un análisis o informe preliminar. Si había algo y la base era suficiente, entonces debían ir a hablar con él.

—Pero el problema es que todo eso de las máquinas de votación es mentira —dijo Barr.

188

Una semana antes, el 16 de noviembre, Barr dijo que el director del FBI, Chris Wray, y él celebraron una reunión con expertos informáticos, el FBI y el Departamento de Seguridad Nacional. Tuvieron dos reuniones, y los expertos les explicaron todas las operaciones de las máquinas y cómo los microchips y los métodos hacían que el engaño fuese completamente imposible.

—Es todo una gilipollez —dijo Barr—. Esas reclamaciones no funcionaban.

—Pero ¿has visto lo que hicieron en Detroit y Milwaukee? —le preguntó Trump—. Esos pucherazos a primera hora de la mañana, con todos esos votos… —Sacó unos gráficos y otros materiales que había estado acumulando de consejeros y amigos—. Te voy a entregar estos gráficos.

—Pues muy bien, señor presidente, echaré un vistazo a esos gráficos. Pero es lo normal, en esos estados. Lo que ocurre siempre. De todos modos, yo me lo miraré.

Barr sacó una versión de su mensaje de abril, cuando pasó por el comedor del Despacho Oval. Trump debía concentrarse en esos asuntos.

—Señor presidente, la mejor forma de proteger su legado es que usted recuerde al pueblo americano todas las grandes cosas que ha conseguido, ¿de acuerdo? Sea positivo. Y luego vaya a Georgia y asegúrese de que los republicanos mantienen el Senado. Esa es la forma de conservar su legado.

Barr habló enseguida con Meadows y Kushner.

—¿Cuánto tiempo va a durar todo esto? —preguntó Barr—. Se nos está yendo de las manos.

Ellos le dijeron que Trump era consciente y que controlaba la situación. Dijeron que pensaban que empezaba a preparar el terreno para una salida digna, y que se daba cuenta de que podía estar yendo demasiado lejos. Aquel mismo día, Trump autorizó un procedimiento para la transición con Biden. Parecía una señal de que podía empezar a aceptar su derrota.

Pero entonces Trump empezó a llamar a legisladores de Pensilvania, y a líderes legislativos del estado en Michigan y a funcionarios en Georgia. No había señal alguna de que estuviera dejándolo ya. A Barr le parecía que, al revés, la cosa iba en aumento.

Barr habló a continuación con McConnell, que le dijo:

—Bill, sabe que tenemos esas elecciones pendientes en Georgia. No puedo permitirme un gran ataque frontal al presidente, en este momento. Tengo que ser amable.

Trump seguía apareciendo en Fox News diciendo que le habían robado las elecciones. Que las elecciones estaban amañadas. El Departamento de Justicia estaba desaparecido en combate.

—Esos putos locos —dijo Barr. Giuliani, Powell y todos los demás—. Semejantes payasos...

La vicepresidenta electa Harris llamó al móvil de James Clyburn un fin de semana de noviembre, cuando él estaba en el campo de golf.

—Hágame un favor —le pidió él—, hable con mis colegas del golf. Ellos la mantendrán al tanto de los cotilleos políticos en Charleston o en Holly Hill y Orangeburg.

Clyburn le tendió su móvil a sus «chicos de la barbería», como los llamaba, y Harris habló muy contenta con ellos.

189

Más tarde, Clyburn animó a Biden a que llamase a Jaime Harrison, de Carolina del Sur, aliado negro y presidente del Comité Demócrata Nacional. Harrison había perdido sus elecciones al Senado ante Lindsey Graham por 10 puntos, pero había gastado el récord de 130 millones de dólares y se había construido un perfil nacional.

Al teléfono, Clyburn se metió a fondo en el asunto, como antiguo jefe que era. Le dijo a Biden que se asegurase de que no le pagaran menos a Harrison que al anterior presidente del CDN.

Clyburn dijo que a Biden no le convenía nada que apareciera algún titular diciendo que al presidente negro le pagaban menos que al cargo saliente, Tom Pérez, que era latino.

—Tiene toda la razón —dijo Biden a Clyburn—. No sé cuánto cobra, pero le prometo que no será menos.

—Mire, hace mucho tiempo que pertenezco a los Black, y sé cómo sería el titular —explicó Clyburn—. No me discutan de cosas que no saben. Yo lo he vivido en mis propias carnes.

El salario de Harrison fue el mismo que el de Pérez.

Ahora que ya habían llegado tan lejos, Clyburn no pensaba parar. Se quejó públicamente de la falta de nombramientos negros para puestos del gabinete. «Hasta el momento la cosa no va bien», dijo Clyburn al periódico *The Hill* el 25 de noviembre.

Al final, Biden eligió a cinco afroamericanos para puestos importantes o de gabinete. El general de cuatro estrellas retirado del ejército, Lloyd Austin, se convirtió en el primer secretario de Defensa negro.

Clyburn le dijo a Biden que pensara en el presidente Harry S. Truman, no solo en Roosevelt. Truman era el mejor amigo de los negros americanos, dijo. Los programas del New Deal de Roosevelt habían discriminado a los negros y dado preferencia a los blancos, dijo, mientras que Truman desegregó a los militares.

—Ahora, el hombre de Delaware puede ser exactamente igual que el hombre de Misuri —le dijo Clyburn a Biden.

*B*iden llamó a Mike Balsamo, el reportero de justicia de Associated Press, y comieron juntos el 1 de diciembre. La retórica de Trump estaba derivando a toda marcha. El presidente estaba escuchando a abogados que le metían conspiraciones en la cabeza.

—Hasta el momento —le dijo Barr—, no hemos visto fraudes en una escala que pudiera haber afectado a un resultado distinto de las elecciones.

Balsamo escribió un artículo poco después y los comentarios de Barr se leyeron en todo el mundo.

Aquel mismo día, cuando acudió a la Casa Blanca a las tres de la tarde para asistir a una reunión sobre la agenda de la administración para el mes siguiente, Barr recibió el mensaje de que el presidente quería verle en su comedor privado. Barr fue y encontró a Trump sentado en su lugar habitual, en la cabecera de la mesa.

Cipollone y su ayudante, Pat Philbin, y Meadows estaban sentados los tres en un lado de la mesa. Eric Herschmann, otro abogado de la Casa Blanca, se encontraba de pie a un lado, igual que Will Levi, el jefe de gabinete de Barr.

Barr no se sentó. Puso las manos en el respaldo de la silla que quedaba frente a los tres de la Casa Blanca. El gran televisor de la pared, a la derecha de Barr, estaba sintonizado en un debate o discusión de fraude electoral en One American News, la cadena de televisión de extrema derecha pro-Trump.

—¿Has dicho tú esto? —preguntó el presidente, que tenía en la mano un informe de las observaciones de Barr sobre el hecho de que no habían encontrado fraudes electorales.

—Sí.

—¿Por qué?

—Porque es verdad. No hemos visto ninguna prueba, señor presidente.

—No tenías que haber dicho eso. Podías haber dicho sencillamente que no había comentarios.

—Durante el fin de semana usted estuvo diciendo que el Departamento de Justicia estaba «desaparecido en combate» y que sabe que le han robado las elecciones. El periodista me preguntó lo que habíamos averiguado, y le dije lo que habíamos averiguado, que hasta el momento es eso, nada.

Trump contestó:

—Habrás dicho eso porque odias a Trump, porque debes de odiar a Trump de verdad.

—No, señor presidente, yo no le odio. Creo que usted sabe que, con un significativo sacrificio personal por mi parte, vine a ayudarle en su administración y he intentado servirle con honradez. Déjeme que le diga por qué está usted donde está ahora mismo. Solo tenemos cinco o seis semanas después de unas elecciones para resolver cualquiera de estos temas, porque el Colegio Electoral tiene unas reglas muy estrictas.

»Lo que necesita usted es un equipo de abogados de primera dispuestos a todo que formulen rápidamente una estrategia para que pueda decir: "Vamos a ir a por esos votos de ahí, esos de allá, y aquí están nuestros argumentos", y ejecutarlo. Por el contrario, ha puesto usted en marcha un verdadero circo.

»Todos los abogados que se respetan en este país han huido a las montañas. Su equipo no es más que un montón de payasos.

»No tienen escrúpulos en presentar las cosas con toda firmeza y todo detalle como si fueran hechos incuestionables. Y no lo son. Ha perdido usted cuatro semanas con una teoría que es una locura demostrable: la de las máquinas.

—¿Qué quieres decir?

—Señor presidente, esas máquinas son como máquinas de sumar. Son solo tabuladores. Si guarda usted billetes de veinte dólares y los pasa por una máquina para contarlos, salen por el otro lado y luego se les pone una goma elástica a cada mil dólares.

»¿Sabe qué? La ley requiere que las papeletas reales se guarden, igual que se guarda el dinero con las gomas elásticas. Así que si usted dice que la máquina no ha contado bien, simplemente se saca el dinero y se ve si hay mil dólares. Y si hay mil dólares y la máquina dice que hay mil dólares, nadie quiere saber ya nada más de todo ese rollo sobre, ya sabe, que su funcionamiento era así o asá.

»Demuéstreme dónde se ha contado mal. Hasta el momento no se ha encontrado discrepancia alguna en ninguna parte. Eso es una locura.

—¿Qué pasó con los votos de Detroit? —preguntó Trump—. Ya lo sabes, yo iba por delante por muchos miles. Y llegaron todos esos votos a las cuatro de la mañana, o cuando sea. Y esa ventaja desapareció.

—Señor presidente, ¿comprobó usted cómo fue, y lo comparó con lo que ocurrió la última vez, en 2016? Realmente usted estuvo más fuerte ese año en Detroit que la última vez. Los márgenes eran los mismos, excepto que a usted le fue mejor, y a Biden un poco peor en Detroit.

—Bueno, pero había unas cajas —dijo Trump—. La gente vio las cajas que llegaron todas de golpe, horas después de que se cerraran los colegios electorales.

—Señor presidente, hay quinientas tres circunscripciones electorales en Detroit. Michigan es el único estado donde los votos no se cuentan en las circunscripciones. En todos los demás estados se cuentan en las circunscripciones. En Detroit, sin embargo, tienen una estación central de recuento. Por lo tanto, todas las noches esas cajas van hacia allí. Es un hecho que las cajas van a la estación de recuento a primera hora de la mañana, eso no es sospechoso. Es que lo hacen así. Los votos siempre entran a esa hora, y la proporción de votos es la misma que la última vez. No existe indicación alguna de una afluencia masiva de votos extra para Biden.

—¿Y qué pasa con Fulton County, Georgia?

—Lo estamos revisando. Pero hasta el momento lo que parece es que son votos legítimos. Señor presidente, estamos revisándolo todo, pero las cosas no están saliendo como pensábamos.

Trump habló entonces de otras deficiencias.

—¿Cuándo va a llegar a una conclusión Durham?

Trump no podía olvidar la investigación del fiscal de Estados Unidos John Durham sobre la conducta del FBI en la investigación de Rusia.

—No lo sé, señor presidente. ¿Sabe?, no es de esas cosas que se pueda decir: entregue ya el producto. —Barr chasqueó los dedos—. Va a su ritmo, dependiendo de las pruebas que aparezcan. De modo que no lo sé. Pero me imagino que el resultado saldrá en la primera parte de la administración Biden, quizás en los primeros seis meses.

Trump gritó:

—¿Cómo que «la primera parte de la administración Biden»?

«Ay, mierda», pensó Barr. Trump estaba desbocado. Barr nunca lo había visto tan furioso. Si un ser humano podía expulsar llamas por la boca, era él en ese momento. Barr hasta se imaginaba las llamas. Nunca había visto más enloquecido a Trump. Pero estaba claro que aun así trataba de controlarse. Intentaba ir apagando sus propias llamas, aunque seguía ardiendo.

194

En otro momento, Trump dijo:

—Bill, no sé si lo has notado, pero no te he llamado mucho. —Trump lo dijo como si fuera una pérdida para Barr no recibir aquellas llamadas regulares.

«Gracias a Dios», pensó Barr. No pudo evitar pensar en el personaje de la comedia negra *Teléfono rojo, volamos hacia Moscú* que habla de retirar su «esencia» a las mujeres.

—¡Comey! No acusaste a Comey cuando podías hacerlo —gritó Trump—. No quisiste.

—Se lo dije cien veces, señor presidente, no se podía hacer nada.

—Pero el inspector general del Departamento de Justicia —dijo Trump— derivó a Comey dando dos memorándums a su abogado de Nueva York que contenían información clasificada. Los memorándums aparecieron luego en los medios.

Comey había examinado los memorándums y había quitado el material confidencial, le recordó Barr al presidente. Ahí había discrepancias.

—Se podía decir que algunas de las frases eran confidenciales.

—Era información clasificada —dijo el presidente.

—Lo siento, señor presidente, pero no voy a acusarle. No vamos a acusar, en este caso.

—El inspector general recomendó que se acusara, y tú lo invalidaste —dijo Trump.

—No —replicó Barr—, no fue eso lo que ocurrió. El inspector general no recomienda acusaciones; envía el resultado de su investigación a la división criminal, para ver qué quieren hacer ellos, y como fiscal general, yo tengo la última palabra.

—¿Y los de criminal no quieren hacer nada? —preguntó Trump.

—No —contestó Barr. Y luego dijo que tenía que irse. Iba a cenar con Pompeo.

—Creo que se ve un cierto método en esto —dijo Meadows hablando por teléfono con Barr, después del encontronazo del 1 de diciembre con Trump.

—¿Ah, sí? —replicó Barr, escéptico.

—Ya sabes, a él no le gusta que la gente le abandone —dijo Meadows—. Hace un ataque preventivo. Le preocupa, y a la gente le preocupa también, que puedas retirarte de repente, antes del 20 de enero próximo. Así pues, ¿te quedas o no? ¿Te comprometes a quedarte?

Barr se enfrentaba a una difícil elección: comprometerse o posiblemente acabar despedido. Le dijo a Meadows:

—En primer lugar, yo no engañaría a nadie. No me iría sin decírtelo por anticipado. Y en segundo lugar, me quedaré todo el tiempo que se me necesite.

Barr, abogado a fin de cuentas, sentía que así se daba a sí mismo un poco de espacio para moverse, porque no decía exactamente quién iba a juzgar esa necesidad.

—Vale, vale —dijo Meadows, aceptando los términos al parecer. No habría dimisiones por sorpresa.

De inmediato Barr lamentó haber dicho que se quedaría. Nada había cambiado. Trump no le escuchaba, y el fiscal general era una figura decorativa, en el mejor de los casos.

Barr tenía sentimientos encontrados con respecto a su papel en la presidencia de Trump. Por una parte apoyaba entusiásticamente los principios conservadores: un ejecutivo fuerte, impuestos bajos, menos regulaciones y aversión hacia los progresistas. También creía que las críticas a Trump le habían transformado y endurecido. Los demócratas, los medios de comunicación y la investigación de Mueller habían «sacado un Clarence Thomas de Trump», refiriéndose a la creencia entre muchos conservadores de que las durísimas vistas de confirmación del Tribunal Supremo de 1991 habían empujado a Thomas hacia la extrema derecha.

Según su opinión, compartida por los amigos más íntimos y la familia de Thomas, era mucho más moderado antes de que Anita Hill le acusara de acoso sexual, y a partir de entonces Thomas se endureció.

—Cuando la izquierda hubo acabado con Thomas, él ya había cambiado —dijo Barr.

Creía que Trump también se había vuelto más pragmático, excepto por los ataques incansables. Lo mismo se podía decir de Barr, que había dejado su primer periodo como fiscal general con una reputación de fortaleza, pero había recibido ataques virulentos por proteger a Trump que le habían convertido en aliado acérrimo del presidente.

Barr continuó siendo ferozmente criticado por proteger a Trump. Durante la campaña presidencial de 2020, apoyó activamente y amplificó el impulso de Trump en contra de las papeletas por correo. A los republicanos no les gustaba el voto por correo, ni tampoco a Barr. Y lo dijo públicamente, asegurando que el posible fraude era «obvio» y que era de «sentido común», pero ni él ni nadie proporcionaron prueba alguna.

Cuando el presidente Milley oyó que Barr podía dimitir, le llamó rápidamente.

—Hombre, no te puedes ir —le dijo Milley—. Sabes que no te puedes ir. Te necesitamos.

—¿Sabéis qué? —les preguntó Trump a sus colaboradores en el Air Force One, en el viaje de vuelta a Washington, el 5 de diciembre, tras un mitin de campaña en Valdosta, Georgia—. Ha sido perfecto. No creo que necesitemos volver.

Trump estaba ya aburrido de las elecciones en dos vueltas para el Senado que se llevarían a cabo en Georgia el 5 de enero. Les dijo a sus colaboradores que los senadores republicanos Kelly Loeffler y David Perdue eran republicanos empresariales, que no eran lo bastante duros. Haría campaña por ellos, pero sin pasarse. Tenía otras cosas que hacer.

Su equipo legal se estaba desmoronando. Estaban perdiendo casos. Y el 6 de diciembre, Giuliani ingresó en el hospital de la Universidad de Georgetown con coronavirus.

Al día siguiente, Trump estaba solo reconcomiéndose en el Despacho Oval mientras abajo, en el salón, estaba a punto de empezar una fiesta navideña. Pocos de los asistentes llevaban mascarilla mientras evolucionaban en torno a un enorme abeto de Navidad en la Sala Azul, aunque los casos estaban repuntando, incluso en la Casa Blanca.

«Lo hemos pasado de maravilla», escribía Donald Trump Jr. en un post de Instagram, posando con su novia, antigua famosa de la Fox News, Kimberly Guilfoyle. Ambos iban sin mascarilla.

El comentarista conservador Steve Cortés, un inversor de Chicago que se había convertido en una presencia constante en la lucha por las elecciones de Trump, fue invitado a visitar al presidente. El perfil de Cortés en Twitter lo describía como una «Voz de los Deplorables. Hispano. Nacido en una tormenta». Los «deplorables» es un término que utilizó Hillary Clinton al describir a algunos de los partidarios de Trump en 2016.

No había nadie más por allí. Cortés dijo más tarde a otros que le sorprendió lo vacía que estaba el Ala Oeste, mientras iba andando al Despacho Oval, y que se encontró a Trump solo.

Cuando entró, Trump le estaba chillando a Rudy Giuliani por videoconferencia. Estaba acalorado y siguió chillando, diciendo que le habían robado las elecciones y que su campaña tenía muchos problemas legales.

—Ah, Cortés está aquí. Tengo que dejarte. —Apagó el vídeo.

—Todavía lo puede resucitar… —dijo Cortés, tranquilizador. Había venido a evitar que Trump se echara atrás—. Pero nos va a costar un montón de aliados. Va a costar muchísima lucha y habrá que recaudar mucho dinero.

Trump estuvo de acuerdo. Al parecer, es lo que quería oír. A alguien que viera alguna esperanza.

Cortés dijo que Trump necesitaba salir y moverse.

—Ha estado muy escondido desde las elecciones —dijo Cortés.

—No, no es verdad.

—Sí que es verdad.

Trump se puso a gritar. Estaba furioso.

—¡He estado tuiteando muchísimo!

—Tuitear no cuenta. Tuitear desde la residencia no es ser el presidente de Estados Unidos.

Cortés insistió. Quería que Trump reaccionase. Los Deplorables anhelaban que Trump se enfureciera con el *establishment*.

—Vaya a meterse con la CNN, con Brian Williams, a la MSNBC —le dijo Cortés—. Los hechos están de su parte. Que aparezca por allí Lester Holt. Plántele cara y explique sus razones.

Trump desestimó la idea. Daban noticias falsas, dijo. Nunca iría. Se metió con Fox News y empezó a chillar otra vez. Habían adjudicado Arizona a Biden. Estaban de acuerdo con el fraude, igual que los demás. Eran horribles, dijo.

—Tenemos que pelear —le dijo Cortés—. Tenemos que presionar públicamente a las legislaturas. Tenemos que ponernos en la línea de fuego.

Trump habló de Giuliani, de los casos en los tribunales.

—Ningún juez en todo el país quiere dictaminar sobre esto, y mucho menos el Tribunal Supremo —dijo Cortés—. Lo que importa es el tribunal de la opinión pública.

$\mathcal{M}$cConnell seguía centrado en las elecciones para el Senado de Georgia. Le preocupaban mucho las encuestas que mostraban que los dos candidatos demócratas se mantenían bien, hacia el 50 por ciento o por encima incluso.

Su aliado, el senador Todd Young, de Indiana, que llevaba la campaña del Senado del Partido Republicano, reclutó al veterano Karl Rove, consejero de George W. Bush, para que encabezara una operación especial conjunta de recaudación de fondos tanto para Perdue como para Loeffler. Rove llamó a casi todos los donantes importantes republicanos, pidiéndoles que soltaran la pasta a miles.

Rove oyó por radio macuto que a Trump y la Casa Blanca no les hacía demasiado felices ver a una persona tan ligada a George W. Bush, a quien Trump odiaba y del que se burlaba, llevando las elecciones de Georgia. Rove también despreciaba públicamente el grito de combate de Trump «Parad el robo», y el titular de su columna del 11 de noviembre en *The Wall Street Journal* había sido: «El resultado de estas elecciones no será invalidado».

Rove llamó a Jared Kushner y le preguntó si Trump estaba disgustado por su implicación. Kushner le dijo que continuase. «Yo no sé de qué demonios me está hablando», dijo Kushner.

Pero el eje Rove-McConnell no estaba transmitiendo el mensaje en Georgia, a pesar de coordinar los gastos. Por el contrario, un abogado muy desenvuelto llamado Lin Wood, que tenía unas ideas muy conspirativas sobre las elecciones, se estaba convirtiendo en una figura clave. Sobresalía en los mítines y en las redes sociales, asegurando que la victoria de Biden era ilegal. Asombrosamente, en un mitin de principios de diciembre con Sidney Powell, les dijo a los republicanos de Georgia que se quedaran en casa.

—No se han ganado vuestro voto —dijo Wood de los dos senadores del Partido Republicano—. No se lo deis a ellos. ¿Por qué ibais a volver a votar en otras elecciones amañadas, por el amor de Dios? ¡Arreglad esto!

Rove se quedó estupefacto. El abogado del presidente y Lin Wood estaban procurando desanimar el voto del Partido Republicano. A propósito.

—Tienes a Sidney Powell y a Lin Wood por ahí arrojando esas acusaciones indignantes de que las máquinas de votar Dominion eran de una firma creada por Hugo Chávez —se quejó Rove, refiriéndose al difunto presidente de Venezuela. Estaba nervioso porque veía avecinarse un desastre para el Partido Republicano.

Rove tenía una larga experiencia de cruzadas contra el fraude electoral. Aquí no era aplicable. Las máquinas eran fiables y seguras, repetía a los demás, cuando arreciaron las preguntas.

—No están conectadas a Internet, y tabulan los votos tomando una unidad de memoria, codificada en una máquina específica, en un distrito específico, y llevan eso a una ubicación central para transferir los votos y contarlos.

Trump estaba perdiendo por todas partes.

«Trump y el Partido Republicano han perdido más del 50 por ciento de las demandas legales poselectorales», decía el titular del *Forbes* el 8 de diciembre, después de que el Tribunal Supremo hiciera un esfuerzo por parte de su aliado, el congresista de Pensilvania Mike Kelly, para bloquear al estado y evitar que certificara la elección de Biden.

El rechazo del alto tribunal, por parte de uno de los jueces más conservadores, Samuel Alito, se expresaba en una sola frase: «Se rechaza la petición de desagravio judicial presentada ante el juez Alito y referida por él al tribunal».

Frustrado, Trump llamó al senador Ted Cruz, el animoso republicano de Texas. Cruz, que se había graduado en Derecho en Harvard, había sido secretario del presidente del Tribunal Supremo William H. Rehnquist desde 1996 a 1997.

Los dos habían sido enemigos durante la campaña republicana de las primarias presidenciales de 2016, y en Twitter, Trump había comparado crudamente el atractivo de la mujer de Cruz, Heidi, con la glamurosa Melania.

«Una imagen vale más que mil palabras», decía el mensaje de Trump, retuiteando una frase de un partidario. Luego, debajo del texto había dos fotos. Una era de Melania como una supermodelo en un estudio perfectamente iluminado. La otra era de Heidi Cruz, con expresión desdeñosa, en un interior crudamente iluminado.

Trump dijo más tarde a la columnista Maureen Dowd del *New York Times* que lo lamentaba, una de las poquísimas veces que se ha disculpado jamás por un tuit. También había acusado al padre de Cruz de estar asociado con Lee Harvey Oswald, el asesino de JFK.

Trump y Cruz habían dejado el pasado atrás y habían creado una alianza de conveniencia durante la presidencia de Trump: eran dos políticos que podían resultarse útiles el uno al otro.

Cruz estaba en una churrasquería, en plena comida, cuando le llamó el presidente.

—Me siento frustrado también —dijo Cruz.

—Pero ¿está sorprendido?

—No —contestó Cruz—. Hay muchísimas razones institucionales por las cuales podrían declinar coger el caso. Existe un riesgo real al coger ese caso. —Cruz había apoyado públicamente llevar el caso al Tribunal Supremo, pero en privado reconocía que las posibilidades eran remotas.

—Bueno —dijo Trump—, se ha presentado otro caso de Texas al Tribunal Supremo. ¿Estaría dispuesto a defenderlo?

—Claro —dijo Cruz—. Encantado de ayudar. Pero quizá no lo cojan tampoco.

—¿Por qué? ¿Por qué? ¿Por qué no iban a cogerlo?

Cruz le explicó que, si el Tribunal Supremo no cogía el caso de Pensilvania, era muy probable que rechazara también el de Texas.

Tres días más tarde, el 11 de diciembre, Trump reunió a un gran grupo de abogados de su campaña en el Despacho Oval. Recorrió la sala, pidiendo los últimos chismes sobre los casos y los recuentos.

201

—¿Qué opinan de Nevada? ¿Qué opinan de Pensilvania?

Las respuestas eran medidas, cuidadosas.

De pronto sugirió que se hicieran una foto juntos. Las sonrisas eran forzadas. Matt Morgan y Justin Clark, otro abogado importante de campaña, se quedó después de que se fueran los otros.

Trump les preguntó por Pensilvania. Les preguntó por el caso de Texas. Cruz podía defenderlo.

—¿Qué opinan? ¿Cuáles son nuestras posibilidades de conseguir recusaciones legales en esos estados que se pudieran presentar ante el Tribunal Supremo?

—Creo que es un camino muy empinado —contestó Morgan. No creía tener los votos suficientes en el tribunal.

—No tienen valor —dijo Trump.

Las perspectivas eran deprimentes. Trump dio por terminada la reunión y los despachó. Tenía otros abogados. Estos le estaban diciendo que podía conseguir de nuevo la Casa Blanca, malditos fueran los tribunales.

Barr creía que Trump había adquirido el peor equipo posible de abogados para cuestionar las elecciones. Rudy Giuliani estaba en ascenso, junto con algunos como la abogada conservadora Jenna Ellis, que Barr creía que era una boba. Y pensaba que Sidney Powell estaba para que la encerraran. Pero Giuliani era el peor, «un puto idiota» que había hecho que Trump fuera sometido a *impeachment*. Giuliani «bebía demasiado y necesitaba dinero desesperadamente, y representaba a delincuentes y pelotas como Lev Parnas», el hombre de negocios americano nacido en Ucrania que estaba implicado en diversas iniciativas para ayudar a Trump.

—Ahí sentado con las camisas abiertas y cadenas de oro en el Hotel Trump… —resumió Barr.

El fin de semana después del 1 de diciembre, Barr redactó una carta de dimisión para tenerla preparada. Conocía todos los botones de la consola psicológica de Trump. Matarlo a halagos: «Su récord es mucho más histórico porque lo ha cumplido frente a una resistencia sin tregua, implacable». Si bien seguían presentando quejas por fraude electoral, la Operación

Warp Speed y el desarrollo de las vacunas «indudablemente salvará millones de vidas». La ofensiva contra el crimen violento interno en Estados Unidos e internacionalmente el comercio con China eran logros singulares de Trump.

Fue a ver a Trump en privado el 14 de diciembre con la carta en la mano.

—Ya sé que está decepcionado conmigo —dijo Barr—. Sé que está preocupado por muchas cosas que he hecho. Me lo ha dejado bien claro. Hemos ido a peor, después de un buen principio. Creo que sabe que he intentado con todas mis fuerzas servirle honradamente como fiscal general. Tuvimos una buena relación durante un tiempo, pero ahora estamos chocando gravemente. Y no creo que la cosa vaya a terminar. Por lo tanto, me gustaría irme e intentar dejar todo esto en términos amistosos. No quiero hacer nada que le ponga violento, o que le hiera. Creo que he servido a mis objetivos aquí. No puedo hacer nada más positivamente.

Barr dijo que quería irse el 23 de diciembre, para poder pasar las vacaciones de Navidad con su familia. Trump aceptó su dimisión y tuiteó: «Nuestra relación ha sido muy buena, y ha hecho un trabajo sobresaliente».

203

El 14 de diciembre, los electores de los cincuenta estados y Washington D.C. votaron formalmente, dando a Biden 306 votos electorales y a Trump 232. Pero, debido a los diferentes procesos legales y legislativos de Trump, el resultado final tuvo que esperar tres semanas más, hasta una sesión conjunta el 6 de enero, cuando el Congreso contaría formalmente los votos electorales que certificarían el resultado constitucional.

Trump todavía exhortaba al Congreso a que rechazara la certificación. Muchos republicanos se estaban apuntando a esa lucha. Días antes de que los electores votaran, casi dos tercios de los republicanos de la Cámara, incluido el líder de la minoría en el Congreso, Kevin McCarthy, dijeron que apoyaban un informe de un «amigo del tribunal» que respaldaba una demanda en Texas para que el Tribunal Supremo bloquease los votos electorales de Pensilvania, Michigan, Wisconsin y Georgia, evitando así que fuesen adjudicados a Biden.

Pero Lindsey Graham creía que los ánimos exaltados en el Congreso no correspondían al deseo político del Partido Republicano en el Senado. Basándose en lo que le contaba su responsable de disciplina personal, al parecer no existía interés en invalidar el Colegio Electoral, y esperaba que los senadores republicanos se resistieran a verse arrastrados. Él y otros republicanos del Senado escondieron todo esto a Trump para intentar evitar que se pusiera furioso otra vez.

En una llamada con Trump, Graham alimentó el ego de Trump, diciendo:

—Ningún presidente en la historia americana ha dejado el cargo en una posición tan poderosa como la que tiene usted ahora mismo. Es usted un presidente en la sombra, señor presidente, está sentado encima de una máquina de hacer dinero. Ha recaudado cientos de millones en las últimas cinco o seis semanas. Puede bloquear la nominación del Partido Republicano si lo quiere así.

»Repare los daños con las mujeres universitarias —le recomendó Graham, una perspectiva muy improbable.

El voto del Colegio Electoral bastó para McConnell, que llamó a Mark Meadows la mañana del 15 de diciembre.

—Advierta al presidente de que voy a reconocer que Biden ha ganado —le dijo McConnell.

Pronto McConnell fue al hemiciclo del Senado.

—Muchos millones habíamos esperado que las elecciones presidenciales dieran un resultado diferente. Pero nuestro sistema de gobierno tiene procesos para determinar quién jurará el cargo el 20 de enero —dijo—. El Colegio Electoral ha hablado. De modo que hoy quiero felicitar al presidente electo Joe Biden.

Trump llamó de inmediato a McConnell vomitando improperios.

—Señor presidente —le dijo McConnell a Trump—, El Colegio Electoral ha hablado. Así es como elegimos a un presidente en este país.

Trump insultó a McConnell. ¡Desleal! ¡Débil! Aseguró que McConnell había conseguido la reelección en Kentucky, hacía unos meses, gracias al apoyo de Trump.

—¿Y así me lo agradeces? —preguntó Trump. Estaba furioso. Incrédulo—. En realidad nunca has estado de mi parte. No me entiendes.

McConnell se quedó callado. Pero lo que aseguraba Trump de que le había ayudado era absurdo. Señaló a sus colaboradores que en 2014, cuando Trump todavía era presentador del *reality show El aprendiz* en la NBC, él había ganado en Kentucky por un margen de 15 puntos, igual que en 2020.

Al teléfono, la observación final de McConnell a Trump fue una recapitulación de hechos muy breve.

—Usted ha perdido las elecciones —dijo—, y el Colegio Electoral ha hablado.

Colgó. Esperaba que aquella fuese la última vez que Trump y él hablaban.

Biden llamó a McConnell.

—Señor presidente —dijo McConnell con intención, aunque Biden todavía no era más que presidente electo. Los dos mantuvieron una charla agradable, pero nada concluyente.

McConnell y Biden tenían una relación amistosa desde hacía años. McConnell admiraba a Biden como panegirista de primera, que siempre elogiaba con ecuanimidad. Había hablado incluso en el funeral de Strom Thurmond, el difunto senador que en tiempos fue segregacionista. Biden era un hombre que se llevaba bien con sus colegas, que formaba vínculos, aunque sus visiones políticas fueran discrepantes.

Los dos habían trabajado estrechamente para establecer acuerdos con respecto al presupuesto durante los años de Obama. Biden había visitado el McConnell Center en la Universidad de Louisville, en 2011. Era lo más cerca que podía estar un líder del Senado de un archivo y lugar de reunión estilo biblioteca presidencial. Biden decía que la multitud había acudido porque quería «ver si un republicano y un demócrata se pueden llevar realmente bien».

—Pues sí, nos llevamos bien —dijo Biden, mientras McConnell miraba y sonreía.

35

Meadows llamó al delegado de la FDA Stephen Hahn una mañana de mediados de diciembre y los acusó a él y a Peter Marks, su adjunto encargado del tema de la vacuna, de no estar esforzándose lo suficiente para acelerar el proceso de su aprobación. No se lo estaban tomando en serio ni dedicando los recursos necesarios.

—Al ciudadano medio no le importa que la FDA haya empleado un proceso u otro —dijo Meadows. Eso no afectaba a la confianza en la vacuna.

Hahn se quedó de piedra. Se había reunido de manera asidua, hasta tres veces por semana, con el presidente y con Meadows.

«Eso es como decir que no tenemos suficientes neurocirujanos, así que vamos a poner a un asistente sanitario a realizar una craneotomía para extirpar un tumor cerebral —dijo Hahn más tarde a otras personas—. Eso no se puede hacer.»

—No sabéis lo que estáis haciendo —le gritó Meadows a Hahn.

—Mark, no estoy de acuerdo contigo en absoluto —contestó Hahn.

—Te equivocas.

Meadows murmuró algo sobre la resignación.

—Perdona, ¿qué has dicho? —preguntó Hahn.

—Nada. No he dicho nada —repuso Meadows—. Yo me encargo.

Meadows colgó y luego volvió a llamar media hora después para disculparse.

Pero pronto Trump publicó un tuit:

«A pesar de que he impulsado la inversión a espuertas en

la enormemente burocrática FDA con la idea de acelerar cinco años la aprobación de VARIAS vacunas nuevas, sigue siendo lenta como una tortuga. Saque YA las malditas vacunas, doctor Hahn. ¡¡¡Déjese de juegos y empiece a salvar vidas!!!»

Pfizer-BioNTech recibió la aprobación aquel mismo día para su uso en mayores de dieciséis años en Estados Unidos. Una semana más tarde, la vacuna de Moderna fue autorizada para mayores de dieciocho años. El desarrollo de dos vacunas de alta efectividad en un tiempo récord fue un logro sin precedentes.

Pero la distribución no iba tan bien.

A Ron Klain, el jefe de gabinete entrante, se le acumulaba el trabajo. Aquello era lo que Klain consideraba la prosa de gobernar en medio de varias crisis. Tenían que hacerlo bien.

Los contagios y las muertes por coronavirus se habían disparado desde noviembre, e iban camino de alcanzar máximos históricos. El 2 de diciembre, las hospitalizaciones alcanzaron un récord absoluto —más de 100 000— y se registraron al menos 2760 fallecimientos en un mismo día, lo que superaba el récord diario anterior (2752 muertos, el 15 de abril).

Aunque la vacuna se había desarrollado a una velocidad sin precedentes, a menos que empezaran a inocularse las dosis en suficientes brazos de la gente, el impacto positivo se vería mitigado.

Klain fue testigo del inicio de la vacunación el 14 de diciembre, cuando 3913 trabajadores sanitarios de primera línea recibieron la primera dosis. Se distribuyeron en torno a 2,9 millones de dosis en todos los estados, y se alcanzaron los 12,4 millones el 30 de diciembre, muy por debajo del objetivo inicial, que eran veinte millones. La mayoría de los estadounidenses no se vacunarían hasta 2021. El sistema de distribución era clave, y no era el adecuado. ¿Podrían solucionarlo ellos?

¿Y cómo iban a impulsar la economía, que estaba por los suelos? La economía, que había empezado a recuperarse en mayo, ahora hacía aguas. Más de 140 000 estadounidenses perdieron su trabajo en diciembre, y en los bares y restaurantes se produjeron numerosos despidos, ya que casi nadie salía a comer ni a beber fuera.

Klain había pasado horas con Biden debatiendo acerca de las importantes lecciones que había aprendido en su época de «zar» (coordinador de las tareas gubernamentales en cierto ámbito) del ébola de Obama en 2014. Separar la ciencia de la política. Cada cosa en su sitio.

—Esto es como los incendios forestales —le dijo Klain a Biden—: Solo con que queden un par de ascuas, los árboles volverán a arder. Hay que eliminarlo por completo, de arriba abajo.

—Cuando era «zar» del ébola —le recordó Klain a Biden— decidí construir diecisiete unidades de tratamiento en África Occidental, en todas las zonas susceptibles de sufrir un brote. De las diecisiete unidades, nueve nunca llegaron a usarse. Luego me largaron por derrochar el dinero. Pero como la construcción de las unidades llevaba dos meses, si hubiesen esperado a ver si eran necesarias, habría sido demasiado tarde. Así es como funcionan las epidemias. Hay que ir siempre por delante.

Ahora lo crucial era, según Klain, avanzar en todos los frentes. Avanzar y estar preparados. Comprar todo lo que Estados Unidos pudiera necesitar, para no arriesgarse a no tener acceso a ello cuando fuera necesario. La falta de provisiones al principio de la pandemia —de mascarillas, de equipos de protección para los sanitarios, de respiradores— había sido un factor clave en la agresiva expansión de un virus que se transmitía por el aire.

Biden absorbía las enseñanzas de Klain y ordenaba constantemente a su equipo que pensara a lo grande. Mostraba signos de frustración cada vez que oía hablar de fallos operativos.

—¿Cuántas dosis de la vacuna vamos a necesitar? —preguntaba Biden—. ¿A cuántas personas tendremos que contratar para inocularlas?

Quería saberlo todo, decía.

—Escuchad —dijo Biden en una reunión de transición—, no calculéis a la baja. Calculad al alza. Si al final tenemos demasiadas vacunas, si al final tenemos demasiados puntos de vacunación, si tenemos demasiado de todo, yo asumiré la responsabilidad. Pero no pienso asumirla si nos quedamos cortos.

Υ

A principios de diciembre, Biden había nombrado a su director de transición, Jeff Zients, de cincuenta y cuatro años, coordinador de la estrategia de respuesta al coronavirus de la Casa Blanca.

Zients no era médico ni científico, sino un gurú de la gestión que también había ocupado puestos económicos importantes en la administración Obama, incluido el de director en funciones de la Oficina de Gestión y Presupuesto (OMB, por sus siglas en inglés).

Entre sus tareas previas tuvo la de rectificar el calamitoso funcionamiento del sitio web Healthcare.gov en el que había que registrarse para el Obamacare. El entonces vicepresidente Biden lo había apartado.

—Esto es estresante —dijo Biden—, y puede que funcione o que no funcione. Pero tú dinos siempre la verdad sin tapujos y ya nos las apañaremos.

Zients sabía que coordinar la respuesta a la covid-19 era una tarea de mayor magnitud y responsabilidad.

Como hombre de negocios, la filosofía de Zients era atajar los problemas, planificarlo todo, dedicar recursos, reevaluar y reajustar a diario si era necesario, y luego dedicar más recursos. Esta forma de abordar las cosas le había proporcionado una fortuna individual de al menos cien millones de dólares.

Zients y su equipo enseguida se pusieron manos a la obra para desarrollar la estrategia nacional de respuesta al virus de Biden y todas las órdenes ejecutivas necesarias para acelerar su puesta en marcha. Necesitaban empezar a trabajar el 20 de enero a mediodía. El plan escrito alcanzó las doscientas páginas.

Natalie Quillian, una experta en seguridad nacional y exasesora principal de la Casa Blanca y el Pentágono, fue nombrada adjunta de Zients. Ambos se pasaron semanas intentando entender cómo tenía planeado Trump inocular las vacunas, pero la cooperación y la información de la administración Trump era irregular e insuficiente. Y lo que era aún peor, el equipo de Trump no parecía tener un plan global de distribución de las vacunas.

Pero, dada la envergadura del problema, Zients y Klain asumieron que tenía que haber un plan secreto que el equipo de

209

Trump no quería compartir. Al final, llegaron a la conclusión de que sencillamente no había nada que contar, ni público ni secreto.

Klain informó a Biden.

—La han cagado por completo —le dijo Klain.

Para armar su estrategia nacional, Quillian dividió su tarea en tres fases.

Una, incrementar la producción y el suministro de vacunas. Dos, conseguir al personal necesario para inyectar las dosis. Tres, encontrar los centros, clínicas o puntos de vacunación.

La administración Trump había promovido y financiado el desarrollo de la vacuna, un logro encomiable en un tiempo récord, pero pretendía mandar los viales a los distintos estados y dejar que cada uno ideara su propio plan de distribución.

—Era la peor decisión posible —le dijo el doctor Anthony Fauci al equipo de Zients en una reunión por Zoom. Dejaba a los estados a su suerte.

Fauci era el rostro visible del equipo médico en la estrategia de respuesta al coronavirus en Estados Unidos. Biden le había ofrecido al científico octogenario el puesto de asesor médico jefe.

Fauci decía que el mayor reto sería llegar a la horquilla entre el 70 y el 85 por ciento de la población vacunada para alcanzar la «inmunidad de rebaño», un marcador que indica que el número de contagios comienza a disminuir rápidamente sin necesidad de medidas drásticas adicionales para frenar la propagación. Harían falta varios meses de vacunación eficaz para alcanzar dicho objetivo. Advirtió de que habría una «ola tras otra» después de las vacaciones, y que los hospitales posiblemente se saturasen.

—Lo que necesitamos es que el gobierno federal trabaje en colaboración con los estados —dijo Fauci—. No les digáis a los estados: «Tomad el dinero, apañáoslas por vuestra cuenta». Generalmente necesitan directrices. Necesitan recursos.

¿Qué recursos tenía Biden a su disposición para hacer llegar una respuesta federal a las distintas comunidades y ayudar sobre el terreno? El equipo de Zients preparó una hoja de cálculo con todas las agencias y subagencias federales.

¡La FEMA! Se le encendió la bombilla, le dijo Zients a su equipo. La Agencia Federal de Gestión de Emergencias (FEMA, por sus siglas en inglés) se creó para responder en caso de emergencias como la pandemia. Mientras que Trump había intervenido la FEMA y sus medios de financiación a base de órdenes ejecutivas a principios de año, Zients estaba convencido de que no se estaba aprovechando lo suficiente.

Se puso en contacto con Tim Manning, que había trabajado como administrador en funciones de la FEMA durante los ocho años del mandato de Obama. Zients le preguntó a Manning si la FEMA podría ayudar a montar y poner en funcionamiento centros de vacunación masiva en todo el país.

Y sí, la FEMA podía, dijo Manning, quien poco después pasó a ser el coordinador de suministros de Zients.

Durante el periodo de transición, Zients y Quillian sabían que no podían meterle prisa a la FEMA para que iniciara los preparativos. En lugar de eso, les enviaban una consulta tras otra, dejando así bien concretado el plan que la FEMA pondría en marcha el 20 de enero a mediodía.

También planearon utilizar la Ley de Producción para la Defensa, que confiere al presidente extensos poderes de emergencia para movilizar los recursos y la capacidad de fabricación de las empresas privadas estadounidenses, de cara a aumentar la producción de vacunas, pruebas y equipos. Trump había hecho uso de este mecanismo para incrementar la producción de respiradores.

El 20 de enero sería el día del lanzamiento de un nuevo plan nacional de respuesta al virus. «Justicia y equidad», ese era el mantra de Biden. Quería que fuera el eje central de su plan, junto con la eficiencia.

Podrían utilizar los 1385 centros de salud comunitarios que había en todo el país, le dijo Zients a Biden. Estos son centros sanitarios gestionados a nivel estatal y local que proporcionan servicios de atención primaria a alrededor de treinta millones de estadounidenses en las comunidades más afectadas y de más difícil acceso.

—Más del 91 por ciento de sus pacientes viven por debajo del umbral de pobreza y más del 60 por ciento pertenecen a minorías raciales o étnicas —explicó Zients—. El gobierno fe-

211

deral podría asociarse con estos centros de salud para facilitar el acceso al suministro, la financiación y el personal sanitario necesarios para la administración de la vacuna.

El equipo de Biden pronto le presentó los primeros cálculos para las prioridades que él había planteado en su paquete de gasto inicial: más de 150 000 millones de dólares para la compra de vacunas, otros 150 000 millones para la administración de las dosis y 150 000 millones más para reabrir las escuelas que permanecían cerradas.

Brian Deese, que había ayudado a liderar el rescate de la industria automovilística de Obama en 2009, cuando tan solo tenía treinta y un años, era ahora el director designado del Consejo Económico de la Casa Blanca. Tenía barba y una voz profunda, como un profesor.

Deese dijo que la administración también necesitaba ampliar los subsidios por desempleo. La economía estaba maltrecha, con millones de personas por debajo del umbral de pobreza desde el verano anterior y otro receso en las contrataciones en noviembre. Ese coste podía ascender hasta 350 000 millones de dólares. Harían falta más de 400 000 millones para garantizar cheques de estímulo para millones de estadounidenses. Hacía falta más dinero para alimentar a la gente con un programa de nutrición.

Después de que el Congreso aprobara un paquete de estímulo económico de 900 000 millones de dólares en diciembre, Trump parecía casi demócrata cuando tachó los nuevos cheques de estímulo de 600 dólares de «vergüenza» y «ridículamente escasos». Dijo que los cheques debían ser de «2000 o 4000 dólares por unidad familiar».

Biden y Klain agradecieron el comentario, si bien la postura de Trump tenía su razón de ser en su enfado ante la negativa de McConnell de secundar sus denuncias de fraude electoral. El líder de la minoría del Senado, Chuck Schumer, de Nueva York, que siempre había soñado con destituir a McConnell y convertirse en líder de la mayoría por primera vez en su carrera, argumentó que los cheques podían ayudar a conseguir votos de cara a las dos elecciones en segunda vuelta al Senado en Georgia.

En aquel momento, los demócratas contaban con 48 escaños en el Senado. Pero si Jon Ossoff y el reverendo Raphael Warnock conseguían ganar en Georgia el 5 de enero, tendrían 50 escaños.

Y después del 20 de enero, en virtud de la Constitución, la vicepresidenta Kamala Harris podría emitir un voto de desempate. La cosa estaría muy ajustada, pero tendrían el control de la cámara senatorial y de los comités.

Biden y Schumer decidieron utilizar las palabras de Trump en su beneficio y convirtieron los cheques de 2000 dólares en la piedra angular de las campañas de Georgia. La única forma de garantizar esos cheques era una mayoría demócrata en el Senado, aducían.

Kevin McCarthy, el republicano de mayor rango de la Cámara de Representantes y líder de la minoría, mantuvo una reunión en su *suite* del Capitolio con un montón de diputados y asesores el 16 de diciembre por la tarde.

Sentado en una silla de respaldo alto delante de una chimenea encendida, McCarthy, de cincuenta y cinco años, se dedicó a contar chistes e intercambiar anécdotas. Reinaba un ambiente de celebración, incluso de victoria. Biden podía tener grandes planes, pero McCarthy y los republicanos de la Cámara habían reducido la mayoría de Nancy Pelosi. ¡Les habían ganado 13 escaños a los demócratas! Un récord histórico de mujeres republicanas.

—¿Qué mandato? —preguntó McCarthy a los allí presentes, desacreditando la posición de Biden en 2020—. Él es el pasado; nosotros, el futuro —añadió McCarthy sobre el presidente electo, un título que hasta entonces se había mostrado reacio a pronunciar—. Se trae a todo el mundo de antes. Está malinterpretando las elecciones.

»La gente se va a aburrir de él —prosiguió burlándose, hablando de cómo algunos votantes describían los mítines de campaña de Biden—: Dicen que hay círculos. No círculos de personas, sino círculos donde tiene que colocarse la gente para mantener la distancia social.

McCarthy, oriundo de Bakersfield, California, de cabello plateado e hijo de un subjefe de bomberos, había pasado toda su vida adulta dedicado a la política. Estaba particularmente orgulloso de sus cuatro reelecciones en su estado natal, que el *New York Times* calificó de «duro revés» y de «advertencia para los demócratas».

—Gané cuatro escaños en California —les dijo McCarthy a quienes estaban reunidos con él—. Cuando todo el mundo decía que iba a perder quince, no perdí ni uno solo.

Recitó una lista de ganadores.

Aquella era la próxima encarnación del Partido Republicano en la Cámara en una exhibición privada: desafiante y altivo. McCarthy había sido líder de la mayoría de 2014 a 2019. Creía que podía volver a medrar, esta vez como portavoz.

McCarthy se aseguró de citar a Trump. Su alianza con él le había acercado mucho a recuperar la mayoría.

Tenía todas las miras puestas en 2022. Aguantar dos años y luego hacerse con la portavocía.

—Obtener la mayoría —contestaba sin rodeos McCarthy a cualquiera que le preguntara por sus prioridades.

Para conseguirlo, McCarthy preveía una resurrección parcial del ya difunto estandarte de recorte del gasto del Tea Party, la alarma sobre la deuda, la guerra contra la cultura y la apelación a los votantes hartos de las medidas políticamente correctas. Llevaría a Trump a los mítines de los candidatos a la Cámara.

—Opino que la deuda se va a convertir en un problema mayor de lo que la gente cree porque es como una resaca: te das cuenta tarde y de golpe —dijo McCarthy—. Creo que la gente va a despertar.

»¿Sabéis a quiénes voy a reclutar? A los pequeños empresarios. Tendrán una pasión; ellos saben cómo pueden influir los abusos del gobierno en tu vida privada.

»Somos el partido de la clase trabajadora. Ellos son los elitistas que nos dicen dónde comer, cómo comer, qué beber, qué pensar, qué leer, qué noticias sí y cuáles no. Al final eso no vende.

McCarthy veía con pesimismo cualquier posible relación con Biden.

—Es un hombre del Senado. Siempre va a acudir al Senado.

Biden todavía no lo había llamado, apuntó McCarthy, y varios aliados le habían dicho que la razón era su negativa a reconocerlo como presidente electo. Nada personal.

215

Sidney Powell tenía una idea para ampliar el poder de la presidencia: Trump podía emitir una orden presidencial para controlar el recuento de votos. Los sistemas de recuento de cada estado estaban amañados, los medios también. El presidente tenía que hacer algo.

Powell le presentó su estrategia a Trump el 18 de diciembre por la tarde. La acompañaban su excliente y exconsejero de seguridad nacional, Michael Flynn, que acababa de recibir el indulto de Trump, y el exdirector ejecutivo de Overstock.com, Patrick Byrne. La reunión no estaba en la agenda, y los tres habían acudido a la Casa Blanca aquella tarde para una supuesta visita guiada por un miembro del personal que conocían, pero acabaron en el Despacho Oval con Trump.

Byrne, un moscardón de negocios pelirrojo, había dejado su empresa en 2019 tras admitir que mantenía una relación con una mujer que después sería encarcelada en Estados Unidos, acusada de trabajar como agente rusa no registrada.

También afirmó en una declaración que el FBI lo había utilizado para implicarse en una trama de «espionaje político» contra Hillary Clinton y Donald Trump durante las elecciones de 2016.

—¿Sabéis lo fácil que sería para mí dejar que llegara el 20 de enero, subirme al Marine One y largarme de aquí? —les dijo Trump. Parecía cansado—. Tengo mis campos de golf. Tengo a mis amigos. Tengo una vida estupenda.

Pero luego les dijo que le habían robado la presidencia, así que iba a pelear.

El trío aconsejó al presidente que nombrara a Powell fiscal especial para investigar las elecciones, quizá desde la oficina del fiscal o incluso del Departamento de Justicia.

Trump asintió con la cabeza. Parecía tomarse la idea en serio. Convocó a otros asesores. Meadows y el fiscal de la Casa Blanca Pat Cipollone no lo veían claro, al igual que otros abogados de campaña de Trump. En privado manifestaban que las ideas de Powell eran una locura, un peligro, y que sacaba lo peor de Trump.

Trump no descartaba la idea. Quería actuar. Powell le dijo que podía confiscar las máquinas de votación. Decía que era necesario, porque las máquinas habían sido manipuladas por las fuerzas corruptas y antitrumpistas.

Varios abogados argumentaron acaloradamente que Trump no podía hacer eso. Eric Herschmann, abogado y asesor principal en el Ala Oeste, advirtió al presidente que no dejara su capital político en manos de Powell. Sería un desperdicio.

—Sidney Powell hace muchas promesas y nunca las cumple —dijo Herschmann mirando a Powell, lo que hizo que Flynn y otros mostraran su desacuerdo.

—Abogados —suspiró Trump—; lo único que tengo a mi alrededor son abogados impidiéndome hacer cualquier cosa. Me avergüenzan mis abogados y el Departamento de Justicia. —Miró a Powell—. Al menos ella me está dando una oportunidad.

El canto de sirena de una acción presidencial declarativa.

Trump llamó a Meadows y puso el manos libres.

—Nombra a Powell fiscal especial —dijo. Meadows esquivó la cuestión, dejando claro que apoyaba la lucha de Trump pero sin hacer promesas—. Hay que hacerlo bien. Tiene que aprobarlo el Departamento de Justicia. No se puede ordenar esto así sin más.

—A mí lo que me importa es hacerme con esas máquinas —anunció Trump al grupo—. Quiero esas máquinas y tengo derecho a confiscarlas por ley —dijo, haciendo referencia a la Ley de Emergencias Nacionales, que activa una serie de poderes presidenciales en caso de necesidad.

Franklin Delano Roosevelt se había acogido a esta ley para gestionar la Gran Depresión, y Truman había intentado utilizarla para enfrentar una huelga del acero durante la Guerra de Corea, pero el Tribunal Supremo terminó diciéndole a

217

Truman, en un caso histórico, Youngstown Sheet & Tube Co. contra Sawyer, que un presidente no podía entrar por la fuerza en las acerías ni en ninguna otra propiedad privada.

Los abogados de campaña de Trump y los abogados del consejo de la Casa Blanca intercambiaron miradas de preocupación. Confiscar las máquinas de votación a través de una acción ejecutiva tendría consecuencias drásticas. ¿Cómo lo iba a hacer? ¿Usando al ejército? En una entrevista con Newsmax el día anterior, Flynn había mencionado la opción de la «ley marcial».

Trump echaba humo.

—Necesito abogados en televisión. Necesito que vaya gente a la televisión. Que Sidney salga en televisión. Que Rudy salga en televisión. Llamad a Rudy.

Trump le ordenó al operador de la Casa Blanca que llamara a Giuliani.

—¡Tranquilos todos! —dijo Giuliani por el manos libres. Podía oír la algarabía en la estancia.

Se oía mucho ruido de fondo. Trump le preguntó a Rudy acerca del ruido.

—¿Rudy? ¿Eres tú?

Giuliani les dijo a los que estaban a su lado que se callaran.

—Estoy hablando. ¿Quiere que vaya a la Casa Blanca?

Trump dijo que sí.

—¿Estás cerca?

—Bueno, estoy en Georgetown. —Estaba cenando en un restaurante italiano—. Puedo estar ahí en unos quince minutos. Tengo chófer.

—De acuerdo —dijo Trump—. Ven.

Trump se volvió hacia la congregación reunida en el Despacho Oval. Giuliani seguía al teléfono. Trump miró a Powell.

—Me encantaría verla en televisión —dijo—. Hará una buena defensa.

Habló con Meadows y lo convocó también.

—Voy a nombrar a Sidney fiscal especial del presidente. Mark, encárgate del papeleo —dijo Trump—. Prepara todo lo necesario.

Cuando Giuliani oyó la orden de Trump, se pronunció de inmediato. Estaba orgulloso de ser el abogado principal de Trump. ¿Qué era todo aquello de la fiscal especial? No le gustaba lo que oía.

—Voy de camino —dijo Giuliani.

Trump le dijo que muy bien, y luego informó a los demás de que la reunión se reanudaría en la residencia en unos treinta minutos. Antes de subir las escaleras, se giró hacia el trío. Para que aquello saliera bien, les dijo, tenéis que colaborar con Rudy.

Cuando los demás se hubieron marchado, Powell, Flynn y Byrne esperaron en la Sala de Gabinete a que llegara Giuliani antes de reunirse con Trump. Cuando Giuliani había hablado por el manos libres, Byrne notó que al exalcalde no le había agradado que Powell estuviera intentando hacerse cargo. Él era el jefe jurídico. Byrne esperaba poder hablar con él y ver cómo trabajar juntos.

Cuando Giuliani llegó, aún ajustándose la corbata, quedó claro que no habría entendimiento. Giuliani le dijo a Powell con brusquedad que tenía que incluirla en todos los asuntos legales que abordara. Sin más sorpresas. Ella fue mordaz en su respuesta:

—Nunca me contestas cuando lo hago. Lee tus mensajes.

Giuliani negó con la cabeza.

—¡Eso no es verdad! ¡Eres tú quien intenta mantenerme al margen!

—¡A mí no me hables así, Rudy Giuliani! —dijo Powell casi gritando.

La reunión en la residencia no llegó a buen puerto. Giuliani y Powell no querían tratos el uno con el otro. Powell nunca llegó a ser nombrada fiscal especial.

Aquel lunes, 21 de diciembre, el fiscal general Barr, que había anunciado una semana antes que dejaría el cargo y se marcharía a finales de diciembre, les dijo a los periodistas que no hacía falta ningún fiscal especial y que no existían indicios de que se hubiese producido ningún fraude «sistémico ni masivo» en las elecciones.

219

—Si creyera que un fiscal especial en este momento fuese la herramienta apropiada, nombraría a uno, pero no lo he hecho ni voy a hacerlo —dijo Barr, y añadió que tampoco designaría a ningún fiscal especial para investigar a Hunter Biden, quien había revelado en diciembre que estaba siendo investigado por fiscales federales en Delaware.

Trump estaba furioso.

«No se preocupe —lo tranquilizaron Giuliani y los demás—, tenemos otro as en la manga.»

Mike Pence.

*A*finales de diciembre, Pence llamó al exvicepresidente Dan Quayle. A sus setenta y cuatro años, Quayle, que siempre había tenido un aspecto muy juvenil, llevaba una tranquila vida de golfista en Arizona.

Los dos hombres tenían el mismo perfil: republicanos de Indiana que habían llegado a vicepresidentes.

Pence buscaba consejo. A pesar de que el Colegio Electoral había votado a Biden el 14 de diciembre, Trump estaba convencido de que Pence podría inclinar la balanza de las elecciones hacia el lado de Trump el 6 de enero, cuando el Congreso ratificara el recuento final.

Pence le explicó a su paisano que Trump le estaba presionando para que interviniera y garantizara que Biden no se asegurara los 270 votos durante la ratificación, y someter así las elecciones a votación en la Cámara de Representantes.

Si llegaba a la Cámara, se produciría un giro inesperado. Y Trump estaba obsesionado con el giro, dijo Pence. Era la disposición que podía mantenerlo en el poder.

Aunque los demócratas tenían mayoría en la Cámara, la Duodécima Enmienda a la Constitución estipulaba que la votación de unas elecciones impugnadas no se podía resolver por mayoría simple.

Por el contrario, la enmienda dispone que la votación debe contarse por bloques de «delegaciones estatales», con un voto por estado:

> Si nadie obtuviera dicha mayoría, [...] la Cámara de los Representantes elegirá de manera inmediata, por votación directa, al presidente. Pero, para elegir al presidente, se emitirá un voto por

estado, y el conjunto de representantes de cada estado constituirá un único voto.

Los republicanos controlaban más delegaciones en la Cámara de Representantes, lo que significaba que Trump tenía opciones de ganar si finalmente iba a ser la Cámara quien decidiera al vencedor.

Quayle creyó que la sugerencia de Trump era absurda y peligrosa. Recordó su propio 6 de enero veintiocho años antes, en 1993. En calidad de vicepresidente y presidente del Senado, tuvo que ratificar la victoria de Bill Clinton y Al Gore, que habían derrotado a Bush y al propio Quayle. Había estudiado sus obligaciones. Se había leído varias veces la Duodécima Enmienda. Lo único que tenía que hacer era contar los votos.

> El presidente del Senado, en presencia del Senado y de la Cámara de Representantes, abrirá todos los certificados y se procederá al recuento de votos.

Eso era todo.

Los esfuerzos de Trump para persuadir a Pence eran una fantasía oscura y propia de Rube Goldberg, en opinión de Quayle, y podían precipitar una crisis constitucional.

—Mike, no tienes ninguna flexibilidad a este respecto. Nada. Cero. Olvídalo. Déjalo estar —le dijo Quayle.

—Ya lo sé, es lo que he estado intentando decirle a Trump —repuso Pence—. Pero él cree que sí puede. Y hay más gente que dice que tengo ese poder. He...

Quayle lo interrumpió.

—No lo tienes, así que déjalo —dijo.

Pence presionó una vez más. Para Quayle era fácil hacer una declaración general desde el ocaso político. Quería saber, de vicepresidente a vicepresidente, si había aunque fuera un mínimo rayo de luz, tanto desde la perspectiva legislativa como de la constitucional, para siquiera aplazar la ratificación en la tesitura de haber casos judiciales y desafíos legales en proceso.

—Olvídalo —repitió Quayle.

Pence por fin reconoció que intervenir para anular las elecciones sería poco ético según la visión tradicional del conservadurismo. Un hombre no podía trasladar las elecciones a la Cámara de Representantes.

Quayle le dijo a Pence que lo dejara estar.

—Mike, es que ni te lo plantees —dijo.

Pence hizo una pausa.

—No sabes en qué posición me encuentro —repuso.

—Sí que sé en qué posición te encuentras —le corrigió Quayle—. Y también sé qué dice la ley. Escuchar a los parlamentarios. Eso es lo que tienes que hacer. No tienes ningún poder. Así que olvídalo.

Pence le dijo a Quayle que había analizado a fondo el vídeo del 6 de enero de 1993. Estaba en el archivo de la web de C-SPAN. Muchas de las personas que aparecían en la grabación ya habían muerto, incluido el entonces presidente de la Cámara, Tom Foley, un demócrata que le estrechó la mano a Quayle cuando el vicepresidente inauguraba la sesión.

—En mi caso fue muy sencillo —dijo Quayle riéndose entre dientes—. Lo anuncias y sigues.

Quayle hacía referencia a la afirmación de Trump de que le habían robado las elecciones. Le dijo a Pence que esas declaraciones eran ridículas y desgastaban la confianza del electorado.

—No hay pruebas —dijo Quayle.

—Bueno, algo pasó en Arizona —repuso Pence, y le puso al corriente de los esfuerzos legales de la campaña de Trump en aquel estado. Había una demanda interpuesta en el tribunal federal que instaba al gobernador de Arizona a «desratificar» la victoria de Biden en el estado, que tanto enfureció a Trump desde el mismo momento en que Fox News declaró Arizona en manos de Biden a las 23.20 de la noche electoral.

—Mike, vivo en Arizona —dijo Quayle—. Ahí no pasó nada.

Quayle sabía que Pence era consciente, pero este último se cuidó de repetir algunas líneas copiadas directamente de los argumentos de Trump sobre cómo el procedimiento debía seguir su curso en los tribunales. Quayle sospechaba que Pence tenía por delante una maratón de conversaciones con Trump.

—No tiene sentido decir que le han robado las elecciones, ni mucho menos fantasear con la idea de bloquear a Biden en enero.

Al rato pasaron a temas de conversación más agradables, como el interés por cómo es la vida de un exvicepresidente.

223

Mientras miraba por la ventana, cerca de los verdes campos de golf de Scottsdale y los riscos de la cordillera McDowell, Quayle le aseguró a Pence que todo saldría bien. Eran conservadores. Solo había que seguir la Constitución.

Por la misma época del mes de diciembre, el senador Mike Lee, de Utah, habló con el líder McConnell y resumió lo que llevaba semanas diciéndoles a sus colegas sobre los intentos de no ratificar los resultados de las elecciones:

—Tenemos la misma autoridad que la reina de Inglaterra. Ninguna.

—Coincido contigo —dijo McConnell—. Coincido.

Lee, uno de los senadores más conservadores, había elegido sentarse en el escaño que antes utilizara el senador Barry Goldwater, de Arizona, que había sido la conciencia del Partido Republicano durante el Watergate, uno de los principales partidarios de convencer a Nixon para que dimitiera.

Lee era uno de los miembros del Partido Republicano más fiables que tenía Trump, pero también era un estudioso del derecho y exsecretario judicial del magistrado Samuel Alito en el Tribunal Supremo. Había estado entre los candidatos de Trump para los nombramientos al Tribunal Supremo y tenía un pedigrí jurídico impecable. Su padre, Rex Lee, había sido procurador general en la administración Reagan y era decano fundador de la facultad de Derecho de la Universidad Brigham Young.

Se consideraba a sí mismo un constructivista estricto, es decir, que creía que la Constitución otorgaba poderes específicos al Congreso, pero ninguno más allá de lo dispuesto en el texto original.

Antes de Navidad, Lee fue a ver a Ted Cruz. Los dos eran exsecretarios judiciales del Tribunal Supremo, y ambos eran constructivistas estrictos... «empollones del Derecho», como decía Lee. Les encantaba debatir sobre quién detentaba el poder en cada caso y por qué. Y en una larga conversación, Lee sintió que llegaban a la misma conclusión: que el Congreso no tenía ninguna capacidad de actuación.

Pero Cruz creía que podía encontrar una vía alternativa para evitar la ratificación. Estaba en conversaciones con aliados de Trump como el congresista Mo Brooks, de Alabama, quien estaba pidiéndoles a otros conservadores su voto en contra en la sesión del 6 de enero. Solo necesitaban a un senador.

Si un único senador se oponía formalmente a la ratificación, los cien senadores en pleno tendrían que votarla. En lugar de una ratificación rutinaria, que llevaba apenas unas horas, la sesión podría convertirse en una pesadilla política que obligaría a los senadores republicanos a elegir entre la Constitución y Trump.

Cruz le pidió a su equipo que empezara a investigar el recuento de los electores, la historia de la Ley de Recuento Electoral. En su estado corrían rumores. No se fiaba del resultado de las elecciones. Pero McConnell y otros líderes estaban presionando a los miembros. Nada de objetar.

Lee no flaqueó. Durante todo el mes de diciembre siguió diciéndole lo mismo y cada vez con más intensidad a Mark Meadows y a cualquiera que le preguntara su opinión:

—El presidente no debe asumir que el Congreso puede arreglar esto. No tenemos ese poder.

»Tienes que darte cuenta de que, básicamente, has perdido a menos que ocurra algo extraordinario —decía Lee, refiriéndose a un fenómeno poco probable o a un pucherazo—, algo que sería sorprendente y muy, muy preocupante.

»Pero, a la luz de los hechos y las pruebas, no lo veo.

Lee volvió a Utah por Navidad. Al igual que le había pasado a Cruz, empezó a oír de boca de amigos, vecinos y familiares que les habían robado las elecciones. Constató el alcance del poder de persuasión de Trump.

Había gente de la que no se podía decir que estuviera al margen de la sociedad —alcaldes, funcionarios, delegados del condado, *sheriffs*— que le decía que esperaban que volviera a Washington e «impidiera aquel robo». Mensajes de texto, publicaciones en las redes sociales, gente que tenía su número de teléfono y que quería saber qué estaba pasando. «¿Cómo han podido robaros las elecciones? ¿Qué vais a hacer?»

Lee acudió a John Eastman, otro abogado de Trump. Hablaron sobre ello.

—Se va a redactar una circular —le dijo Eastman—. Te la enviaré en cuanto pueda.

*T*rump jugaba al golf en Florida con Lindsey Graham el día de Navidad.

—Señor presidente —le dijo Graham—, no me cabe la menor duda de que en Georgia y en otros sitios están encontrando chanchullos, pero la cosa no va a llegar hasta el punto de revertir las elecciones.

La estrategia de Graham en aquel momento no era convencer a Trump de que había perdido —esa batalla ya no iba a emprenderla—, sino de que no podía cambiar el resultado.

Trump insistió. No podía entender cómo había conseguido 74 millones de votos y había perdido. Los sondeos y su equipo de campaña le habían dicho que, si conseguía 74 millones de votos, tenía que ganar. Eran más votos de los que había conseguido en la historia cualquier candidato a la presidencia…, excepto Joe Biden. Trump había ganado muchos condados barómetro. Había ganado Ohio y Florida.

—Señor presidente, ha perdido unas elecciones muy reñidas. Tiene que pensar en «el retorno del gran americano».

—¿Por qué no me dejas desarrollarlo? —le preguntó Trump a Graham dos veces durante la vuelta.

—Le voy a dejar desarrollarlo —le contestó Graham a la segunda—. Hay cosas que no puedo hacer, y usted sabe cuáles son. Pero vamos a desarrollarlo. Sigamos poniendo el foco en los procesos electorales que cree que estuvieron amañados.

Graham afirmó que él también creía que algunos votos por correo eran sospechosos.

—Sigamos peleando en los tribunales —dijo—, pero no lo llevemos al extremo.

Dieciocho hoyos después, Trump y un prodigio del golf de origen ruso estaban empatados con Graham y el número uno del club.

—Sigamos jugando —dijo Trump.

Siguieron empatando varios hoyos. En un par 4, el viento soplaba a cincuenta kilómetros por hora.

En el segundo golpe, Trump le dijo a su compañero:

—Dale ahí. Usa el club.

Al joven se le fue la pelota al agua antes de llegar al *green*.

Graham pensó que el muchacho se iba a cortar las venas por haber decepcionado al presidente.

—Bueno, no pasa nada —dijo Trump—. Eres un gran jugador. Pero piensa un poco la próxima vez. Así es la vida.

Graham pensó que el joven recordaría aquel comentario de Trump durante el resto de su vida. Estuvo a punto de decirle: «Yo no lo habría dicho mejor: piensa un poco la próxima vez».

Pero Trump no conseguía sacarse de la cabeza aquellos 74 millones de votos y seguía sacándolos a relucir. No se creía que Biden hubiese conseguido 81 millones, siete más que él.

Graham oscilaba entre el apoyo y la mano dura, la amistad y el realismo.

—Señor presidente —le dijo Graham—, no voy a discutir con usted. Ha ganado 19 de 20 condados barómetro. Ha ganado Florida y Ohio. Cuando uno consigue 74 millones de votos y pierde, debe de ser difícil de asimilar.

—¡Ya lo creo que es difícil de asimilar!

—Pero así son las cosas —repuso Graham—. Así es la vida.

El jefe de gabinete de Pence, Marc Short, y su taciturno fiscal, Greg Jacob, le informaron a Pence de que no había ninguna base legal ni constitucional que le permitiera alterar el recuento de los votos electorales. Los parlamentarios podían objetar, pero no el vicepresidente. Pero sabían que su jefe estaba entre la espada y la pared. Pence solo contaba sesenta y un años y tenía ambiciones presidenciales. No podía cortar su relación con Trump.

El riesgo se hizo patente cuando el senador Josh Hawley de Misuri, un novato licenciado en Derecho por Yale y exsecretario judicial del presidente del Tribunal Supremo John Roberts, anunció el 30 de diciembre que se opondría a la ratificación del colegio electoral el 6 de enero; fue el primer senador en hacerlo.

—Como mínimo, el Congreso debería investigar las acusaciones de fraude electoral y tomar medidas para garantizar la integridad de las elecciones. Hasta el momento, el Congreso no ha hecho nada —dijo Hawley.

En Houston, después de ver cómo Hawley dirigía la atención hacia su plan de cuestionar el recuento, Cruz cogió su portátil y empezó a concretar su propia idea: una comisión electoral creada por el Congreso para investigar el resultado. Siguió tecleando en un vuelo de Southwest Airlines a Washington.

«Puede que lo haga solo o puede que se sumen otros», le dijo Cruz a su equipo en una reunión telefónica. Ya en Washington, le comentó la idea de la comisión al senador John Kennedy, de Luisiana, que le dijo que contara con él. Cruz fue hablando con todos los conservadores.

El senador Lee, su mejor amigo en el Senado, no quiso involucrarse. Cuando Lee opinó que una comisión no era viable, Cruz le contestó que sentía no estar de acuerdo con él.

No había salida. Pence se iba a ver obligado a presentar su propia derrota, y la de Trump, en la televisión nacional, mientras los rivales y los aliados aporreaban los atriles.

«¡EL SEIS DE ENERO NOS VEMOS EN DC!», tuiteó Trump el 30 de diciembre desde Mar-a-Lago, donde estaba pasando las vacaciones.

Sus aliados, liderados por un grupo llamado «Women for America First» (Mujeres por América primero), habían solicitado un permiso al Servicio de Parques Nacionales el 22 y el 23 de enero en Washington. Pero cambiaron la solicitud de permiso por la de una manifestación, y reservaron un espacio en Freedom Plaza, cerca de la Casa Blanca, para el 6 de enero.

Si Trump albergaba alguna duda, la disiparon sus seguidores en televisión y en las páginas de extrema derecha que seguía en Twitter. Los deplorables, la gente de MAGA (Make America Great Again), «mi gente» estaba dispuesta a pelear.

El exjefe de estrategia de la Casa Blanca, Steve Bannon, estaba en el primer piso de su casa en Capitol Hill el 30 de diciembre, al teléfono con Trump.

Trump y Bannon habían tenido un desencuentro dos años antes por el perfil alto de este último, pero se habían reconciliado a pesar de los problemas legales de Bannon.

En agosto, Bannon había sido condenado en un tribunal federal de Manhattan por defraudar a los inversores de un proyecto privado llamado «We Build the Wall» (Nosotros Construimos el Muro), un intento de pasar por encima del gobierno y levantar el muro de Trump en la frontera de México con Estados Unidos. A Trump no pareció importarle. Quizá Bannon recibiera el indulto.

Trump se quejó de que los republicanos no estaban esforzándose lo suficiente para mantenerle en el poder.

—Tiene que volver a Washington y hacer una entrada triunfal hoy —le dijo Bannon.

Bannon tenía el pelo canoso despeinado e iba vestido con varias capas de ropa, toda negra. Tenía los ojos hundidos e inyectados en sangre porque llevaba varios días quedándose despierto casi hasta el amanecer, hablando y conspirando con amigos de todo el mundo, o anotando ideas para su *podcast* de extrema derecha.

—Tiene que decirle a Pence que cuelgue los putos esquís y que venga aquí ahora mismo. Esto es una crisis —dijo Bannon en referencia al vicepresidente, que estaba de vacaciones en Vail, Colorado.

Bannon le dijo a Trump que se centrara en el 6 de enero. Aquel era el momento de un ajuste de cuentas.

—La gente va a decir: «¿Qué coño pasa aquí?» —señaló Bannon—. Vamos a enterrar a Biden el 6 de enero, vamos a enterrarlo, joder.

Si los republicanos conseguían ensombrecer lo suficiente la victoria de Biden el 6 de enero, dijo Bannon, le sería difícil gobernar. Millones de americanos lo verían como un presidente ilegítimo. Lo ignorarían. Lo echarían y esperarían a que Trump volviera a presentarse.

229

—Vamos a cargárnoslo ahora que todavía está en pañales. Vamos a matar la presidencia de Biden antes de que empiece —dijo.

El 31 de diciembre, Trump volvió pronto de Florida, interrumpiendo su viaje y ausentándose de la fiesta de Año Nuevo en Mar-a-lago. Al bajar del Marine One, Trump, con un abrigo negro de invierno y una corbata roja, se quedó mirando a los periodistas. No iba a aceptar preguntas.

40

*A*principios de enero, Lee y Graham iniciaron sendas investigaciones personales por separado de las acusaciones de fraude electoral del presidente. Si había algo de cierto en ellas, habría pruebas, concluyeron.

Lee recibió una circular de dos páginas de la Casa Blanca el sábado 2 de enero, firmada por el jurista John Eastman, que estaba trabajando con Trump.

> **CONFIDENCIAL**
> Escenario del 6 de enero
> Siete estados han informado de listas electorales duales al presidente del Senado.

Lee estaba sorprendido. No había oído hablar hasta entonces de listas electorales alternativas.

En el proceso secreto establecido en la Constitución, los electores emitían los votos finales para la presidencia, como habían hecho el 14 de diciembre. Y cuatro días más tarde, el Senado debía contar formalmente esos votos para ratificar la elección.

La posibilidad de listas alternativas o duales sería una noticia de calado nacional. Y no había habido tal noticia.

Lee sabía desde hacía semanas que algunos aliados de Trump en varios estados se habían estado ofreciendo como «electores alternativos». Pero esos gestos eran más bien una campaña en redes sociales, una tentativa de andar por casa, sin respaldo legal alguno.

También se habían recibido llamadas de los seguidores de Trump para que se liberase a los electores comprometidos con Biden, para que pudieran votar a otro. Pero aquel asalto de última hora también era difícil desde una perspectiva legal, ya que la mayor parte de los estados prohibían a los llamados electores «sin fe» cambiar su voto.

El asesor de Trump Stephen Miller había considerado, no obstante, la posibilidad de una insurrección electoral. En Fox News, en diciembre, había defendido que «una lista alternativa de electores en los estados reñidos va a votar, y vamos a enviar esos resultados al Congreso».

En privado, Eastman insistía en que el Congreso debía considerar legítimos a los grupos de personas en los distintos estados que querían ser electores. Estaban organizados y decididos, les dijo a los demás, y existía un precedente del reconocimiento de una segunda lista. Hawái había enviado dos listas competidoras en las elecciones de 1960 tras una disputa entre el gobernador republicano y los demócratas estatales.

Pero, a diferencia de lo ocurrido en 1960, esta vez no había habido una tentativa formal de ofrecer a las listas duales ninguna tracción a nivel legislativo estatal. Las solicitudes de sesiones especiales de votación a los gobernadores fueron desestimadas. No era más que una protesta, en su mayoría proveniente de los seguidores de Trump en varios estados que querían que el Congreso reconociera a otro grupo de electores.

El 2 de enero, Lee ya sabía que no había pasado nada. Habían sido todo habladurías, pura cháchara, ya que todo estaba perfectamente dispuesto en la Constitución.

—¿Qué es esto? —se preguntó Lee mirando el documento de Eastman.

Lee también sabía que cualquier intento de convertir al vicepresidente en el jugador clave de la ratificación sería una distorsión deliberada de la Constitución.

Lee había insistido delante de Mark Meadows y de otras personas de la Casa Blanca y el Partido Republicano en que el vicepresidente era un mero contador de votos, y punto. No tenía otra función que esa. Era un poder articulado y delimitado por aquellas siete palabras de la Duodécima Enmienda: «Y se procederá al recuento de votos».

La circular de dos páginas de Eastman le daba la vuelta al

proceso de recuento estándar. A Lee le sorprendió que viniera de Eastman, un catedrático de Derecho que había sido secretario del magistrado Clarence Thomas cuando este era presidente del Tribunal Supremo.

Lee siguió leyendo. «Este es el escenario que proponemos.» La circular planteaba seis pasos potenciales que debía seguir el vicepresidente. El tercero llamó la atención del senador.

3. Al final, anuncia que, debido a las disputas en curso en los siete estados, no hay electores que puedan ser designados de manera válida en dichos estados. Eso significa que el número total de «electores designados» —según lo estipulado en la Duodécima Enmienda— es de 454. Esta interpretación de la Duodécima Enmienda también ha sido propuesta por el catedrático de Derecho de Harvard Laurence Tribe (aquí). La «mayoría de los electores designados» sería, por lo tanto, 228. En este momento hay 232 votos a favor Trump y 222 a favor de Biden. Entonces, Pence declara a Trump presidente reelecto.

Volvió a leerlo, solo para asegurarse. Pence «anuncia que, debido a las disputas en curso en los siete estados, no hay electores que puedan designados de manera válida en dichos estados». O sea, que Pence reduciría el número de estados cuyos votos se iban a contar en las elecciones a tan solo 43, dejando la decisión de quién ganaba en manos de 454 electores. «En este momento hay 232 votos para Trump y 222 para Biden —había escrito Eastman a modo de posible escenario—. Entonces, Pence declara a Trump presidente reelecto.»

¿Una actuación procesal del vicepresidente para desechar decenas de millones de votos legalmente emitidos y declarar un nuevo ganador? A Lee la cabeza le daba vueltas. No existía una intervención como aquella en la Constitución, en ninguna ley ni en la práctica anterior. Eastman parecía habérsela sacado de la manga.

Eastman también había previsto la consiguiente indignación y el miedo a un posible golpe de Estado.

4. Por supuesto, los demócratas protestan y alegan, en contra del planteamiento previo de Tribe, que son necesarios 270 votos.

233

Pence acepta sus protestas. En virtud de lo estipulado en la Duodécima Enmienda, ningún candidato cuenta con la mayoría necesaria. Eso significa que deberá dilucidar el asunto la Cámara, donde «los votos se emitirán por estado, y el conjunto de representantes de cada estado constituirá un único voto». Los republicanos controlan actualmente 26 de las delegaciones estatales, la mayoría simple necesaria para ganar la votación. Así, el presidente Trump es igualmente reelegido.

Aquella era su estrategia. O Pence declaraba ganador a Trump o bien se aseguraba de trasladar el proceso en la Cámara, donde Trump tenía garantizada la victoria.

La Cámara había decidido las elecciones presidenciales únicamente en dos ocasiones en la historia de Estados Unidos. Lee leyó el resto de la circular de Eastman, que también afirmaba que «Pence debe hacer todo esto sin pedir permiso».

«La realidad es que la Constitución otorga el poder al vicepresidente en calidad de árbitro en última instancia», decía.

Nada estaba más lejos de la verdad, y Mike Lee lo sabía. El vicepresidente no era el «árbitro en última instancia». Como Quayle, se sabía de memoria la frase de la Duodécima Enmienda que decía que el presidente del Senado tan solo «abrirá todos los certificados y se procederá al recuento de votos».

Qué desastre. Lee se había pasado casi dos meses intentando dejarles claro a Trump y a Meadows que podían seguir cauces legales, pedir auditorías, recuentos u otras reclamaciones. Podían presentar todas las demandas que quisieran. «Pero recordad que tenéis un tiempo de posesión del balón limitado», les dijo.

Si nada de aquello funcionaba, Pence solo podía contar los votos. Nada más.

De niño, Mark Meadows era «gordo y empollón», en sus propias palabras, además de un marginado. A los sesenta y un años, había adelgazado hasta el punto de que ya se le podía definir sencillamente como fornido, y de marginado no tenía un pelo; más bien era un infiltrado en el círculo de Trump. Se había convertido en la persona a la que Trump siempre acababa llamando. Sus compañeros, en privado, recalcaban lo mucho que se enorgullecía de las llamadas del POTUS, como se refería siempre al presidente.

Meadows también trabajaba «por lo bajini», y le encantaban las reuniones a puerta cerrada y los apartes. Pero no era una persona reservada. En todo caso, algunos asesores de Trump lo encontraban demasiado sentimental. Había llorado abiertamente en el Ala Oeste en varias ocasiones al enfrentarse a decisiones personales y políticas complicadas.

Meadows convocó una reunión en su despacho de la Casa Blanca el sábado 2 de enero para que Giuliani y su equipo pudieran informar a Graham, en calidad de abogado y presidente de la Comisión de Justicia del Senado, de los problemas relativos a la votación y al fraude que decían haber encontrado.

Los hallazgos eran suficientes para cambiar las tornas de las elecciones en favor de Trump, dijo Giuliani, refiriéndose a las pruebas que le habían entregado.

Giuliani llevó a un informático que presentó una fórmula matemática que demostraba la práctica imposibilidad de una victoria de Biden. Varios estados habían registrado más votos por Biden de los que había recibido Obama en 2008 y 2012. Dado que, según las encuestas, Obama había gozado de mayor popularidad en esos estados, era casi matemáticamente imposible que Biden hubiese superado a Obama en número de votos en las elecciones presidenciales de 2020, sostenía el experto de Giuliani.

235

Demasiado abstracto, concluyó Graham. Unas elecciones presidenciales no se podían revertir basándose en una teoría. Aunque no se fiaba de los medios de comunicación, que aseguraban categóricamente que las demandas de Trump eran falsas, quería más seguridades.

—Dadme pruebas contundentes —pidió Graham.

Giuliani y su equipo concluyeron que tenían pruebas definitivas e irrefutables de que personas fallecidas, menores de dieciocho años y presos habían votado en masa.

Graham dijo que estaba seguro de que parte de aquello podía ser cierto, pero que necesitaba pruebas.

—Soy un tipo sencillo —dijo—. Si estás muerto, se supone que no puedes votar. Si tienes menos de dieciocho años, se supone que no puedes votar. Si estás en la cárcel, se supone que no puedes votar. Vamos a centrarnos en esas tres cosas.

Unos 8000 presos habían votado en Arizona, dijeron.

—Dadme nombres —pidió Graham.

Sostenían que 789 personas fallecidas habían votado en Georgia.

—Nombres —dijo Graham. Le prometieron darle nombres el lunes. Dijeron que habían encontrado a 66 000 menores de dieciocho años que habían votado ilegalmente en Georgia.

—¿Sabéis lo difícil que es hacer que vote la gente de dieciocho años? Tenéis a 66 000 menores que han votado, ¿correcto?

—Correcto.

—Dadme nombres. Tiene que ser por escrito. Necesito ver las pruebas.

Le prometieron que el lunes.

—Estáis perdiendo en los tribunales —dijo Graham.

Los abogados de Trump habían perdido ya casi sesenta impugnaciones. Al final, unos noventa jueces, incluidos los designados por Trump, fallaron contra las impugnaciones auspiciadas por Trump.

El vicepresidente Pence entró en su despacho cerca de la cámara del Senado para reunirse en privado con la experta en procedimientos parlamentarios del Senado, Elizabeth MacDonough, a última hora de la tarde del domingo 3 de enero, después de que juraran el cargo los nuevos miembros del Senado.

McConnell y su jefa de gabinete, Sharon Soderstrom, una autoridad en políticas y procedimientos, habían animado a Pence a organizar esta reunión. No querían sorpresas y creían que, incluso con un guion, Pence tenía que ensayar.

Sentado junto a su jefe de gabinete, Marc Short, y su fiscal, Greg Jacob, Pence le pidió a MacDonough que le detallara el plan del 6 de enero.

—Cuéntame cómo será.

Tomó notas mientras MacDonough le explicaba cómo podía enfrentarse a los posibles desafíos y cuáles eran sus opciones presidiendo la sesión.

Pence la acribilló a preguntas:

—¿Qué pasa si hacen esta objeción?; ¿cómo funciona esto?; ¿cuáles son los textos que debo leer al pie de la letra y cuáles aquellos en los que tengo algo de margen?

Short y Pence llevaban semanas discutiendo si era posible que Pence evitara tener que hacer una especie de anuncio televisivo de la derrota de Trump ante el mundo entero. Aquello sería echar leña al fuego para tenerlo como rival de Pence en 2024.

—¿No podría expresar algo de comprensión para con alguna de las denuncias? —preguntó Pence.

MacDonough fue concisa, profesional.

—Cíñase al guion —le aconsejó—. Es usted un mero contador de votos.

Pence se mostró de acuerdo.

237

Graham estaba en la Casa Blanca el lunes 4 de enero, donde recibió varias circulares que apoyaban las reclamaciones de Trump. Mandó a su chófer a recoger a Lee Holmes, el fiscal jefe de Graham en la Comisión de Justicia, que llevaba siete años con él.

El primer memorándum de Giuliani a Graham tenía veinte páginas con 39 nombres en cada una, y nueve nombres adicionales. Impresionaba.

Holmes leyó que un equipo de auditores había identificado «789 personas fallecidas que habían votado en Georgia en las elecciones generales de 2020». El análisis era de los votos por correo y en ausencia.

238

MEMORÁNDUM

PARA: PRESIDENTE LINDSEY GRAHAM
DE: ALCALDE RUDY GIULIANI
FECHA: 4 DE ENERO DE 2021
ASUNTO: FALLECIDOS QUE VOTARON EN LAS ELECCIONES
            DE 2021 EN GEORGIA

Resumen

Muchos grupos de interés independientes han llevado a cabo análisis para revisar los votos por correo y en ausencia denunciados por varios secretarios de Estado para determinar si dichos votos fueron solicitados, emitidos y registrados a nombre de personas fallecidas. Aunque hay multitud de informes en todo el país que demuestran que un número significativo de fallecidos participaron en la votación en varios estados, el número del que tenemos absoluta certeza es del facilitado por una firma independiente dirigida por Bryan Geels y Alex Kaufman, con sede en Georgia.

Georgia - Margen — 11 779

Se ha identificado a 789 personas fallecidas que votaron en Georgia en las elecciones generales de 2020. El equipo antes citado realizó un análisis exhaustivo de los nombres de los votantes por correo y en ausencia y lo contrastó con los obituarios, lo que dio como resultado este número. Adjunta se facilita una lista completa de los votantes en cuestión.

MEMORANDUM

TO	**CHAIRMAN LINDSEY GRAHAM**
FROM:	**MAYOR RUDY GIULIANI, TRUMP LEGAL DEFENSE TEAM**
DATE:	**4 JANUARY 2021**
RE:	**DECEASED PEOPLE WHO VOTED IN THE 2021 ELECTION IN GA**

Overview
Many independent interest groups have undertaken analyses to review the mail-in and absentee ballots that were reported by various Secretaries of State to determine if deceased voters had ballots requested, cast and counted in their name. While there are many reports across the country that show significant numbers of dead voters participating in various states, the number that we are absolutely certain of, is that provided by an independent firm run by Bryan Geels and Alex Kaufman, who are based in Georgia.

Georgia – Margin - 11,779
They have identified 789 dead people who voted in Georgia in the 2020 General Election. Their team did a comprehensive analysis of mail-in and absentee ballot voter names and obituaries, which showed these as definitive numbers. A comprehensive list of those voters is attached herewith.

Holmes no veía claro cómo se podía conseguir una lista tan extensa de personas fallecidas y contrastarla con éxito con sus votos emitidos recientemente. Pero quizá varias de las personas de la lista de Giuliani habían votado de manera fraudulenta.

En cualquier caso, cuando Holmes empezó a comprobar cientos de los nombres, no encontró pruebas fiables de fraude.

Robert Drakeford, por ejemplo, tenía ochenta y ocho años, y recibió la documentación para emitir el voto por correo el 18 de septiembre. El voto fue enviado cinco días después. Falleció el 2 de noviembre, según el documento. Otra persona que había votado y luego se había muerto, lo cual no demostraba nada por mucho que el documento fuera riguroso.

Pero Giuliani le había dicho en su circular a Graham que los datos eran «definitivos». Lo cual era una afirmación imprudente.

Holmes estaba impresionado ante las discrepancias flagrantes de lo que le había enviado Giuliani. Hasta donde había comprobado, casi todos los 789 fallecidos que supuestamente habían votado en Georgia habían recibido la documentación para emitir el voto por correo antes de morirse. Las fuentes no eran claras. No sabía qué documentos del gobierno podían haber utilizado.

Había gente en Georgia que había votado y luego se había muerto, sin duda. Eso no probaba nada. Era ridículo. Holmes entendía perfectamente por qué los tribunales de Georgia habían desestimado las reclamaciones de Trump.

Un segundo memorándum de Giuliani decía así:

Para: Senador Lindsey Graham (R-SC)*
De: Rudolph Giuliani
Asunto: Irregularidades, imposibilidades e ilegalidades en las elecciones generales de 2020
Fecha: 4 de enero de 2020

Introducción

Las elecciones generales estadounidenses de 2020 presentaron diversas anomalías que contribuyeron a múltiples irregularidades, lo que suscita inquietudes acerca de la integridad del proceso electoral. Dichas inquietudes se repiten en numerosos estados, y siguen patrones consistentes en todos ellos. Las leyes estadounidenses, así como las leyes de cada uno de los estados, disponen un conjunto de normas que determinan quién tiene derecho al voto, así como la forma y el plazo en el que pueden emitirse los votos conforme a la legalidad. La información que se proporciona a continuación detalla falacias demostradas que invalidan el recuento de votos y los resultados de los respectivos estados. Conforme a su solicitud, este informe se limita al fraude electoral tradicional en una muestra de los estados más disputados, y no aborda ningún asunto relativo a las máquinas, los algoritmos ni la manipulación tecnológica.

La información detallada incluida en este memorándum es tan solo un ejemplo de la información verificable disponible. Conforme a su solicitud, hemos limitado el número de nombres e identidades a una muestra reducida, ya que este memorándum pretende ejemplificar el hecho de que los votos ilegales son demostrables e identificables, y están documentados.

Georgia (Difusión del recuento = 11.779)

En Georgia, 66 248 personas menores de dieciocho años solici-

---

* Las siglas R-SC indican el partido político al que pertenece el senador («R», republicano) y el estado al que representa en la cámara baja («SC», Carolina del Sur).

«Tengo que decir algo sobre esto —dijo Biden a Mike Donilon en agosto de 2017, mientras Biden veía en televisión las noticias sobre la marcha de supremacistas blancos en Charlottesville, Virginia—. Esto es distinto. Es mucho más siniestro. Es más peligroso. Es una auténtica amenaza para el país.» Semanas más tarde, Biden publicó un artículo en *The Atlantic* con el titular: «Vivimos una batalla por el alma de esta nación». Al final se convirtió en el lema de su campaña.

«Mire, tiene que presentarse como quien es —dijo Mike Donilon, retratado a la izquierda, a Biden a principios de 2019, cuando Biden pensó en lanzar una campaña presidencial—. Y si trata de cambiarlo, más valdrá que se vaya a su casa. No se moleste.» Durante décadas, Mike D., como lo llama Biden, ha sido su confidente, artífice de sus palabras y estratega político, que ha ayudado a forjar el concepto de «alma» en el corazón de la campaña de Biden de 2020. Donilon, Ron Klai, que aparece en el centro, y Anita Dunn, a la derecha, son los miembros clave del círculo más íntimo de Biden.

«¡No estás en la trinchera conmigo!», chilló Trump al téléfono en agosto de 2017 hablando con el presidente del Congreso, Paul Ryan. El republicano de Wisconsin acababa de meterse con Trump por culpar a «ambos bandos» de los manifestantes de la marcha supremacista blanca en Charlottesville. Ryan le respondió: «¿Ha terminado? ¿Puedo hablar ahora? Usted es el presidente de Estados Unidos. Tiene la obligación de ejercer un liderazgo moral para arreglar esto, y no puede declarar que hay una equivalencia moral».

«¿Sabe por qué [Rex] Tillerson pudo decir que no había llamado "idiota" al presidente? —preguntó secamente el líder de la mayoría del Senado Mitch McConnell a sus colegas republicanos, con su acento de Kentucky, refiriéndose al antiguo secretario de Estado de Trump—. Porque en realidad le llamó "puto idiota".»

«Señor presidente, creo que está usted en camino de perder las elecciones —dijo el fiscal general Barr a Trump en una conversación privada, en abril de 2020—. Se enorgullece usted de ser un luchador, y eso funcionó en 2016, cuando lo que ellos querían es que entrase un disruptor. Y siguen queriendo un disruptor, pero lo que no quieren es a alguien que sea un completo gilipollas.»

«Ah, ¿o sea que están cansados? —preguntó a gritos Trump al veterano encuestador Tony Fabrizio, en julio de 2020, durante su campaña de reelección. Estaba furioso en el Despacho Oval mirando los datos de las encuestas que mostraban que los votantes independientes estaban emocionalmente exhaustos por el manejo de la pandemia que había hecho Trump—. ¿Que están cansados, me cago en todo? Bueno, pues yo también estoy cansado y agotado, joder.»

«Nos han embaucado —dijo el secretario de Defensa Mark Esper, en el centro, al presidente del Estado Mayor Conjunto Mark Milley, a la derecha, mientras acompañaban a Trump y atravesaban la plaza Lafayette, el 1 de junio de 2020. Milley, vestido con uniforme de faena, estuvo de acuerdo—. Esto es una absoluta mierda, y es un acto político, así que tengo que irme de aquí.» El desfile del presidente y los oficiales militares coincidió con los oficiales de policía que despejaban la plaza de manifestantes en su mayoría pacíficos. De izquierda a derecha: el presidente Trump va seguido por el fiscal general William Barr, el secretario de Defensa Mark Esper y el presidente del Estado Mayor Conjunto Mark Milley. También van detrás los consejeros sénior Jared Kushner e Ivanka Trump, y el jefe de gabinete de Trump, Mark Meadows.

«No creo que esta situación requiera invocar la Ley de Insurrección», dijo el secretario de Defensa Mark Esper a Trump, el 3 de junio de 2020, poco después de que Esper se opusiera públicamente a colocar a militares en activo en las calles de Washington en medio de un malestar racial y protestas en marcha. «¡Me has quitado mi autoridad!», le chilló Trump.

La senadora Kamala Harris fue elegida por Biden como compañera de candidatura el 11 de agosto de 2020. Había representado un papel importante en el Comité Judicial del Senado, donde Biden había sido presidente en tiempos, y aportaba experiencia de gobierno y capital político a la candidatura. Mientras trabajó con el fiscal general de California, desarrolló un vínculo con el hijo de Biden, el difunto Beau Biden, que había sido fiscal general de Delaware. El 20 de enero de 2021 se convirtió en la primera mujer negra americana y la primera persona de ascendencia surasiática en ocupar el cargo de vicepresidenta de Estados Unidos.

«No va a tomar posesión el día 20. No hay ningún escenario en el cual pueda tomar posesión el día 20», le dijo el vicepresidente Mike Pence a Trump en el Despacho Oval el 5 de enero de 2021. Trump se quedó asombrado ante la negativa de Pence de hacer lo que él quería, después de semanas y semanas de presionarle sin tregua para que impidiese la certificación de la victoria de Biden en el Congreso.

Los agentes de la Policía del Capitolio se vieron desbordados el 6 de enero de 2021 por la enorme multitud y por los alborotadores que trepaban por los muros y rompían las ventanas. Algunos policías recibieron golpes con barras metálicas y con sus propios escudos. Una vez en el interior, los amotinados irrumpieron en la cámara del Senado. En el Congreso, los policías sacaron las armas cuando los partidarios de Trump empezaron a golpear las puertas. Los policías gritaron a los congresistas que se agacharan y se pusieran a cubierto.

«¡Hay que colgar a Mike Pence! —salmodiaban los partidarios de Trump, mientras deambulaban por los pasillos de mármol del Capitolio y ondeaban enormes banderas azules de Trump desde los balcones—. ¡Traed a Mike Pence! ¿Dónde está Pence? ¡Encontradlo!» Fuera habían erigido un patíbulo improvisado para Pence. Los alborotadores saquearon también el despacho de la presidenta de la Cámara, Nancy Pelosi. «¿Dónde está la presidenta?», gritaron algunos. «¡Encontradla!»

«Creo que esto le gusta —confió el presidente del Estado Mayor Conjunto, el general Mark Milley, a un miembro del Congreso en una llamada telefónica, mientras la multitud asaltaba el Capitolio el 6 de enero de 2021—. Quiere que sus partidarios luchen hasta el último momento.» Dos días más tarde, Milley se enfrentó a su temor de que el tumulto pudiera ser un precursor de lo que llamaba «un momento Reichstag», una versión de Trump del acontecimientos con el que Adolf Hitler creó una crisis, en 1933, y basó en ella su poder absoluto en Alemania.

El 4 de febrero de 2020, la presidenta del Congreso, Nancy Pelosi, rompió una copia del discurso de Trump sobre el Estado de la Nación, una vez que el presidente hubo hecho sus observaciones. Casi un año más tarde, después de que los partidarios de Trump causaran disturbios en el Capitolio, llamó al presidente Milley y le dijo: «Es muy triste que nuestro país esté siendo tomado por un dictador. Tendrían que haberlo arrestado de inmediato».

«Ellos, las personas más importantes de mi vida, quieren que me presente», dijo Biden, en febrero de 2019. Su esposa, Jill, estuvo a su lado durante tres extenuantes campañas electorales, y durante las repetidas crisis y tragedias familiares que casi impiden a los Biden volver a la política nacional. Aquí se ve cómo el presidente y la primera dama se abrazan al llegar al Pórtico Norte de la Casa Blanca el 20 de enero de 2021.

«Si no podemos librarnos, el autoritarismo se pondrá en marcha», le dijo el senador Bernie Sanders a Biden el 3 de febrero de 2021. Su voz ronca y su acento de Brooklyn resonaron en el Despacho Oval. Hombre ajeno a la política durante largo tiempo, y complemento ideal de Biden durante la campaña de las primarias de 2020, Sanders es ahora un aliado fundamental de Biden, a quien ayuda a presentar su plan de rescate de 1,9 billones para su discusión parlamentaria, y mantiene a Biden en sintonía con los progresistas.

«Parece que quieren hacer que me la trague —dijo el senador Joe Manchin a Biden, en una llamada telefónica del 5 de marzo de 2021—. Pues que se jodan.» Manchin, moderado de Virginia, estaba furioso con los cambios de última hora que habían introducido sus compañeros demócratas en el plan de rescate de 1,9 billones de Biden. Finalmente Manchin votó a favor, después de horas de negociaciones. «Vas a quedar como si fueras tú el que lo ha conseguido», le dijo Biden.

«Señor presidente —dijo el secretario de estado Tony Blinken a Biden, en abril de 2021—, ha sido una decisión increíblemente difícil.» Se hizo al estilo presidencial. «Le admiro por haberla tomado.» Mientras Biden deliberaba sobre Afganistán, Blinken servía como contacto con los aliados de la OTAN, y como árbitro de confianza de las opciones políticas. Es un papel que ha representado para Biden durante más de veinte años, remontándose a los días de Biden en el Senado.

El secretario de defensa Lloyd Austin ha mantenido deliberadamente un perfil público discreto. Pero entre bambalinas, ha sido una figura fundamental durante la discusión de Biden sobre Afganistán. Él pidió a sus colegas que considerasen lo que describió como una retirada lenta, «cerrada», de las tropas de Estados Unidos, porque una salida bien organizada, en tres o cuatro partes, podía influir en las negociaciones. Biden dijo que le recordaba el enfoque antiguo de «con condiciones», y finalmente Austin retiró su propuesta.

«Aún hoy me cuesta entrar en un cementerio y no pensar en mi hijo Beau», dijo Biden, caminando entre las filas de lápidas de mármol blanco en la sección 60 del Cementerio Nacional de Arlington, donde están enterrados los muertos de Afganistán e Irak. Aquel mismo día Biden había anunciado su decisión de retirar las tropas norteamericanas de Afganistán. Biden se volvió hacia los cientos de lápidas y dijo, angustiado: «Miradlos a todos…».

«Dame tu palabra como Biden —pidió Beau Biden a su padre, en mayo de 2015, poco antes de morir de un tumor cerebral—. No importa lo que ocurra, te va a ir bien.» La vida de Beau Biden, que incluía una Estrella de Bronce por su servicio militar en Irak, continuó moldeando profundamente la de su padre, desde el dolor vivo del presidente a la sensación fatídica de su decisión de retirar a las tropas norteamericanas de Afganistán.

«Al ser el presidente de Estados Unidos y tomar una decisión como esta, tiene que mirar a la cara a las personas y a los posibles costes humanos de su decisión», dijo el consejero nacional de seguridad Jake Sullivan, mientras Biden meditaba si retirar o no las tropas de Estados Unidos de Afganistán. En las reuniones, Biden casi siempre le pregunta: «Jake, ¿qué opinas tú?».

«Ahora cada día se presenta en la oficina en un estado emocional intermedio —dijo una vez Ron Klain, jefe de gabinete de la Casa Blanca, hablando privadamente de Biden—. No hay noticia que pueda darle por la mañana que sea peor que las noticias que ya le han dado unas cuantas veces, a lo largo de su vida.» Klain sabía que el presidente echaba de menos Delaware. «No se siente cómodo viviendo en la Casa Blanca.»

«Sí, la responsabilidad realmente es mía», dijo Biden al secretario de Estado Blinken y al consejero nacional de seguridad Jake Sullivan en abril de 2021. Era un guiño al hecho de que su decisión de retirar las tropas de Estados Unidos de Afganistán rápidamente se hubiese convertido en diana política para sus críticos, tanto republicanos como demócratas, que temían un posible colapso del gobierno afgano y unos abusos brutales de los derechos humanos por parte de los talibanes.

«¡La democracia está ardiendo y el Senado está jugándosela», dijo el responsable de disciplina de la mayoría de la Cámara James Clyburn, mientras los demócratas se esforzaban por aprobar su puesta a punto de legislación sobre el derecho al voto en 2021. Un año antes, cuando la campaña de las primarias de Biden estaba a punto de derrumbarse, este hombre tan influyente de Carolina del Sur hizo un trato con él: Clyburn le apoyaría si Biden accedía a nombrar a una mujer negra para el Tribunal Supremo.

«Usted ha jodido su presidencia», le dijo el senador Lindsey Graham a Trump, en verano de 2021. Trump le colgó el teléfono al momento. «Mire, no lo culpo —le dijo Graham, un día más tarde—. ¡Yo también habría colgado!» Pero de nuevo instó a Trump a abandonar las quejas por las elecciones y a centrarse en las elecciones de 2022. Graham era como un consejero de adicciones de Trump, intentando evitar que su paciente bebiese una copa más de una imaginaria victoria en las elecciones de 2020.

«Trump en 2020 se parecía a Hillary en 2016. Tenía usted demasiado dinero, demasiado tiempo, demasiado ego.» Kellyanne Conway, estratega de Trump desde hace mucho tiempo, le dijo esa frase en verano de 2021. Su campaña de 2020, que había recaudado más de 1 000 millones de dólares, había sido controvertida y recibida con acritud entre el personal y aliados de Trump. «Lo que no ha tenido esta vez ha sido el ansia y la arrogancia», le dijo ella, a diferencia de su operación de campaña de 2016, que fue de bajo mantenimiento.

«No nos rendiremos», proclamó Trump el 26 de junio de 2021 en Wellington, Ohio. Había vuelto a escena, convocando enormes mítines ante miles de partidarios embelesados y avivando los comentarios sobre una posible vuelta en 2024. «No nos venderemos abajo. No cederemos. No daremos nuestro brazo a torcer. No retrocederemos. Nunca, nunca nos rendiremos.» Era una arenga de guerra.

En una llamada telefónica del 9 de julio de 2021, el presidente Biden advirtió al presidente ruso Vladimir Putin que debía tomar medidas enérgicas contra los criminales con base en Rusia que lanzaban ciberataques a cambio de un rescate. «Si no puede o no quiere hacerlo usted, lo haré yo», dijo. Al final de la conversación, Biden añadió: «¿Sabe, señor presidente?, los grandes países tienen grandes responsabilidades. También tienen grandes vulnerabilidades». La capacidad de ofensiva cibernética de Estados Unidos era formidable, y Putin lo sabía. Biden lo dejó así. Era lo más cerca que podía llegar de amenazar a Putin.

taron y emitieron su voto ilegalmente en las elecciones generales de 2020; o, mejor dicho, alguien votó ilegalmente en su nombre. Las pruebas sugieren que 10 315 personas fallecidas votaron en Georgia y que 2650 presos con penas inconclusas también solicitaron y emitieron su voto. 4502 personas no registradas emitieron su voto. 2506 delincuentes convictos votaron en Georgia.

To: Senator Lindsey Graham (R-SC)
From: Rudolph Giuliani
Re: Voting Irregularities, Impossibilities, and Illegalities in the 2020 General Election
Date: January 4, 2020

Introduction
The 2020 U.S. General Election had several abnormalities that contributed to multiple irregularities, which raises concerns about the integrity of the election. The concerns span multiple states, and have consistent patterns seen in each of the states. United States laws, as well as the laws of each of the states, set specific standards for who is eligible to vote, and how and when votes may be legally cast. The information below details proven fallacies that invalidate the vote count and outcome of the each of the respective states. Per your request, this memorandum is limited to traditional voter fraud in a sample of the contested states and does not discuss machines, algorithms, or technological manipulation.
The detailed information provided in this memorandum is a simple snapshot of the verifiable information available. Per your request, we limited the number of names and identities provided to a small sample, and this memo is intended to exemplify the fact that the illegal votes are provable, documented, and identifiable.

Georgia (Tally Spread = 11,779)
In Georgia, 66,248 individuals under the age of 18 registered to vote and illegally voted in the 2020 general election, or more likely, someone illegally voted in their name. Evidence suggests that 10,315 dead people voted in Georgia, and 2,560 felons with incomplete sentences registered to vote and cast their votes. 4,502 unregistered voters cast ballots. 2,506 convicted felons voted in Georgia.

241

Después leyó un PowerPoint impreso que también le enviaba Giuliani donde ponía: «Análisis independientes realizados por auditores expertos y especializados en estadística licenciados en universidades de la Ivy League demuestran un número suficiente de votos ilegales [...] se emitieron y se registraron al menos 27 713 votos ilegales en Georgia».

¿Quiénes serían aquellos cerebritos sin nombre?, se preguntó Holmes. Esa cifra suponía más del doble del margen de 11 779 votos que le había otorgado el estado a Biden.

El análisis «confidencial» de la circular también decía que 18 325 votos se habían enviado desde «domicilios catalogados como vacíos según el USPS» (el servicio de correos estadounidense, por sus siglas en inglés).

¿Cómo podía alguien, aunque fuera un equipo de estadísticos de la Ivy League, revisar un censo de 7,6 millones de votantes, contrastarlo con el historial de envíos de correos y encontrar 18 325 votos remitidos desde casas vacías?

Holmes era un sabueso en Internet y buscó en numerosos censos electorales públicos. No encontró nada que permitiera el acceso a datos que pudieran posibilitar esa búsqueda. No obstante, según los memorándums de Giuliani, toda aquella información estaba en archivos públicos.

El análisis de Giuliani también sostenía que había «305 701» instancias de «solicitudes de voto por correo realizadas antes del inicio del plazo permitido por las leyes de Georgia».

Pero eso, una vez más, implicaba haber examinado un censo de 7,6 millones de votantes. Hasta donde sabía Holmes, la información de las solicitudes de voto por correo solo estaba disponible en algunos condados de Georgia. Era tarea casi imposible intentar aplicar algo así a 7,6 millones de votantes.

Y otra circular «confidencial» decía que «4502» personas habían votado «pero no figuran en el censo electoral del estado». ¿Cómo podía votar gente que no estaba registrada? ¿Y cómo podía averiguarse algo así?

Holmes recibió un correo de un equipo de abogados conservadores veteranos que trabajaban con Giuliani en Georgia. Decía así:

> A los funcionarios electorales de Georgia no les salen las cuentas
> Pillados: o mienten o ignoran los datos electorales
>
> Los funcionarios electorales de Georgia anunciaron el lunes 4 de enero que el resultado era válido porque siempre existe un ligero margen de error, y que las personas que lo cuestionaban estaban equivocadas. Con estas declaraciones, o bien han mentido o han demostrado una profunda ignorancia de los datos electorales. A continuación se adjunta un gráfico que contrasta la postura oficial del secretario de Estado de Georgia con la verdad.

Georgia Election Official's Numbers Don't Add Up
Caught – Either Lying or Profoundly Ignorant of the Election Data

Georgia's election officials announced on Monday, January 4, that the election was valid because it had a small margin of error and that those contesting the election were all wrong. In doing so, they either lied to the public or betrayed a profound ignorance of the election data. Below is a chart that describes the official position of the Georgia Secretary of State vs the truth.

Holmes volvió a consultar los memorándums de Giuliani y vio que muchos de los datos más recientes remitían a la investigación realizada por Christina Bobb, de One America

News Network, un canal de televisión de la cuerda de Trump que pregonaba conspiraciones como que era «de sobra conocido» que las «máquinas de votación» eran fraudulentas. Él creía que el número de los supuestos votantes menores de dieciocho años en Georgia era excepcionalmente alto.

Con respecto al estado de Nevada, el informe decía que «42 284 votantes censados votaron más de una vez».

Holmes se preguntaba cómo era aquello posible. ¿En colegios electorales distintos? ¿En el mismo colegio electoral? Votar dos veces era ilegal a todas luces, pero ¿quién iba a haber registrado algo así, y según Giuliani en documentos oficiales?

En Nevada, decía también el informe, «2468 votantes habían abandonado el estado de Nevada 30 días antes de la fecha de las elecciones y no tenían, por lo tanto, derecho a voto». Y 1506 figuraban como «fallecidos según el registro oficial de decesos de la Administración de la Seguridad Social, proveedores de datos de consumidores, comprobaciones de los obituarios públicos, datos de fallecimientos de la Oficina de Crédito».

«8111 votantes se habían empadronado en domicilios inexistentes —según el informe—. Votaron 15 164 personas de fuera del estado.»

Holmes no conseguía encontrar documentos públicos de donde pudieran extraerse estas conclusiones.

En Arizona, según el informe, «había 36 473 personas que no pudieron certificar su nacionalidad, pero cuyos votos fueron aceptados y contabilizados».

Holmes sabía que las pruebas de nacionalidad no se solicitaban, ni siquiera se permitían, en las elecciones federales. Encontró un caso del Tribunal Supremo de 2013, Arizona contra el Inter Tribal Council, donde se sostenía que la Ley de Registro Nacional de Votantes de 1993 disponía que los estados no podían solicitar ninguna prueba de nacionalidad en las elecciones federales. Holmes llamó a los funcionarios electorales de Arizona, que confirmaron que no solicitaban la prueba de nacionalidad, ateniéndose a la sentencia del caso del Tribunal Supremo.

Otro dato sin fundamento y, lo que era más importante, sin nombres.

243

La falacia más grave era la afirmación de que había habido 11676 sobrevotos en Arizona. Los «sobrevotos» hacían referencia a los casos en los que se marcaban más candidatos de los permitidos. Se basaba en un informe de cinco páginas que detallaba los sobrevotos de 220 elecciones estatales, incluidas las elecciones a juez del Tribunal de Apelaciones, alguacil, tasador del condado, concejal de Phoenix y alcalde de Phoenix. En el informe se habían añadido todos estos sobrevotos de manera acumulativa hasta alcanzar el total de 11676.

Pero los supuestos «sobrevotos» en las elecciones presidenciales eran solo 180, los únicos que contarían en la contienda Trump-Biden. Ese era el único ámbito relevante. Esos 180 votos no iban a cambiar el resultado de las elecciones en Arizona, porque Biden había ganado, según el último recuento, por 10457.

En Wisconsin, el informe afirmaba que 226000 personas que podían haber estado «confinadas indefinidamente» votaron, y que otras «170140 personas votaron por correo sin haberlo solicitado previamente».

El informe decía que en Pensilvania «682777 votos por correo fueron contabilizados la noche del 3 al 4 de noviembre en unas circunstancias que no cumplían la ley estatal», que disponía que el recuento debía ser supervisado por representantes de ambos partidos. La afirmación se basaba en la declaración jurada de un observador electoral.

«Todos los votos fraudulentos deben ser descontados», sostenía el informe. Holmes volvió a sorprenderse ante la exageración. ¿Fraudulentos? No había pruebas.

El informe proseguía: «Si se descuentan estas papeletas, el presidente Trump ganaría el estado por cientos de miles de votos».

Holmes pensó que la chapucería, el tono autoritario de certidumbre y las inconsistencias resultaban descalificantes. Las tres circulares eran agua de borrajas.

Aun así, uno de los informes dirigidos a Graham decía lo siguiente: «La información detallada incluida en esta circular es tan solo un ejemplo de la información verificable disponible. Conforme a su solicitud, hemos limitado el número de nombres e identidades a una muestra reducida, ya que esta circular pretende ejemplificar el hecho de que los votos ilegales son demostrables e identificables, y están documentados».

Holmes informó a Graham de que los datos de las circulares eran un batiburrillo, y que mostraban un tono amenazador y la redacción de un chaval de secundaria.

Graham miró por encima los documentos.

—Más bien de primaria —dijo.

Holmes le informó de que parte de las afirmaciones estaban basadas en una declaración jurada.

—Mañana mismo puedo hacer una declaración jurada afirmando que la Tierra es plana —adujo Graham.

Aunque Trump seguía furioso por el hecho de que tanto Arizona como Fox News le hubieran dado la victoria a Biden al principio de la noche electoral, Graham estaba convencido de que el gobernador de Arizona, Doug Ducey, republicano, se había asegurado de que las elecciones fueran justas y con un sistema eficaz de verificación de firmas.

Graham le dijo a Trump que había perdido Arizona por sus ataques al difunto John McCain, que seguía gozando de gran popularidad en su estado natal. Su viuda, Cindy, había apoyado a Biden, que era amigo suyo y había hablado en el funeral de McCain.

—Creo que los motivos de que haya perdido en Arizona es que se puso a machacar a un muerto —le dijo Graham.

El senador Lee y su mujer, Sharon, volaron a Georgia para asistir al mitin que daba Trump el 4 de enero para apoyar a los senadores republicanos Loeffler y Perdue de cara a sus respectivas elecciones.

Lee se reunió con el equipo de abogados de Georgia que estaba encargado de impugnar el resultado estatal de las presidenciales. Se mostraron entusiastas y afirmaron que tenían pruebas ingentes de que muchos votos por correo se habían recibido en domicilios que no eran residenciales, y por lo tanto no eran legales para registrarse en el censo en Georgia. Dijeron que se habían emitido de forma inapropiada los suficientes votos por Biden para que las elecciones se revirtieran en favor de Trump.

—Si están en lo cierto —dijo Lee—, ¿por qué no están ahora mismo en los tribunales exigiendo una orden de alejamiento? ¿O medidas cautelares? ¿O dándoles esta charla a los funcionarios electorales de Georgia? ¿Al secretario de Estado? ¿O al gobernador, o al fiscal general, o a su asamblea legislativa?

La asamblea legislativa del estado tenía toda la autoridad.

—¿Por qué me la dan a mí? —preguntó—. Expónganle su caso a la reina Isabel II. El Congreso no puede hacer nada de esto. Están perdiendo el tiempo.

Los abogados indicaron que un tribunal o la asamblea legislativa estatal aún podían actuar.

—Seguro que si eso ocurre será una gran noticia —repuso Lee—, y yo seré debidamente informado.

*E*l teniente general retirado Keith Kellogg era partidario de Trump desde que trabajara en su campaña de 2016. Trump lo había tomado en serio y le había hecho caso. Kellogg tenía las espaldas anchas y la mandíbula fuerte, y sus formas eran bruscas, tal y como le gustaba a Trump que fueran sus generales.

Pero en los últimos años, Kellogg había estado dividido entre dos mundos: el mundo de Pence, ya que Kellogg era consejero de seguridad nacional del vicepresidente, y el mundo de Trump.

—No tengo reparos en reconocerlo. Soy fiel a Trump —les decía Kellogg a otras personas.

Aunque trabajaba directamente para Pence, en un puesto que había aceptado tras un breve periodo como consejero de seguridad nacional del propio Trump, cuando dimitió Michael Flynn.

—Tengo mis motes para ambos —decía Kellogg—. Fuego y Hielo.

Trump se sentía cómodo con Kellogg. Podía decir tacos sin preocuparse lo más mínimo.

—Estoy tratando con un puto lunático —dijo Trump en una reunión con Kellogg, refiriéndose a su trato con el dictador norcoreano Kim Jong-un.

Pence era todo lo contrario de Trump. Tenía una Biblia abierta sobre la mesa del despacho y rezaba a diario. Organizaba reuniones de estudios bíblicos con sus amigos y su círculo se limitaba a Marc Short, su mujer, Karen Pence, y poco más. En los cuatro años que llevaba trabajando con Pence, Kellogg nunca le había oído un solo improperio, y Kellogg cuidaba su lenguaje delante de él.

Desde noviembre, Kellogg lo estaba pasando mal al ver cómo Pence sufría en silencio la presión de Trump para impugnar las elecciones. En un viaje en el Air Force Two para ver el lanzamiento de un cohete, Kellogg lo llevó aparte.

—Señor, tiene que acabar con esto y le voy a decir cómo —le aconsejó Kellogg—: entre ahí y dígale que no va a hacerlo. No solo que no puede hacerlo, sino que no va a hacerlo.

Le aseguró que para Trump no había mejor cualidad que ser duro. Así estaría hablando su idioma.

Pence no contestó.

Pence había volado a Georgia para hacer campaña por los dos senadores del Partido Republicano el 4 de enero. La Casa Blanca había planeado un doble juego político: Pence iría por la mañana y luego Trump acudiría por la tarde. En viajes separados.

Tras largas conversaciones con sus asesores, Pence se inclinaba a creer que en las elecciones había habido problemas, pero evitaba palabras como «amañadas» y «fraude». Era su forma de quedar bien con Trump sin ponerse en plan Giuliani.

—Sé que todos, todos tenemos nuestras dudas con respecto a las pasadas elecciones —le dijo Pence al público congregado en Milner, Georgia, de pie delante de una enorme bandera estadounidense—, y quiero que sepáis que comparto la preocupación de millones de americanos acerca de las irregularidades electorales.

»Y os lo prometo, acudid el miércoles —dijo. La multitud empezó a agitarse al oír aquellas palabras—. Será nuestro día en el Congreso.

Los asistentes empezaron a vociferar.

—Escucharemos las objeciones. Escucharemos las pruebas. Pero mañana es el día de Georgia.

En su vuelo de vuelta a Washington, Pence y sus asesores trabajaron en el borrador de la carta que quería hacer pública el 6 de enero explicando su decisión de contar los votos electorales como era debido.

A Short no le gustaba demasiado la idea, y en un momento dado sugirió que Pence podía actuar sin publicar ninguna carta. ¿Por qué quieres crear un blanco? Pero Pence quería redactar una carta.

Sentados en la cabina del Air Force Two, decidieron no emplear la palabra «fraude» en ningún caso. En lugar de eso, en su discurso hablaría de «irregularidades». Tenían puesto Fox News en voz baja, donde estaban hablando de Pence.

—Va a haber gente a la que no le guste esto —dijo su asesor principal, Marty Obst, previendo la respuesta conservadora si Pence se ceñía a su plan de no interferir en el recuento—. Pero mucha menos gente de la que cree.

Obst estaba intentando levantarle el ánimo.

—No estoy tan seguro —dijo Pence.

Obst habló con Pence a solas más tarde. Estaba preocupado por el que había sido su jefe durante tanto tiempo.

—Estoy en una buena posición —lo tranquilizó Pence—. Creo que habrá represalias. Pero ya nos las apañaremos.

Pence miró a Obst. Sabía que su asesor, robusto y de lengua certera, tenía tendencia a calentarse. Podía estar a la que saltaba, como buen perro de presa de Pence, en los días siguientes.

—Tendrás la tentación de entrar al trapo —le dijo Pence, pero ignórala—. No sería útil.

De vuelta en Washington, Trump estaba esperando a que Pence volviera. Les dijo a sus asesores que no saldría hacia Georgia para su mitin de aquella tarde hasta que tuviera un momento para hablar con el vicepresidente.

En cuanto aterrizó en la Base Conjunta Andrews, a Pence le informaron de que el presidente quería verlo. Short llamó a Meadows y le dijo que se pasarían, pero pidió que el número de asistentes fuera reducido para que la cosa no se fuera de madre. Meadows accedió.

Cuando Pence entró en el Despacho Oval con Short y Jacob, Trump y Eastman estaban esperándolos.

Trump estaba entusiasmado. Se pasó varios minutos repasando las credenciales de Eastman como uno de los mejores juristas del país. Dejó claro que Pence podía actuar. Eastman tomó la palabra y dijo que así era: Pence podía actuar.

—Yo me he informado y me han dicho que no puedo —dijo Pence dirigiendo una breve mirada a su fiscal, Greg Jacob.

—Pues sí que puede —afirmó Eastman.

Su memorándum del 2 de enero dirigido a Lee se había ampliado hasta alcanzar las seis páginas. La idea era que Pence

249

interrumpiera el proceso en el Congreso para que los republicanos de las asambleas legislativas estatales pudieran intentar convocar sesiones especiales y consideraran la posibilidad de remitir una nueva lista electoral.

También afirmaba que había listas duales y proponía un escenario en el que «el vicepresidente Pence abre los sobres con los votos» y «determina cuáles son válidos». Pero Eastman reconoció que aquellas listas alternativas eran objetivos, no algo legalmente tangible.

—Tienes que escuchar a John. Es un reputado experto en derecho constitucional. Escucha lo que tiene que decir —le instó Trump—. Escucha. Escucha a John.

El Marine One estaba zumbando a pocos metros en el exterior, listo para despegar. Jacob y Eastman acordaron reunirse en privado al día siguiente.

Pence le dio las gracias a Trump por ir a Georgia y le dijo que era importante, que era un viaje clave para conservar el Senado. Trump se encogió de hombros.

Aquella noche en Georgia, Trump atacó a los demócratas y dio alas a las teorías conspirativas en torno a las elecciones en un discurso de casi hora y media. Apenas mencionó las elecciones al Senado, y se centró en sus propias esperanzas de conservar la presidencia.

—No van a robarnos la Casa Blanca. Vamos a pelear con todas nuestras fuerzas, os lo digo muy en serio —dijo Trump a las miles de personas que abarrotaban las tribunas rematadas por grúas donde ondeaban enormes banderas estadounidenses.

Lee asistió al mitin.

—Mike Lee está aquí también —dijo Trump—. Pero hoy estoy un poco enfadado con él. Quiero que Mike Lee escuche lo que estamos diciendo, porque, ¿sabéis qué?, necesitamos su voto.

Le lanzó una indirecta a Pence. Su reunión con él unas horas antes no había arreglado nada.

—Espero que Mike Pence acuda en nuestra ayuda. Os diré una cosa —dijo Trump—: es un tipo estupendo. Claro que, si no nos ayuda, ya no me va a caer tan bien.

Dio un golpe en el lateral del atril y el público estalló en carcajadas.

ϒ

Mike Lee se fue a la cama aquella noche con un profundo sentimiento de frustración y desconcierto. ¿Había algo que no estaba viendo? ¿O era todo tan extraño como parecía?

Mientras tanto, multitud de desconocidos seguían llamándolo a su móvil, urgiéndolo a que «detuviera aquel robo». Le llamaban de estados donde la gente insinuaba que los tribunales o las asambleas legislativas estatales estaban a punto de pasar a la acción.

¿Era posible?, se preguntaba Lee. Veía sin dificultad que la estrategia dependía de la afirmación de John Eastman, el abogado de Trump, de que «siete estados han enviado listas electorales duales». No se lo había oído a nadie más. No había salido en las noticias. ¿Habría aunque fuera un solo estado que lo estuviese haciendo? «Tengo que averiguar si esto es cierto», concluyó Lee.

En las cuarenta y ocho horas siguientes, Lee rastreó los números de teléfono de los funcionarios electorales de Georgia, Pensilvania, Michigan y Wisconsin; y, a través de terceros, buscó información sobre Arizona.

Todos tenían asambleas legislativas republicanas. Habló con sus líderes. Un senador estadounidense podía conseguir hablar casi con quien se propusiera. Lee hizo montones de llamadas.

Todas y cada una de las personas con las que habló le dijeron lo mismo: no había opción de conseguir una mayoría en el Parlamento de ninguno de estos estados para decir que las elecciones habían sido ilegítimas ni para anular la ratificación de su lista electoral. En ninguna de las cámaras de representantes de ninguno de estos estados.

Lee se cansó enseguida de oír lo mismo una y otra vez.

43

*L*a tarde del 5 de enero, mientras esperaba a que Pence regresara de una reunión de la comisión especial del coronavirus, un asesor informó a Trump de que sus partidarios se estaban reuniendo cerca de la Casa Blanca en Freedom Plaza, cerca de la avenida Pensilvania.

A pesar del frío implacable, los seguidores de Trump entonaban cánticos y coreaban su nombre. Ondeaban banderas con el mensaje «Make America Great Again».

Cuando Pence llegó, Trump le contó lo de aquellos miles de simpatizantes.

—Me adoran —le dijo.

Pence asintió.

—Claro, están aquí para mostrarle su apoyo —dijo—. Le adoran, señor presidente. Pero también adoran la Constitución.

Trump hizo un mohín.

—Puede ser —repuso Trump, pero estaban de acuerdo con él: Pence podía y debía expulsar a los votantes de Biden. Hacer justicia. Recuperar lo que era suyo—. Es lo único que quiero que hagas, Mike. Que la Cámara decida el resultado.

Trump no estaba dispuesto a dar su brazo a torcer, y menos frente a un hombre al que llamaba «Joe el soñoliento».

—¿Qué piensas, Mike? —le preguntó Trump.

Pence recurrió a su mantra: no tenía autoridad para hacer nada que no fuera contar los votos electorales.

—¿Y qué pasa si toda esta gente dice que sí? —preguntó Trump señalando el exterior de la Casa Blanca, a la multitud que había fuera. Los gritos estridentes y los megáfonos atronadores se oían a través de las ventanas del Despacho Oval.

»—Si esta gente te dijera que tienes ese poder, ¿no querrías ejercerlo? —inquirió Trump.

—No querría que nadie tuviese esa autoridad —contestó Pence.

—Pero ¿no sería casi divertido tener ese poder? —le preguntó Trump.

—No —dijo Pence—. Mire, he leído esto y no veo la forma de hacerlo. Hemos agotado todas las vías. He hecho todo lo que estaba en mi mano y más para encontrar la manera. Sencillamente no es posible. Mi interpretación es que no.

»Me he reunido con toda esta gente y todos dicen lo mismo. Personalmente, creo que estos son los límites de lo que puedo hacer. Así que, si tiene una estrategia de cara al día 6, no debería involucrarme a mí, porque mi único cometido es abrir los sobres. Debería hablar con la Cámara y con el Senado. Su equipo debería hablar con ellos para ver qué tipo de pruebas van a presentar.

—¡No, no, no! —gritó Trump—. No lo entiendes, Mike. Sí que puedes. No quiero seguir siendo tu amigo si no haces esto.

—No va a ser investido el día 20. No existe ninguna opción de que sea investido el día 20 —dijo Pence—. Tenemos que pensar cómo gestionarlo, cómo vamos a hacer esto. Cómo queremos comunicarlo.

Trump parecía furioso. El hombre que había accedido a todas sus peticiones, que nunca había discrepado con él ni lo había criticado en público desde que era vicepresidente, no quería hacerle aquel último favor. El poder que le había conferido a Pence durante cuatro años y la lealtad que parecía un rasgo inherente a su carácter parecían desvanecerse en cuestión de segundos.

La voz de Trump subió de volumen.

—Eres débil. Te falta valor. Nos has traicionado. Eres quien eres gracias a mí. Antes no eras nada. Si haces esto, tu carrera está acabada.

Pence no vaciló.

Un asesor de Pence, Tom Rose, lo vio saliendo del Despacho Oval. Rose era uno de sus mejores amigos, y más tarde contó que Pence estaba blanco como la pared, como alguien que acabara de recibir una noticia terrible en un hospital.

Rose, judío conservador y exlocutor de radio de Indiana, que

253

se ponía la *kippa* en el trabajo y compartía las políticas y la pasión de Pence por el Medio Oeste, dijo que se le cayó el alma a los pies. Quería mucho a Mike Pence. No se merecía aquella humillación.

Pence, que bromeaba con sus asesores y decía que estaba «en un nivel 9» de 10 cuando estaba estresado, parecía haber alcanzado el nivel 15.

—Me he dejado la piel en el terreno de juego —le dijo Pence a un puñado de asesores cuando volvió a su despacho en el Ala Oeste—. He defendido mi postura. Lo he dado todo ahí dentro.

La sala guardó silencio. No había mucho que decir. Cuando el vicepresidente caminaba hacia su comitiva, le dijo a Marc Short que no había flaqueado. Que no se había roto.

Pence se inclinó para meterse en el coche.

Cuando Pence se hubo ido, Trump abrió una puerta junto al escritorio Resolute. Una corriente de aire frío irrumpió en la sala.

La temperatura fuera era de 0,5 °C bajo cero, y el viento intensificaba la sensación de frío. Trump se quedó allí de pie, quieto, escuchando.

A través del ulular de las sirenas de policía y el zumbido de la ciudad, podía oír a su gente. Parecían contentos. Aspiró el aire frío y sonrió.

Trump dejó la puerta abierta para que la banda sonora amortiguada de los gritos emocionados y los cánticos de sus seguidores inundara la sala.

Llamó a su secretaria de prensa, Kayleigh McEnany, y a sus adjuntos al despacho. Su director de redes sociales y exdirector de su club de golf en Westchester, Nueva York, Dan Scavino, se sentó en un sillón junto al presidente.

A medida que iban entrando, algunos empezaban a tiritar. Aun así, Trump no cerró la puerta. Un par de ellos susurró que estaban congelados, aunque se mantuvieron firmes.

El ruido de fuera cada vez era más fuerte, casi como una fiesta.

—¿No es genial? —exclamó Trump—. Mañana va a ser un gran día. Hace muchísimo frío, y ahí están, millares de personas —añadió.

Judd Deere, el leal secretario de prensa adjunto de Trump, tomó la palabra.

—Están deseando saber algo de usted, señor presidente —dijo.

Otro miembro del equipo dijo que esperaban que el miércoles fuese un día tranquilo. Otros asintieron y dijeron que opinaban lo mismo.

Trump los miró y dijo:

—Sí, pero hay mucha ira ahí fuera.

Trump caminó por la sala pidiendo consejo acerca de republicanos congresistas.

—¿Cómo podemos conseguir que hagan lo correcto? —preguntó.

Nadie le dio una respuesta satisfactoria.

—Los republicanos y los RINO* son débiles —dijo Trump, enfurecido—. Necesitan valor. Valor.

»El vicepresidente, los miembros del Congreso, ¡todos deberían hacer lo correcto!

Advirtió que secundaría las amonestaciones a aquellos que apoyaran la ratificación de Biden en el Congreso.

Trump repitió la pregunta:

—¿Cómo podemos conseguir que hagan lo correcto?

Pidió sugerencias sobre qué podía tuitear, y Scavino abrió su portátil, listo para teclear.

Todos los allí reunidos se miraban unos a otros incómodos, algunos con las manos en los bolsillos para tratar de entrar en calor. Casi ninguno expresó palabras de ánimo.

McEnany se volvió hacia su equipo y les preguntó si querían hacerse una foto con el presidente. Se pusieron todos a su alrededor y sonrieron para la foto.

Más tarde, Trump llamó al senador Ted Cruz, de Texas. Quería que lo pusiera al día. ¿Iban los republicanos a ceder a dar su brazo a torcer y a objetar ante todo?

Cruz y diez senadores republicanos más estaban ejerciendo presión para crear una comisión parlamentaria con el fin de investigar las elecciones. Era su condición para apoyar la

255

---

* Término peyorativo empleado por los republicanos conservadores para describir a otros republicanos más abiertos y centristas.

objeción al recuento electoral. Arizona, Pensilvania y Georgia debían sumarse al día siguiente. Pero Cruz no había planeado presentar objeciones en masa al recuento de cada estado.

—Tenéis que objetar a todos los estados que puedan ser formulados por la Cámara —dijo Trump.

—Señor presidente, yo estoy centrado en mantener este grupo de once senadores unido, y el consenso del grupo no tiene nada que ver con eso.

—¿Entonces solo se oponen a uno o dos? —preguntó Trump.

Cruz dijo que su grupo se opondría al primer estado que saliera, Arizona, y debatiría sobre la comisión propuesta como parte del proceso.

Trump no se quedó nada satisfecho al oír aquel plan.

—Objeten sea como sea —ordenó.

No le interesaba la comisión de Cruz. Quería agresividad, objeción a todos los estados que salieran.

—No —dijo Cruz.

256

Marc Short se quedó en la Casa Blanca hasta las diez de la noche. Pence tuvo que recomponerse para una cena que tenía con los CEO de varias empresas y otros simpatizantes en el Observatorio Naval. Tenía que estar allí a las seis y media de la tarde, pero llegó con casi una hora de retraso.

Obst estaba con la segunda dama, Karen Pence, charlando con los invitados mientras esperaban a que llegara el vicepresidente. Obst también estaba contestando mensajes del socio de Giuliani, Boris Epshteyn, amigo íntimo de Eric Trump, que estaba instándole a que les ayudara a convencer a Pence.

Cerca de Freedom Plaza, en una *suite* en el famoso hotel Willard, Epshteyn estaba con Rudy Giuliani y Steve Bannon, presionando por teléfono a los republicanos para que sumaran fuerzas con Trump el 6 de enero y bloquear así la ratificación de Biden.

A medida que se aproximaba la medianoche, la multitud en la calle se alteraba cada vez más. Los agentes de policía tuvieron encontronazos con activistas organizados de extrema derecha y con los llamados Proud Boys (los «chicos orgullosos»), que inundaban las calles habitualmente vacías de la capital. Las papeleras estaban atestadas de restos de comida. La Policía Metropolitana detuvo a cinco personas por agresión o posesión de armas.

La gente en la calle gritaba, emocionada y casi eufórica, ante la perspectiva de que el resultado de las elecciones pudiera revertirse en favor de Trump el miércoles. Esperaban para ver a Giuliani y a otras estrellas del mundo Trump saliendo del Willard. Se hacían gestos unos a otros, todos con sus gorras rojas, un grupo en total solidaridad.

Epshteyn le dijo a Obst que Giuliani iría encantado a casa de Pence para charlar con él. A Obst la sugerencia le pareció sacada directamente de una película mala de mafiosos.

Cuando Pence llegó parecía agotado. El antaño presentador de radio y televisión local esbozó una sonrisa, les dio a todos una cálida bienvenida y agradeció su apoyo a los adinerados ejecutivos. No dijo nada respecto del día siguiente. Se limitó a charlar animadamente.

Obst se acercó a él al final de la cena.

—¿Está usted bien?

—Estoy bien —dijo Pence—. Estoy bien.

257

La noche del martes 5 de enero, a medida que se extendían los rumores en la prensa de que Pence se estaba resistiendo, Trump ordenó a su equipo de campaña que hiciera circular una declaración afirmando que Pence y él estaban «en total sintonía con respecto a que el vicepresidente tenía la capacidad de actuar».

Short no daba crédito. El presidente acababa de hacer una declaración en nombre del vicepresidente sin consultarlo antes con él ni con su equipo. Además, afirmaba justo lo contrario de la postura de Pence.

Short llamó a Jason Miller, que estaba con Bannon y con Giuliani en el Willard.

—Esto rompe todos los protocolos —dijo Short en tono seco.

Miller se negó a retirar ni una sola palabra.

—El vicepresidente tiene la capacidad de hacer esto, tiene que demostrar lealtad —dijo Miller.

Trump llamó a Giuliani, y luego a Steve Bannon, que también estaba en el Willard con el exalcalde de la ciudad de Nueva York. Trump sacó a relucir su reunión con Pence. Dijo que el comportamiento de Pence había cambiado por completo, que ya no era el hombre que él conocía desde hacía mucho tiempo.

—Fue muy arrogante —dijo Trump.

Bannon se mostró de acuerdo. Aquellas tres palabras de boca de Trump daban que pensar. Estaba admitiendo que le había salido mal una jugada. Pence no iba a flaquear. Si Mike Pence había sido arrogante, la ofensiva de Trump estaba agotada.

—Muy arrogante —repitió Trump.

Trump siguió tuiteando toda la noche.

A la una de la madrugada, el presidente tuiteó: «Si el vicepresidente @Mike_Pence hace lo que tiene que hacer por nosotros, ganaremos la presidencia. Muchos estados quieren retirar su ratificación de números incorrectos e incluso fraudulentos en un proceso NO aprobado por sus asambleas legislativas (como debería ser). ¡Mike puede devolverles la pelota!».

Trump había prometido una manifestación «salvaje» el 6 de enero, y en las semanas previas a la ratificación, el Pentágono y otros organismos de orden público habían empezado a buscar indicios de violencia. El FBI creó una unidad para supervisar los informes de inteligencia.

Las publicaciones en Twitter y otras redes sociales eran cada vez más virulentas: voy a matar a esta persona; a disparar a esta otra; a ahorcar a este tipo; a poner una bomba. El FBI hizo un seguimiento de cada amenaza y las vigiló de cerca, pero ninguna parecía creíble. Bienvenidos a Estados Unidos, 2021.

Ken Rapuano, el funcionario civil del Pentágono que coordinaba los servicios de seguridad para aquel día, hablaba a menudo con más de una docena de unidades policiales y de seguridad del área de Washington mediante conversaciones telefónicas interinstitucionales.

«¿Alguien necesita efectivos de la Guardia Nacional?», preguntó. Se esperaban entre diez y veinte mil personas, que no era poco pero tampoco muchísimo. En respuesta, el mantra era: «Lo tenemos todo bajo control». Los representantes aseguraban que manejaban multitudes de ese tamaño a menudo. Solo la Policía Metropolitana de Washington, D.C. pidió un pequeño suplemento de trescientos cuarenta soldados de la

Guardia Nacional, sobre todo para encargarse de puntos concretos alrededor del Ellipse y la Casa Blanca.

El uniforme iría acorde con sus funciones: chalecos naranjas y gorras. Nada de cascos, uniformes antidisturbios ni armas. Se envió también un pequeño grupo de respuesta rápida llamado QRF (Fuerzas de Reacción Rápida, por sus siglas en inglés), de unos cuarenta efectivos, como contingencia de los mecánicos de los F-16 del ejército y la Guardia Nacional aérea. No eran equipos SWAT.

El mensaje era tajante: no debía volver a emplearse el uso de la fuerza como había ocurrido en la plaza Lafayette. Nada de soldados con pistolas. Nada de militarización. Nada de helicópteros ni operaciones por satélite o radar.

«Para que quede claro —escribió la alcaldesa de Washington, D.C., Muriel Bowser, el 5 de enero al fiscal general adjunto Jeffrey Rosen y a otros altos funcionarios del Pentágono—, el distrito de Columbia no solicita más agentes federales y desestima cualquier despliegue adicional sin previa notificación y solicitud» al Departamento de Policía Metropolitana.

Pero a medida que se acercaba el 6 de enero, se detectaron señales preocupantes, incluida una posible versión reducida del ataque terrorista del 11 de septiembre. El FBI recibió un informe de una posible amenaza aérea sobre la región de la capital de la nación por parte de una aeronave privada.

El general Milley le pidió a Christopher Miller, el secretario de Defensa adjunto, que ordenara un ejercicio rápido de la Noble Eagle, una unidad de entrenamiento con aviones de combate y vuelos de reconocimiento desarrollado después del 11-S a modo de respuesta ante ataques similares.

—Estén preparados para cualquier cosa —dijo Milley—. Hagan el ejercicio de entrenamiento Noble Eagle con los F-16 y otros dispositivos de defensa aérea.

—Con los datos que tenemos, deberíamos sacudirnos las telarañas y ya está.

Milley le confirmó a Miller que tenía autorización para derribar cualquier aeronave que amenazara el área de Washington. Y, si Miller no estaba disponible, los generales del mando norteamericano de defensa aérea tenían autorización para ordenar abrir fuego.

259

*T*rump se levantó temprano el 6 de enero y siguió tuiteando y exigiéndole a Pence que rechazara los votos electorales.

«Lo único que tiene que hacer Mike Pence es devolvérselos a los estados, y GANAMOS —tuiteó Trump a las 8.17—. Hazlo, Mike, ¡es el momento de demostrar valor de verdad!»

Marc Short y Greg Jacob se reunieron con Pence a las nueve de la mañana para terminar la carta.

Jacob llevaba semanas trabajando en la carta. Era exsocio del despacho de Washington O'Melveny & Myers, miembro de la Sociedad Federalista y experto en doctrina jurídica conservadora.

Al principio del proceso, Jacob había recurrido al abogado conservador John Yoo, de la Universidad de Berkeley, California, donde él había dado clase. Yoo gozaba de una fama excelente en los círculos legales conservadores. Era alumno del Departamento de Justicia de George W. Bush, autor de los «memorándums de la tortura», que proporcionaban fundamento legal para torturar a los detenidos en la guerra contra el terrorismo, y también había sido secretario judicial del magistrado Clarence Thomas en el Tribunal Supremo.

—Mi opinión es que el vicepresidente Pence no tiene autoridad. No debe preocuparse, ni siquiera pensar en ello —le dijo Yoo a Jacob—. Lo lamento por tu jefe, porque el suyo va a enfadarse mucho —añadió, refiriéndose a Trump.

Jacob siguió buscando consejo. Llamó a Richard Cullen, exfiscal de Estados Unidos en Virginia, que había sido abogado personal de Pence en 2017 durante las investigaciones sobre las interferencias electorales de Rusia. Coincidía con Yoo.

El 6 de enero, al alba, Cullen llamó a J. Michael Luttig, un juez federal jubilado muy popular entre la derecha. Años antes, Luttig había contratado a John Eastman como secretario judicial. Su opinión podía ser una herramienta poderosa para el vicepresidente.

—Hoy es el día —dijo Cullen—. Me han pedido que le pregunte si puede ayudarnos.

—¿Para cuándo lo necesita? —preguntó Luttig.

—Para ya —respondió Cullen.

—Dígale al vicepresidente que creo que tiene que ratificar el voto del colegio electoral hoy —dijo Luttig.

Luego empezó a redactar una declaración en su iPhone, a oscuras en la sala de estar.

Luttig se la envió a Cullen, que la incluyó directamente en la carta de Pence.

Los altos cargos del gabinete celebraron una reunión de dirigentes de treinta minutos sin el presidente Trump a las 9.30 de la mañana del 6 de enero. Habían llegado del extranjero nuevos informes de inteligencia y confidenciales aquella mañana que parecían preocupantes pero, una vez revisados, la tensión de la sala se relajó.

Los miembros del gabinete fueron informados del mitin que Trump tenía programado en el Ellipse. Se habían establecido puntos de tráfico para controlar a los asistentes. La Guardia, con chalecos naranja y sin casco, apoyaría a la Policía Metropolitana.

Milley dijo que esperaba un día rutinario, al menos en términos de amenazas de seguridad. Trump había dado muchos mítines agitados, pero nunca habían derivado en crisis.

El presidente Trump llamó a Pence sobre las diez de la mañana del 6 de enero, mientras este estaba reunido con Short y Jacob. Pence se excusó para contestar la llamada en la planta de arriba, a solas.

—Voy a salir enseguida hacia el Capitolio —le dijo Pence a Trump—. Ya le dije que lo iba a consultar con la almohada y que lo estudiaría con mi equipo. Escucharemos todas las objeciones y pruebas. Pero, cuando vaya al Capitolio, haré mi trabajo.

—¡Mike, muy mal! —le dijo Trump, que lo llamaba desde el Despacho Oval—. Mike, de verdad que puedes hacerlo. Cuento contigo. Si no lo haces, quedará claro que hace cuatro años elegí al hombre equivocado.

Mientras Trump seguía presionando a Pence, el guardaespaldas del presidente, Nick Luna, entró y le pasó una nota. Estaba todo listo para que acudiera al mitin. Su gente lo estaba esperando.

—¡Vas a desertar! —dijo Trump.

Su enfado era visible para el resto de las personas que estaban en el Despacho Oval, incluida su hija Ivanka.

Esta se giró hacia Keith Kellogg.

—Mike Pence es un buen hombre —le dijo Ivanka Trump a Kellogg.

—Lo sé —dijo Kellogg.

Más adelante, Kellogg se esforzó para que todo el mundo supiera de la simpatía de Ivanka por Pence.

Antes de que Trump saliera al escenario el 6 de enero, Giuliani empleó un lenguaje militarista en su propia intervención en el mitin.

—Celebremos un juicio por combate —dijo mientras la muchedumbre vociferaba en señal de aprobación.

Iban embutidos en gruesos abrigos, pero estaban eufóricos. Llevaban pancartas hechas a mano. Gorras rojas de Trump. «Marcha por la salvación de América», ponía en las pantallas del escenario. Los familiares y los asesores de Trump estaban juntos entre bastidores, aturdidos.

—Esto es increíble —dijo el presidente Trump un poco antes de mediodía al ver a los miles de personas allí reunidos—. Los medios de comunicación no enseñarán la magnitud de esta convocatoria. Girad las cámaras, por favor, que se vea lo que está pasando aquí, porque esta gente no está dispuesta a aguantar más. No van a aguantar más.

Igual que Giuliani, solo hablaba de luchar.

—No recuperaréis el país siendo débiles. Tenéis que demostrar fuerza, tenéis que ser fuertes —dijo—. Hemos venido a exigirle al Congreso que haga lo correcto y solo cuenten los votos electorales lícitos, solo los lícitos.

»Sé que pronto iréis todos al edificio del Capitolio a manifestaros de manera pacífica y patriótica para haceros oír.

Justo antes de la una del mediodía, Trump hizo un último intento de que Pence diera su brazo a torcer y cumpliera la voluntad del presidente.

—Mike Pence, espero que te plantes por el bien de nuestra Constitución y por el bien de nuestro país. Y si no lo haces, me decepcionarás mucho. En serio te lo digo. No quiero excusas.

Pence publicó su carta de dos páginas poco antes de la una, y luego la tuiteó a las 13.02. Ni él ni su equipo se la enviaron previamente a Meadows ni al fiscal de la Casa Blanca Pat Cipollone.

«Como estudiante de la historia que adora la Constitución y venera a sus autores, no creo que los Padres Fundadores de nuestro país quisieran investir al vicepresidente con la autoridad unilateral de decidir qué votos electorales deberían contarse durante la sesión conjunta del Congreso, y ningún vicepresidente en la historia de América ha ejercido nunca dicha autoridad», escribió Pence.

La carta terminaba con una breve plegaria: «Que Dios me ampare».

Tras el discurso de una hora de Trump, miles de asistentes siguieron su consejo. Bajaron por la avenida Pensilvania hasta el Capitolio y, cuando llegaron, encontraron grupos reducidos de agentes de la policía del Capitolio reunidos junto a unas barreras y vallas que parecían aparcabicicletas.

La multitud saltaba las vallas y se acercaba cada vez más al Capitolio, a pesar de las súplicas de los agentes.

A las 13.30, parte de los manifestantes se había convertido en una turba enfurecida que aporreaba las puertas y exigía entrar. A las 13.50, Robert Glover, el responsable de la Policía Metropolitana encargado, declaró que aquello era una revuelta. Se habían encontrado posibles artefactos explosivos de fabricación casera en las inmediaciones.

263

Poco después de las dos de la tarde, empezaron a romper los cristales de las ventanas del Capitolio. Estaban dentro. Muchos buscaban a Mike Pence.

—¡Hay que colgar a Mike Pence! —gritaban corriendo por los pasillos—. ¡Traednos a Mike Pence! ¿Dónde está Pence? ¡Encontradlo!

Fuera habían levantado una horca improvisada.

Cuando la policía del Capitolio se acercó a la presidenta Nancy Pelosi en la sala, ella, de entrada, se negó a que se la llevaran de allí. Tenía el edificio a su cargo. Estaba dispuesta a pasar la tarde escuchando las quejas de los republicanos. Sería una vergüenza para la nación, un papelón político, pero era su deber aguantarlo.

—Han asaltado el edificio —le dijeron—. Tenemos que sacarla de aquí.

—No, quiero estar aquí.

—Tiene que marcharse.

—No, no voy a irme.

—De verdad, tiene que irse.

Al final accedió.

Cerca de allí, en la Cámara de Representantes, los agentes de la policía del Capitolio estaban diciéndole lo mismo a Jim Clyburn. Él no daba crédito a lo que oía. Dirigió una mirada dubitativa a sus agentes: ¿no se suponía que la Cámara de Representantes era el lugar más seguro de todo el país?

Rodeándola como un enjambre protector, el equipo de seguridad de Pelosi la condujo fuera de la sala a toda prisa. Lo mismo hizo el de Clyburn, que lo sacó por la puerta en la que la asaltante del Capitolio y veterana de la Fuerza Aérea Ashli Babbitt recibiría un disparo y moriría más tarde. Clyburn llevaba en el Congreso desde 1993 y era el tercer miembro de la Cámara, pero no conocía aquella parte del edificio. Lo montaron en su SUV, su «camión», como él lo llamaba.

—No podemos llevarle a su casa —le dijo un agente—. Nos han ordenado trasladarle a una ubicación secreta.

Tras un trayecto de cinco minutos, Pelosi y Clyburn, por separado, llegaron al fuerte Lesley J. McNair, un pequeño puesto

264

seguro del Ejército situado a pocas manzanas del estadio de béisbol de los Washington Nationals. Toda una comitiva de vehículos negros. Estaba lloviendo. Salieron de los coches y entraron.

Pelosi pensó en sus compañeros y en su equipo..., y también en su difunto padre, que había sido miembro de la Cámara varias décadas antes, representando a Baltimore. Había presenciado el discurso de Winston Churchill. A su padre le habría horrorizado aquel espectáculo. Era antiamericano.

Llamó a su equipo. Estaban escondidos en cuclillas debajo de las mesas. Habían bloqueado la puerta y apagado las luces, y estaban en silencio, a oscuras.

Los asaltantes al final consiguieron entrar en el despacho de Pelosi y robaron documentos y algunos enseres personales. Arrasaron su espacio de trabajo en el primer piso y se dedicaron a hacer fotos con sus teléfonos móviles y a poner los pies encima de la mesa.

—¿Dónde está la presidenta? —gritó alguien—. ¡Encontradla!

Clyburn también llamó a su equipo. Estaban en su despacho privado y habían parapetado la puerta con varios muebles pesados. «Están intentando entrar en el despacho por la fuerza», le dijeron sus aterrorizados asesores.

Clyburn estaba preocupado. ¿Iban a por él? ¿Estaría todo aquello organizado desde dentro? Su despacho privado no estaba ni mucho menos limpio. ¿Por qué no habían ido los asaltantes a su despacho público, el que tenía su nombre en una placa en la puerta? ¿Cómo conocían aquella ubicación?

Los asaltantes rompieron más ventanas y un espejo. Las esquirlas alfombraban el suelo.

—Esto es violencia organizada —les dijo Pelosi a los demás en McNair—. No son cuatro gatos manifestándose. Es violencia organizada.

McConnell estaba escuchando al senador James Lankford, de Oklahoma, cuando se fijó en que los agentes de seguridad entraban en tromba en la cámara del Senado. En cuestión de minutos, tenía al lado a un agente empuñando un rifle de asalto. A él también se lo llevaron a McNair.

265

McConnell llamó a Milley.

—Necesitamos a la Guardia Nacional. Ahora —dijo.

Habló con Pence, a quien también habían sacado de la cámara del Senado.

—Estamos buscando ayuda. Necesitamos ayuda para proteger el edificio —dijo McConnell—, hay que sacar a estos payasos de aquí.

A McConnell le pareció que la respuesta de las fuerzas de seguridad era desesperantemente lenta.

Meadows llamó varias veces a McConnell y le prometió que les ayudaría, y le dio al Departamento de Defensa el número de móvil del líder para que McConnell pudiese establecer contacto directo.

En McNair, McConnell le pidió a su jefa de gabinete, Sharon Soderstrom, que fuera a buscar a los demócratas. Los demócratas y los republicanos estaban en zonas separadas. Le preocupaba que la agitada policía del Capitolio tratara de retrasar su regreso al edificio una vez despejado.

—Averigua dónde están y díselo como sea —dijo McConnell—. Vamos a volver a entrar esta tarde. Quiero hacerlo en horario de máxima audiencia para que todo el país nos vea regresar ahí dentro y terminar el recuento de los votos electorales.

»Es importante que la gente sepa en primicia que el asalto ha fracasado.

McConnell se había criado en el Capitolio. Hizo sus prácticas en el Senado en el verano de 1964. Adoraba aquel sitio. Era su lugar de trabajo. Era su casa.

266

Pence, que había llegado al Capitolio con una mascarilla color azul marino, estaba presidiendo la sesión conjunta del Congreso cuando los agentes del servicio secreto lo sacaron de la sala a las 14.13. Lo llevaron a su despacho cerca del Senado, en el primer piso, donde se reunieron con él su mujer Karen y su hija Charlotte, que lo habían acompañado al Capitolio.

A medida que corría la voz de que los manifestantes estaban asaltando el edificio y se dirigían por los pasillos hacia la cámara del Senado, Tim Giebels, uno de los agentes del servicio secreto que le habían asignado aquel turno, le informó que tenían que trasladarlo a un lugar seguro en la planta baja, cerca de la comitiva vicepresidencial. Una vez allí, Giebels siguió recibiendo información. Los asaltantes estaban por todo el Capitolio. Nadie tenía el control.

—No voy a irme —dijo Pence.

Sabía que el servicio secreto se lo llevaría de allí si se metía en el coche. Parecería que estaba huyendo.

—¡Tenemos que irnos ya! —exclamó Giebels, e invitó a Pence a entrar en el vehículo.

—No voy a subir —insistió Pence.

Dijo que se quedaría allí haciendo llamadas con el motor en marcha, listo para marcharse si la crisis se agravaba.

Pence habló por teléfono con McConnell y otros líderes que decían que necesitaban que la Guardia Nacional fuera más rápida. Había que asegurar el Capitolio.

—¿Dónde están los soldados? —preguntó McConnell.

—Voy a ponerme en contacto con ellos y te llamo —dijo Pence.

ϓ

Keith Kellogg, que se encontraba en el Ala Oeste durante el asalto, se fijó en que el presidente estaba viendo la televisión en su comedor privado junto al Despacho Oval.

Estaban empezando a emitir imágenes de los asaltantes del Capitolio. No solo deambulaban por el edificio. Trepaban por las paredes, se enfrentaban a la policía y vociferaban amenazas por los pasillos de mármol. Aquello ya no era una manifestación. Algunos diputados y otras personas allí presentes lo tachaban de insurrección.

«Mierda —pensó Kellogg—. ¿Qué está pasando?»

Mientras los asaltantes se dispersaban por el Capitolio, muchos miraban el móvil y estaban pendientes de Trump. La muchedumbre estaba cada vez más agitada. Rompieron más ventanas.

Trump publicó un tuit a las 14.24. Culpaba a Pence de no haber tenido «el valor de hacer lo que había que hacer para proteger nuestro país y nuestra Constitución».

Kellogg fue a ver a Trump al comedor presidencial. Acababa de intercambiar algunos mensajes con el equipo de Pence en el Capitolio.

—Señor, el vicepresidente está a salvo —le dijo Kellogg a Trump.

—¿Dónde está Mike? —preguntó Trump.

—Con el servicio secreto. Están abajo, en el sótano. Están bien y él no quiere entrar en su vehículo. Sabe que si consiguen que se meta en el coche, se lo llevarán de allí.

»Señor presidente —añadió—, debería publicar un tuit. En el Capitolio nadie lleva un televisor a cuestas. Tiene que tuitear algo cuanto antes, ayudar a calmar a la gente. Están fuera de control

»No pueden controlar esto. Señor, no están preparados. Cuando una multitud se subleva así, estamos perdidos.

—Ya —dijo Trump.

Pestañeó y siguió viendo la televisión.

Kellogg observó a su alrededor y se dio cuenta de que el Ala Oeste estaba casi vacía. Meadows estaba en su despacho, pero Trump estaba prácticamente solo. El consejero de seguridad nacional, Robert O'Brien, se encontraba en Florida. Y Kushner no estaba.

Kellogg fue a buscar a Ivanka Trump.

Los agentes de policía habían desenfundado sus armas dentro de la Cámara de Representantes y apuntaban a las puertas mientras los manifestantes aporreaban la madera maciza sin dejar de gritar.

El congresista Joe Neguse, un demócrata de treinta y seis años de Colorado, le mandó un mensaje a su mujer, Andrea. Ella le advirtió que la turba estaba en la Sala de las Estatuas, a pocos metros de él. Neguse le dijo que la quería, que quería a su hija y que todo saldría bien.

Pero Neguse y otras personas que estaban con él, en cuclillas en el suelo, no estaban tan seguros. La cámara estaba sellada. La policía conminó a los parlamentarios a que cogieran las máscaras de gas, profiriendo órdenes a voces. ¡Todo el mundo al suelo! ¡Pónganse las máscaras!

Mientras los diputados abrían las máscaras de gas, sonó un fuerte ruido. Un zumbido. Una cacofonía de gritos y pitidos inundó la Cámara de Representantes.

—¡Prepárense para ponerse a cubierto!

Neguse podía oír a los asaltantes golpeando las puertas.

Los agentes se dispersaron para proteger a los diputados por grupos. ¡Salgan! ¡Síganos!

Los evacuaron a un emplazamiento seguro.

Paul Ryan, expresidente de la Cámara, estaba solo en el despacho de su casa, en el área de Washington. Tenía puesta la televisión. Sobre la mesa tenía una pila de trabajo pendiente. Aquellos días estaba de exámenes y dando clase. Por Zoom.

Miró la pantalla. ¿Un motín? ¿En el Capitolio? Subió el volumen. Enseguida reconoció a los agentes de la policía del Capitolio. «Dios mío —pensó—. Conozco a esos hombres.» No solo de su antiguo equipo de seguridad, sino también de todas las décadas que había trabajado allí, primero como empleado y más tarde como diputado, desde 1992 hasta 2018.

Vio cómo un manifestante con barba le quitaba el escudo antidisturbios a un policía y lo estampaba contra una ventana del Capitolio. El cristal se rajó. Otro golpe. Más rajas. Otro golpe. Había roto la ventana. Los asaltantes vociferaban, se encaramaban a las ventanas y entraban en el edificio.

Estaba convencido de que la lucha de Trump era una pantomima, pensó Ryan. Que Trump daría su mitin y les diría a sus seguidores que no había perdido. Que haría una pirueta poselectoral. No creía que pudiera llegar tan lejos.

Pero estaba ocurriendo. Seguía viendo caras de policías conocidos. Era difícil de encajar. Se puso a llamar a amigos diputados y empleados del Capitolio. Algunos le dijeron que estaban esquivando a los asaltantes por el hueco de la escalera. Estaban destrozando la Sala de las Estatuas, la misma que él cruzaba diez veces al día cuando era presidente de la Cámara de Representantes.

—Espero que estéis bien —les dijo Ryan.

Y también que se sentía culpable por no estar allí.

—Donald Trump ha fomentado esto, los ha revolucionado —les aseguraba Ryan enfadado a varios amigos—. Los ha enviado él. Él les ha metido esto en la cabeza. Ha decidido creer a sus asesores más chalados. Podía haber elegido escuchar a Pat Cipollone o a Bill Barr, pero prefiere hacerle caso a Rudy Giuliani.

Más tarde, Ryan se sentó ante su ordenador. Redactó un correo dirigido a un reducido grupo de agentes de la policía del Capitolio que habían formado parte de su equipo de seguridad. Les dijo que él y su mujer, Janna, estaban «horrorizados y consternados» ante la violencia ejercida contra los agentes y la profanación del Capitolio.

Ryan levantó la vista hacia el televisor de nuevo y contempló la escena. Se frotó los ojos.

—Dios mío —dijo, sobresaltándose.

Los asaltantes seguían vociferando y escalando las paredes exteriores. Golpeaban a los policías con barras metálicas.

Ryan empezó a llorar desconsoladamente.

Llamó a su asistente y le dijo que cancelara todas sus reuniones de aquel día.

—Hoy no puedo con nada más —dijo.

ϒ

—¿Dónde está el presidente?

El líder de la minoría Kevin McCarthy estaba llamando a la Casa Blanca y pidiéndoles a los asesores que le pusieran con el presidente.

Estaban arrasando el despacho de McCarthy en el primer piso del Capitolio. Habían roto las ventanas. Su equipo de seguridad lo había sacado de allí a toda prisa.

Trump se puso al teléfono.

—Tiene que salir y decirle a esta gente que pare. Estoy fuera del Capitolio. Esto es un atropello —dijo McCarthy. Estaba muy alterado—. Acaban de disparar contra una persona.

McCarthy había oído un disparo. A las 14.44, la veterana de la Fuerza Aérea Ashli Babbitt recibió un tiro por parte de un agente de policía en el interior del Capitolio mientras intentaba derribar una puerta junto a otros asaltantes cerca de donde estaban los diputados.

—Publicaré un tuit —dijo Trump.

—Nunca he visto nada igual —dijo McCarthy—. Tiene que decirles que paren. Tiene que sacarlos de aquí. Sáquelos de aquí. Ahora mismo.

Trump no parecía entender la gravedad de la situación. Ni siquiera le preguntó a McCarthy si él estaba bien. E hizo el siguiente comentario:

—Bueno, Kevin, supongo que esta gente está más indignada por las elecciones que tú.

Kellogg encontró a Ivanka Trump.

—Tiene que hablar con su padre acerca del motín en el Capitolio —le dijo.

Ella podía acceder a su padre mejor que otros. Podía hablarle como hija.

Ivanka entró en el Despacho Oval. Cuando salió unos minutos después, Kellogg se fijó de inmediato en la expresión de su rostro. Había visto ese mismo gesto alguna vez en su propia hija. Acababa de tener una conversación difícil.

Durante meses, Ivanka Trump y su marido, Jared Kushner, habían visto cómo Trump se entregaba a las teorizaciones legales y a las conspiraciones congresistas que le contaban sus aliados. Habían decidido ir con pies de plomo con Trump: Kushner les hizo ver a los asesores que la presidencia era de Trump, y que él era el único que podía decidir cómo ponerle fin.

Kushner no quería ser el punto de contacto en una intervención. Les decía a todos que respetaran a Trump y le dieran espacio. Kushner había viajado a Oriente Medio en noviembre, y luego otra vez en diciembre.

Mientras Kellogg y otras personas miraban, Ivanka entró dos veces más a ver a su padre.

—Déjalo ya —le dijo—. Olvídalo.

Trump no llegó a llamar a Pence aquel día.

Marc Short, que estaba con Pence, llamó a Meadows más tarde para informarle del estado de la cuestión.

—El vicepresidente está trabajando con los líderes para asegurarse de que volvamos para la votación —dijo Short.

—Probablemente sea lo mejor —dijo Meadows—. ¿Podemos hacer algo más por vosotros?

Short estaba profundamente frustrado. «¿Podemos hacer algo más por vosotros?» ¿Estaba de broma? ¿Dónde estaba la urgencia?

A las 15.13 Trump publicó un tuit: «Quiero pedirles a todas las personas que están en el Capitolio que mantengan la calma. ¡No a la violencia! Recordad que NOSOTROS somos el partido de la ley y el orden: respetad la ley y a los hombres y mujeres que trabajan para las fuerzas de seguridad. ¡Gracias!».

Dentro del gabinete de prensa de la Casa Blanca, la asesora de Trump Sarah Matthews no sabía dónde meterse. Ella y los demás asesores estaban pegados a los ordenadores, conscientes de que se estaba presionando al presidente para que tuiteara algo. Pero, cuando leyó el tuit, les dijo a sus compañeros que aquello no haría nada por detener el motín. Aquello era un gesto insignificante, no una exigencia.

—La situación está fuera de control —dijo Matthews. Bajó al gabinete de prensa de la planta baja, cerca de la sala de prensa—. Esto es muy grave.

Υ

La congresista Elissa Slotkin, una demócrata de Michigan de cuarenta y cuatro años, llamó al presidente Milley por teléfono a las 15.29. Antes de ser elegida diputada, Slotkin era analista en la CIA, había trabajado en Irak en tres ocasiones distintas y más tarde había sido funcionaria en el Pentágono durante la presidencia de Obama.

Slotkin conocía bien a Milley. Tenían un trato de mutua confianza, familiar.

—Mark, tienes que enviar a la Guardia —dijo con severidad.

Estaba alterada y alerta. Como en Bagdad. El Capitolio estaba en estado de sitio, y ella y los demás diputados estaban escondidos en sus despachos.

—Lo sé —dijo Milley—. Estamos en ello.

—Ya sé que me enfadé contigo por lo que pasó en junio —dijo Slotkin, refiriéndose al episodio en la plaza Lafayette—. Pero ahora te necesitamos, y te necesitamos ya. Tenéis que mandar al ejército. Y todo lo que podáis.

—Elissa, lo entiendo.

—Sé lo hipócrita que suena esto —dijo.

La diputada había criticado duramente la intervención militar en las manifestaciones por George Floyd en la plaza Lafayette.

—Tienes razón —dijo Milley—, un poco sí. Pero vamos para allá.

—Estás en una posición ridícula —dijo Slotkin.

—Congresista, vamos a enviar todo lo que podamos y lo antes posible.

—¿Es verdad que Trump ha dicho que no? —le preguntó Slotkin.

¿Se había negado el presidente a enviar a la Guardia Nacional? Esa posibilidad planeaba sobre Capitol Hill.

—No he hablado con Trump, y lo he hecho adrede —le dijo Milley—. He hablado con Pence. He informado a Pence de que vamos a mandar a la Guardia. Pence lo ha celebrado.

—Es muy inteligente no haber involucrado a Trump —dijo Slotkin—. Muy bien hecho.

—No sé si Trump hubiese contestado forzosamente que no —repuso Milley.

—¿Por qué no? —preguntó Slotkin.

Milley le explicó que, unos días antes, en una reunión de seguridad nacional que no tenía nada que ver con aquello, le había dicho a Trump que iban a asignar algunos efectivos de la Guardia para apoyar a la policía del Capitolio y a la de Washington, D.C., el 6 de enero. Y Trump se había mostrado de acuerdo y había dicho: «Muy bien, haced lo que tengáis que hacer».

Milley matizó acto seguido aquella afirmación añadiendo:

—No sé.

Biden pospuso sus planes de hablar sobre la economía aquel día y preparó un discurso breve. Salió al escenario en su sede transicional en Wilmington a las 16.05 de la tarde. Detrás de él había enormes pantallas digitales azules que proyectaban el mensaje «OFICINA DEL PRESIDENTE ELECTO» en letras blancas. Habló en voz baja, casi un susurro.

—En este preciso instante, nuestra democracia está siendo objeto de un ataque sin precedentes, nada que hayamos visto en nuestra época. Un asalto a la ciudadela de la libertad, el mismísimo Capitolio.

»Esto no son discrepancias, son disturbios. —Empezó a elevar la voz, enfadado—. Es caos. Raya en la sedición.

Biden instó a Trump a «comparecer en la televisión nacional de inmediato» y «cumplir con su juramento, defender la Constitución y exigir el fin de este asedio».

Cuando hubo terminado, dio media vuelta y se encaminó a la zona entre bastidores, alejándose de los focos deslumbrantes que iluminaban el atril. Un reportero gritó:

—¿Está preocupado por su investidura, señor?

Otro reportero dijo:

—¿Ha hablado con McConnell hoy?

De pie entre las sombras, cerca de la parte posterior del escenario, Biden se dio la vuelta y levantó la mano derecha para hacerse oír. Su rostro apenas era visible en pantalla. Habló en voz bien alta.

—No me preocupan ni mi seguridad personal ni la investidura —dijo—. El pueblo americano va a levantarse. Ahora.

Hizo una pausa.

—¡Ya basta! —exclamó Biden, y dio una especie de puñetazo al aire con la carpeta en la mano. Dio media vuelta de nuevo, agachó la cabeza y salió de la sala.

Poco después de las cuatro de la tarde, mientras los asaltantes seguían entrando en el Capitolio y desbordando a las fuerzas policiales, Pence llamó a Christopher Miller, el secretario de Defensa adjunto, y le dijo:

—Evacúen el Capitolio.

Miller le aseguró a Pence que estaba en ello y que la cosa avanzaba.

En la Casa Blanca, Kellogg permaneció cerca del presidente, que seguía en el Despacho Oval. Meadows estaba allí también.

El viceconsejero de seguridad nacional Matthew Pottinger, experiodista y asesor clave de Trump acerca de China y la pandemia, se presentó allí.

Meadows se desahogó con Pottinger. La Guardia Nacional estaba tardando mucho.

—Maldita sea —soltó Meadows. Explicó que le había dicho a Miller que se dieran prisa—. ¿Dónde está la Guardia?

Pottinger, que estaba al habla con sus contactos en el Pentágono y otras agencias involucradas, dijo que Miller recelaba de utilizar a la Guardia de forma agresiva para contener los disturbios. Le parecía militarizarlo todo demasiado, le parecía una provocación.

Meadows no quiso ni oír aquella excusa.

—Le dije que movilizara a la Guardia. Salga ahí fuera y hágalo —dijo Meadows. Le dijo a Pottinger que llamara a Miller y lo presionara.

Kellogg intentó intervenir y llamó al jefe de gabinete de Miller, Kash Patel.

—¿Qué coño estáis haciendo? —le increpó Kellogg—. Meadows está furioso porque la Guardia no está allí ya.

—Ah, están en marcha, ya están en marcha —dijo Patel.

Anthony Ornato, un oficial del servicio secreto que había sido jefe de operaciones de la Casa Blanca con Trump, le recordó a Kellogg otra opción.

—Tenemos a 2000 *marshals* a los que podemos convocar ahora mismo —dijo Ornato.

—Eso es bastante inteligente, llamadlos también —dijo Kellogg.

Cada vez llegaba más gente al Despacho Oval. Circulaban ideas sobre la gestión de daños. Publicar más tuits. Grabar un vídeo. Celebrar una rueda de prensa.

—Eso probablemente sea lo más estúpido que puede hacer ahora mismo —aseveró Kellogg—. Si haces una rueda de prensa, habrá preguntas, y no tendremos el control de las mismas. Hay que tener la situación controlada.

Meadows y Kellogg, junto con otros asesores, entraron a ver al presidente. Se decidieron por el vídeo. Se grabó enseguida, fuera de la Casa Blanca, Trump hablando frente a una única cámara. Sin disculpas ni concesiones. Se publicó a las 16.17.

—Las elecciones han sido fraudulentas, pero no podemos caer en su juego —dijo Trump—. Tenemos que tener paz, así que marchaos a casa. Os queremos. Sois muy especiales.

Siete minutos más tarde, el cuerpo de alguaciles de Estados Unidos publicó un tuit: «El Cuerpo de Alguaciles de Estados Unidos va a sumarse a otras fuerzas del orden para apoyar a la policía del Capitolio en las operaciones en Washington, D.C.».

En una sala enorme de uno de los edificios de despachos del Senado, los senadores de ambos partidos recibieron la orden de estar quietos; la policía del Capitolio montaba guardia en la puerta. Había poca comida, y los senadores murmuraban que tenían hambre. Mientras miraban las noticias en sus móviles y se juntaban en pequeños grupos, empezaron a estallar tensiones entre ellos. El senador de Ohio Sherrod Brown, demócrata, mandó callar en un momento dado a Lindsey Graham.

Nadie hablaba con el senador Hawley, a quien muchos culpaban de haber instigado la revuelta al anunciar su oposición a la ratificación una semana antes.

277

Una fotografía de Hawley con el puño cerrado y levantado fuera del Capitolio, como si apoyara a los seguidores de Trump, circulaba por Internet. Se había convertido en el rostro del bloque trumpista en el Senado.

Al final, todos los senadores observaron cómo Cruz se dirigía hacia donde estaba Hawley.

—¿Qué vas a hacer? —le preguntó Cruz.

Unos diez senadores republicanos habían planeado objetar la ratificación del voto electoral de Arizona. Pero con los disturbios, algunos senadores del Partido Republicano, incluida la senadora Kelly Loeffler, que había perdido en Georgia, estaban dispuestos a acabar con aquel drama y apoyar la ratificación de la victoria de Biden.

McConnell les comunicó a varios senadores que quería acelerar el proceso. Reunirse y acabar con lo de Arizona, seguir adelante. Pero sabía que, si Hawley se mantenía en sus trece e impugnaba el recuento de Pensilvania, sería imposible avanzar rápido. Según las reglas del Senado, cualquier objeción suscitaría un nuevo debate.

Hawley no quiso hablar demasiado con Cruz ni con el senador Roy Blunt, compañero republicano de Misuri, que también se acercó a él y le preguntó cómo estaban las cosas.

Al final, incluso con el asedio y la presión de varios colegas para que dimitiera, Hawley decidió mantener su objeción tanto a Arizona como a Pensilvania. Se mantendría fiel a Trump.

Cuando les informaron de la decisión de Hawley, muchos de sus colegas republicanos protestaron. Lo que veían como un espectáculo político, todo por un presidente que no aceptaba su derrota, ahora iba a extenderse hasta más allá de la medianoche. Seguro que otros republicanos iban a seguir los pasos de Hawley, temerosos de que los acusaran de no cerrar filas con los votantes de Trump.

A medida que caía la noche, Trump siguió tuiteando mientras la policía y el ejército trabajaban para asegurar el Capitolio. Los extremistas militantes radicales y los supremacistas blancos, como los identificaría más tarde el FBI, rompían ventanas y rasgaban carteles por los pasillos. Plantaron banderas de colores donde ponía «TRUMP» y «AMERICA FIRST» junto a los bustos de los vicepresidentes, cerca del Senado.

Los soldados de la Guardia Nacional, que ya habían llegado, patrullaban el edificio despejando la multitud mientras la policía realizaba detenciones. Se oían gritos. Un clamor desafiante.

«Esto es lo que pasa cuando se arrebata una victoria electoral aplastante de forma tan brusca y vil a los grandes patriotas que han recibido un trato mezquino e injusto durante tanto tiempo —tuiteó Trump a las 18.01—. Marchaos a casa en paz y amor. ¡Recordad este día siempre!»

Poco después de las ocho de la tarde, los miembros del Senado volvieron a la cámara.

El senador Tim Scott, de Carolina del Sur, el único republicano negro del Senado, se acercó a Pence.

—En un momento como este me gustaría ponerme a rezar —dijo Scott.

—Pues venga —dijo Pence—, recemos.

El senador de Montana Steve Daines, otro republicano, se sumó a ellos.

Cuando llegó la hora de la votación de Arizona, 93 senadores rechazaron las objeciones de Hawley y cinco senadores más: Cruz, más los senadores Cindy Hyde-Smith (Misisipi), Tommy Tuberville (Alabama), Roger Marshall (Kansas) y John Kennedy (Luisiana).

La senadora Loeffler no objetó.

—Cuando llegué a Washington esta mañana, estaba dispuesta a presentar mi objeción a la ratificación de los votos electorales —dijo, bajando la mirada—. Sin embargo, los acontecimientos del día de hoy me han obligado a replantear mi postura, y no puedo objetar con la conciencia tranquila.

Pero Hawley objetó a los votos electorales de Pensilvania, lo que derivó en varias horas de debate adicional. La mirada asesina del senador Romney a Hawley —Romney estaba sentado justo detrás del senador republicano de cuarenta y un años— quedó grabada en la retina de los millones de personas que siguieron la sesión por televisión.

279

ϒ

El debate continuaba y los senadores tomaban la palabra por turnos. Muchos parecían exhaustos, derrengados.

El senador Mike Lee se mostró solemne pero firme.

—Todos los aquí presentes debemos recordar que hemos jurado apoyar, proteger y defender este documento —dijo Lee levantando una copia de la Constitución—. El vicepresidente de Estados Unidos abrirá los sobres y procederá al recuento de los votos. Esas son las palabras que describen, definen y limitan la autoridad que tenemos en este proceso. Nuestro cometido es abrir y contar. Y ya. Eso es todo.

»Me he pasado una cantidad ingente de tiempo hablando con los funcionarios del gobierno de esos estados, y en ninguno de los estados disputados (en ninguno) he detectado ni un solo indicio de que ninguna asamblea legislativa, ningún secretario de estado, ningún gobernador ni ningún vicegobernador tuvieran intención alguna de alterar las listas electorales.

»Nuestra labor consiste en reunirnos, abrir los votos y contarlos. Eso es todo.

El turno de palabra de Lindsey Graham fue un monólogo interior de angustia personal y realismo político.

—Trump y yo hemos recorrido un largo camino juntos. Detesto que termine así. Dios mío, es que lo odio. Desde mi punto de vista, ha sido un presidente relevante, pero hoy, lo primero que verán es su obituario. El 6 de enero quedará grabado a fuego en el legado de Trump. Lo único que puedo decir es que conmigo no cuenten. Hasta aquí he llegado.

»Me dijeron que en Georgia votaron 66 000 menores de dieciocho años. ¿Quién puede creerse eso? Les pedí que me dieran diez nombres, y solo me dieron uno. Me dijeron que votaron 8000 presos en Arizona. Les pedí que me dieran diez nombres, y no me dieron ni uno solo.

»Tenemos que acabar con esto.

»Mike, señor vicepresidente, mucho ánimo.

»Tiene un hijo que pilota un F-35. Tiene un yerno que pilota un F-18. Están ahí fuera pilotando aviones para que nosotros hagamos lo correcto.

»Joe Biden, he viajado por todo el mundo con Joe. Esperaba que perdiera. Recé para que perdiera. Pero ha ganado.

Al igual que había ocurrido con Arizona, el Senado rechazó la objeción a los votos electorales de Pensilvania, esta vez por 92 votos en contra y 7 a favor. El rechazo a Pensilvania de la Cámara fue de 282 frente a 138.

Poco después de las 3.40 de la madrugada del jueves 7 de enero, Pence anunció que Biden había sido ratificado como ganador.

Pence se encaminó hacia su comitiva de vehículos. Short le mandó un mensaje de texto al vicepresidente: «2 Timoteo 4,7».

Pence se lo sabía de memoria.

«He librado una gran batalla, he llegado hasta el final, he conservado la fe.» Esos eran los versículos de la Biblia a los que hacía referencia.

281

*P*elosi y Schumer llamaron a Pence la mañana del 7 de enero para instarle a acogerse a la Vigesimoquinta Enmienda, que permite que «el vicepresidente y una mayoría de los principales funcionarios de los departamentos ejecutivos» declaren ante el Congreso que «el presidente está incapacitado para ejercer los poderes y obligaciones que corresponden a su cargo». Dicha acción permitiría al vicepresidente «asumir de inmediato los poderes y obligaciones del gobierno en calidad de presidente en funciones».

—Creo que no se va a poner al teléfono. Alguien no quiere pedírselo —les dijo Pelosi a sus asesores.

Creía que su habitual rechazo a hablar las cosas acentuaba su debilidad.

Pence no contestó a la llamada. En lugar de eso, Short llamó al jefe de gabinete de Schumer, Michael Lynch, para preguntarle por qué llamaban. Short quería apartar a Pence de cualquier intento de destituir a Trump del cargo.

—¿Cuál es el motivo de la llamada? ¿Puedo ayudar en algo? —preguntó Short a Lynch mientras los líderes de los diputados demócratas estaban en espera.

—Nos dejaron veinticinco minutos en espera y luego dijeron que el vicepresidente no se iba a poner —dijo Schumer más tarde.

—Si el vicepresidente contesta a la llamada, se van a ir por las ramas —les dijo Short a sus compañeros, refiriéndose a los micrófonos que había dentro del Capitolio—, y dirán que han hablado con el vicepresidente de la posibilidad de acogerse a la Vigesimoquinta Enmienda, lo que lo pondría en una posición extremadamente comprometida.

Pence nunca se planteó dimitir ni acogerse a la Vigesimoquinta Enmienda para destituir a Trump de su cargo. Greg Jacob le advirtió de que esta enmienda estaba concebida para ser utilizada en el caso de que un presidente estuviera incapacitado, y que aquella situación, por grave que fuera, no cumplía aquella condición. Pence estuvo de acuerdo.

El vicepresidente trabajó todo el día desde su residencia y no fue a la Casa Blanca. No habló con Trump, que estaba lidiando con las dimisiones de algunos republicanos e incluso de la junta editorial conservadora del *Wall Street Journal*.

La secretaria de transportes de Trump, Elaine Chao, la mujer de Mitch McConnnell, dimitió alegando estar «profundamente afectada» por los acontecimientos ocurridos el 6 de enero. Barr manifestó en una declaración que Trump había orquestado una «turba para presionar al Congreso» y tachó su conducta de «traición a su gobierno y a sus partidarios».

Más tarde, el jueves, Pence llamó a su abogado, Richard Cullen, y le agradeció sus consejos. Le dijo que estaba en casa con la señora Pence.

—¿Cómo fue? —preguntó Cullen.

Cullen oyó que Pence se dirigía a su mujer.

—Cariño, ¿nos asustamos?

No pudo oír la respuesta.

—Estoy rezando por el presidente —dijo Pence.*

Graham vio que la venganza era algo a lo que a Trump le iba a costar mucho renunciar. Por el bien de Trump y el de todos, Graham esperaba que sus diferencias con Pence no siguieran consumiendo al presidente.

Más tarde, en el aeropuerto, Graham fue el blanco de gritos y persecuciones por parte de los seguidores de Trump.

—¡Traidor! ¡Traidor! —le gritaban mientras este cruzaba la terminal mirando el teléfono.

—¡¿No hiciste un juramento?! —le chilló un hombre.

—Sí —contestó Graham.

* En el prólogo se proporciona más información acerca del papel de Milley el 8 de enero de 2021 (páginas 15-21).

—Pues te has meado en él.

Los cuerpos de seguridad se lo llevaron a una sala de espera donde Pence lo llamó para agradecerle sus amables palabras en el Senado acerca del hijo y el yerno del vicepresidente.

Graham creía que el trato que Trump le estaba dando a Pence era una de las peores cosas que había hecho el presidente. Cualquier demócrata sensato, creía Graham, podía entender ahora que Trump se había hecho un gran daño a sí mismo y que la mejor estrategia era hacerse a un lado mientras el presidente atropellaba a sus personas de confianza.

Graham le dijo a Trump:

—Esto ha hecho que todas las críticas tengan razón de ser.

Más tarde, observó:

—Creo que aún hoy sigue sin ser consciente del efecto de sus palabras.

—Acabo de vivir la experiencia más inverosímil y desconcertante de mi vida —le aseguró el diputado Adam Smith por teléfono a las 11.30 de la mañana del 8 de enero al general Milley.

Smith, el presidente de la Comisión de Servicios Armados de la Cámara de Representantes, era un veterano diputado del estado de Washington, con veinticuatro años de servicio a sus espaldas. Demócrata moderado, poco conocido y nada amigo de las cámaras. Pero, en los círculos militares y del Pentágono, era una persona con gran poder entre bastidores.

Smith, de cincuenta y cinco años, describió cómo fue estar sentado en el asiento del pasillo en la fila 26 del vuelo operado por Alaska Airlines que despegó a las cinco de la tarde del Aeropuerto Nacional Reagan de Washington rumbo a Seattle un día después del asalto al Capitolio. Estaba rodeado de casi un centenar de simpatizantes de Trump con gorras de «Make America Great Again».

Él, que era un habitual de aquel vuelo de casi seis horas con el que volvía a casa los fines de semana o en los recesos del Congreso, se había acostumbrado a viajar en un avión casi vacío durante todo el año anterior debido a la pandemia. Pero aquella vez le costó encontrar un asiento libre. La gente charlaba animadamente, y nadie se dio cuenta de que aquel hombre, que parecía un amable ejecutivo, era en realidad un congresista.

El avión se llenó de conversaciones desagradables acerca de las conspiraciones para robarle las elecciones a Trump. También se hablaba del grupo QAnon, que según afirmaban los pasajeros era un bastión contra una camarilla de pedófilos contrarios a Trump que veneraban a Satanás y dirigían una trama internacional de tráfico de menores con fines sexuales.

Varios pasajeros utilizaron el acrónimo «6MWE». Smith no sabía a qué se referían. Se quedó horrorizado al enterarse, por unos tipos que lo explicaron abiertamente, que eran las siglas de la frase «seis millones no fueron suficientes» (*six million weren't enough*), una referencia a los seis millones de judíos exterminados en los campos de concentración nazis.

Manifestaban una profunda decepción por el hecho de que el motín no hubiese conseguido revertir el resultado de las elecciones presidenciales. Aquella había sido la lucha final por un nuevo orden. Muchos asentían con la cabeza.

Smith, sentado en silencio con su mascarilla puesta, se sentía como si estuviera en el vestuario del equipo perdedor después de un partido. Estaban tan abatidos que Smith, por un momento, sintió cierta satisfacción. El país acaba de irse al infierno, decían, es horrible, se ha convertido en un lugar terrible.

—América está tan mal, tan perdida —dijo un joven—, que yo voy a mudarme a Corea del Sur.

¿A Corea del Sur?, pensó Smith, confuso. ¿Por qué? El mismo joven respondió a la pregunta que Smith nunca formuló en voz alta cuando les dijo a otros pasajeros:

—Corea del Sur es un país cristiano en un noventa por ciento.

En realidad, confirmó más tarde, Corea del Sur tiene un 29 por ciento de población cristiana.

—Deberías mudarte a Idaho —sugirió una mujer.

—No creo que haya buen marisco en Idaho —repuso el joven.

Smith pensó que aquel muchacho quería que el fascismo tomara Estados Unidos, pero a la vez creía que, si no podía comer *sushi*, tal vez no merecía la pena.

Los asaltantes del Capitolio del día anterior tenían que haber salido de algún sitio, pero Smith se sorprendió de que hubiera tantos regresando a su estado, tradicionalmente demócrata.

Smith, que acababa de ponerse la primera dosis de la vacuna, se quedó allí sentado con su mascarilla, sin decir palabra, mientras la cháchara descarnada continuaba a su alrededor. «Si en algún momento pillo el coronavirus —pensó—, será ahora.»

En el asiento del centro, a su lado, una mujer menuda de unos cincuenta años, ataviada con toda la parafernalia trumpista, sin duda había tenido el mismo pensamiento que él, porque estaba limpiando frenéticamente toda la zona de su asiento.

Como presidente de los Servicios Armados, varias personas habían acudido a él después del 6 de enero para expresar su preocupación por la seguridad de los códigos de lanzamiento de los misiles nucleares de alto secreto. Trump los tenía. ¿Había manera de contener al presidente? Smith le había transmitido todas aquellas inquietudes a Pelosi.

Un miembro del Congreso le había dicho que le preocupaba que Trump robara el Air Force One en sus últimos días de mandato, volara con él a Moscú y le vendiera los secretos estadounidenses a Putin. Otra inquietud de los diputados era que el Capitolio sufriera un ataque durante la investidura de Biden. ¿Cómo iban a garantizar que Trump no pudiera impedir que las fuerzas de seguridad protegieran a Biden?

Mientras el avión sobrevolaba el país, la cháchara supremacista y antisemita seguía fluyendo sin cesar. Una cosa era leer y hablar acerca de algo todo el día, y otra muy distinta estar allí durante horas en el meollo del asunto. La experiencia era desagradable, como lo había sido el propio motín. Smith estaba convencido de que muchas de las personas que iban en aquel vuelo, y que habían estado en el Capitolio, habían intentado revertir el resultado legítimo de unas elecciones presidenciales. Sin la menor duda.

Pero Smith también sentía que la revuelta tenía una parte de evasión de la realidad. Como si alguien intentara marcar un gol de campo lejano en el fútbol americano. ¿Tan poco realista es intentar anotar un gol de campo? Puede ser, pero tampoco es imposible. Trump y sus seguidores no iban a revertir unas elecciones legítimas, pero eso no significaba que no fueran a intentarlo. A la desesperada.

A Smith le gustaba pensar en Donald Trump como en el diluvio universal de la historia de la democracia. Pero les dijo a sus compañeros que el Congreso no podía promulgar ninguna ley para proteger el país si un lunático ocupaba la Casa Blanca. La autoridad sobre las cuestiones bélicas correspondía al presidente como comandante general. El único poder que tenía el Congreso, en términos pragmáticos, era cortar el grifo del dinero. Creía que el sistema para controlar el uso de las armas nucleares era vulnerable.

—Hay que centrarse en no volver a dejar que entre ningún loco en la Casa Blanca —dijo Smith—. Doscientos años de historia atestiguan que el presidente de Estados Unidos utiliza al ejército como quiere.

»Trump no está bien de la cabeza. Es un psicópata narcisista. El mayor miedo era que utilizara el Pentágono y el Departamento de Defensa para dar un golpe de estado.

Aquella era una conclusión, alarmante y desalentadora, que sobrevolaba el Congreso el 8 de enero. Un día antes, Trump había publicado un vídeo donde decía que «una nueva administración se inaugurará el 20 de enero», y dijo que quería una «transición fluida, ordenada y tranquila». Pero el comunicado era débil, plano y falso. No tranquilizó a muchos congresistas.

—Mi miedo con respecto a Trump siempre fue que organizara una conquista fascista del país —dijo Smith—. Nunca me preocupó de verdad que pudiera desatar una guerra. Es un cobarde. No quiere asumir esa responsabilidad.

287

$\mathcal{K}$aren Pence llevaba varios días preparando unos paquetes de regalos para los miembros del gabinete de su marido; dentro de cada lote había metido unas copas de champán, miel de su panal y unas tablas de picar alimentos con el sello vicepresidencial. También incluyó una lámina de su cuadro del Observatorio Naval, un gesto que hacía referencia a su interés por la arteterapia, iniciativa para mejorar la salud mental en la que llevaba años involucrada.

Y es que, a pesar del terror vivido el 6 de enero, Karen Pence estaba dispuesta a seguir adelante con la fiesta de despedida para el personal que tenían organizada a las cuatro de la tarde del 8 de enero, en el despacho vicepresidencial arrasado en el edificio de oficinas ejecutivas Eisenhower.

Cuando ella y Pence entraron en el despacho del vicepresidente aquel viernes por la tarde para asistir a la fiesta, unos setenta empleados prorrumpieron en aplausos. Ella se echó a llorar.

A Mike Pence también se le saltaron las lágrimas, se ruborizó y no dejó de sonreír mientras su equipo seguía aplaudiendo durante varios minutos. Aquel era un mundo donde los sentimientos que les provocaba Trump no se verbalizaban, donde se amontonaba el desasosiego. El aplauso expresaba todo lo que querían decirle a Pence, y él pareció entenderlo.

—Ha sido una semana muy emotiva —empezó a decir Pence, mirando a Karen. Le dio las gracias a ella y a su familia por su apoyo—. Es la mejor segunda dama de la historia, y ha estado conmigo a las duras y a las maduras —dijo Pence mirando a su mujer—. Siempre está a mi lado.

Karen Pence lloró un poco más.

La congregación guardó silencio mientras los Pence se recomponían.

Pence pasó a dar un breve discurso de despedida. No dijo nada especial sobre Trump ni sobre el asalto al Capitolio. Lo hizo a su manera. Les pidió a todos que pensaran en el tiempo que habían pasado con él, y en el gobierno, sin arrepentimiento ni odio.

—Espero que se enorgullezcan de haber servido en este gobierno. Hay mucho por lo que estar orgullosos —dijo Pence—. Espero que vuelvan a ejercer el servicio público en otros momentos de su trayectoria profesional. No hay mayor honor que el de servir a los ciudadanos.

»Yo no tuve el honor de trabajar en la Casa Blanca cuando era joven —prosiguió Pence—. Y cuando uno trabaja aquí a diario, a veces no se para a pensar en la maravillosa oportunidad que eso supone.

Pence miró a Short, cuyo estoicismo era uno de sus rasgos característicos. Contó cómo Short le había mandado un mensaje con el versículo de Timoteo después de la ratificación de Biden. Pence dijo que Short era un amigo de verdad, algo parecido a un hermano. A Short también se le humedecieron los ojos.

—Fue muy importante para mí y para mi familia en aquel momento —declaró Pence—. Este gobierno ha librado una gran batalla. Hemos conservado la fe.

»Ahora, lleguemos hasta el final en estas dos últimas semanas y lleguemos bien, con una transición ordenada al equipo de Harris.

Pence bromeó que quizás él y Karen consiguieran relajarse aquella noche después de una semana tan larga.

—A lo mejor nos lanzamos y nos tomamos una pizza y unas O'Douls —dijo, en referencia a una marca de cerveza sin alcohol.

Todo el gabinete rebuznó, porque a Pence le encantaba hacer aquella misma broma casi todos los viernes por la tarde, y la incluía siempre en sus discursos para disgusto de sus redactores.

Short informó a Pence de que todo el equipo había puesto dinero para regalarle su silla de gabinete. Les había costado 1200 dólares comprársela al gobierno federal.

289

Short apuntó que años antes, cuando trabajaba para el entonces presidente de la conferencia en la Cámara, Pence puso sus principios de base en la pared del despacho: «Honra a Dios, diviértete y asciende a todos los republicanos de la Cámara».

—Bueno, el último lo dejamos estar después de la demanda de Louie Gohmert —dijo Short, refiriéndose a los inútiles esfuerzos del congresista Louie Gohmert, de Texas, de denunciar a Pence en diciembre para intentar impugnar las elecciones presidenciales mediante la objeción de los electores de los estados.

—Tenemos unos regalos para todos a modo de agradecimiento —intervino Karen Pence, enseñándoles el contenido del paquete. El equipo se relajó.

A continuación, Mike Pence firmó en el interior del cajón de su escritorio, una tradición presidencial antes de dejar el cargo. Biden había firmado en 2017. Garabateó su nombre a pocos centímetros del de Biden, del de Dan Quayle, del de Nelson Rockefeller y el de George H. W. Bush.

Marty Obst tuvo un momento distendido con Pence y su esposa cuando terminó la fiesta de despedida. Intercambiaron una charla trivial y algunas sonrisas. Pero Obst estaba furioso y triste. Los paquetitos con los regalos, el esfuerzo tácito por normalizar aquella despedida, le confería un brillo opaco a la tragedia.

Obst se sinceró con un compañero y le dijo que aquel momento era consecuencia de la «toxicidad del poder».

—¿Te imaginas qué habría pasado si Trump hubiese reaccionado a la derrota con elegancia y se hubiese marchado con una reverencia y la mirada puesta en 2024?

»Tendría el control absoluto del Partido Republicano. Estaría completamente galvanizado. Y el vicepresidente sería el primero en decir: «Me voy. ¿Cómo puedo ayudarte durante cuatro años para garantizar que vuelvas a conseguir la presidencia?».

*R*on Klain estaba en su habitación de hotel en Wilmington cuando los resultados finales llegaron de la mano de los funcionarios de Georgia el 6 de enero, poco después de las cuatro de la tarde. Ossoff y Warnock habían ganado. Los demócratas controlaban el Senado.

Biden, que había seguido horrorizado la cobertura del suceso en el Capitolio, se animó cuando Klain le puso al día. «Esto cambia sin duda las cosas», dijo Biden. El presidente electo llamó enseguida a Warnock y a Ossoff para felicitarlos. Los dos senadores electos tenían un mensaje: «Ahora tenemos que darles esos cheques a la gente».

Biden se echó a reír. «Sí, es cierto», dijo. Los cheques de 600 dólares habían empezado a llegar a manos de los estadounidenses en diciembre, una vez que el Congreso hubo aprobado los presupuestos. Ahora había llegado la hora de garantizar un cheque adicional de 1400 dólares. Un total de 2000 dólares para millones de estadounidenses en situación de necesidad.

Los cheques inyectarían un dinero muy necesario en la economía, pero Klain también creía que eran un símbolo de la toma de control de Washington por parte de los demócratas. La gente le había dado al partido un poder ingente. El de repartir. Georgia disipó cualquier atisbo de duda.

Biden organizó una reunión del gabinete principal desde su residencia en Wilmington el viernes 8 de enero.

Antes de Georgia, su plan de rescate inicial ascendía a unos 1,4 billones de dólares, una cifra pasmosa después de la inyección de 900 000 millones de dólares en la economía nacional del mes de diciembre. Biden ahora quería hablar con sus asesores para apuntar aún más alto.

Klain era el único miembro del gabinete de transición que estaba físicamente presente con Biden. Los demás asistieron por videollamada.

Deese, que iba a ser el director del Consejo Económico Nacional de Biden, presentó una serie de diapositivas, y Klain empezó a sentir que estaban diseñando un plan de envergadura. Le dijo a Biden que prepararían una planificación más formal para revisarla al día siguiente.

Deese hizo otra presentación el sábado. Se barajaban opciones que iban desde los 1,4 billones de dólares hasta casi los dos billones.

Biden los acribilló a preguntas.

—¿De verdad creéis que podemos apuntar tan alto? —preguntó.

Biden había sido senador toda su vida y sabía que la mayoría simple no era garantía de nada. No quería estar empantanado durante meses.

—¿Esto me va a consumir mis primeros cien días, el primer año entero? —preguntó—. ¿Cuánto tardaremos? ¿50/50 en el Senado? ¿Y con un margen mínimo en la Cámara?

Biden añadió:

—Sé que esto es sin duda lo que tenemos que hacer para vencer al virus y levantar la economía. Pero ¿de verdad podemos hacerlo?

—Es que no tenemos otra opción —contestó Klain.

Klain sacó a colación la experiencia de Obama en 2009, cuando los republicanos se opusieron al plan de estímulo de su administración durante una recesión mundial, lo que provocó que Obama acabara aceptando un paquete de 787 000 millones de dólares, una cifra más baja de lo que sus economistas creían necesario para la recuperación. Esta vez, dijo, necesitaban un *boom* económico.

—En vez de negociar con nosotros mismos, en vez de preguntarnos qué se puede y qué no se puede hacer, en vez de quedarnos aquí sentados a presupuestarlo todo desde un prisma político, vamos a poner sobre la mesa lo que necesitamos —dijo Klain—. Y, si el Congreso lo rechaza, pues qué le vamos a hacer. Los demócratas no deberían recoger velas por una cuestión de lo que es políticamente factible o posible.

Para enfatizar la importancia del asunto, los asesores de Biden discutieron la posibilidad de que el presidente electo se dirigiera a la nación el 14 de enero, unos días antes de la investidura.

Por una parte, un discurso previo a la investidura parecía una ruptura grave del protocolo. Biden todavía no era presidente. La mayoría de los presidentes electos organizaban ritos ceremoniales antes de la investidura a mediados de enero. Tradicionalmente, era el momento de enterrar los rencores partidistas.

Pero Trump seguía afirmando que les habían robado las elecciones. La cooperación y la transición estaba siendo irregular, incluso obstruccionista.

Biden no estaba seguro, pero tampoco descartaba la idea. ¿Sería poco recomendable dar un gran discurso? ¿Se vería como un intento de acceder al poder antes de tiempo?

Sus asesores repasaron el calendario. Los días siguientes a la investidura la agenda ya estaba atestada de compromisos. Podía hacerlo el 14 o el 25 de enero. Esos eran los huecos disponibles.

Biden al final se plegó a la urgencia. Esperar significaría transmitir el mensaje equivocado, dijo. Eligió el 14 de enero.

Klain los mandó a todos —a Deese, a la futura directora de asuntos legislativos de la Casa Blanca, Louisa Terrell, a Ricchetti y a Dunn, entre otros— a ver a Pelosi, a Schumer y a los demás demócratas veteranos del Congreso y el Senado. Era hora de escuchar.

La respuesta fue positiva pero acuciante. Después de anotarse las victorias en Georgia, los líderes demócratas sentían que tenían el capital político para hacer más. Presionaron a Biden y a sus asesores para añadir dos componentes centrales más: entre 100 000 y 200 000 millones de dólares en ayudas locales y estatales, y un aumento significativo del crédito tributario por hijo.

Una ampliación del crédito tributario por hijo —que equivalía a más liquidez para las familias con hijos— era una red de seguridad que podía sacar a millones de niños de la pobreza. Si se aprobaba, casi cuarenta millones de familias estadounidenses podrían optar a ayudas federales mensuales: 300 dólares por cada hijo menor de seis años y 250 por hijo a partir de los seis años. Directos a la cuenta bancaria familiar.

Varios asesores de Biden expresaron sus inquie
abordaron dos puntos clave. Primero, Anita Dunn
existía el riesgo de que, si pedimos demasiado, empeza
mal pie. Desestabilizamos el sistema. «Joder, es que pu
incluso algunos demócratas se echen atrás.»

El segundo punto, dijo, era que si pedían demasia
ponían fácil a los republicanos para lloriquear sobre
deficitario, la inflación y la carga que les íbamos a
nuestros nietos.

Dunn ya tenía encima a los progresistas, pero dec
Biden tenía que conocer los riesgos.

Biden lo asimiló todo. El país estaba sumido en un
Morían unas 4000 personas al día por culpa del coro
estaba siendo el mes con la tasa de mortalidad más alta
la pandemia en Estados Unidos. El país podía alcanzar e
de muertos a finales de aquel año, y llevaban ya dos
pandemia a las espaldas. La economía hacía aguas, se
perdido 140 000 puestos de trabajo en diciembre y Tr
había condecorado con la distinción de ser el primer pre
desde Herbert Hoover en destruir empleo durante su m

Biden dijo que aquella crisis era algo extraordinario
tal tenía que abordarse.

Al final aprobó un paquete de 1,6 billones de dólare
—Vamos a proponer lo que sea mejor para el país,
Congreso, para lo realmente necesario.

Biden había pasado décadas en el Senado y lueg
vicepresidencia, constreñido por los límites de esos p
Le había dicho a su amigo y exsenador Ted Kaufman,
laware, que siempre había creído que la presidencia
único que te brindaba la oportunidad de garantizar ur
bio transformador.

Ahora tenía la presidencia, y más que suficiente exp
cia en los lances del destino.

—Me podría atropellar un autobús esta tarde y todo
terminado. Así que voy a hacer todo lo que pueda, y lo
hacer lo más rápido posible. Intentad empezar a vendér
los demócratas en Capitol Hill y yo pronunciaré un di
para el país, ya sabéis, explicándolo todo —les dijo Biden
asesores.

La congresista Rosa DeLauro, de Connecticut, y la senadora Patty Murray, de Washington, eran dos de las mayores defensoras del programa entre los demócratas de Capitol Hill. Era transformador, decían, conscientes de que ese planteamiento podía despertar el interés de Biden. Ambas mujeres lideraban también las cruciales comisiones de gasto en sus respectivas cámaras, encargadas de la asignación de los gastos federales.

DeLauro, que llevaba casi treinta años en el Congreso representando a New Haven, era una de las fundadoras del Caucus Progresista y siempre había destacado como una decidida defensora de la infancia.

—Es el momento —le dijo a Klain en una reunión telefónica el 12 de enero—. Tenéis que hacerlo.

Biden añadió 100 000 millones de dólares a su propuesta.

Ahora, el plan inicial de Biden era de 1,7 billones de dólares, más los 200 000 dólares en ayudas estatales y locales propuestos por Schumer.

El total ascendía a 1,9 billones de dólares.

Biden les dijo a sus asesores que se quedaba así. Rozando los 2 billones. Bastante atrevido para los progresistas, pero algo que creía que podía venderle a la mayoría. Les suplicó que se esforzaran, que siguieran presionando, no solo a la legislación, sino también al virus. Cien millones de vacunas en cien días y aprobar el plan de rescate: esas eran sus prioridades.

*E*l 9 de enero, un día después de las tensas conversaciones con el general Li de China y la presidenta de la Cámara Pelosi, el presidente del Estado Mayor Conjunto Mark Milley garaba-teaba ideas en su cuaderno.

Le salían casi a borbotones.

Con ocasión del asalto del día 6, escribió: «¿Qué es esta cosa amorfa que ha ocurrido el día 6? ¿Quién es esa gente?».

Anotó:

«6MWE».

«Tea Party extremista.»

«QAnon», añadió, tomando nota de la desacreditada teoría conspiranoica.

«Movimiento Patriota», un grupo armado de ultraderecha.

«Movimiento We the People.»

«Nazis.»

«Proud Boys.»

«Oath Keepers.»

«Newsmax», la web de noticias de ideología conservadora que siempre había simpatizado con Trump.

«Epoch», en referencia al *Epoch Times*, una publicación de ultraderecha muy crítica con el régimen comunista chino.

Milley resumió y escribió:

«Amenaza extrema: terrorismo nacional».

Algunos eran los nuevos Camisas Pardas, una versión estadounidense —concluyó Milley— de la sección paramili-tar del partido nazi que apoyaba a Hitler. Era una revolución planeada. El proyecto de Steve Bannon haciéndose realidad. Derribadlo todo, hacedlo saltar por los aires, quemadlo y re-surgid con el poder.

Υ

Milley empezó a redactar una circular pública para el ejército. «El 6 de enero de 2021 se perpetró un asalto directo al Congreso de Estados Unidos, al edificio del Capitolio, y a nuestro proceso constitucional [...] El 20 de enero de 2021 [...] el presidente electo Biden será investido y se convertirá en nuestro 46.º comandante general.»

Tradicionalmente, no era el deber del jefe del Estado Mayor Conjunto hacer este tipo de declaraciones.

Milley llevó su borrador a una reunión confidencial en el Tanque, en el Pentágono. Le dio una copia a cada uno de los jefes de Estado Mayor.

—No tienen que firmarlo —dijo—. Puedo firmarlo yo mismo en calidad de presidente del Estado Mayor Conjunto en nombre de los jefes. O podemos firmar todos. Échenle un vistazo y díganme qué opinan.

Lo leyeron y todos dijeron que firmarían la carta. Se envió el 12 de enero.

La cobertura de la carta de Milley en los medios fue escasa, pero *Vox* señaló que era una «declaración notoria» y que parecía que «los altos mandos del ejército estadounidense no van a tolerar ningún intento de derrocar la democracia de América por la fuerza».

Aun así, Milley seguía preocupado. Volvió a pensar en cómo se relacionaba Trump con los aliados de Estados Unidos. No había ningún líder mundial que conectara con él, que pudiera contenerlo.

Recordó otras salidas de tono que había presenciado en el Despacho Oval.

—¡Esa zorra alemana, Merkel! —había gritado Trump un día en una reunión refiriéndose a la canciller alemana, Angela Merkel.

Trump se dirigió a Milley y a los demás presentes.

—A mí me crio el alemán más alemán de todos, Fred Trump —aseguró. Se dio la vuelta en la silla y señaló la fotografía de su padre que colgaba detrás del escritorio Resolute.

Algunos de los allí presentes se quedaron sin habla.

No respetaba ni a su propia familia.

297

—Que sepan —bromeó Trump en otra reunión, burlándose de su yerno, Jared Kushner, que venía de una familia de judíos ortodoxos modernos y trabajaba por la paz en Oriente Medio— que Jared es más leal a Israel que a Estados Unidos.

El 15 de enero, con la cooperación del servicio secreto, Milley llamó a los directores de todos los departamentos o a sus adjuntos para ensayar la investidura de Biden. Se reunieron en el auditorio Conmy Hall, en la Base Conjunta Myer-Henderson. El lugar era histórico, una antigua caballeriza enorme que el ejército utilizaba desde hacía muchos años. Pero se había transformado recientemente en un espacio moderno con una pantalla de cuarenta y cuatro metros por cuatro y varias hileras de focos que le daban el aspecto de un plató de Hollywood.

El Departamento de Seguridad Nacional había diseñado inicialmente la investidura de Biden en el marco de un evento especial de seguridad nacional que iría del 19 al 21 de enero. Pero después de los acontecimientos del 6 de enero, el evento especial se revisó de modo que empezara el 13 de ese mismo mes. Eso implicaba que el servicio secreto, el principal organismo responsable, tendría más tiempo para garantizar que la ciudad estaba bien asegurada.

Mediante un proyector elevado, Milley les mostró un mapa brillante de toda la ciudad en el suelo, donde se veían todas las calles y los puentes, los monumentos y otros edificios, incluidos el Capitolio y la Casa Blanca.

—Lo que sucedió el 6 de enero no va a volver a pasar —le dijo Milley al grupo—. Vamos a garantizar que el traspaso de poderes se lleve a cabo en condiciones pacíficas. La ciudad tendrá varias capas de seguridad. Joe Biden será investido presidente de Estados Unidos a las 12:00 del mediodía y se hará pacíficamente.

Milley empezó a desgranar lo que en el ejército se conoce como un «simulacro ROC» (*rehearsal of concept*), un repaso de los conceptos y las responsabilidades de cada uno.

La Guardia Nacional tendría 25 000 efectivos en la ciudad, y estarían presentes todos los cuerpos de policía y fuerzas de seguridad del estado. Nadie podría moverse.

—Los Proud Boys vienen por el puente de la calle Catorce —dijo Milley. Preguntó a cada líder de los distintos departamentos—: ¿Qué harían?

»¿Hay una amenaza aérea? ¿Qué harían? ¿Sobre quién recae la responsabilidad?

»¿Y una amenaza de coche bomba?

»¿Un vehículo aéreo no tripulado? ¿Un dron?

»¿Una amenaza a un monumento en concreto?

Algunos tenían respuestas, otros no.

—Espero que haya algún abogado presente, porque mis respuestas se acogen al reparo formal —dijo un director adjunto del FBI en un momento dado. Ensayar las decisiones en materia de seguridad era difícil, dijo el agente del FBI—. No es una ciencia exacta. Lo hacemos lo mejor que podemos.

Otros coincidieron con él.

Un agente de la policía del Capitolio preguntó:

—¿Y si se organizaran protestas armadas previas a la investidura?

Se hojearon e intercambiaron libros, mapas y páginas de datos mientras el debate proseguía. Milley les dijo que se centraran en quién tomaba las decisiones. Aquella operación requería coherencia.

—¿Dónde estará el puesto de mando único? —preguntó.

Tras una ronda de respuestas, acordaron una ubicación clasificada.

¿Qué tipo de armas usaría la Guardia?

La carabina M4, el arma principal de la nfantería.

Alguien preguntó:

—Si aparece un tipo con cuernos, la cara pintada y una piel de oso e intenta desarmarles, ¿qué es lo que harán nuestros soldados?

—Estamos entrenados para eso —contestó un general de brigada.

La proyección de Milley mostraba dos círculos de seguridad alrededor del Capitolio: una línea de puntos verde, que controlaría la Guardia Nacional, y una segunda línea de puntos roja, a una manzana de distancia hacia el interior.

—Podríais encontraros con doscientas, trescientas personas, los Boogaloo Boys, con camisetas nazis y banderas de

299

los Estados Confederados, que os dijeran: «Vamos a derribar el monumento a Martin Luther King». ¿Necesitáis soldados o agentes de seguridad?

La respuesta correcta eran agentes de seguridad que pudieran efectuar detenciones. La policía de parques dijo que tendrían vehículos patrulla tipo carrito de golf circulando por la Explanada Nacional desde las ocho de la mañana del 20 de enero, vigilando todos los monumentos y museos.

A medida que avanzaba la reunión, se empezaron a oír gruñidos y más preguntas múltiples y largas. En la sala reinaban la incertidumbre y el malestar. No había manual de instrucciones para garantizar la seguridad en una investidura tras una insurrección. Había demasiados agentes implicados, demasiadas agencias federales.

—El dolor de la preparación es mucho más llevadero que el dolor del arrepentimiento —dijo Milley.

Y, para subrayar sus palabras, volvió a enunciar el objetivo de la misión.

—Hay mucho en juego. El día 20, a las 12.01, Joe Biden jurará el cargo. Y nosotros vamos a permitir que eso suceda.

51

*E*n la Casa Blanca, Keith Kellogg fue a ver a Ivanka Trump a su despacho. El teniente general retirado quería presentarle un informe posterior a la acción.

También buscaba pasar página. A diferencia de otras personas del círculo de Pence, él seguía convencido de que Trump era un buen hombre, un presidente que había dejado que la situación se descontrolara. No quería que sus años de servicio junto a Trump quedaran marcados.

—Creo en el presidente de Estados Unidos. Soy un creyente convencido. Siempre lo he sido —le dijo Kellogg a Ivanka—. Cuando me declaro partidario de Donald J. Trump, lo hago para lo bueno y para lo malo. He tomado esa decisión.

»Me habría gustado que hubiesen prevalecido las opiniones más serenas. Hay voces que preferiría que no se hubieran dejado oír.

—Ya sabe que es una persona muy terca —repuso Ivanka.

—Debe de ser cosa de familia —dijo Kellogg, que agradecía su disposición para enfrentarse a su padre el 6 de enero.

Era una mujer tranquila, controlada y profesional. Siempre empleaba respuestas breves.

Kellogg le sugirió a Ivanka y a Jared Kushner que Pence debía recibir la Medalla Presidencial de la Libertad para limar asperezas.

Su respuesta fue:

—Buena idea, pero tenemos que dejar que pase un tiempo. Ya veremos.

ϒ

El exvicepresidente Dan Quayle llamó a Pence en los días posteriores al motín.

—Enhorabuena —dijo Quayle—. Sin duda hizo lo correcto.

Pence estaba agradecido pero fue parco en palabras.

—¿Cómo están las cosas con Trump? —le preguntó Quayle.

—Pues no lo sé —contestó.

Trump y Pence se reunieron en el Despacho Oval de la Casa Blanca el lunes 11 de enero; era la primera vez que hablaban desde el día 6.

Trump había estado de mal humor toda la mañana, y había arremetido contra la Asociación de Golfistas Profesionales de Estados Unidos por cancelar sus planes de organizar un futuro gran torneo en su club de golf de Nueva Jersey. Parecía haberse tomado aquella noticia peor que las numerosas dimisiones del gabinete después del 6 de enero, y no paraba de decir lo mucho que había trabajado durante años para garantizar la celebración de un torneo de golf por todo lo alto.

Otro duro golpe fue que el entrenador de fútbol americano de los New England Patriots, Bill Belichick, decidiera cancelar su viaje a Washington para recibir la Medalla Presidencial de la Libertad por parte de Trump. «La semana pasada tuvieron lugar sucesos trágicos, y he tomado la decisión de no aceptar la condecoración», dijo Belichick en una declaración.

Trump estaba muy enfadado. Su entrenador preferido, la PGA, las empresas…, todos le daban la espalda por lo del 6 de enero. Dijo que era una desgracia.

En el Despacho Oval, Trump no le pidió perdón a Pence. La conversación fue breve, con declaraciones secas y vagas acerca de cómo habían cumplido servicio juntos durante el mandato. Pence casi se limitó a escuchar. Duró cerca de una hora.

—Solo quiero que sepa que sigo rezando por usted, señor presidente —le dijo Pence—. Hemos pasado por muchas cosas, han sido tiempos difíciles para todos, pero yo no he dejado de rezar.

—Gracias, Mike —repuso Trump.

302

Al día siguiente, la Cámara solicitó formalmente a Pence que se acogiera a la Vigesimoquinta Enmienda para destituir a Trump del cargo. Pence, con una carta inusualmente emotiva, rechazó la solicitud.

«La semana pasada no cedí a las presiones para ejercer un poder que excedía mi autoridad constitucional a la hora de determinar el resultado de las elecciones, y ahora no voy a ceder a los intentos de la Cámara de Representantes de jugar a juegos políticos en un momento tan importante de la historia de nuestra nación —escribió Pence—. La Biblia dice que "en esta vida todo tiene su momento; hay un tiempo para todo..., tiempo de curar..., y tiempo de edificar". Ese momento es este.»

El segundo movimiento contra Trump se presentó el 11 de enero como «Alta resolución 24», «Solicitud de *impeachment* de Donald John Trump, presidente de Estados Unidos, por crímenes y delitos». Se le acusaba de «incitación a la insurrección».

—Tiene que irse —dijo la presidenta de la Cámara, Nancy Pelosi, el 13 de enero, en referencia al debate del *impeachment*—. Es un claro peligro para la nación que todos amamos.

Los líderes demócratas de la Cámara esperaban que el *impeachment* ganara fuerza después de que sus propuestas a Pence fracasaran.

—Imperaba la idea general de que, si conseguíamos forzar una dimisión o instar a los secretarios del gabinete y a Mike Pence a acogerse a la Vigesimoquinta Enmienda, era el camino más directo —dijo en privado el congresista Hakeem Jeffries, de Nueva York, miembro de la mayoría. Era cercano a Pelosi y se barajaba como posible sucesor—. Pero para conseguirlo, teníamos que estar preparados para ir adelante con el *impeachment*.

Crear un entorno propicio para la acción, si no podía ser en la administración Trump, al menos en el Congreso.

Las fisuras en el Partido Republicano se hicieron visibles durante la votación del *impeachment* en la Cámara. Diez diputados republicanos se sumaron a los demócratas, incluidas la congresista Liz Cheney, de Wyoming, número tres de la

303

Cámara e hija de Dick Cheney, el que fuera vicepresidente en la administración Bush.

Trump fue destituido por 232 a 197 votos, lo que lo convertía en el primer presidente en ser destituido en dos ocasiones. Los 222 demócratas y 10 republicanos emitieron su voto a favor.

McConnell no dijo si iba a votar para condenar a Trump en el Senado. «No he tomado una decisión definitiva acerca de mi voto, y pretendo escuchar los alegatos cuando se presenten ante el Senado», dijo en una carta a los senadores republicanos.

Pence se reunió con Short, Obst y otros exasesores, incluidos los jefes de gabinete Nick Ayers y Josh Pitcock, en su despacho del Ala Oeste el 13 de enero.

Las emociones seguían estando a flor de piel. Les disgustaba enormemente que Meadows y Kushner siguieran pareciendo ignorar la gravedad de lo ocurrido, así como lo mal que había tratado Trump a Pence.

Ayers, que había estado a punto de aceptar una oferta para convertirse en el jefe de gabinete de la Casa Blanca de Trump en diciembre de 2018, había volado a Washington desde su casa en Georgia para la reunión. Estaba enfadado e insatisfecho ante la respuesta de Pence, que le parecía blanda y demasiado abierta. Le dijo a Pence que no tenía ningún interés en ir a ver a Trump.

Jared Kushner se asomó al despacho de Pence y le dijo que le gustaría hablar con él para instar al presidente a que publicara una declaración confirmando su compromiso a ejercer un gobierno adecuado los últimos días de su mandato, y a realizar una transición ordenada.

—¿Me ayudaría a convencer al presidente para hacer esto? —preguntó Kushner.

—Claro —dijo Pence, sonriente, asintiendo con la cabeza. Dijo que luego pasaría por el despacho de Kushner.

Cuando Kushner se hubo ido, Pence se giró hacia su círculo más íntimo y dijo que le parecía muy amable por parte de Jared que lo involucrara en aquel proceso. Los asesores pusieron cara de incredulidad.

—¿Está de broma? —le preguntó Ayers a Pence—. ¿Para esto nos ha llamado? Señor, esta gente es puramente transaccional. Han dejado muy claro lo que piensan de usted. ¿Cuántas veces lo llamaron mientras estaba en el Capitolio?

Obst tildó los esfuerzos de Kushner de «propaganda» y un intento de limpiar su imagen después del 6 de enero y posicionarse como la persona que rompió el hielo con Pence.

—Esto al final tiene que ver con su situación financiera personal, no con el país —les dijo Obst a sus colegas. Dijo que probablemente Kushner estuviera preocupado por que le pudieran vincular con la insurrección cuando volviera al sector privado.

Aun así, Pence fue más tarde al despacho de Kushner y le dio algunas ideas. Aquella noche, la Casa Blanca publicó un vídeo de Trump, sentado al escritorio Resolute, con las manos juntas. Varios asesores que trabajaron con Trump en el vídeo recordaron después que parecía nervioso al hablar del *impeachment*. Dijo que no podía fiarse de los senadores republicanos. Que podían condenarle.

«Por eso es tan importante que grabe este vídeo —le dijeron sus asesores—. Tiene que darles a los republicanos algo útil, un argumento sólido.»

—Queridos compatriotas —dijo Trump en el vídeo del 13 de enero—, voy a ser muy claro. Condeno sin matices la violencia de la que fuimos testigos la semana pasada. La violencia y el vandalismo no tienen cabida alguna en nuestro país ni en nuestro movimiento.

»Como todos vosotros, estoy consternado y profundamente entristecido por la desgracia que tuvo lugar en el Capitolio la semana pasada. Quiero expresar mi agradecimiento a los cientos de millones de fantásticos ciudadanos americanos que han respondido a todo esto con calma, moderación y elegancia. Superaremos este momento, como siempre lo hacemos.

Hacia el final, Trump hizo referencia a «los intentos de censurar, cancelar y poner en una lista negra a nuestros conciudadanos».

Pareció un guiño a sus seguidores, como si les dijera que, a pesar de estar leyendo aquella declaración presidencial tan rígida, en el fondo estaba con ellos.

*B*iden presentó al país su plan de 1,9 billones de dólares el 14 de enero. Lo formuló como una respuesta de emergencia a una crisis; una respuesta con alma.

—No solo tenemos la obligación económica de actuar cuanto antes, sino también la moral —dijo Biden—. No podemos dejar que la gente pase hambre en esta pandemia. No podemos dejar que la gente sea desahuciada. No podemos quedarnos parados mientras el personal de enfermería, los docentes y muchos otros pierden su trabajo.

Los componentes principales del plan eran:

- Cheques de 1400 dólares para millones de americanos.
- 400 dólares semanales adicionales al subsidio por desempleo federal hasta septiembre, como un extra de la prestación de 300 dólares que terminaba en marzo.
- 400 000 millones de dólares para la respuesta a la pandemia.
- 350 000 millones de dólares en ayudas estatales y locales.
- La prolongación del programa de los cupones federales de comida hasta septiembre.
- 30 000 millones de dólares destinados a ayudar a los americanos con dificultades para pagar el alquiler y los recibos de los servicios básicos.
- Una ampliación sustancial del crédito tributario por hijo.

Klain se sentía reconfortado por la respuesta, y reconoció el mérito de Anita Dunn por liderar la labor de comunicación y buscar apoyo del sector empresarial, los demócratas de Capitol Hill y los gobernadores. Se lo tomaron en serio, y los republicanos parecían distraídos por los efectos colaterales del 6 de enero, con sus tácticas de halcones fiscales y el cansancio después de cuatro años apoyando a Trump.

—Creo que quizás hayamos subestimado hasta qué punto el país necesitaba a alguien que dijera: «Lo que hay que hacer es esto» —dijo Klain—. Sí, es fuerte. Sí, es audaz. Sí, es todas esas cosas. Pero ¿sabéis qué? Estamos un poco cansados de medidas a medio gas. Estamos un poco cansados de que no nos digan las cosas claras, ¿no?

No obstante, la cobertura fue mucho menos vehemente en algunos programas de la MSNBC y en los hilos de Twitter donde los progresistas seguían atentamente cada uno de los movimientos de Biden. Algunos miembros de la Cámara criticaron los cheques de 1400 dólares por quedarse cortos frente a los 2000 dólares que había sugerido Trump. A otros les gustaba que Biden planteara las cosas así, a lo grande, pero ¿sería capaz de llevarlo a cabo? ¿No estaría haciendo un gesto grandilocuente para luego llegar a un trato con Mitch McConnell?

307

Cuando McConnell vio el discurso de Biden del 14 de enero, pensó que había sido inteligente al presentar todo aquello cuanto antes.

—Quieren hacer todo lo que puedan lo más rápido posible —dijo McConnell en privado— porque el capital político siempre es fugaz.

Él probablemente habría hecho lo mismo de haber estado en el lugar de Biden.

Pero, a pesar de que entendía la estrategia de Biden, McConnell les recordó a sus compañeros que su propio libro de memorias, publicado en 2016, se llamaba *The Long Game* (algo así como «El juego a largo plazo»). Aquel seguiría siendo su método. Sentarse. Esperar.

En la época de Obama, McConnell y Biden solo hacían tratos cuando ambas partes estaban «dentro del área», que era como McConnell llamaba al punto óptimo.

Aunque se habían escrito muchos artículos y reportajes en revistas y periódicos acerca de los tratos que habían conseguido hacer ambos, McConnell sabía que no eran grandes negociadores. Como mucho, se les daba bien cerrar cosas. Eran políticos realistas.

A McConnell no le importaba quedarse sentado sin hacer nada mientras Biden perseguía su ingente gasto presupuestario. Llevaba tanto tiempo en el Congreso que había visto a Obama, George W. Bush, Bill Clinton y otros ser elegidos presidentes y mostrarse agresivos para después recibir un rapapolvo de los votantes en las elecciones de medio mandato.

—El viejo Joe volverá llegado el momento, y eso dependerá de si consigue o no dirigir el cotarro solo con los demócratas —dijo McConnell—. Si no puede, volveremos a abrir juego.

En una reunión telefónica privada el 14 de enero con algunos de los principales inversores del partido, Karl Rove lamentó la escasa participación republicana en algunas zonas de Georgia. Era un desastre, y peor aún, era un desastre que parecía destinado a repetirse si Trump y sus aliados seguían sembrando dudas acerca de la legitimidad de los votos.

—Básicamente se lo atribuyo a los seguidores radicales de Trump, que creyeron que no merecía la pena revertir esto porque las elecciones de noviembre estaban amañadas y las cosas no iban a cambiar en la segunda vuelta —les dijo Rove—. El segundo problema fue que el otro lado hizo su trabajo. La participación de la población negra constituyó un porcentaje mucho mayor en el recuento general de votos.

Hacia el final de la reunión, un inversor presionó a Rove para que les diera alguna directriz acerca del futuro del Partido Republicano, sobre todo para los republicanos «de la vieja escuela» como él, después del mandato de Trump y de lo acontecido el 6 de enero.

—¿Cómo de grave cree usted que es la fractura, y qué han significado los últimos dos meses? —preguntó el inversor.

—Creo que hay profundas divisiones en nuestro partido —dijo Rove. Pero, dentro de las bases del Partido Republicano, le preocupaba que «una gran cantidad de americanos creen que nos robaron las elecciones». Era una realidad distinta.

—Mire, he vivido un par de elecciones presidenciales. Pero el presidente tuvo más de cincuenta oportunidades de defender esto ante los tribunales. Yo he estado ahí y lo he intentado, he leído los alegatos. Y los alegatos no coinciden con la retórica. Pero tenemos a un montón de gente que cree que a Trump le robaron las elecciones, y ese es su primer argumento.

»La pregunta es: ¿hay personas cuya vida dependa de la división, la discordia y los disturbios en el partido, que luchen por el mero hecho de luchar? Que digan: "Mira, no puedes estar en desacuerdo conmigo a menos que... Si no estás de mi lado, no vales nada y voy a castigarte". Y creo que eso es un problema grave.

»No tengo una respuesta adecuada para esto.

Trump continuó con sus reclamaciones electorales, y siguió reuniéndose con sus aliados que creían que les habían robado el resultado.

El 15 de enero, el fotógrafo del *Washington Post* Jabin Botsford le hizo una foto a Mike Lindell, aliado conservador de Trump y CEO de la empresa MyPillow, mientras se dirigía al Ala Oeste. Lindell era un habitual de Fox News y otras redes y canales donde denunciaba el fraude electoral en un estado tras otro.

«Ley de Insurrección "ya" —decía parte del memorándum que leía Lindell, capturada por Botsford—. Ley marcial si fuera necesario.»

El ánimo de Trump la víspera de la investidura de Biden era de indiferencia. Sus asesores lo vieron, a través de la puerta abierta del Despacho Oval, escribiéndole una carta a mano a Biden sobre las siete de la tarde del 19 de enero. Les pidió consejo. Le animaron a que fuera positivo. Pero Trump no les enseñó la carta. La escribió a solas.

Trump habló por teléfono con Kevin McCarthy, el líder de la minoría de la Cámara, sobre las diez de la noche.

—Acabo de terminar la carta.

McCarthy le dijo que se alegraba. Llevaba semanas diciéndole a Trump que la escribiera.

McCarthy se conmovió. Trump no iba a asistir a la investidura. Aquello estaba a años luz de sus conversaciones en Mar-a-Lago y en el Air Force One, cuando intercambiaban historias políticas y comían Starbursts, los caramelos preferidos de Trump.

—No sé qué le ha pasado en los últimos dos meses —dijo McCarthy—. No es usted el mismo que estos cuatro años. Ha hecho muchas cosas buenas y ese debe ser su legado. Llame a Joe Biden.

Trump rechazó la idea. McCarthy le dijo que era importante para el país que mantuviesen algún tipo de conversación. Que solo así la transición sería auténtica.

—Hazlo tú.

McCarthy estaba decepcionado.

—Tiene que llamarlo. Llame a Joe Biden.

—No —dijo Trump.

—Llame a Joe Biden.

—No.

—¡Llame a Joe Biden!

—No.

Trump cambió de tema.

Había rumores de que Trump estaba pensando marcharse del Partido Republicano.

—No voy a dejar el partido. Voy a ayudaros —dijo.

Y luego le dio a McCarthy su nuevo número en Florida.

No llamó a Biden.

Aquella noche, más tarde, Trump estaba en la Casa Blanca debatiendo acerca de quién debía recibir el indulto. La gran pregunta, en cambio, era si se lo podía conceder a sí mismo.

Trump, que sabía que se habían puesto varias investigaciones en marcha en enero, sobre todo en Nueva York, le dijo a Graham:

—Están intentando destruir a mi familia.

El indulto para todos los miembros de su familia era posible. Trump le preguntó a Graham si debía indultarse a sí mismo.

—Un autoindulto sería una mala idea —dijo Graham—. Una mala idea para la presidencia y una mala idea para usted.

Un autoindulto, además, no iba a ser la solución a todos los problemas legales de Trump, le dijeron sus abogados. El fiscal de distrito de Manhattan, Cyrus Vance, si ahondaba en las prácticas empresariales de la Organización Trump, podría seguir investigando. Un indulto presidencial solo afectaba a las leyes federales, no a las estatales.

Trump renunció al autoindulto, pero siguió adelante con los de los demás en sus últimas y frenéticas horas como presidente. Más de ciento cuarenta personas recibieron clemencia con una simple firma de puño y letra de Trump cerca de la medianoche del 19 de enero; entre ellos estaban Bannon, el rapero Lil Wayne, el exalcalde de Detroit Kwame Kilpatrick e incontables aliados políticos y empresariales más.

La víspera de la investidura para Biden fue más contenida. De pie en el Centro de la Reserva de la Guardia Nacional Joseph R. «Beau» Biden III, en New Castle, el 19 de enero, el presidente electo dijo que solo lamentaba una cosa:

311

—Que él no esté aquí. Deberíamos presentarlo como presidente —dijo Biden.

Por un instante, la voz de Biden se quebró y subió de tono. Hizo una mueca de angustia.

Un segundo más tarde, siguió con su discurso. El reflejo de los focos junto al escenario iluminó las lágrimas corriéndole por las mejillas.

*T*rump, junto a la primera dama, Melania Trump, bajó temprano de su residencia el 20 de enero. El personal de la Casa Blanca —cocineros, mayordomos y sirvientes— los esperaban apenas pasadas las ocho de la mañana en la Sala de Recepción Diplomática.

Cuando la pareja entró en la sala, el personal rompió a aplaudir y algunos derramaron lágrimas cuando el presidente les agradeció su servicio y les estrechó la mano. Un ujier de la Casa Blanca les regaló al presidente y a la primera dama la bandera estadounidense que ondeaba sobre la Casa Blanca el día que llegaron, cuatro años antes, y una reluciente base de madera de cerezo para ponerla.

Trump vio a Robert O'Brien y a Pat Cipollone y les hizo un gesto para que se acercaran a hacerse una foto.

Melania llevaba gafas de sol. Quienes hablaron con ella y se acercaron para despedirse vieron que tenía los ojos llorosos.

—Dales un abrazo de mi parte a Lo-Mari y a las niñas —le dijo Melania a O'Brien.

Los Trump salieron al exterior, bajo la luz fría de la mañana, y se subieron al Marine One.

En la Base de la Fuerza Aérea Andrews los esperaba la familia de Trump. En una sala de recepción cerca de la pista de aterrizaje y del Air Force One, la hija menor de Trump, Tiffany, hizo una foto con su móvil al televisor donde se veía el helicóptero despegando.

Otros de los hijos de Trump observaron en silencio cómo levantaba el vuelo el Marine One. Todos en la sala miraban al mismo televisor. Hechizados. Asimilando el momento.

Se cerraba el círculo que había comenzado el 20 de enero de 2017. Aquel día, Trump y el presidente Obama fueron juntos desde la Casa Blanca hasta el Capitolio. El senador Roy Blunt, uno de los responsables de la planificación de la investidura, iba con ellos.

Durante el trayecto, Trump se dirigió a Obama.

—¿Cuál ha sido su mayor error? —le preguntó Trump.

Obama hizo una pausa y miró a Trump.

—No se me ocurre nada —dijo.

Trump cambió de tema.

—¿Este es el coche que suele usar?

Mark Meadows, el jefe de gabinete saliente, invitó a Ronald Klain a reunirse con él en su despacho de la Casa Blanca el 20 de enero para hacer el traspaso de poderes. Klain no iba a asistir a la ceremonia de investidura; en cambio, controlaría en tiempo real los informes de las fuerzas del orden y las agencias de inteligencia desde la Casa Blanca. Cientos de miles de soldados de la Guardia Nacional se habían apostado en Washington, vestidos de camuflaje, con casco y rifle. Estaban desplegados por todo el centro de la ciudad, cercado con vallas metálicas.

La violencia y la amenaza de la violencia habían pasado a ser un elemento más de la investidura…, y de la política estadounidense.

Un enfrentamiento en las calles o incluso un único disparo podía arruinar y, en las peores circunstancias, definir la ceremonia de investidura. Klain estaba nervioso, tenso.

Klain llegó a la Casa Blanca en torno a las 10.30 de la mañana. Había trabajado en la Casa Blanca en cinco ocasiones y nunca había visto el Ala Oeste así de vacía. Resultaba inquietante. Quedaba poca gente de Trump. Los famosos despachos y los elegantes pasillos estaban ocupados por el personal de limpieza.

Se dirigió al despacho del jefe de gabinete. La puerta estaba cerrada. Llamó. No hubo respuesta. Giró el pomo. Estaba cerrado con llave. Se quedó de pie junto a la puerta del segundo despacho más importante de Washington —que pronto sería el suyo— sin poder entrar, y esperó.

Por fin, un asistente de Trump se acercó y le dijo:

—El señor Meadows está al teléfono.

Klain se llevó el aparato a la oreja.

«Llego tarde», le dijo Meadows. Había acompañado a Trump para despedirse y estaría allí enseguida.

Cuando Meadows llegó, condujo a Klain al interior del despacho.

—Nuestra reunión tendrá que ser más breve de lo que yo pretendía —dijo Meadows. Trump había firmado de improviso un último indulto para Al Pirro, el exmarido de la presentadora de Fox News y aliada de Trump Jeanine Pirro. Meadows lo tenía que enviar al Departamento de Justicia antes del mediodía para que quedara legalmente registrado.

Le preguntó a Klain si lo habían informado de la continuidad de varios programas de gobierno, los planes secretos de contraseñas para garantizar la sucesión presidencial y la continuidad del gobierno en cualquier posible emergencia: bombardeos, ataques aéreos, ciberataques o incluso invasiones.

—Sí —dijo Klain. Dos días antes se había reunido con el general de brigada Jonathan Howerton, que dirigía el mando militar de la Casa Blanca, con más de dos mil quinientos empleados, y le había presentado un informe completo.

—¿Le han informado de las funciones confidenciales en la Casa Blanca en materia de seguridad y comunicaciones? —preguntó Meadows.

Klain dijo que le habían informado de todo aquello también.

—Le deseo toda la suerte del mundo —dijo Meadows con amabilidad—. Le deseo mucho éxito. Estaré alentándole. Rezaré por usted.

Klain le dio las gracias. Meadows se marchó.

Eran las 11.15; todavía quedaban cuarenta y cinco minutos durante los que Klain no podría hacer nada, ni siquiera iniciar sesión en sus ordenadores. Estaba ocioso.

Fue hasta el Despacho Oval, donde un grupo de empleados estaba preparándolo todo para Biden, colocando las obras de arte. Había bustos de Robert Kennedy, Martin Luther King Jr., César Chávez y Rosa Parks. Un retrato enorme de Franklin D.

Roosevelt. Y *The Avenue in the Rain*, un impresionante cuadro realista de principios del siglo xx de unas banderas estadounidenses pintado por Childe Hassam, que también habían tenido colgados en el despacho Clinton y Obama.

Descolgaron un retrato de Andrew Jackson, que poseyó cientos de esclavos y libró una campaña brutal contra los nativos americanos.

Los amigos de Biden decían que la nueva decoración era totalmente Biden y Donilon. Una decoración con alma.

En los días posteriores a las elecciones, Robert O'Brien había empezado a prepararse para la transición a una presidencia de Biden. También lo dijo en público. Trump no estaba nada contento, pero no le ordenó que dejara de trabajar.

El 20 de enero, O'Brien había preparado cuarenta o cincuenta carpetas de documentos, unas cuatro mil páginas en total. Sobre el escritorio que pronto sería el de Jake Sullivan, dejó una carta personal con una circular que contenía acciones encubiertas de alto secreto y acceso especial, programas protegidos por contraseña. Sacó las distintas tarjetas identificativas que llevaba encima, las contraseñas para distintas contingencias, y lo dejó todo encima de la carta.

—Si necesitas cualquier cosa —le dijo O'Brien a Sullivan—, dímelo.

Un fotógrafo les sacó una instantánea a ambos; uno llevaba mascarilla, el otro no.

—Que Dios te bendiga —añadió finalmente O'Brien.

Se había realizado el traspaso de poderes al equipo nuevo.

Al final de la avenida Pensilvania, Pence no tenía planeado hablar con Biden el día de la investidura, pero los equipos del servicio secreto asignados a ambos se cruzaron en el Capitolio. Biden esbozó una amplia sonrisa y se acercó a Pence.

—¡Gracias por venir! —dijo Biden—. Me alegro mucho de que esté aquí.

Se habían conocido años antes en la residencia vicepresidencial después de la elección de Pence. Este último había

315

recordado el encuentro en numerosas ocasiones, y siempre le decía a todo el mundo que Biden era un tipo muy amable que había interrumpido lo que estaba haciendo para darle la bienvenida a la familia de Pence.

El expresidente Bill Clinton se adelantó y saludó a Pence.

—Gracias por hacer lo que hizo. Fue lo correcto —dijo Clinton.

Harris fue escoltada hasta su sitio por Eugene Goodman, el valiente agente negro de la policía del Capitolio que había demostrado un gran valor el 6 de enero. Biden llevaba un grueso abrigo negro de invierno y una corbata azul empolvado. Los miembros del Senado y de la Cámara de Representantes se sentaron detrás de él, todos con mascarilla.

Kamala Harris tenía dos Biblias en la ceremonia. Una pertenecía al difunto juez del Tribunal Supremo Thurgood Marshall, el primer magistrado negro, y la otra a Regina Shelton, la que fuera su segunda madre en su infancia. Llevaba sus habituales perlas blancas, un símbolo de su hermandad universitaria, como ya hicieran otras mujeres demócratas en homenaje a su nuevo lugar en la historia.

316

Aunque se habían tomado medidas de seguridad extremas para proteger la transferencia de poderes oficial, en el Ala Oeste y en el centro de mando secreto desde el que se controlaba la ciudad reinaba una gran preocupación. Los puentes, los monumentos y los coches estaban bajo vigilancia. Los soldados patrullaban el Capitolio con sus carabinas M4. Los agentes de policía hacían ronda.

Milley estaba en la plataforma inaugural. Estar allí era parte de su trabajo, pero pensó que era una de las personas a las que más felicidad le provocaba. No porque fuera el presidente Biden, sino porque Trump dejaba el cargo y parecía que el traspaso de poderes iba a ser pacífico.

Antes de la ceremonia de investidura, mientras revisaba los planes de guerra y las autorizaciones para el mando y el control de las armas nucleares, Biden le había dado las gracias personalmente a Milley, aunque no especificó por qué se las daba exactamente.

Milley no había revelado su decisión de «hacer un Schlesinger» más allá de su círculo más íntimo.

—Sabemos por lo que ha pasado —dijo Biden—. Sabemos lo que hizo.

En el Capitolio y en el estrado, la vicepresidenta Harris y varios miembros del gabinete entrante le expresaron distintas versiones del mismo agradecimiento. Milley no sabía hasta qué punto conocían sus desavenencias con Trump, pero sospechaba que lo sabían. Así era Washington: la información sensible y confidencial circulaba sin problemas…, a veces mal, pero en aquel caso bien.

En un momento dado, Pence pasó junto a él.

Milley inclinó la cabeza y le dijo:

—Gracias por su liderazgo, señor vicepresidente.

Pence asintió y siguió caminando. Fue muy rápido, casi instantáneo.

Milley se fijó en el silencio.

317

Clyburn circulaba por allí con aires de persona influyente. El presidente George W. Bush le hizo un gesto para que se acercara.

—Es usted un auténtico salvador —le dijo Bush a Clyburn—. Si no hubiese apoyado a Joe Biden, no estaríamos celebrando este traspaso de poderes hoy.

Joe Biden era el único que podía derrotar a Trump, dijo Bush.

Cinco minutos antes, Bill Clinton había empleado la misma palabra —«salvador»— hablando con Clyburn.

—Supongo que ha oído a Bill Clinton —le dijo Clyburn a Bush mientras se hacían selfis con los asistentes.

La conversación con Hillary Clinton fue más seria.

—Es muy importante para el futuro del país que se rindan cuentas en lo relativo al 6 de enero —le dijo Clyburn.

El pelo fino y blanco de Biden, más largo de lo habitual, ondeaba al viento cuando se sentó delante. Miró fijamente a Amanda Gorman mientras la joven negra, egresada de Harvard, recitaba su poema «La colina que ascendemos».

—Nos hemos enfrentado al vientre de la bestia —leyó

Gorman delante de millones de personas, vestida con un abrigo amarillo—. Hemos aprendido que calma no siempre significa paz.

»De alguna manera, hemos resistido, testigos de una nación que no está rota, sí incompleta.*

Klain se acercó al despacho del consejero de seguridad nacional al que se iba a trasladar Jake Sullivan. Ambos se conocían desde hacía quince años, desde 2006, cuando Klain era socio del bufete de abogados O'Melveny & Myers. Sullivan, letrado en prácticas, trabajaba directamente para Klain. Más adelante, Klain había ayudado a Sullivan a conseguir un puesto en la campaña de Obama de 2008.

Era un patrón típico de la Casa Blanca de Biden, donde muchos habían pasado juntos de puestos básicos a la actualidad.

Antes de las doce del mediodía, Klain y Sullivan se dirigieron a la Sala de Crisis. Habían organizado una videoconferencia confidencial para recibir los informes actualizados de todos los responsables de las fuerzas del orden y seguridad: la NSA, Seguridad Nacional, el FBI, la CIA y otras agencias de inteligencia.

La seguridad era lo único que tenían en mente cuando tomaron asiento. En una de las pantallas de la sala estaban emitiendo la ceremonia de investidura de Biden. El sonido estaba desactivado a propósito para que pudieran concentrarse únicamente en detectar cualquier detalle fuera de lo normal mediante la vista. Ambos habían aportado ideas y conocían la versión final del discurso inaugural.

Observaron en un televisor cercano cómo Biden ponía la mano sobre una Biblia familiar con una cruz celta, un guiño a sus raíces irlandesas, y la misma Biblia que había utilizado junto a la cama de hospital de sus dos hijos en 1973 para jurar el cargo en el Senado, tras la muerte de su primera mujer y su hija. Se convirtió en el segundo presidente católico de la nación, siguiendo los pasos de su héroe de juventud, JFK.

---

* Traducción de Nuria Barrios, publicada por la editorial Lumen en 2021 con el título *La colina que ascendemos* (Amanda Gorman).

El discurso de Biden, de 2552 palabras, que Donilon y Meacham habían ayudado a redactar, era una oda al bipartidismo, así como a la democracia.

—Hoy es el día de la democracia —empezó a decir Biden a la reducida multitud que guardaba la distancia social en Washington—. Un día de historia y esperanza, de renacimiento y resolución. A través de tribulaciones que quedarán en los anales, Estados Unidos ha sido puesto a prueba una vez más, y Estados Unidos ha estado a la altura del desafío. Hoy celebramos la victoria no de un candidato, sino de una causa: la causa de la democracia.

»Seguiremos adelante con celeridad y urgencia porque tenemos mucho que hacer en este invierno de peligros y posibilidades.

Los diputados aplaudieron. En la Explanada, en lugar de espectadores, ondeaban pequeñas banderas: 191 500, puestas allí por la Comisión Inaugural Presidencial en memoria de las personas que habían perdido la vida durante la pandemia, como representación de los miles que no podían asistir.

En el último vuelo a Florida de Trump se sirvió un desayuno al estilo sureño, con carne, huevos y gachas de maíz. Cuando aterrizaron, unos pocos millares de personas bordeaban las calles para ser testigos del trayecto de la comitiva de Trump hasta Mar-a-Lago. Circulaban despacio, mientras Trump saludaba y levantaba el dedo pulgar a través de los cristales tintados.

Cuando la comitiva entró en la propiedad de Trump, este fue directo a su residencia, acompañado de Melania. Le quedaban diez minutos como presidente.

A las 11.59 del 20 de enero, Trump estaba en su habitación. Sin tuits. Sin discursos.

A las 12.01, varios agentes del servicio secreto empezaron a reducir el destacamento alrededor de la finca. Trump ya no era presidente. Ya no tenía acceso al «balón» nuclear. La huella de seguridad desapareció en cuestión de instantes.

Cuando hubo terminado la toma de posesión, la vicepresidenta Harris y su marido, Doug Emhoff, acompañaron a Pence y a Karen Pence hasta el final de las escaleras del Capitolio. Los Pence se dirigieron a la Base de la Fuerza Aérea Andrews para volar a Columbus, Indiana, con su familia y los perros, el gato y el conejo familiares a bordo.

Hacía una tarde espléndida cuando el avión aterrizó. Dos camiones de bomberos sostenían una gran bandera estadounidense en sus escalerillas elevadas, y en un estrado en la pista se leía: «DE VUELTA A CASA». Cuando Pence y su familia subieron a un pequeño escenario, sonaba el rocanrol de 1970 «All Right Now», de la banda Free.

—Ya saben que en el Air Force Two tenemos una tradición: siempre invitamos a alguien a sentarse en el asiento eyectable, en la cabina, como invitado —les dijo Karen Pence a la multitud de amigos y familiares congregados allí.

Ir sentado delante, dijo, te da «perspectiva», porque puedes «ver más o menos dónde está todo y sentir que sabes a dónde vas.

320

—Hoy, en el asiento auxiliar iba Mike —dijo. Y rompió a llorar.

54

*L*a seguridad se mantuvo en un Washington que parecía fortificado. Los planes, los preparativos y la preocupación, desde la sesión en el Conmy Hall hasta los soldados y los agentes en la calle, no parecían haber disuadido la amenaza de violencia.

Klain y Sullivan, junto con otros asistentes, incluida Elizabeth Sherwood-Randall, la consejera de seguridad nacional de Biden, se quedaron más de una hora en la Sala de Crisis el 20 de enero para controlarlo todo.

Cuando Biden llegó al Despacho Oval pasadas las cuatro de la tarde, saludó a su equipo y le preguntó a Klain qué tenía que firmar. ¿Dónde estaba el trabajo? Vamos allá, dijo.

Biden firmó quince acciones ejecutivas y dos directivas de agencia que, como descubrió más tarde la secretaria de prensa Jen Psaki, superaban con creces las dos órdenes que había firmado Trump en su primer día.

Muchas firmas más revirtieron algunos de los asuntos más candentes de la administración Trump. La obligación de llevar mascarilla en las instalaciones federales. El veto al permiso para construir el oleoducto Keystone XL. El restablecimiento de los lazos con la Organización Mundial de la Salud y el Acuerdo de París relativo al cambio climático. La cancelación de la emergencia nacional utilizada por Trump para asegurar fondos para su muro en la frontera con México. La derogación de las restricciones de viaje desde algunos países con mayoría musulmana.

Dentro de un cajón en el escritorio Resolute, Trump había dejado su carta para Biden. Este se la metió en el bolsillo y no les dijo nada a sus asesores.

Centró su atención en el virus.

ϓ

Mientras Biden se dirigía al Capitolio el 20 de enero, Sonya Bernstein, de treinta años, una de las adjuntas de Jeff Zients, estaba preparándolo todo para lanzar el plan de contingencia al coronavirus del presidente en cuanto el reloj diera las doce del mediodía.

Bernstein, exasistente ejecutiva de la directora de presupuestos Sylvia Burwell, se había pasado casi todos los días de los últimos meses trabajando en Mount Pleasant, D.C. «El centro de mando operativo», bromeaba. En su empleo anterior, trabajaba en el sistema público hospitalario de Nueva York justo cuando los casos empezaron a dispararse en la primera ola grave del país, que saturó los hospitales y al personal sanitario.

Todos los días se despertaba pensando en las vidas perdidas y rogando por que el día siguiente fuera mejor, pero el número de muertes no paraba de aumentar. Le había resultado insoportable, así que se aferró a la oportunidad de ayudar a Biden a revertir la curva.

Bernstein se unió a una reunión por videollamada la mañana de la investidura. Tenían una elaborada lista de tareas pendientes, además de una hoja de cálculo donde estaban detalladas todas las agencias y subagencias federales. Repasaron las preguntas y las acciones clave. Tenían que pasar de cero a cien en pocos días.

Había que construir a toda prisa una infraestructura organizada para realizar pruebas diagnósticas. Fondos, personal y equipo para conseguir sueros, profesionales para inocularlos y centros de vacunación. Las vacunas no se distribuían en farmacias minoristas, y Zients quería que se articulara un programa farmacéutico. Los docentes tenían que ser un grupo prioritario, porque Biden quería que se abrieran los colegios. Había que mejorar las cadenas de abastecimiento.

En la reunión estuvieron presentes representantes de Seguridad Nacional, Defensa y Salud y Servicios Sociales. Todos parecían deseosos de tener un sitio en la mesa por Zoom.

Bernstein casi podía sentir las vacunas inoculándose en los brazos de la gente.

ϒ

La tarde del lunes 25 de enero, Zients se reunió con Biden y la vicepresidenta Harris en el Despacho Oval para hablar del suministro de vacunas.

El equipo de Trump había mantenido una larga negociación con Pfizer para un segundo paquete de 100 millones de dosis de la vacuna, pero no había llegado a hacer el pedido.

—Señor presidente —dijo Zients—, creo que tenemos la oportunidad, si actuamos rápido, de conseguir más suministros de vacunas a lo largo del verano y que deberíamos comprometernos.

El coste total era de 4000 millones de dosis adicionales de Pfizer.

—Estamos en guerra —dijo Biden, y aceptó la sugerencia al instante—. El peor escenario no es un mal escenario en cualquier caso, y es que acabemos con un excedente de vacunas.

Zients se mostró de acuerdo.

—Uno nunca corre hasta la cima de la colina —dijo—, corre hasta más allá de la cima de la colina, ¿no?

Pasar por encima de los problemas.

—¿Cree que es factible? —preguntó Biden.

—Siempre puede salir mal —contestó Zients—, pero vamos a supervisarlo con lupa. Utilizaremos cada uno de sus poderes, incluida la Ley de Producción para la Defensa, para ayudarles a tenerlo todo listo en el plazo acordado o antes. Si podemos acelerarlo, lo haremos.

—Me parece la mejor decisión, sin duda —repuso Biden—. No es una decisión difícil.

Biden decidió anunciar los 100 millones de dosis extra de Pfizer al día siguiente. También accedió a adquirir 100 millones más de Moderna, y los 200 millones de dosis adicionales se sumaron a los 400 millones ya pedidos, lo que ascendía a un total de 600 millones de dosis, suficiente para inmunizar a 300 millones de estadounidenses con la pauta completa.

Tenía más preguntas para Zients.

—¿Podemos hacer algo para acelerarlo más? ¿Cómo sabemos que podrán entregar a tiempo? ¿Cómo vamos con las órdenes relativas a la mascarilla?

Biden había anunciado que quería que todos los estadounidenses se «enmascararan» durante sus primeros cien días. La mascarilla era el método más rápido y sencillo para salvar vidas, pero era un tema que se había politizado enormemente por los mensajes contradictorios provenientes de la Casa Blanca de Trump sobre si era o no necesaria.

—¿Qué vamos a hacer para montar centros de vacunación masiva? —le preguntó Biden a Zients.

La FEMA está haciendo avances, dijo Zients. Tendrían 21 centros de vacunación masiva en marcha a finales de marzo, con la capacidad de inocular 71 000 dosis al día a plena capacidad.

—¿Serán grandes estadios?

—No.

—¿Unidades móviles de vacunación?

Aquel era un término paraguas para definir los esfuerzos de llevar los servicios de vacunación a las comunidades y llegar a grupos de población específicos.

—¿Cómo vamos a instalarlos en las zonas rurales y en las áreas de difícil alcance y asegurarnos de que las vacunas se administren de forma equitativa? —preguntó Biden.

Algunos datos demostraban que todavía no se administraban de forma equitativa, dijo Zients.

Biden dijo que tenían que centrarse en la equidad. Dijo que quería que se utilizaran todos los recursos y las capacidades del gobierno federal.

—Vamos a hacer todo lo posible para que la gente use la mascarilla —dijo—. Vamos a hacer todo lo posible para incentivar el suministro. Vamos a hacer todo lo posible para facilitar más lugares donde la gente pueda vacunarse, más personal sanitario, más agujas en los brazos.

55

—*O*ye, ¿has filtrado tú lo de esta comida?

El presidente Trump, con un traje oscuro y una corbata amarilla, sonrió a Kevin McCarthy, el líder de la minoría de la Cámara, de visita en Mar-a-Lago el 28 de enero.

—No —dijo McCarthy mientras se acercaba a Trump pasando junto a un jarrón de rosas amarillas y unas cortinas doradas—. Lo habrá contado alguien de su equipo, ¿no? Yo no he informado al mío.

—¿Crees que lo ha filtrado mi equipo?

—No. No lo creo.

—Bueno, ¿y quién crees que lo ha hecho?

—Usted —dijo McCarthy.

La visita de McCarthy al expresidente estaba en todos los medios de comunicación. Trump no negó que hubiera filtrado la noticia. Parecía deseoso de volver a acaparar los titulares, de estar de vuelta en el meollo. Que el principal republicano de la Cámara fuera a comer con él no era algo que quisiera mantener en secreto.

Los líderes del Partido Republicano seguían acudiendo a él. McCarthy, en particular, era un comodín después de haber dicho el 13 de enero que Trump «era responsable» del asalto al Capitolio, un comentario que había enfurecido al entonces presidente. Ahora McCarthy venía a visitarle en busca de información y consejo.

—Que sepas que Melania me ha dicho que esto está teniendo más cobertura que cuando me reuní con Putin —dijo Trump.

Había periodistas en helicóptero por allí cerca, dijo, y un gran interés en los medios.

—Sabes que esto es bueno para ti y para mí, ¿verdad?

—Muy bien —dijo McCarthy.

McCarthy había ido con la esperanza de mantener a Trump ligado al Partido Republicano en la Cámara para poder recuperar la mayoría en 2022. Necesitaba alejarlo de las luchas primarias innecesarias y vincular su nombre al de los escaños susceptibles de ser ganados. Se sentaron a comer.

—¿Quieres una hamburguesa con queso y patatas fritas?

—Tomaré una hamburguesa con queso, pero estoy gordo —dijo McCarthy—. Sin patatas. Con ensalada. Y sin pan.

—¿Y eso funciona? —preguntó Trump mirando el plato de McCarthy. Le quitó el pan a su hamburguesa.

—¿Quieres un helado?

—Tomaré fruta.

Trump pidió un helado para él.

—Fíjate, dejar Twitter me ha venido muy bien.

—¿En serio?

—Sí, mucha gente dice que le gustaban mis políticas pero no mis tuits.

—Bueno, como todo el mundo.

—He mejorado mi popularidad.

Trump preguntó por el inminente debate de *impeachment* en el Senado.

—Creo que no va a ningún sitio —dijo McCarthy.

Graham volvió a hablar con Trump el 31 de enero, tan solo once días después de que Biden jurase el cargo. El proceso del Senado estaba programado para principios de febrero. Un día antes, Trump había modificado su equipo legal para el proceso, pasando de un grupo de abogados poco conocidos a otro.

Las llamadas de Trump con los abogados y sus asesores eran aleatorias. Trump estaba distraído y empeñado en volver a impugnar las elecciones y a reavivar sus denuncias de fraude. Todas las llamadas eran a base de gritos y enfados, siempre con la misma cantinela, tanto que hasta sus asesores más cercanos estaban exhaustos.

La mayoría de nuestros hombres, los senadores republicanos, le aseguró Graham a Trump por teléfono, votarán por su absolución, basándose en que es inconstitucional juzgar a un presidente que ya no ocupa el cargo.

Trump, sin embargo, parecía más ilusionado por el apoyo de la congresista Marjorie Taylor Greene, la nueva parlamentaria republicana por el estado de Georgia, de extrema derecha, que basaba su imagen política en sus ideas radicales. Greene había respaldado los esfuerzos de Trump por revertir las elecciones y había instigado un proceso de *impeachment* contra Biden el día después de que este jurara el cargo.

Greene también había difundido las teorías conspiratorias de QAnon en las redes sociales.

«Q es patriota —escribió Greene en un vídeo que publicó—. Está del mismo lado que nosotros, y apoya a Trump.»

—Tenga cuidado —le advirtió Graham—, no deje que lo arrastre a arenas movedizas.

—Habla bien de mí —argumentó Trump.

Graham suspiró. Así iban a ser las cosas en el mundo post Casa Blanca de Trump.

Él haría lo que estuviera en su mano, guiaría a Trump como pudiera. Seguiría siendo el senador al que Trump llamaría para ponerse al día de las sesiones del Congreso o para jugar un partido de golf.

Pero no había forma de cambiarlo. Solo cabía seguirle el juego.

56

*L*a senadora republicana moderada Susan Collins, de Maine, iba en coche con su marido, Tom Daffron, que la llevaba al aeropuerto de Bangor el domingo 31 de enero cuando la llamó el presidente Biden.

—Acabo de recibir la carta —le dijo Biden con su voz alegre y animosa, reconocible al instante.

Collins, que daba comienzo a su quinto periodo en el Senado, había coordinado una carta dirigida a Biden firmada por diez senadores republicanos. La habían enviado a la Casa Blanca aquel mismo día por la mañana con una contrapropuesta al plan de rescate de 1,9 billones de Biden. Los republicanos proponían menos de un tercio de lo que Biden había calculado: 618 000 millones de dólares.

Susan reconoció al instante al viejo Joe, tranquilo y concentrado. Quería charlar y que lo pusiera al día. Se conocían muy bien. Habían coincidido durante los primeros doce años de ella en el Senado y otros ocho cuando Biden era vicepresidente y presidente del Senado.

Collins no quería cortar al nuevo presidente, pero tampoco quería perder su vuelo a Washington. Le pidió a su marido que siguiera dando vueltas alrededor del aeropuerto.

—Tengo que coger el vuelo —dijo por fin.

Biden le dijo que estaría encantado de fijar una reunión, tal y como los republicanos solicitaban en la carta. ¿Qué tal mañana?

—¿Aviso a los otros nueve republicanos?

—Espera hasta que hayas aterrizado en Washington, por favor —le dijo Biden. Collins pensó que aquella petición era inusual, pero luego se dio cuenta de que probablemente querría informar a su equipo antes. Biden era impulsivo en sus llamadas; siempre estaba dispuesto a coger el teléfono para hablar o reunirse cuando había un problema, sobre todo si implicaba una oportunidad de negociar. Collins había remitido la carta apenas unas horas antes a la Casa Blanca, donde probablemente, siendo domingo, no estuviera todo el personal.

Cuando Ron Klain vio la carta, se quedó atónito. Un tercio de los 1,9 billones del plan de Biden era una cifra asombrosamente baja, aquello no podía ir en serio.

La carta rezumaba optimismo y apelaba a la negociación bipartidista desde la primera frase: «Tal y como proclamó en su discurso inaugural, superar los desafíos a los que se enfrenta nuestra nación "exige lo más esquivo de todo en una democracia: unidad"».

La carta también decía: «En nombre del bipartidismo y la unidad, hemos desarrollado el borrador de un plan de ayudas basado en las leyes y decretos previos para la lucha contra la covid-19, que fueron aprobados con el apoyo de ambos partidos.

Pero la apuesta inicial no parecía estar a la altura de la cortesía mostrada.

Biden, sin embargo, le dijo a Klain que no iba a rechazar la propuesta. Lo que no significaba que fuera a aceptarla. Solo quería oír lo que tenían que decir. Quizás aquellos republicanos estuvieran dispuestos a dejar atrás a Trump y a llegar a un acuerdo con él. Quizá la cifra expresada en la carta fuera negociable. Iba a reunirse con ellos. Su forma de hacer las cosas, por supuesto, era mediante la escucha. No iba a dejar que una carta lo definiera todo de entrada. Era una propuesta.

Cuando Collins llegó a Washington, le dijeron que la habían llamado de la Casa Blanca. Biden los recibiría a las cinco de la tarde del día siguiente, el lunes 1 de febrero. Collins llamó a los otros nueve republicanos de su grupo, entre los que se encontraban la senadora de Alaska Lisa Murkowski, el senador de Indiana Todd Young y el senador de Luisiana Bill Cassidy.

Les metió caña y repartió las tareas. Cada senador tendría

que presentar y centrarse en una parte del plan de rescate. Iban a demostrarle a Biden que estaba proponiendo demasiado y demasiado pronto, con un gasto excesivo e innecesario.

Collins informó al líder Mitch McConnell de la reunión que iban a mantener con Biden. Él le dio su bendición, pero le dijo que no quería verse directamente involucrado en aquel momento. Que diez de sus senadores fuesen a ver a Biden podía servirle a McConnell de globo sonda, para tomarle la medida a Biden. Así vería cómo su excompañero, ahora con un gran poder, manejaba una negociación de altos vuelos. Y también le serviría para entender mejor el rumbo que quería tomar el presidente.

McConnell también sabía que Collins pertenecía desde hacía mucho a un grupo más amplio, de una veintena de senadores republicanos y demócratas, a los que les gustaba reunirse en privado para debatir las ideas y tratar de alcanzar pactos entre ambos partidos. A menudo quedaban para cenar y se reunían de tapadillo. McConnell seguía de cerca aquellas conversaciones, pero no eran algo que le preocupase demasiado.

La política era despiadadamente partidista, en opinión de McConnell. Los pactos estaban bien, siempre que fuera la única manera de conseguir algo específico que no pudiera conseguir de otro modo, y sin renunciar a un trozo demasiado grande del pastel en favor de los demócratas.

Biden había aprendido a lo largo de los años que las reuniones —sobre todo las largas— podían ser útiles para alejar a la gente de sus argumentos centrales. La mayoría de los senadores solo conocían la versión reducida de las propuestas de ley, que podían tener cientos de páginas. Un debate extenso podía abrir puertas para llegar a acuerdos. Pero llevaba tiempo. Cuando era vicepresidente de Obama, había liderado una maratón de once reuniones de grupos de trabajo con republicanos del 5 de mayo al 22 de junio de 2011, de cara a encontrar una solución a largo plazo para la deuda federal. Las negociaciones habían sido infructuosas, y bien lo sabía él. Pero se habían quedado cerca.

330

El contexto de la inminente reunión era importante. El plan de rescate de Biden era una propuesta de ley a base de impuestos y presupuestos. Si los demócratas pudieran elegir, invocarían un proceso del Senado llamado «reconciliación». Según las arcanas normas senatoriales relativas a la legislación presupuestaria, solo era necesaria una mayoría simple. Tampoco podía ser objeto del filibusterismo, que a todos los efectos necesitaba 60 votos para ser aprobada. Con el Senado al 50/50 y el voto del desempate en manos de la vicepresidenta Harris, el plan de rescate podía aprobarse por 51 a 50, siempre y cuando Biden consiguiera mantener alineados a los cincuenta demócratas, una tarea difícil e incierta. Pero era una posibilidad.

El presidente Biden, con mascarilla, entró en el Despacho Oval a las cinco de la tarde del lunes 1 de febrero, en el duodécimo día de su mandato. Se sentó en la silla presidencial de espaldas a la chimenea.

Se mostró amable, pero no era del todo el viejo Joe, siempre entre la risa y la sonrisa, que preguntaba a todo el mundo cómo estaba y hablaba de deportes sin parar. Parecía consciente de que había que hablar de negocios. Tenía un fajo de circulares en la mano y un cuaderno en el regazo.

Un detalle: los calcetines oscuros que asomaban bajo las perneras del pantalón tenían un estampado con unos perritos azules.

La vicepresidenta Harris estaba a su derecha, en la silla contigua. Collins, sentada muy recta con un vestido verde caza, se sentó a la izquierda de Biden, en el sillón más cercano al presidente. Todos llevaban mascarilla y guardaban la distancia social.

—Gracias por venir —dijo Biden en voz baja paseando la mirada por la estancia.

Ellos le devolvieron el agradecimiento.

—Gracias, señor presidente.

—No, no, no —dijo Biden—. Tengo muchas ganas de hablar. —Hizo una pausa—. Me siento como si estuviera en el Senado, que es lo que más me ha gustado siempre.

Los nueve senadores republicanos presentes se rieron. Ellos también venían pertrechados con carpetas y cuadernos. El décimo senador, Mike Rounds, de Dakota del Sur, se unió por teléfono a través del manos libres. Klain, Richetti y otros asesores estaban sentados al fondo.

La buena noticia, empezó a decir Collins, era que estaban de acuerdo con la propuesta de 160 000 millones de dólares de Biden para la distribución de vacunas y test como respuesta directa y necesaria a la pandemia.

Pero, a continuación, ella y los demás senadores republicanos desgranaron sus principales objeciones a los 1,9 billones. No creían que la economía estuviera en graves aprietos. El paquete de ayudas de 900 000 millones de dólares aprobado por el Congreso en diciembre era más que suficiente.

—Ahora —les dijo Biden— vamos a ver en qué discrepamos.

Quería los detalles, para poder «ir al grano», una expresión que usaba cada vez más en las reuniones.

332 Los republicanos parecían hablar con una sola voz. Biden proponía 465 000 millones de dólares en pagos directos o cheques de estímulo individuales de 1400 dólares. Los republicanos proponían 220 000 millones, menos de la mitad. Y, en lugar del cheque adicional de 1400 dólares de su plan, que se sumaba a los cheques de 600 dólares que ya estaban en el paquete de diciembre, ¿por qué no reducir el cheque nuevo a 900? ¿O quizás a 800 o 700? Era una exageración.

El senador Murkowski, de Alaska, sugirió 1000 dólares.

Biden les escuchaba, pero no cedía ni un milímetro.

Klain empezó a sacudir la cabeza. No. Si había un claro vencedor de las políticas y las medidas de Biden, era el cheque de 1400 dólares. Sumado a los 600 aprobados en el plan de estímulo previo de diciembre, la ayuda alcanzaba los 2000 dólares.

Los dos mil dólares eran una promesa que habían hecho los dos nuevos senadores demócratas de Georgia. Ambos habían ganado en un estado de tradición republicana a base de decirle a la gente en un mitin tras otro que tenían que votarles para conseguir aquellos 1400 dólares extra. Biden estaba allí con ellos. El resultado era un Senado al 50/50.

Klain volvió a negar con la cabeza.

Collins miró a Klain. ¿Quién era aquel tipo del fondo que estaba dando el espectáculo? Venga a decir que no con la cabeza; menudos modales. Se giró hacia el senador Rob Portman, de Ohio.

—¿Tú sabes quién es ese?

—Ron Klain —susurró Portman.

El senador de Utah Mitt Romney, un conservador fiscal que había sido el único senador republicano de la Cámara Alta que había votado para destituir a Trump en el primer proceso de *impeachment,* también se fijó en los movimientos de cabeza de Klain. Como exmiembro de juntas corporativas que era, Romney conocía bien el poder de los pequeños gestos.

—Creo que Ron no lo ve en absoluto —dijo Romney, dirigiéndose a toda la sala.

Algunos senadores republicanos y asesores de Biden se rieron incómodos. Klain no contestó. Era una locura, en su opinión, querer debatir la posibilidad de que Biden no hiciera lo único que había dejado claro que iba a hacer.

Más tarde, Klain se dio cuenta de que quizás había sacudido la cabeza con algo más de vigor de lo que pretendía. No quería ser vehemente ni despectivo. Pero creía que la posición de los senadores republicanos era ridícula, una negación rotunda de una importante victoria de Biden.

Biden sacó a relucir lo que Klain había tenido en mente todo el tiempo: Georgia.

—Ganamos las elecciones en Georgia sobre la base de este asunto —dijo Biden.

La sala se quedó en silencio un momento. Ni rastro del viejo Joe. Estaba esgrimiendo políticas prácticas.

Romney, sentado enfrente de Biden y de Collins en otro sillón, siguió con el debate. Sacó varios gráficos que había traído. Argumentó, a la manera de un director ejecutivo, que algunos estados no necesitaban dinero en aquel punto de la pandemia, aunque en ciertas ciudades la situación fuese más complicada. Empezó a presentar su fórmula para repartir las ayudas entre los estados y las ciudades.

Romney dijo que casi la mitad de los estados habían incrementado sus ingresos, así que ¿por qué darles más? Otros,

333

dijo, no se habían gastado todavía el dinero que Trump y el Congreso habían aprobado y se les había asignado el año anterior.

El argumento de Romney dejó perplejo a Klain. Sabía que la propuesta republicana no incluía ayudas estatales ni locales. La propuesta de Biden ascendía a la friolera de 350 000 millones. ¿Por qué hablaba Romney de una fórmula? Cero por cero sigue siendo cero. La idea de que aquella gente les estuviera presentando una fórmula, cuando no habían puesto nada sobre la mesa, le parecía una sandez, pensó Klain.

Sacudió la cabeza otra vez.

Portman, exdirector de la Oficina de Gestión y Presupuesto y representante de comercio estadounidense durante el mandato de George W. Bush, entró al trapo. Al igual que Romney, era conocido por ser un republicano tranquilo y de mentalidad empresarial que seguía cercano a la familia Bush. A diferencia de Romney, Portman era mucho menos antagonista de Trump, a quien aún se le tenía aprecio entre las filas republicanas de Ohio.

Portman también tenía razones para esperar que Biden quisiera negociar. Una semana antes había anunciado que no tenía intención de iniciar un tercer periodo en el Senado en 2022. Biden lo había llamado. La conversación había ido bien.

Pero también era realista. Unos días antes, Portman había hablado con Steve Ricchetti por teléfono y le había instado a que le dijera al presidente que empezaría con mal pie si pretendían seguir adelante sin incluir a los senadores moderados, igual que con el Problem Solvers Caucus, el grupo bipartidista que proponía pactos para la resolución de problemas en la Cámara Baja.

Ricchetti mostró su desacuerdo. Dijo que el presidente Biden y los republicanos del Senado no veían la crisis del mismo modo. Miraban datos diferentes, hablaban con expertos distintos. El presidente estaba decidido a ir a por todas. No lo iban a convencer para que se quedara de brazos cruzados durante sus primeros meses de gobierno.

Portman le dijo a Ricchetti que Biden tenía que pensarse bien aquella postura. Lo que hiciera en las semanas venideras podía definir su mandato.

—Este es un «momento Sister Souljah» para Biden —le había dicho Portman a Ricchetti, en referencia a las críticas que Bill Clinton manifestó en 1992 contra la activista negra, quien había instado a los negros a matar a los blancos durante una semana en lugar de matar a más negros. Aquello se entendió como un intento de Clinton de definirse como centrista y de conseguir los votos del electorado suburbano.

También le dijo a Ricchetti:

—Coge el micrófono y di: «¿Sabéis qué? Propusimos un paquete de medidas para su aprobación. Es nuestra agenda de campaña. Creemos en ello. Pero vamos a respirar hondo y vamos a parar».

Dijo que Biden bien podía volver a empezar y hacer algo más bipartidista, más comedido. Unir al país. Ricchetti fue educado, pero no hablaban el mismo idioma.

En otras reuniones y llamadas con los republicanos del Senado a finales de enero, Brian Deese y Jeff Zients tampoco habían dado indicios de que Biden estuviera dispuesto a recular. Ricchetti formaba parte del coro de la Casa Blanca.

335

Sentado en el Despacho Oval el 1 de febrero, Portman hizo otro intento, esta vez dirigiéndose directamente a Biden, de disuadirlo de sus tentaciones izquierdistas. Le dijo a Biden que no le entusiasmaban ciertas partes del plan de rescate que en su opinión no tenían nada que ver con la pandemia. Entre ellas se incluían el crédito fiscal por hijo, dijo, y apuntó que seguro que el Servicio de Impuestos Internos les había dicho a él y a los demás que probablemente llevara bastante tiempo implantarlo.

Aprobar el crédito fiscal por hijo no ayudaría con efecto inmediato a las familias que se enfrentaban al virus, dijo Portman. Dijo que la economía estaba mejorando, y que el PIB nacional estaba cerca de recuperarse.

—Hemos trabajado juntos en el pasado —dijo Biden.

—Lo sé, señor —dijo Portman.

Biden no tenía intención de recular en su enfoque ni en sus cifras.

Klain estaba en total desacuerdo con el planteamiento que había hecho Portman del crédito fiscal por hijo. ¿Que sería difícil de implantar? Por supuesto. Pedirle cualquier cosa al Servicio de Impuestos Internos era un reto. Pero era factible. Empezó a negar con la cabeza de nuevo.

Collins le dirigió una mirada furibunda a Klain.

Los asesores de la Casa Blanca pegaron un respingo cuando la senadora de Virginia Occidental Shelley Moore Capito tomó la palabra. Capito, aunque era republicana, era cercana a Joe Manchin, el senador demócrata de su estado. Manchin era el voto demócrata clave. Lo que ella dijese podía darles una pista de lo que podía querer Manchin.

Capito dijo que Biden debería reducir el plazo de percepción de la prestación por desempleo de 400 dólares que formaba parte del plan del presidente, que iba aparte de los cheques de 1400 dólares. El plan de Biden preveía que los 400 dólares se extendieran hasta septiembre de 2021. Los senadores republicanos proponían que fuese solo hasta julio.

Capito argumentó que mantener aquella prestación a raya era su mayor preocupación. Si se extendía demasiado, le preocupaba que demasiada gente en Virginia Occidental decidiera no volver a trabajar. En su estado, el subsidio por desempleo ascendería a 724 dólares a la semana, unos diecinueve dólares por hora, que era más del doble de los 8,75 dólares/hora en los que se fijaba el salario mínimo en Virginia Occidental.

Biden dijo que estaría encantado de ahondar en la propuesta de Capito. Luego declaró:

—Estoy decidido a ampliarla hasta septiembre. Volvamos a los puntos de acuerdo —dijo Biden dirigiéndose a Collins—. Tú tienes en tu lista los pequeños negocios.

Sabía que las ayudas a las empresas que se habían visto obligadas a cerrar era uno de los asuntos primordiales para ella. Había sido directora de la Administración para la Pequeña Empresa durante el mandato de George H. W. Bush antes de entrar en el Senado.

—Yo también tengo en mi lista los pequeños negocios. Y los tenemos más o menos al mismo precio —dijo Biden. Ambos tenían sendos planes con una asignación de 50 000 millones de dólares—. ¿Sabes qué? Renunciaré a mi propuesta y lo haremos a tu manera. Podemos sustituir mi plan para la pequeña empresa por el tuyo. Eso sí podemos hacerlo.

Collins se mostró receptiva.

—Bien —dijo—. Los objetivos son los mismos.

La conversación prosiguió de manera civilizada y circular. Biden seguía sin moverse de sus 1,9 billones, y miraba con frecuencia sus documentos y su cuaderno. Los republicanos seguían en sus trece con los 618 000 millones.

Biden levantó la sesión. Dijo que su equipo se comunicaría con ellos para llevar un seguimiento.

—Brian Deese estará en contacto con todos vosotros —dijo—. ¿Verdad, Brian?

Klain creía que Biden había manejado bien la reunión.

Algunos de los republicanos contarían más tarde que llegaron a preguntarse si no sería todo un espectáculo. ¿Estaba Biden manteniendo una reunión como excusa para decir que lo había intentado? Sería difícil de creer. Joe no era de ese tipo de hombres que te marea, ¿no? Y había estado con ellos una hora más de lo previsto.

337

$\mathcal{M}$ientras Biden se despedía de los senadores en el Despacho Oval, el senador Portman se acercó a Steve Ricchetti.

—Ha sido una reunión útil y constructiva —dijo Portman.

Ricchetti, que rara vez usaba el correo electrónico y era extremadamente prudente en cualquier situación, fue parco en su respuesta. Portman se dirigió entonces a Ron Klain.

—Buena reunión —dijo—. Gracias por invitarnos. Si conseguimos avanzar, daremos un giro en la dirección adecuada. Pero si avanzan ustedes por la vía de la reconciliación, habremos empezado con mal pie.

—Senador Portman, mire —dijo Klain—: hemos empleado mucho tiempo en idear este paquete, y no voy a decirle que cada dólar aquí detallado sea cuestión de vida o muerte. Pero sí le voy a decir que algo muy parecido a lo que proponemos nosotros es absolutamente necesario para vencer a este virus y salvar la economía.

»Esto no es solo una gran petición. Esto es un plan que hemos trazado. Y si vienen con 600 000 millones, que en realidad son 500 000 si uno cuenta bien, estamos a kilómetros y kilómetros de distancia.

»Han venido aquí y nos han hecho una oferta de "o lo tomas o lo dejas". Eso no es una buena reunión.

—Ron —dijo Portman—, eso no es lo que ha pasado aquí. No es o lo tomas o lo dejas. Hemos escuchado vuestra propuesta. Vosotros habéis escuchado la nuestra. Podemos volver a reunirnos, seguir debatiendo.

—Vale —dijo Klain—. Vale.

Portman creía que Klain estaba malinterpretando por completo la reunión. Los republicanos estaban tanteando a Biden,

338

no dándole un ultimátum. Eran una camarilla de diez senadores de temperamento moderado, no McConnell ni el bloque conservador de línea dura del Freedom Caucus.

Klain se tomó el comentario de Portman —que aquello no era una táctica de o lo tomas o lo dejas— como una posible apertura al diálogo. Portman tenía una relación estrecha con McConnell y era un negociador fiscal experimentado. Como representante de comercio había negociado con treinta países y se había enfrentado cara a cara con China. Portman no expresaría su disposición a seguir hablando si no fuera sincera.

Collins estaba encantada.

—Ha sido un intercambio de opiniones muy positivo —les dijo a los periodistas más tarde, en el exterior de la Casa Blanca, con el abrigo puesto—. No puedo decir que hayamos llegado a un pacto hoy. Nadie esperaba eso de una reunión de dos horas. Lo que sí hemos acordado es hacer un seguimiento y seguir debatiendo.

—Me he mostrado casi entusiasta —dijo más tarde en una reunión privada—, ¡y es que me ha salido así, porque el presidente nos ha dado dos horas! Nos ha escuchado con atención. En mi opinión, ha sido una reunión excelente y productiva.

Más tarde el *Washington Post* preguntó a la oficina de prensa de la Casa Blanca si los calcetines con perritos azules de Biden tenían algún significado en relación con su política. Los perros azules son la mascota de los demócratas moderados.

—Es extremadamente improbable que los llevara con un propósito oculto —le dijo un asesor al *Post*, tras solicitar el anonimato si hablaba de los calcetines—. Estoy prácticamente seguro. Es interesante. Pero una mera casualidad, creo.

Sin que lo supieran los senadores republicanos que salían de la Casa Blanca el 1 de febrero, Biden había invitado a Manchin, probablemente el miembro más conservador del Partido Demócrata en el Senado, a mantener una reunión privada en el Despacho Oval aquella misma tarde.

Manchin estaba esperando en la planta baja de la Casa Blanca, puesto que la reunión con los republicanos se había alargado una hora más allá de lo previsto. Estaba casi escondido para que no lo vieran los periodistas ni los republicanos.

Joe Manchin fue primero gobernador de Virginia Occidental de 2005 a 2010, cuando fue elegido para el Senado. Con su metro noventa y sus espaldas anchas, tenía el aspecto confiado de un exdeportista universitario. Obtuvo una beca de fútbol para estudiar en la Universidad de West Virginia y era amigo de la infancia de su paisano de Farmington, Virginia Occidental, Nick Saban, el legendario entrenador de fútbol de la Universidad de Alabama.

Manchin también era un importante comodín en las filas demócratas. Se mostraba gregario con sus compañeros, pero era un lobo solitario en su manera de hacer política, y le encantaba serlo. Vivía en un barco, el Almost Heaven, atracado en el canal de Washington del río Potomac cuando había sesión del Senado. Sus buenos modales le habían ayudado a sobrevivir en Virginia Occidental, donde era el único demócrata que ocupaba un cargo a nivel estatal. Trump había ganado el estado en 2020 por 39 puntos.

340

Manchin se jactaba de tener tan buena relación con el otro partido que nunca había hecho campaña contra un republicano.

En un Senado al 50/50, la independencia de Manchin le otorgaba un inmenso poder. Perderlo a él y su voto significaba correr el riesgo de fracasar. En tal caso, Biden tendría que encontrar a un republicano para volver a estar en tablas, y que así Harris pudiera desempatar. Pero McConnell gobernaba con mano de hierro el Partido Republicano en el Senado, por lo que aquello era una posibilidad muy remota.

Manchin y Biden se conocían desde hacía tiempo; habían trabajado juntos durante los primeros años de Manchin en el Senado y en la época de Biden como vicepresidente.

—Joe, lo entiendo —le había dicho Biden a Manchin acerca del hecho de ser demócrata en un estado conservador. Delaware estaba considerado el estado más comercial del país—. Dime qué puedo hacer. Puedo estar a tu favor o en tu contra, lo que te venga mejor.

Biden sabía que iba a ser difícil persuadir a Manchin, incluso aunque destinara un montón de dinero a Virginia Occidental. Había que ganárselo, no comprarlo.

El mantra de Manchin era el siguiente: «Si puedo ir a casa y explicarlo, votaré a favor. Si no puedo explicarlo, no lo haré». Pero también era terco, y si empezaba en el «no», no solía moverse del «no».

Una vez que se negó a votar en la misma línea que el resto del partido, Manchin le dijo a Harry Reid, que por aquel entonces era el líder de la mayoría:

—Harry, no podría vender esta mierda en Virginia Occidental ni en mi mejor día. —Su trato con Reid era así—: Creo que lo mejor es que te diga qué voy a votar para que no haya sorpresas, así siempre sabrás por dónde voy a salir.

Biden y Manchin se sentaron en el Despacho Oval, solos, ya tarde, el 1 de febrero. Joe frente a Joe.

—Joe —dijo Biden—, he vivido muchos lances difíciles en mi vida, y ahora estoy intentando navegar en este. Yo prefiero el camino de los pactos bipartidistas, pero eso lleva tiempo. Desafortunadamente, no tenemos tiempo por culpa de la pandemia y de la situación en la que se encuentra la economía. Había un plazo, el 14 de marzo, en el que las prestaciones por desempleo adicionales iban a empezar a vencer. Esto es muy importante —señaló Biden. Rememoró la época en la que trabajaron para sacar adelante la Ley del Cuidado de Salud Asequible de Obama (el Obamacare) en 2009—. Trabajaba al otro lado del pasillo, ya lo sabes.

—Ya lo sé, señor presidente —dijo Manchin—. Sé lo que alberga en su corazón.

—Entiendo la posición en la que te encuentras —prosiguió Biden—. Pero quiero explicarte algo. Trabajé con ellos durante siete u ocho meses para intentar llegar a un pacto para aprobar la Ley del Cuidado de Salud Asequible, y al final no conseguí a ningún republicano. Ahora tenemos una pandemia de covid y el tiempo es oro. No puedo pasarme seis u ocho meses negociando.

Manchin dijo que quería que el presidente Biden, como todos los presidentes, tuviera éxito, y que no lo dejaría fracasar.

No fue una negociación. No se discutieron detalles. Manchin dijo que quería que se hicieran algunos cambios, pero que colaboraría.

Υ

Más tarde aquel día, Biden y Klain estuvieron comentando ambas reuniones, la de los senadores republicanos y la del senador Manchin.

—Creo que ha ido bien —dijo Biden de la reunión con el Partido Republicano—. Pero es obvio que nuestras posturas están muy alejadas.

—¡En ningún momento de las dos horas que ha durado se han movido de sus 618 000 millones de dólares! —exclamó Klain enfadado—. Ni una sola vez han dicho: bueno, podríamos subir un poco, o podríamos daros dinero para esto, o podemos quedarnos en un término medio en educación.

El presidente quería 170 000 millones para que reabrieran los colegios, y la propuesta republicana era de 20 000 millones.

—Sí, ha sido una reunión amigable —dijo Biden. Pero sin avances.

Klain le informó de que Portman había dicho que harían una contraoferta.

—Bien —dijo Biden—, eso suena bien.

Biden dijo también que creía que había entre un 20 y un 25 por ciento de probabilidades de que se pudiera conseguir algo con los republicanos. Pocas, pero era posible.

Una cosa era cierta. No querían que les hicieran una jugarreta. Ya habían visto aquel juego antes, donde los senadores republicanos les robaban el partido en el último minuto. No podían esperar eternamente. Incluso aunque ocho de los republicanos que habían estado en la reunión votaran en la línea de Biden, 58 votos no serían suficientes; faltarían dos hasta los 60 necesarios para librarse del filibusterismo.

Ambos estuvieron de acuerdo en que el camino de la reconciliación —la alineación demócrata— quizá fuera inevitable. Los diez republicanos estaban muy por debajo de las cifras de Biden. Lo que Biden necesitaba de ellos era una propuesta realista, un gesto de compromiso, un reconocimiento de su capital político y del poder demócrata en aquel nuevo Washington. Eso quizás habría encendido la chispa. Pero no había nada.

Incluso cuando Biden sacó a relucir la victoria en Georgia y su promesa de los cheques, era como si los republicanos no quisieran reconocerlo.

Klain se puso en contacto por la vía privada con los líderes congresistas. Dejarían la puerta abierta a los republicanos por si querían volver y trabajar con ellos los distintos aspectos de la propuesta de 1,9 billones de dólares, pero Biden estaba decidido a seguir avanzando. Sin pausa.

La presidenta de la Cámara de Representantes, Pelosi, estaba en el ajo, y les dijo a sus aliados en la Casa Blanca y el Capitolio que creía que era positivo que los republicanos le hubiesen hecho una visita a Biden. Pero ¿618 000 millones?

—No son serios —dijo—. No entienden lo que el presidente les ha explicado. —No podía venderles un pacto modesto a los miembros de su grupo—. ¿Qué vas a dejar fuera? ¿Vas a dejar fuera la comida de los niños? ¿La vivienda de las familias? ¿Las ayudas directas? ¿La prestación por desempleo? ¿Vas a dejar fuera las vacunas?

Pelosi ya le había expresado su opinión a Biden, un domingo antes de la investidura. Habían pasado por varias décadas de altibajos en Washington. Le había instado a ir a por todas y a hacerlo rápido, por el país y por los demócratas, y a no quedarse sentado esperando a los republicanos.

—De todas las veces que ha presentado su candidatura a la presidencia, este es su momento —le dijo Pelosi—. Siempre hemos dicho que «la historia nos ha encontrado».* Ahora la historia le ha encontrado a usted.

343

---

* Frase de Thomas Paine, uno de los llamados Padres Fundadores de los Estados Unidos.

*L*a senadora Collins estaba en su despacho al día siguiente, lunes por la mañana, cuando uno de los miembros de su equipo entró y le informó de que el líder Schumer había anunciado en la cámara senatorial la intención de iniciar el proceso de reconciliación. Era un movimiento procesal, pero indicaba cuáles eran las intenciones de los demócratas.

—No me lo puedo creer —dijo Collins—. No habían pasado ni veinticuatro horas de la reunión con Biden en la Casa Blanca que tan entusiasmada la había dejado. Ella esperaba que la Casa Blanca se pusiera en contacto con ellos para proponerles una nueva cifra—. Eso significa que no van a hacer ninguna contraoferta, y esperábamos una.

Para Collins, aquello demostraba que Biden había virado con decisión hacia la izquierda. A ella le gustaba visualizarse a sí misma en el centro, se consideraba una centrista casi perfecta.

—Creo que estoy en el centro absoluto —les dijo a los demás. Era la única senadora republicana que había ganado en un estado que había controlado Biden.

Collins estaba segura de que el avance hacia la reconciliación de Schumer contaba con la aprobación de Biden. Creía que el equipo de Biden, sobre todo Klain, y Schumer, habían presionado al presidente.

También creía que Schumer podía estar intentando reforzar sus credenciales liberales, porque se enfrentaba a una posible amenaza importante en sus elecciones al Senado de 2024 por parte de una estrella progresista, Alexandria Ocasio-Cortez, la congresista que se había hecho tan famosa que ahora la llamaban AOC, y que era una de las cabecillas del llamado *Squad* («la brigada») en la Cámara de Representantes.

Los progresistas llevaban días presionando a Schumer. La senadora Elizabeth Warren se acercó a él cuando se enteró de la cifra de 618 000 millones de los republicanos.

—No lo aceptéis —le rogó.

En su turno de palabra en la cámara baja el 2 de febrero, Schumer declaró que los demócratas estaban dispuestos a colaborar con los senadores republicanos, pero que también podían seguir adelante sin ellos si bloqueaban el plan de Biden.

—Queremos que este gran esfuerzo sea bipartidista. De verdad —dijo Schumer—. Pero nuestra principal tarea es ayudar al pueblo americano y darles el alivio ingente y audaz que necesitan. Esa es la prioridad. Así que, una vez más: no vamos a rebajar las expectativas, ni a titubear ni a retrasarnos.

La Casa Blanca envió documentos y papeles a Collins en un intento de justificar algunos números. Hasta donde pudo ver, al menos un documento lo había preparado la Federación Americana de Docentes, el sindicato de profesores, para justificar la cifra de 170 000 millones de dólares de Biden para educación.

Aquel mismo día, más tarde, Schumer confirmó las sospechas de Collins cuando les dijo a los periodistas:

—Joe Biden está totalmente de acuerdo con utilizar la vía de la reconciliación —dijo—. Hablo con él a diario. Nuestros equipos se reúnen varias veces al día.

Collins y Schumer no se hablaban. A ella le parecía despreciable cómo la habían tratado los senadores demócratas en su reelección al Senado en 2020. Los demócratas invirtieron 180 millones de dólares en la campaña, aunque ella terminó ganando por nueve puntos. Los eslóganes de los demócratas le habían parecido innecesariamente personales; habían jugado sucio, la habían tildado de fraude, de marioneta controlada por Trump y McConnell.

Collins, que era católica, bromeó más tarde con sus amigos:

—Esta Cuaresma voy a renunciar a mi ira hacia Chuck Schumer. Estaba entre eso y el alcohol, pero he decidido que prefiero tomarme mi copita de vino por las noches.

Collins le dijo a McConnell que la reunión del día anterior con Biden parecía haber ido bien, pero que le había pillado totalmente de improviso el anuncio de la reconciliación que había hecho Schumer. Le parecía una puñalada trapera. Estaba hecho a mala fe, dijo Collins. Conseguir que diez republicanos acordaran una cifra de 618 000 millones de dólares y apoyar públicamente ese aumento del gasto no era fácil, dijo. ¿Es que la Casa Blanca no lo entendía?

McConnell no pareció sorprenderse. No esperaba que Biden y Schumer movieran la ficha de la reconciliación tan rápido. Pero esperaba que lo hicieran.

—Joe Biden tiene una personalidad sobresaliente —les dijo McConnell unos minutos después al gran grupo de republicanos a la hora del almuerzo—, pero no deberíais asumir que es centrista.

Aquel fue el argumento de los republicanos. Que Biden era un buen tipo, con muchos amigos, pero que no era moderado, y que su equipo lo estaba obligando a virar aún más a la izquierda.

A medida que la reconciliación tomaba forma, McConnell les dijo a los senadores y a sus asesores que creía que Biden no iba a holgazanear. Tenía la vista puesta en la historia.

—Tiene una idea de cómo quiere que sea América, y yo también la tengo —dijo McConnell—. Pero la mía es distinta. Y la razón de que no hayamos mantenido ninguna conversación este año es que está haciendo lo que quieren hacer todos los presidentes demócratas, que es llevarse al país tan a la izquierda como puedan, lo más rápido posible.

»Todos quieren ser el próximo Franklin D. Roosevelt —dijo McConnell; se refería a una larga lista de presidentes demócratas—. Saben que no pueden tener tres legislaturas, pero esperan que les erijan un monumento.

»Mirad, cuando uno ha llegado tan lejos en política, el segundo pensamiento que te viene a la cabeza después de "Dios mío, no puedo creérmelo, soy presidente de Estados Unidos" es "Me gustaría ser uno de los grandes presidentes de Estados Unidos".

Cuando acabó la comida de aquel 2 de febrero, Collins se paseó por la sala y les dio a los republicanos su parte individual: su viejo amigo parecía partidario de la negociación, pero su entorno no.

Collins volvió a contar de memoria todas las veces que Klain había negado con la cabeza, sacudiendo ella también la suya al pensar en el jefe de gabinete. Pensó que le parecía inapropiado que un jefe de gabinete moviera la cabeza visiblemente e hiciera comentarios en las reuniones del presidente con la oposición. Se sentía profundamente ofendida, por los republicanos y por el propio Biden. Era un gesto torpe e irrespetuoso.

Mientras se avanzaba en estos asuntos, Biden llamó a McConnell, teóricamente para hablar sobre Myanmar. El líder republicano en el Senado había apoyado siempre los esfuerzos democráticos en el país antiguamente conocido como Birmania. Era una de las pocas áreas políticas donde estaban totalmente de acuerdo.

Biden le pidió recomendaciones y consejos políticos a McConnell, y luego mencionó brevemente el plan de rescate de 1,9 billones de dólares. ¿Qué opinas?

McConnell dijo que le parecía bastante improbable que el presidente obtuviera cualquier apoyo de los senadores republicanos para aprobar otro paquete de gasto tan cuantioso como el que Biden había esbozado. De ninguna manera podían apoyar una cifra como esa.

McConnell creía que era una afirmación evidente. No estaba siendo maleducado. Tan solo emitía un juicio sumario. Repetía sus posicionamientos públicos.

La influyente y bien conectada jefa de gabinete de McConnell, Sharon Soderstrom, les expuso unos argumentos similares a los asesores principales de Biden en conversaciones privadas a principios de febrero. Nunca les dio un recuento de votos exacto, pero les dijo que los republicanos del Senado se resistían a proveer más subsidios por desempleo porque perjudicaba a los negocios que querían reabrir. Había demasiada gente que ganaba más dinero quedándose en casa sin trabajar.

Klain vio que Biden no tenía ninguna táctica especial para persuadir a McConnell; no tenía poderes mágicos ni era «el hombre que susurraba a McConnell», como algunos habían llamado a Biden durante el mandato de Obama. Pero sí que sabía negociar con McConnell.

—Por ejemplo —dijo una vez Klain—, no va a convencer a Mitch McConnell de que está equivocado en lo relativo al im-

347

puesto estatal. De que no había recibido las enseñanzas adecuadas en la Escuela de Gobierno John F. Kennedy para explicarle a él la naturaleza regresiva. Eso no es lo que está intentando hacer Joe Biden. Es más bien así: «Vale, dime qué necesitas para que hagamos esto. Yo te diré lo que necesito yo».

En el interior de la Casa Blanca imperaba la creencia cada vez mayor de que McConnell y los republicanos del Senado estaban haciendo tiempo y aferrándose a su postura por una razón: no estaban seguros de que Biden pudiera conseguir aprobarlo, de que pudiera alinear a los cincuenta demócratas.

Dejadle que lo intente, parecían decir con su comportamiento, y dejadnos ver si de verdad puede orquestar a Manchin y a los progresistas, con unas ideologías tan distintas, en un voto final. Y, si Biden no consigue hacer eso, a lo mejor tiene que volver con el rabo entre las piernas para llegar a un pacto más reducido con nosotros y salvar así sus primeros cien días.

—Han cerrado filas en contra —dijo Klain en la Casa Blanca—. Quizá consigamos un voto republicano, o quizá no. No lo sé. Pero el problema fundamental que tienen los republicanos a la hora de enfrentarse a esto es que es algo popular —entre el público general, incluidos los votantes republicanos.

En el Ala Oeste, Klain pregonaba a los cuatro vientos lo que él llamaba su «teoría de la gallinita roja»* del plan de rescate de Biden, y para las elecciones de 2022. Estaba apuntando los nombres.

—Si aprobamos esto, vencemos a la covid e impulsamos la economía, los que hayan ayudado a recoger los granos de trigo y a hacer el pan serán los que se repartan el crédito —dijo Klain—. Los que no hayan ayudado, no.

McConnell le dijo a su equipo:

—Entraremos en escena cuando esto fracase. Quizá Biden consiga sacar adelante su proyecto de ley de rescate, pero llegará un momento, tarde o temprano, en el que necesite que los republicanos se sienten a la mesa. Ese será el punto de inflexión.

---

* Referencia al cuento infantil anglosajón *La gallinita roja*, cuya moraleja es que no se debe esperar recompensa de un trabajo si no se ha colaborado previamente en el mismo.

»Será entonces cuando empecemos a negociar hacia ambos lados —prosiguió, definiendo su estrategia—. No le culpo por no querer negociar conmigo ahora, porque no me gusta nada de lo que está haciendo.

McConnell creía que la economía se estaba recuperando, que la vacuna era la salida. Los republicanos del Senado podían quedarse de brazos cruzados sin que los votantes que esperaban ganar en 2022 no los tildaran de tacaños. Aquello no era como en marzo de 2020, en los inicios de la pandemia, ni como el temible salto al vacío de la crisis financiera a finales de 2008.

*E*l 3 febrero, el senador Sanders —antiguo enemigo convertido en apoyo esencial— y otros senadores demócratas, como Debbie Stabenow de Michigan, Jon Tester de Montana o Brian Schatz de Hawái estaban charlando en el exterior del Despacho Oval, mirando a su alrededor entre risas.

Trump se había ido.

—A veces, cuando salía, tenía ataques de pánico —les dijo Stabenow, recordando sus visitas para ver a Trump—. Nunca veías a nadie de buen humor al entrar o salir de su despacho, y cuando salían, solían estar horrorizados, con cara de «Oh, Dios mío, no me lo puedo creer».

Cuando Stabenow entró en el Despacho Oval, le dijo a Biden:

—Usted no puede ver mi sonrisa bajo esta máscara, pero le aseguro que va de oreja a oreja.

Biden y sus principales asesores enseguida habían dejado de centrar la atención en Collins, Portman y los otros republicanos y ahora se fijaban en Pelosi, Schumer y los congresistas demócratas. Estaban decididos a llevar adelante el plan, a demostrar que no iban a parar.

El empujón de Schumer a la reconciliación presupuestaria había dado confianza a los senadores demócratas: significaba que esta vez su voto contaba, y que no iban a ser actores secundarios. Estaban cansados de ver cómo los senadores moderados y las «bandas» de centristas acababan acaparando todos los tratos y los titulares.

Biden fue al grano. Estados Unidos estaba sumido en una crisis histórica, les dijo. Sacó la tarjeta en la que llevaba escrito el número de vacunas del día anterior: más de 1,5 millones de dosis.

—Vamos a obtener un resultado mucho mejor de lo que pensábamos en los primeros cien días —dijo Biden—. Pero eso no es todo. Tenemos este plan de rescate, y no podemos sacarlo adelante sin vosotros. Todos los demócratas hemos de estar cohesionados.

Luego Biden se puso a pasear por el despacho, pidiendo opiniones no solo sobre la iniciativa, sino sobre cómo presentársela al país.

—Este es un momento increíble para la nación y para nosotros —dijo.

Ese era el estilo de Biden. Quería detalles. Algunos lo consideraban un pesado. Pero otros veían en él un presidente que quería evitar que lo pillaran poco preparado, o confundido, como había sucedido algunas veces durante la campaña. Trump había retado varias veces a Biden a que se sometiera a un test cognitivo y había planteado sus dudas sobre su agudeza mental. «Ahí pasa algo», solía decir Trump a sus colaboradores.

A Biden le irritaban las burlas de Trump, y se aseguraba de mostrarse muy atento ante los periodistas.

—¿Qué me van a gritar? —solía preguntar Biden a sus asesores antes de hacer pasar a la prensa al Despacho Oval para una sesión de fotos—. ¿Qué me van a preguntar?

El 3 de febrero Biden se dirigió a los senadores que llenaban el despacho y señaló con un gesto de la cabeza en dirección al retrato de F. D. Roosevelt.

—Los tiempos de dificultad traen consigo grandes presidentes —dijo—. Yo preferiría ser solo un buen presidente, pero aquí estamos.

Habló de la reunión del 1 de febrero con los senadores republicanos.

—Si conseguimos que los republicanos se nos unan, sería estupendo —dijo—. Pero he hablado con ellos y no me da la impresión de que se lo tomen en serio. Aun así, lo intentaremos. Al final, vamos a tener que ser nosotros quienes saquemos esto adelante.

»Sé que algunos de vosotros estáis hablando con los republicanos más moderados y eso es estupendo. Si conseguís más apoyos, nos irá bien; los necesitamos. Ya me conocéis, yo lo preferiría. Pero lo importante es que consigamos sacar esto adelante, por el pueblo.

351

Sabenow dijo que con la era Biden se estaba redefiniendo el bipartidismo, alejándose de las negociaciones con los legisladores republicanos para elaborar unas leyes que resultaran aceptables tanto para los votantes demócratas como para los republicanos. Los demócratas debían centrarse en esos votantes, más que en los líderes republicanos que se apartaban de la línea mayoritaria, que no ofrecían ninguna seguridad. Biden lo tenía claro:

—Hay que dirigirse a los votantes.

El senador Jon Tester, de Montana, un gigantón amable de sesenta y cuatro años con un corte de pelo militar, le dijo a Biden que era la primera vez que pisaba el Despacho Oval. Se le notaba la emoción en la voz. Llevaba en el Senado desde 2007. Catorce años, con Obama y Trump como presidentes, y era la primera vez que estaba allí.

—Un despacho sorprendente, fue muy chulo —diría Tester más tarde en un canal local de televisión, con una gran sonrisa—. Realmente es ovalado. Hasta las puertas son ovaladas.

Sanders, que ahora era presidente del Comité de Presupuesto del Senado, tomó la palabra. «Vaya a por todas», le imploró a Biden, argumentando que no se trataba solo de aprobar una gran ley de rescate, sino de asegurarse el voto de la clase obrera para una generación entera. Se trataba de demostrarles que el gobierno federal funcionaba. Trump les había robado con su guerra comercial y de aranceles contra China. Para recuperarlos había que convencerlos de que los demócratas estaban de su lado, que se preocupaban por la clase trabajadora.

—El futuro de la democracia estadounidense depende de qué partido es el partido de la clase trabajadora —añadió Sanders, que ya tenía setenta y nueve años, con su marcado acento de Brooklyn. Los demócratas tenían que resultar atractivos para la gente que luchaba, que pasaba dificultades. Estaba convencido de que el Partido Demócrata se mostraba cada vez más cómodo con las élites, con la clase privilegiada, con poder y contactos.

Se dirigía al Biden nacido en la popular Scranton, no al que se había mezclado con la flor y nata en universidades de la Ivy League.

—Si no respondemos, puede que acabe imponiéndose el autoritarismo —advirtió.

Sanders se había criado en el barrio obrero de Flatbush, en Brooklyn. Su padre era un inmigrante polaco que había trabajado de representante y que nunca había conseguido el dinero suficiente como para satisfacer los sueños de su esposa, harta de vivir en un apartamento de alquiler regulado. Gran parte de su familia había muerto en Polonia durante el Holocausto.

Le dijo a Biden y a sus colegas que tras el ataque del 6 de enero no podían dar nada por sentado. ¿Cómo podían estar seguros de que no se producirían nuevos actos violentos?

—De niño leí mucho sobre el Holocausto en Alemania, en la década de 1930 —diría Sanders más tarde—. Alemania era uno de los países más cultos de Europa. Uno de los más avanzados. ¿Quién iba a pensar que el país de Beethoven, de tantos grandes poetas y literatos, que el país de Einstein pudiera caer en la barbarie? ¿Cómo sucede algo así? Tenemos que afrontar esa cuestión. Y no es fácil.

353

El 7 de febrero, domingo de la Super Bowl, Biden llamó a Collins.

—Es un movimiento muy desafortunado, señor presidente. Schumer no tenía que haber optado por la reconciliación —le advirtió Collins, que lo veía como una oportunidad perdida—. Nuestra oferta era muy sincera. Y no era la última oferta.

Ella lo veía como una oportunidad inesperada de tener una charla de tú a tú con el presidente. Junto con un grupo de otros nueve republicanos, había aumentado su propuesta en 32 000 millones de dólares, pasando de los 618 000 a los 650 000 millones. El nuevo dinero serviría para aumentar la cantidad dirigida a cheques de estímulo, con lo que los beneficiarios recibirían cheques por valor de 1400 dólares. Tanto ella como otros republicanos consideraban que aquello suponía un cambio significativo. Una cantidad de dinero considerable.

Biden expresó su interés en seguir trabajando con ella y con los otros republicanos, pero no se comprometió a nada. Solo suponía un aumento del 5 por ciento. Sus posiciones aún eran muy distantes.

Collins le dijo que no era casualidad que hubiera 10 republicanos en su grupo. 10 de ellos, más 50 demócratas, sumaban 60 votos, suficientes como para detener a cualquier obstruccionista. 60, el número mágico, señaló.

—¡Señor presidente, solo quiero que sea consciente de que estoy en línea! —dijo una voz masculina directamente desde el altavoz del teléfono. Era Brian Deese, director del Consejo Económico Nacional. Biden parecía sorprendido. Collins estaba consternada. ¿Cómo podía pasar algo así? Ella pensaba que era una llamada privada con la Casa Blanca. ¿Es que monitorizaban, escuchaban o participaban en todas las llamadas telefónicas de Biden?

De pronto se oyeron otros tonos de llamada.

¡Bing! ¡Bing! ¡Bing! ¡Bing!

Era evidente que se estaban incorporando otras personas.

¿Quién? ¿Qué? ¿Cómo?

Viendo lo que ocurría, tanto Biden como Collins empezaron a ser mucho más prudentes con sus comentarios. Ya no era algo entre Joe y Susan. Collins no tenía ni idea de quién más estaría escuchando. Y nunca lo preguntó, ni llegó a saberlo.

Desde luego aquello fue un jarro de agua fría. Un claro retrato de lo que era la política y la vida en 2021. La tecnología adueñándose de la situación, todo el mundo en la misma línea, controlándose unos a otros. La intervención de Deese la puso de los nervios: otro colaborador vigilando, otro incidente en el equipo controlado por Klain. Otra sombra por encima del hombro de Joe.

Ante Biden y Klain, Collins se mostró educada y no dijo nada, pero tampoco les ofreció nunca nada que pudieran tomarse en serio. Collins siempre explicaba por qué estaba equivocado Biden, pero con buenas palabras. Había que reconocer que era coherente. Pero la última oferta que presentó, que aumentaba solo un poco, hasta los 650 000 millones, les pareció un avance mínimo.

Al mismo tiempo, Biden y el personal de la Casa Blanca trabajaban duro para conseguir el voto de la senadora Murkowski a la ley de rescate. Era la última esperanza de conseguir un voto republicano, pero al final abandonarían toda esperanza.

—Mira —dijo Biden—, probablemente no vaya a apoyarnos. Pero me gusta, y quiero ayudarla. No va a apoyarnos en esta votación. Pero puede que en algún momento se ponga de nuestro lado. Así que, esté o no con nosotros en esto, quiero asegurarme de que cuidamos de ella.

Al final, la provisión de la ley de rescate destinada a Alaska aumentó de ochocientos millones a 1250 millones.

*E*l miércoles 3 de febrero Biden convocó a su equipo de seguridad nacional para dar un profundo repaso a los veinte años de guerra en Afganistán.

Biden quería dar un paso decisivo: poner fin a aquella guerra interminable. Aquello sería lo que marcaría su política internacional. Ya cuando era vicepresidente de Obama se había opuesto al envío de grandes contingentes militares a Afganistán, pero en aquel entonces no era él quien tomaba las decisiones. Ahora sí.

Conocía a su equipo de política internacional, a los hombres y mujeres que tenía delante, y a la mayoría los conocía muy bien. Muchos eran veteranos del gobierno Obama. En general tenían una visión muy negativa de la política exterior de Trump, que consideraban incoherente, poco profesional e innecesariamente aislacionista. Estaban decididos a recuperar y reinstaurar los procedimientos y sistemas de política internacional de la época Obama.

—Mirad —les dijo Biden—, os voy a decir claramente cuál es mi posición.

Les recordó que siempre se había mostrado escéptico, incluso crítico, con la decisión de seguir con la guerra iniciada tras los atentados terroristas del 11 de septiembre de 2001. Pero les prometió una cosa:

—Estoy aquí para escuchar.

Les explicó que le había pedido a Jake Sullivan, asesor para la seguridad nacional, que hiciera un estudio completo y honesto, sin dejarse ningún detalle, asegurándose de que escuchaba a todo el mundo, todos los argumentos. Un debate justo y profundo podría ayudar a evitar filtraciones durante el proceso, porque cualquiera podía presentar su propuesta a Biden, y nadie sentiría la necesidad de hacer revelaciones públicas para que le escucharan.

—Quiero oír los argumentos en contra —añadió Biden—. Estoy decidido a mantener la mente abierta con respecto a este tema, porque si hay algún motivo de peso para seguir, quiero considerarlo y escucharlo.

Trump había anunciado la retirada de todas las tropas estadounidenses el 1 de mayo de 2021, pero Biden quería tomar su propia decisión, siguiendo su propio calendario.

Los colaboradores más veteranos de Biden, como el secretario de Estado Blinken y el jefe de gabinete Klain, sabían que Biden estaba decidido a enviar a todas las tropas a casa. Llevaba con ganas de hacerlo desde 2009, cuando estaba convencido de que el ejército y Hillary Clinton, entonces secretaria de Estado, habían engatusado y abrumado al presidente Obama en su primer año de gobierno, insistiendo en que Obama enviara a decenas de miles de soldados más a la misión de Afganistán. Se mostraban tan reacios a cualquier otra opción, a menudo incluso en público, que Obama, que no tenía una gran experiencia en política exterior o en estrategia militar, prácticamente no había tenido opción.

Robert Gates, secretario de Defensa del presidente George W. Bush al que, para sorpresa de muchos, Obama había pedido que se mantuviera en el cargo, había insinuado que dimitiría si Obama no aprobaba el envío de más tropas. Obama creía que no podía permitirse perder a una figura tan respetada en el campo de la seguridad nacional.

En 2009, Blinken incluso había oído decir a Biden en una conversación privada que Estados Unidos tenía que aceptar la posibilidad de que estallara una guerra civil brutal si las tropas americanas se retiraban. «¿Hasta qué punto puede llegar a darse esa situación?», había preguntado Biden. Y cuando le hablaron de la posibilidad de una guerra civil entre la etnia pastún, que sumaba casi la mitad de la población afgana, Biden casi dio un salto en la silla.

—Bingo. ¡Bingo, bingo, bingo! —dijo, con confianza, repitiendo una de sus expresiones favoritas.

En su momento, Biden había planteado su oposición a Oba-

357

ma, así como su malestar con lo que él interpretaba como una manipulación del presidente por parte del ejército. En 2009, en privado, les había dicho a otras personas: «El ejército a mí no me mangonea», dejando bastante claro que a Obama sí.

Ahora, en esta reunión de 2021, el secretario de defensa Lloyd Austin, que conocía a Biden de la época del gobierno Obama, les dijo a sus colaboradores que, teniendo en cuenta la clara postura de Biden en este aspecto, la participación estadounidense en la guerra sin duda acabaría pronto. Pero él creía que había importantes motivos militares, estratégicos y de inteligencia para mantener al menos una pequeña fuerza militar en el país.

Austin, primer secretario negro de Defensa de la historia, se había graduado en West Point en 1975. Era de Georgia, y había servido en el ejército durante cuatro décadas. En 2009, siendo general de tres estrellas, había sido director del Estado Mayor Conjunto, cuando Obama se planteó por primera vez la situación de Afganistán, y pudo conocer la posición de Biden. Al año siguiente, sus caminos coincidieron aún más. En 2010 Austin había sido enviado a Irak como comandante en jefe de las fuerzas de Estados Unidos en Irak, y Obama le pidió a Biden que supervisara la retirada del grueso de las tropas estadounidenses. El comandante Beau Biden había ejercido como abogado al servicio de Austin, y ambos se conocían bien.

Biden y Austin conocían la historia de la guerra de Afganistán como nadie.

Y así empezó una extraordinaria serie de veinticinco reuniones del Consejo de Seguridad Nacional, a lo largo de dos meses, en grupos grandes y pequeños, reuniones personales con Biden y con los asesores principales y miembros del Gobierno. También se celebraron reuniones independientes con miembros del CSN sin Biden. Fue una de las reuniones de reevaluación más extensas que se habían celebrado nunca.

El presidente, que a veces incluso se dejaba llevar por las emociones y discutía con ahínco, parecía querer tener una mayor seguridad, soluciones más claras de las que le ofrecían.

Biden podía mostrarse quisquilloso e impaciente. Un asesor destacado declaró que prácticamente era imposible trabajar con él, ya que no hacía más que pedir cálculos e informes de inteligencia más detallados.

Otros pensaban que la reunión de reevaluación era un ejemplo perfecto de cómo debían tomarse las decisiones importantes en política internacional.

El principal argumento de Biden, sobre el que giraba el debate, era que la misión se había desviado de su intención original.

La guerra la había lanzado el presidente George W. Bush en octubre de 2001 para acabar con la organización terrorista Al Qaeda, responsable de los atentados del 11 de septiembre contra las torres gemelas del World Trade Center de Nueva York y el Pentágono.

La misión pretendía evitar nuevos atentados. Pero la guerra se había convertido en una campaña para la construcción de una nación y derrotar a los fundamentalistas talibanes, que le habían proporcionado a Al Qaeda un refugio desde donde organizar y desarrollar sus atentados. Los talibanes habían impuesto su implacable gobierno sobre Afganistán cinco años antes del 11 de septiembre de 2001, un régimen inflexible que imponía la ley islámica, oprimía a las mujeres y destruía yacimientos de interés cultural, como los budas del siglo VI que consideraban ídolos religiosos prohibidos.

Se creó una organización de contrainsurgencia llamada COIN, no solo destinada a derrotar a los talibanes, sino también a proteger la población y el gobierno afganos. Llegó un momento en que algunos líderes militares estadounidenses habrían querido tener un pelotón en cada esquina de Kabul, la capital. En el punto álgido de la guerra, hace una década, Estados Unidos llegó a tener 98 000 soldados en Afganistán. Ese número se había reducido en 2021 hasta los 3500, incluidas las fuerzas regulares y de Operaciones Especiales. En todo aquel proceso de reevaluación flotaba la pregunta de fondo: ¿cuál es la misión?

Biden sentía una aversión especial hacia la contrainsurgencia, que consideraba un ejemplo clásico de prolongación ilícita de una misión.

—Nuestra misión es evitar que Afganistán se convierta en una base desde la que Al Qaeda u otros grupos terroristas puedan atacar nuestro territorio nacional y el de los aliados de Estados Unidos, no asestarles un golpe mortal a los talibanes —dijo Biden, recordándoles a todos la motivación original de la guerra.

En pocas palabras, para él la guerra se había convertido en una batalla entre el gobierno afgano y los talibanes. El ejército estadounidense no debía tomar parte en una guerra civil en otro país y había que devolver las tropas a casa.

Como paso preliminar en la reunión de reevaluación, Biden pidió respuestas a unas cuantas preguntas que reflejaban fielmente su posición. En la práctica quería decir que, si no podían dar respuesta positiva al menos a una de ellas, tendrían que afrontar el hecho de que las tropas estadounidenses no estaban desempeñando ninguna misión que pudieran llegar a cumplir.

—Uno: ¿creemos que nuestra presencia en Afganistán contribuye decisivamente a que aumenten significativamente las posibilidades de llegar a un acuerdo político negociado entre el gobierno afgano y los talibanes?

»Dos: ¿creemos que la naturaleza de la amenaza de Al Qaeda y el ISIS en Afganistán sea tal que justifique tener a miles de soldados desplazados de forma indefinida?

»Tres: si superamos el plazo establecido del 1 de mayo y aceptamos que nos quedamos allí sin fijar una fecha límite, ¿qué riesgo supone para nuestras tropas y para la misión? ¿Tendré que enviar más tropas a Afganistán?

Al negociar la fecha límite del 1 de mayo con el gobierno Trump, los talibanes habían acordado no atacar a las tropas estadounidenses. Hacía un año ya que no se producían ataques. Pero los informes de inteligencia demostraban que sin duda volverían a producirse si Biden decidía mantener la presencia estadounidense indefinidamente.

También dijo que quería que analizaran en profundidad las consecuencias humanitarias para la población civil de Afganistán en el caso de que se retiraran las tropas americanas.

En privado, Sullivan le dijo:

—Siendo el presidente de Estados Unidos, a la hora de tomar una decisión así tiene que valorar el posible coste humano de su decisión.

En sus memorias publicadas en 2020, *Una tierra prometida*, Obama recordaba el consejo que le había dado Biden durante la reunión de reevaluación sobre Afganistán durante el primer año de la presidencia de Obama: «Escúchame a mí, jefe. Quizá lleve demasiado tiempo en esto, pero si hay algo que veo claro, es cuando los generales intentan manipular a un nuevo presidente —dijo Biden, acercando el rostro a pocos centímetros de Obama para susurrarle con efecto dramático—: No dejes que te líen».

Y ahora Biden estaba decidido a no dejarse liar.

A lo largo de dos meses de reuniones y discusiones privadas, el Pentágono presentó dos opciones principales. Tal como lo planteó el secretario de defensa Austin, Biden podía ejecutar una retirada ordenada de tropas lo más rápida y segura posible o podía dar su aprobación a una presencia indefinida de las tropas estadounidenses en Afganistán.

Las tropas estadounidenses hacían una importante labor de coordinación de la vigilancia y de la inteligencia que contribuía a la estabilización del gobierno afgano de Ashraf Ghani, intelectual que llevaba seis años en la presidencia de Afganistán. Austin le dijo que la presencia en Afganistán también les proporcionaba una información sobre la situación del país de la que no dispondrían si no estaban allí. Estar presentes, desplegados en el terreno, podía resultar fundamental para la detección temprana de cualquier problema.

Durante la reunión organizada por Sullivan, Biden señaló:

—Si la misión es proteger al gobierno de Ghani, yo no enviaría a mi hijo. —Era un tema delicado. El presidente hizo varias referencias más a su difunto hijo, Beau, como referente para determinar si la misión valía la pena y si era necesaria.

Biden era el primer presidente de Estados Unidos desde hacía décadas que había enviado a un hijo a luchar a una zona de guerra, y la experiencia de Beau parecía potenciar la noción que tenía el presidente del sacrificio y el riesgo que afrontaban.

Si se mantenía la presencia de tropas estadounidenses, el servicio de inteligencia preveía que los talibanes volverían a atacar. Y si eso ocurría, Biden dijo que probablemente se le pediría que enviara aún más tropas.

—Si tenemos tres mil efectivos desplegados y los soldados son objeto de ataque, vosotros mismos —dijo, señalando a Austin y a Milley— me vendréis a decir que necesitamos cinco mil más.

Ese era el círculo vicioso que quería evitar. La presencia de tropas se convertía en un estímulo para enviar más tropas porque los líderes militares, naturalmente, querrían proteger a sus soldados. Y la respuesta, claro, siempre era enviar más tropas.

Sullivan llegó a la conclusión de que la cuestión no era si quedarse o retirarse, sino si enviar más tropas o retirarse.

Y eso era un potente argumento para la retirada, porque estaba clarísimo que Biden no iba a enviar más tropas. Esa opción no estaba siquiera sobre la mesa.

362

61

*L*a sesión de *impeachment* de Trump en el Senado, en febrero, fue vistosa y emotiva. Las grabaciones de los altercados en el Capitolio que presentaron los demócratas impresionaron a los senadores de ambos partidos, al ver las imágenes de Pence y su familia bajando escaleras a la carrera, y a Romney escapando por los pasillos a apenas unos pasos de los sublevados.

—Se oye a la turba pidiendo la muerte del vicepresidente de Estados Unidos —dijo Stacey Plaskett, demócrata de las Islas Vírgenes nombrada fiscal para la sesión de *impeachment*.

Trump, que había sido vetado en Twitter y Facebook tras los ataques, siguió la sesión desde su casa de Florida. No le gustó nada, y se quejó a sus colaboradores de su abogado defensor, Bruce Castor, de Pensilvania, por haberse presentado con un traje que le venía grande y por haber hecho una declaración introductoria ampulosa y complicada que confundió incluso a los partidarios de Trump, que en muchos casos se preguntaron si estaría improvisando.

McConnell les dijo a los senadores republicanos que la votación debía ser una acto de conciencia. Pero no les reveló qué iba a votar él.

El resultado fue de 57 votos contra 43, y Trump fue absuelto. Faltaron diez votos para los 67 necesarios para condenarlo. Siete republicanos, entre ellos Romney y Collins, votaron a favor de la condena de Trump.

Tras la votación, McConnell salió al estrado. Era uno de los 43 que habían votado a favor de la absolución del expresidente. Había preparado bien su discurso para asegurarse de que decía exactamente lo que quería decir.

—El 6 de enero fue un día funesto y se produjo un acto de «terrorismo» —dijo—, alimentado por personas «alimentadas por falsedades emitidas por el hombre más poderoso del mundo porque estaba furioso por haber perdido unas elecciones».

McConnell parecía exasperado, pero se mostró contenido. Se dirigió una y otra vez a sus colegas, gesticulando con fuerza. Cuando habló de las pruebas de fraude electoral que planteaban los aliados de Trump, juntó mucho los dedos hasta que casi se tocaron, para expresar que sus tesis tenían un fundamento realmente mínimo.

—No hay duda de que el presidente Trump es responsable de lo ocurrido, moralmente y en la práctica —dijo—. También influyó todo ese ambiente creado de catástrofe inminente, esas fabulaciones sobre su aplastante victoria en las elecciones, que le había robado nuestro nuevo presidente por medio de tácticas golpistas soterradas.

Aun así, dijo, «aplicando de forma estricta la norma, muy probablemente el discurso del presidente no supusiera incitación a la violencia».

364

Lindsey Graham le dijo a McConnell que le había sorprendido ver tanta emoción en su exposición.

—No sabía que podía llegar a enfadarse tanto —le dijo.

McConnell, el republicano pragmático acostumbrado a gestionar situaciones con sangre fría, se había visto empujado a una zona donde corría el riesgo de que las heridas abiertas del partido no se cerraran.

—El odio de Trump no conoce límites —dijo en una ocasión Graham—. Hace que la gente haga cosas en contra de su propio interés. Como Mitch. No he visto nunca a nadie que pudiera influir tanto en los demás como Donald Trump. Ocurre una y otra vez. Es lo más sorprendente que he visto en política. Gente inteligente, racional, se transforma con lo que tiene que ver con Trump. Y él no tiene que hacer nada para transformarlos. No hay magia. Le basta con ser él mismo. Te desgasta. Consigue que hagas cosas que no te convienen simplemente porque no te gusta.

Al día siguiente, día de San Valentín, Trump habló con Graham, autoproclamado intermediario entre los senadores republicanos y el encendido expresidente.

La relación de Graham con Trump se había vuelto doblemente compleja tras el alzamiento del 6 de enero. Tenían una buena amistad y entre sus intereses compartidos estaban la política y el golf. Podían tener conversaciones serias. Ningún otro presidente había contado con Graham como Trump. Y la relación también le daba una mayor visibilidad en las noticias y en el seno del Partido Republicano. Era un habitual en la televisión, especialmente en la Fox.

Pero Graham también veía su relación con Trump como una necesidad política para el partido.

—No sé cómo vamos a regresar sin él —dijo—, y tampoco sé cómo vamos a conseguirlo si él no cambia.

El 14 de febrero Trump estaba malhumorado con el discurso de McConnell.

—No puedo creerme que dijera todas esas cosas después de todo lo que hemos hecho juntos —le dijo a Graham. No podía parar: los recortes de impuestos. Los jueces y el Tribunal Supremo. La liberalización.

Graham le dijo que McConnell seguía enfadado.

—Cree que les has costado a los republicanos, y a él, la mayoría en el Senado, con la pérdida de dos escaños de Georgia.

Trump volvió a arremeter contra McConnell.

A Graham le preocupaba que McConnell y Trump no limaran asperezas pronto, porque eso les costaría a los republicanos una oportunidad de oro para recuperar el poder en 2022. Los demócratas aprovecharían el enfrentamiento y lo usarían para dividir el partido.

—Van a coger parte del discurso de Mitch y lo van a convertir en un anuncio para 2022 en Arizona, New Hampshire, Georgia y otros estados disputados —predijo Graham—. Y dirán: «Esto es lo que dice Mitch McConnell de Trump. ¿Qué os parece?».

Aquella noche, Graham apareció en Fox News diciendo que, si alguien pensaba que Trump iba a marcharse, o que iban a poder echarlo del partido, se equivocaba.

—Está listo para dar un paso adelante y reconstruir el Partido Republicano —dijo.

Unos días más tarde McConnell dio un paso atrás, al menos

365

de cara al público, en la Fox. Dijo que apoyaría «totalmente» a Trump si el expresidente conseguía la nominación del Partido Republicano en 2024.

Graham vio aquellas manifestaciones como una declaración de paz de McConnell. Pero sabía que no había cambiado nada. Cuando el gabinete de McConnell emitió un comunicado de prensa sobre su aparición en Fox News, destacó sus críticas a Biden. Ni siquiera mencionó su promesa de apoyar una eventual tercera nominación de Trump.

Graham siguió trabajando con Trump, intentando mantener su colaboración con los republicanos.

—Señor presidente, si queremos ganar en 2022, tenemos que contar con el mejor equipo —le dijo a Trump en otra llamada, en la que repasó una lista de senadores republicanos como John Boozman, de Arkansas, John Hoeven, de Dakota del Norte, o Roy Blunt, de Misuri. Todos eran legisladores poco conocidos que se presentaban a la reelección. Les iría bien un empujón por parte de Trump—. Cuanto antes pueda salir al estrado y darles su apoyo, mejor.

Trump dijo que estaría encantado de ayudarles. Parecía estar listo para volver al combate. Pero le interesaba mucho más vengarse de republicanos como la congresista Liz Cheney, de Wyoming, y otros que habían votado a favor del *impeachment*. Eran unos traidores desleales e irrecuperables.

—Lo más importante que tiene que hacer es reparar su relación con Mike Pence —le dijo Graham—. Yo creo que la gente está convencida de que Mike Pence le demostró una lealtad increíble y que usted lo trató mal.

—Ni hablar —dijo Trump.

—Se ha visto arrastrado a una derrota en unas elecciones que pensaba que había ganado —dijo Graham—. Eso lo entiendo. Pero le ha pedido a Mike Pence más de lo que podía darle, y ha dicho cosas injustas de él. Y yo creo que lo mejor para usted, señor presidente, es arreglar eso, si puede.

Trump guardó silencio.

Ese mismo fin de semana, Trump celebró una cena con amigos en Mar-a-Lago. Entre los invitados estaba Corey Lewandowski, gerente de campaña de Trump en 2016, que había mantenido una buena relación con él, y la exfiscal general de Florida Pam Bondi, que había participado en su defensa durante el primer proceso de *impeachment*.

Los presentes no dejaban de dirigirse a Trump, obsequiosos y encantados:

—¡Es usted el mejor presidente que he conocido! —exclamaban—. ¡El mejor!

Trump les preguntó por McConnell. Se mostró descontento por haber apoyado la reelección de McConnell en 2020.

—Sé que McConnell me odia. Pero ¿qué podía hacer? ¿Apoyar a otro?

Estaba furioso con Kevin McCarthy, líder de la minoría, por no haber dado demasiada credibilidad al fraude electoral.

—Ese tipo me llamaba todos los días, fingía ser mi mejor amigo, y luego me jodió. No es una buena persona.

Más tarde Lewandowski manifestaría en privado que le había sorprendido ver que el propio Trump no parecía haber entendido que los líderes republicanos protegían sus propios intereses.

—Kevin ha venido a besarme el culo y ahora quiere que le ayude a recuperar el control de la Cámara —dijo Trump.

Trump paseó la mirada por su finca, llena de admiradores y residentes de Palm Beach.

—Twitter me ha bloqueado —dijo—. Ahora vivo más tranquilo. ¿Sabes a cuántos tendría que poner en su sitio si aún tuviera la cuenta activa?

Pence alquiló una casa en Virginia del Norte, y un despacho en Crystal City, junto al Aeropuerto Nacional Ronald Reagan de Washington. Era una vida más tranquila, sin el jaleo de la vicepresidencia. Solo tenía asignados unos cuantos agentes del servicio secreto. Estaba preparando un libro y una serie de conferencias. En realidad su proyecto era la visibilidad política y la rehabilitación, para intentar volver a la palestra en 2024.

El 23 de febrero, Pence dio la bienvenida a su despacho a los miembros del Comité de Estudios Republicanos, facción conservadora del Congreso que en otro tiempo había presidido él mismo. Era una oportunidad de ejercer de estadista veterano.

Nadie se atrevía a hablar de Trump, así que lo hizo él mismo. Les aseguró que hablaba largo y tendido con el expresidente. Nadie le pidió más detalles. Era como oír hablar a un amigo sobre un divorcio cuando esperas encontrar la manera de que ambas partes te sigan cayendo bien.

Pence se puso nostálgico al recordar sus días en el Congreso, una década atrás. Les dijo que cuando estaba en la Cámara, en 2009, ni un republicano había votado a favor del paquete de estímulos del presidente Obama, y que esta vez los conservadores debían intentar oponerse al plan de rescate de Biden del mismo modo. Ni un voto. Era una ocasión para unir al partido en torno a algo.

—Es un momento decisivo para los republicanos —dijo Pence—. Obama nos dejó fuera de las negociaciones, y dado que no nos querían en la mesa, les dijimos que no íbamos a dar nuestro apoyo a la ley. El partido necesita que recuperemos nuestro papel en el control del gasto.

Ese mensaje tenía sus «complicaciones», añadió. Pero no reconoció explícitamente la hipocresía que suponía. Con Trump, los republicanos habían gastado billones de dólares, abandonando por completo la moderación fiscal. La deuda nacional se había disparado. Pero lo fácil era volver a señalar con el dedo los errores de años pasados.

Los congresistas conservadores sentados alrededor de Pence asintieron, desde el presidente del grupo, Jim Banks, de Indiana, a Lauren Boebert, una joven muy activa de Colorado. Ellos también veían las complicaciones, pero ahora mismo lo importante era presentar batalla.

*E*l 27 de febrero, el Congreso aprobó el decreto de rescate por valor de 1,9 billones de dólares, que incluía la provisión que aumentaba el salario mínimo a quince dólares por hora para 2025. Se aprobó por la mínima —219 votos contra 212—, sin un solo voto republicano.

Pelosi, presidenta de la Cámara, contaba que ella veía lo que estaban haciendo los demócratas en clave bíblica:

—Yo lo veo como el evangelio de Mateo. Cuando tenía hambre, me disteis de comer —explicaba—. Cuando no tenía techo, me disteis cobijo.

La senadora Elizabeth MacDonough había señalado días antes que la disposición que aumentaba el salario mínimo hasta los quince dólares por hora violaba las normas de reconciliación presupuestaria y que no podía incluirse en el decreto de rescate.

Aunque Biden había apoyado el salario mínimo de quince dólares por hora durante la campaña de 2020, ni él ni sus principales colaboradores deseaban entrar en una guerra parlamentaria. Pero Pelosi sabía que sus congresistas estaban a favor de la disposición, así que la mantuvo. Si querían eliminarla, tendrían que hacerlo en el Senado. Mantener el aumento del salario mínimo también suponía un claro recordatorio para los senadores demócratas: los congresistas demócratas son más liberales que vosotros. No lo olvidéis. Cualquier cosa que hagáis para quitar fuerza a esta ley puede suponer una amenaza a su viabilidad cuando vuelva al Congreso para la votación final.

Ron Klain solía llevar unas fichas con notas en el bolsillo de su americana, donde lo llevaba todo escrito en letra muy pequeña. La agenda del presidente, listas de tareas, la agenda del personal de la Casa Blanca, llamadas pendientes...

A finales de febrero, uno de los apuntes en lo alto de la lista era imponer a los senadores demócratas moderados el plan de rescate de Biden.

Klain celebró muchas reuniones y charlas con los senadores, y le sorprendió descubrir lo que denominó una «inversión total de la política americana». Bernie Sanders y sus aliados progresistas querían asegurarse de que los cheques de estímulo acababan en personas que ganaran al menos 100 000 dólares al año. Los moderados, por su parte, decían que ni hablar: el dinero debía dirigirse sobre todo a la gente pobre.

Al final llegaron a un acuerdo. Las parejas que ganaran 150 000 dólares al año podían obtener el cheque completo, pero los que ganaran hasta 200 000 recibirían solo una parte, y cuanto más ganaran, menos recibirían.

Manchin y otros siete demócratas habían manifestado cierto desacuerdo con algunos aspectos del plan de rescate. Klain y el personal de la Casa Blanca estaban estudiando las objeciones a fondo, para evitar más quejas. En un senado dividido al 50 por ciento, cada demócrata era un poste en tensión sujetando la lona común. Los necesitaban a todos.

Klain recordaba que en tiempos del gobierno Obama todos pensaban que resultaba duro gobernar con solo 58 senadores demócratas. Pero si Biden hubiera contado con 58 demócratas, estaba convencido que como jefe de Gabinete solo habría tenido que trabajar tres días por semana.

Mientras los senadores demócratas negociaban su versión del plan de Biden, el senador demócrata de Virginia Mark Warner, junto con otros, presionaba para que se destinara más dinero a ampliar la difusión de la banda ancha en zonas rurales de escasa cobertura. En el presupuesto de diciembre ya se habían destinado 3000 millones para la instalación de banda ancha y la mejora de la cobertura de Internet, una cantidad considerada enorme.

Pero el grupo de Warner pedía más, alegando que la pandemia había cambiado la vida de los estadounidenses y que había hecho que el acceso a Internet fuera esencial para recibir atención sanitaria, para la educación a distancia y para el teletrabajo.

El gobierno de Biden accedió a aumentar el gasto total en banda ancha para el año fiscal 2021 hasta los 20 000 millones.

Al principio Warner y los suyos interpretaron que eso significaba que la Casa Blanca añadiría 20 000 millones a los 3000 ya aprobados a finales del año anterior, lo que sumaría un total de 23 000 millones.

—Se han quedado algo cortos —diría Warner poco después en una llamada por Zoom—. Dijeron que añadirían 20 000 millones.

Era evidente que para los demócratas el decreto de rescate se estaba convirtiendo en una barra libre.

Steve Ricchetti y Warner tuvieron una pequeña discusión al respecto, y Ricchetti se reafirmó en el total de 20 000 millones para 2021. Warner y sus aliados acabaron aceptándolo, asegurándose así 17 000 millones más en inversión en banda ancha.

Era un compromiso importante, la mayor inversión del Gobierno en banda ancha hasta la fecha.

El debate interno entre los demócratas dejaba claro la gran cantidad de dinero que estaba en juego, y que todo el mundo quería destinar lo máximo posible a sus programas. No había un momento que perder.

371

Aunque no tenían un papel protagonista en el plan de rescate, McConnell y Graham se reunieron periódicamente. El tema principal seguía siendo Trump y el papel que debía jugar el expresidente en el partido si querían ganar en 2022.

Graham sostenía que Trump seguía siendo la fuerza dominante en el partido. Sus 74 millones de votos aún se hacían sentir, y contaba con un importante número de fieles seguidores.

McConnell veía a Graham como el gran defensor de Trump. Y ya le parecía bien que jugara ese papel. Pero no iba a sumarse a su estrategia. McConnell veía a Trump como una marca en desuso. Como un jubilado. «Un pura sangre retirado de las pistas», como dicen en Kentucky.

—Se está registrando una tendencia clara —dijo McConnell—, un movimiento hacia un Partido Republicano no dominado por Trump. Adular a Donald Trump no es una estrategia que funcione.

McConnell le recordó a Graham que ya había observado esta dinámica antes, en 2014. Ese año, los republicanos del *establishment* se impusieron a agresivos contendientes del Tea Party como Christine O'Donnell, en Delaware. Por aquel entonces muchos republicanos le habían advertido que el Tea Party iba a engullir todo el partido, que iba a ganar todas las carreras.

Sin embargo, los republicanos mantuvieron el control de la Cámara, ganando incluso 13 escaños, lo que les dio la mayoría más amplia desde 1929. En el Senado recuperaron el control y ganaron nueve escaños, la mayor evolución positiva desde 1980, en tiempos de Reagan.

Y 2022 podía acabar pareciéndose mucho a 2014, decía McConnell. Los republicanos podían mantenerse firmes, apoyando la normalidad, no los fanatismos. Centrándose en candidatos fácilmente elegibles, interviniendo en las primarias en los casos necesarios.

McConnell confiaba en que sus candidatos preferidos conseguirían imponerse a cualquier grupo heterogéneo que pudiera presentar Trump. McConnell y su equipo contarían con una mejor organización, más patrocinios, y generarían menos enfrentamientos esperpénticos.

—Trump y yo solo podríamos acabar enfrentados si se pusiera a dar apoyo a algún payaso que no tuviera ninguna posibilidad de ganar —señaló McConnell—. Para tener posibilidades de recuperar el Senado hay que contar con los candidatos más elegibles.

Se trataba de ganar. Si Trump resultaba útil, estupendo. Pero si no lo era, se opondrían a los candidatos que propusiera. Para McConnell era una simple cuestión de negocios.

Si los demócratas intentaban usar a McConnell como arma contra los republicanos, no les saldría bien, estaba convencido, aunque utilizaran sus declaraciones del 13 de febrero, cuando había admitido que Trump tenía una responsabilidad moral.

—No encajo tanto en el papel de malo de la película —dijo—, al menos en el Partido Republicano, como para que eso les funcione.

En cualquier caso, Trump lo intentaría.

*P*ara Biden, el elemento decisivo seguía siendo Joe Manchin. Biden lo sabía, Klain lo sabía y Manchin lo sabía.

La noche del martes 2 de marzo, Klain fue a ver a Manchin a su barco de cuarenta pies de eslora, el Almost Heaven. Cena para dos. El barco era bonito, pero no superelegante.

«*Almost Heaven, West Virginia*» es el primer verso de la canción «Take Me Home, Country Roads» de John Denver, uno de los himnos de Virginia Occidental. El barco era el refugio flotante del senador. «Puedo soltar amarras y me siento en casa», le contó una vez a un reportero de la revista *GQ*.

—No puedo volver a casa y explicar a la gente de Virginia Occidental que si se quedan en el paro una semana más cobrarán otros 400 dólares, que se sumarán a los cheques de 1400 dólares que vamos a enviarles —decía Manchin.

Los subsidios de desempleo eran demasiado sustanciosos y demasiado prolongados, argumentaba Manchin. En su opinión, el suplemento de 400 dólares debía reducirse a 300 dólares, y había que acortar el periodo de aplicación.

Klain sabía que Manchin le había prometido al presidente Biden que no permitiría que el decreto no quedara aprobado, pero Manchin era todo un inconformista y no cedería a las presiones. Klain se fue del Almost Heaven aquella noche, tras la cena, convencido de que de algún modo tenían que contentar a Manchin.

Y Klain no era el único pretendiente que tenía Manchin. El senador Portman, animado por McConnell, había estado hablando con Manchin desde principios de febrero, cuando quedó claro que abandonaba el Grupo de 10 Republicanos.

Manchin seguía sin decantarse. Portman tenía lista una enmienda al decreto de rescate para reducir el subsidio semanal suplementario de 400 dólares a 300, y durante un período de tiempo menor.

A Manchin le gustó. La cifra de 300 dólares se había convertido más en una postura psicológica que en una demanda política. Había hablado con economistas demócratas más centristas en las últimas semanas, entre ellos el exsecretario del Tesoro Larry Summers, que había escrito un artículo de opinión en el *Washington Post* advirtiendo del posible aumento de la inflación si el Gobierno aumentaba demasiado el gasto. También había hablado con Jason Furman, economista del gobierno Obama.

Esas conversaciones aumentaron la sensación que tenía Manchin de que los trabajadores tenían que estar deseando volver al trabajo. La economía iba a mejorar, y si se daban grandes subvenciones al desempleo, serían un gran incentivo para que la gente se quedara en casa.

Manchin le dio su palabra a Portman de que apoyaría la enmienda de los 300 dólares.

Jeff Zients, coordinador de Biden para la Covid, informaba a diario al presidente. El Pentágono aprobó una petición de la Agencia Federal para la Gestión de Emergencias (FEMA, por sus siglas en inglés) para el despliegue de más de mil efectivos de la Guardia Nacional que aportarían asistencia militar en los centros de vacunación. Se estaban instalando centros de vacunación comunitaria en todo el país. Biden se había comprometido a crear cien durante su primer mes en el cargo. Llevaban 441.

Se había instaurado un programa piloto para que las farmacias también pudieran administrar la vacuna. En aplicación de la Ley de Disposición Pública y Preparación de Emergencias (PREPA, por sus siglas en inglés), ahora el personal médico, de enfermería y otros sanitarios jubilados también podían poner vacunas.

Pero aún no se habían hecho suficientes estudios, especialmente en individuos asintomáticos. Estados Unidos ocupaba el puesto 32 en el mundo en cuanto a secuenciación genómica, método de análisis usado para detectar nuevas variantes. La detección de nuevas mutaciones era clave para ralentizar la difusión del virus, porque en muchos casos las nuevas mutaciones eran más contagiosas. Y era fundamental que se detectaran pronto, cuando aún tenían una presencia mínima. A Zients le parecía increíble que se tardara tanto, y le pidió más dinero a Biden para resolver el problema.

Biden estaba de acuerdo, pero seguía presionándole:

—¿Puedes conseguirlo? —le preguntaba a Zients, aparentemente no muy convencido.

Zients le dijo que a finales de marzo tendrían cientos de centros de salud operando en todo el país, y que usarían un modelo de red en estrella para asegurarse de que las vacunas se distribuyeran de forma justa y equitativa y que llegaran a las comunidades más vulnerables.

—¿De verdad vamos a poder conseguir miles de esos centros? ¿A cuánta gente vamos a llegar? —le preguntó Biden—. ¿De dónde vienen? ¿Qué aspecto tienen?

—¿Cómo vamos de unidades móviles? —preguntó Biden en cuatro reuniones, de las cuarenta que celebró sobre el virus en esos primeros días. Zients le presentó cuatro informes actualizados para ponerle al día sobre los progresos realizados, en los que se reflejaba que a finales de marzo 950 de los 1385 centros de salud pública estaban listos para administrar vacunas, muchos de ellos usando caravanas e instalaciones temporales.

Zients le informó de que se había transferido 4000 millones de ayudas de la FEMA a los estados.

Mientras tanto Sonya Bernstein seguía operando desde su semisótano.

—Cada vez que salía por la puerta y subía los dos escalones hasta la calle, casi me costaba mirar la luz —bromeaba. Eso sí era aislamiento. Así era la mecánica de la campaña contra el virus, comunicando órdenes y dando instrucciones a todos los niveles del gobierno federal. Movilización total.

Cuando el plan de rescate se quedó atascado en el Senado, Schumer, líder de la mayoría en la Cámara Alta, llamó a Pelosi, presidenta de la Cámara Baja. No era una llamada informal, sino de negocios. Había que sacar adelante el nuevo decreto.

—Es una pena no poder conseguir la retribución mínima en este caso. Significaba mucho para nosotros —le dijo Schumer. Pero había que ser realistas. Pelosi estaba de acuerdo. Era una pena, pero no podían dejar que el decreto de Biden saltara por los aires.

—Habrá tiempo de presentarla otra vez —dijo Pelosi, en referencia a la medida de la retribución mínima—. Lo haremos, y cuando llegue el momento será más de quince dólares por hora.

Además de afrontar el aumento de la retribución mínima, dijo Schumer, iban a desviar miles de millones de ayudas estatales y locales y a dedicarlas a la implantación de la banda ancha en zonas rurales.

Y en tercer lugar, el subsidio semanal por desempleo iba a reducirse de 400 a 300 dólares.

—A mis liberales no les gustará ese cambio —dijo Pelosi.

Ella conocía a los suyos. Tenía una estrecha relación con el Caucus Progresista Demócrata. Les encantaban las grandes batallas, especialmente si estaba ella al frente, y especialmente a «la Patrulla» de jóvenes mujeres progresistas, entre ellas la congresista Ocasio-Cortez, que había roto filas con Pelosi en la votación de una ley sobre inmigración. Si les decían que debían aceptar una rebaja de la retribución de 400 dólares a 300, y sin ningún otro incentivo, sabía que podrían llegar a rebelarse.

—Todos los cambios son un golpe contra la mayoría de mi caucus —dijo—. Si quieren que se traguen este decreto, tendrán que darnos algo.

Schumer le planteó un cambio: una desgravación de impuestos hasta los 10 200 dólares, de modo que el seguro de desempleo no generara impuestos.

Aquello le pareció bien a Klain, que participaba en todas las negociaciones y las seguía de cerca. Sin la desgravación, muchos desempleados pagarían muchos impuestos al hacer la declaración de la renta. Sería una pesadilla, y se produciría lo que él llamaba «uno de esos estúpidos momentos en los que el Congreso debe hacer algo».

Schumer trabajó con el senador Tom Carper, demócrata de Delaware, para intentar encontrar un nuevo ajuste: mantener la subvención en los 300 dólares y extenderla hasta octubre, junto con la desgravación de impuestos hasta los 10 200 dólares

Pelosi le dijo a Schumer y a la Casa Blanca que podría encargarse de que saliera adelante, pero que el pacto tenía que mantenerse. Sin más variaciones. —Cerrémoslo ya —dijo—. Y saquémoslo adelante. —Ni Klain ni los otros se lo discutieron.

El grupo parlamentario de Schumer se mantuvo muy discreto sobre lo que ocurriría el viernes, cuando llegara el momento de votar.

—Como jefe de un grupo parlamentario, nunca das nada por sentado hasta que acaba la votación —contó a la CNN el senador Dick Durbin, de Illinois—. Habrá que ver si conseguimos que cincuenta congresistas demócratas se mantengan fieles hasta el final.

Cuando Manchin se enteró de la nueva enmienda de los 300 dólares hasta el 4 de octubre, con la desgravación de 10 200 dólares, añadida para contentar a los congresistas liberales, estalló:

—Ese no era el trato.

Sí, le había prometido a Biden que no permitiría que fallara el plan de rescate. Pero no había accedido a que se alargara tanto el periodo de subsidio por desempleo.

—Bueno —les dijo Manchin a sus colaboradores, como si estuviera hablando con Klain o con Biden—, diréis que no estoy cumpliendo con mi palabra, pero vosotros tampoco lo estáis haciendo. —Y salió del despacho como una furia.

El viernes 5 de marzo Klain llegó a la Casa Blanca y vio el descontento general.

En el Senado se estaba votando la enmienda de Bernie Sanders para incorporar el aumento de la retribución mínima a 15 dólares. Tenía pinta de que la votación sería larga. Pero Sanders no amenazaba con votar contra la ley de rescate si no conseguía que aprobaran su enmienda. Que solo consiguió 42 votos.

—Si Bernie Sanders hubiera dicho que iba a ir a por todas, quizás hubiera forzado la situación —comentó el senador Richard Blumenthal, de Connecticut. Aquello habría acabado con el plan de rescate. Pero Sanders iba a dar apoyo al decreto, cerrando filas con Biden.

Klain había mantenido una relación fluida con Sanders desde las primarias. Durante la transición, Klain y Sanders se habían planteado que este último entrara en el gobierno como ministro de Trabajo. En privado, Sanders le había dicho a Klain que le gustaba la idea. Patearía unos cuantos culos y se presentaría en los mítines de los sindicatos y en las manifestaciones frente a las instalaciones de Amazon. Pero cuando los demócratas ganaron la mayoría, tanto Klain como Sanders decidieron aparcar aquella idea. Sanders se convertiría en presidente de una comisión.

Cuando Neera Tanden, líder de un *think tank* liberal, empezó a ser criticada por sus agresivos tuits contra Sanders después de que Biden la nominara candidata a la dirección de la Oficina de Gestión y Presupuesto, los republicanos intentaron azuzar a Sanders para que descargara su rabia contra ella.

—Solo le ha faltado llamar a Sanders capullo ignorante —declaró el senador John Kennedy, de Luisiana, en referencia al famoso *sketch* en *Saturday Night Live*, durante la sesión de ratificación de Tanden.

En un gesto de buena voluntad para con el gobierno de Biden, Sanders reaccionó con calma. Se llevó a Tanden a su despacho en el Senado. Imprimió sus tuits para hablar de ellos con ella. Quería que se diera cuenta de que no le habían hecho ninguna gracia. Pero no quería una pelea en público.

—Me gustaría que salieran todos —les dijo Sanders a sus colaboradores—. Déjenme solo.

Tanden también se retiró.

Schumer llevaba poco tiempo como líder de la mayoría, pero Manchin había expuesto los términos de su compromiso con detalle y le había explicado cómo actuaría como parte de la mayoría.

Le repitió lo mismo que le había dicho a Harry Reid: «Si es algo que pueda explicar cuando vuelva a casa, votaré a favor. Si es algo que no pueda explicar, no puedo votar a favor». Siempre había informado a Reid sobre lo que pensaba votar, para evitar sorpresas. Dado que Virginia Occidental era el estado más prorrepublicano, dijo, él siempre sería el más independiente, y el que más se distanciaría de la línea marcada por la dirección del partido.

Esa mañana, Manchin fue al despacho de Schumer en el Capitolio.

—*Hey*, Chuck —dijo Manchin—. Solo quiero que sepas que no voy a votar a favor de esa enmienda que presentas sobre el desempleo. —Se refería a la enmienda Carper, que extendía el subsidio de 300 dólares hasta el 4 de octubre y que añadía la desgravación de 10200 dólares para contentar a los congresistas—. No es lo que pactamos.

Él votaría a favor de la enmienda de Portman.

—Déjame que te diga algo. No estamos de acuerdo, simplemente. ¿Lo entiendes? No estamos de acuerdo.

Manchin se fue hacia el Senado. Ya había corrido la voz. El senador Angus King, de Maine, independiente que se había asociado con los demócratas, fue a su encuentro:

—Joe, es mejor que aceptemos este trato. Irá bien.

—No, no —dijo Manchin—. No está bien.

Lance West, jefe de gabinete de Manchin, le sugirió que trabajara desde su despacho privado en el sótano del Capitolio. Estaba cerca de una pequeña cafetería donde podía comer algo y evitar al resto de senadores.

La senadora Amy Klobuchar, demócrata de Minesotta, estaba haciendo sus propias prospecciones en el Senado, y llamó a Steve Ricchetti a la Casa Blanca. Manchin no estaba de broma, le advirtió.

El plan de rescate podía irse al traste. Esa misma tarde. Los primeros cien días de Biden, puestos en peligro por una disputa en el seno del partido.

Aquello hizo saltar las alarmas.

Klain, y otros más, acudieron a Biden. Quizá fuera el momento de que llamara a Manchin, que le había prometido que no permitiría que el plan de rescate fracasara.

Biden no lo tenía claro. Había librado cientos de batallas legislativas. La llamada del presidente tenía un peso especial. Era el toque de atención definitivo.

—Solo puedo hacer esta llamada una vez —dijo—. Tenemos que decidir si es el momento de hacerla. ¿Lo es?

A todos les parecía que sí.

—Solo lo puedo hacer una vez —repitió Biden.

Biden llamó a Joe Manchin hacia la una de la tarde. Manchin estaba en su despacho privado con su jefe de gabinete, Lance West.

—Joe —dijo Biden—, tú querías que el subsidio por desempleo fuera menor. Lo hicimos. Querías ciertos plazos [para recibir las ayudas a los desempleados]. Te hicimos caso. Querías que los cheques fueran a determinados destinatarios. Lo hicimos. Básicamente lo has conseguido todo. Ahora no nos puedes fallar.

Manchin corrigió a Biden. Dijo que los cheques de ayuda a los desempleados, pese a ser menores, se alargaban hasta bien entrado el otoño. La gente cobraría por no trabajar durante un largo periodo de tiempo.

Y luego manifestó su disgusto por aquella nueva desgravación de 10 200 dólares de la que acababa de enterarse. Una persona que no estuviera trabajando iba a obtener una desgravación adicional, mientras que un trabajador no tendría derecho a ella.

—Joe —dijo Biden—. Si no nos apoyas, me vas a joder bien. Necesito que me apoyes en esto. Encuentra el modo de decir que sí.

—No lo sé; se lo prometí a Rob Portman —respondió Manchin. Dijo que estaba hablando con economistas, que le decían que la economía despegaría como un cohete—. Señor presidente, necesitamos que la gente esté lista para volver al trabajo como mucho en julio. Señor presidente, ha dicho que en mayo tendremos vacunas para todos los estadounidenses que se las quieran poner.

—No puedo perder esta votación —insistió Biden, que no escondía su irritación—. Vas a hacer que mi decreto quede derogado.

—Tiene que confiar en mí —replicó Manchin—. No perderá.

Dijo que su intención no era cargarse el decreto; solo conseguir que se eliminaran algunas partes. Estaba con Biden, pero quería que la Casa Blanca trabajara con él.

—Maldita sea, Joe —dijo Biden, que empezaba a perder la paciencia—. Este plan no puede saltar por los aires.

—Señor presidente —respondió Manchin—, con todo el respeto, este plan no podría saltar por los aires ni con un cajón de dinamita. Ni con un montón de nitroglicerina. Tiene demasiadas cosas buenas.

»Hasta el ayuntamiento más pequeño recibirá dinero. Por primera vez van a tomar el control de su destino. Pueden reparar sus conducciones de agua, su alcantarillado, sus redes de Internet. Son muchas cosas buenas, señor presidente.

—Joe. No te cargues mi decreto —repitió Biden. Y era una petición personal.

—Nadie se va a cargar su decreto, señor presidente. Se lo aseguro —dijo, pero al momento hizo gala de esa terquedad que tanto temían en la Casa Blanca—. No voy a ceder en esto. Tiene que darme algo. Vamos a llegar a un acuerdo. Pero no se preocupe, señor presidente. Esto lo sacaremos adelante.

La llamada concluyó. Biden les dijo a sus colaboradores que se aseguraran de que se resolvía la situación. Klain le dijo que estaba seguro de que la negativa de Manchin se debía a Portman.

En su despacho privado, Manchin miró a su jefe de gabinete, Lance West.

—Saben cuál es mi postura, ¿no? —dijo—. Saben que siempre me he posicionado en los 300 dólares. No es algo nuevo para ellos.

—Por supuesto, lleva diciéndolo mucho tiempo —respondió West.

—Ponte al trabajo; arréglalo. Dime a quién debo llamar. Empezaré a hacer llamadas. Lo arreglaremos.

Schumer se dio cuenta de que era el momento de actuar. Propuso que secuenciaran las enmiendas. Que primero Manchin pudiera votar a favor de la enmienda de Portman, que mantuviera su promesa. A continuación podían presentar la enmienda de Carper. Se redactaría de modo que sustituyera a la enmienda de Portman, y Manchin podría votarla. El decreto recibiría cincuenta votos y la vicepresidenta Harris rompería el empate.

Pelosi le dijo a Schumer que tenía que respetar su acuerdo. Si se aprobaba la enmienda de Portman y quedaba tal como estaba, y si el subsidio quedaba reducido a 300 y solo hasta julio, no podía garantizar su aprobación en el Congreso.

$\mathcal{H}$acia las tres de la tarde del 5 de marzo, la senadora Debbie Stabenow de Michigan vio a Manchin dirigiéndose a su despacho privado a paso ligero.

Llamó a la puerta. Manchin la hizo pasar y la invitó a que se sentara en el sofá.

Le contó lo que le preocupaba del decreto —que el subsidio de desempleo durara demasiado, la desgravación de 10200 dólares—, y a Stabenow le pareció que las quejas de Manchin no eran muy importantes: aquello eran asuntos menores, no grandes problemas. Alguien tenía que decirle la verdad. Ser directo. Ella llevaba en la Cámara desde que Jimmy Carter era presidente. No puedes dejar que una sola persona desbarate algo que ya se ha decidido, cuando se cuenta con un consenso del 99 por ciento.

—¿Sabes qué, Joe? —dijo Stabenow—. Esto podríamos hacerlo cualquiera de nosotros. Tenemos a cincuenta personas en esto. ¿Tú crees que a mí todo lo que aparece en el decreto me parece perfecto?

Manchin la escuchó atentamente.

—El caso es que al final del pasillo tienes a un montón de colegas bastante cabreados contigo —dijo—. ¿Te das cuenta?

—Lo sé, lo sé, Deb —dijo Manchin—. Pero tú no lo entiendes; yo represento a Virginia Occidental.

—Bueno, y yo represento a Michigan. Tenemos a un montón de gente que tiene la sensación… ¿Sabes? No somos un caucus unipersonal. Somos un caucus de cincuenta. Y tenemos que encontrar la manera de ponernos de acuerdo, aunque algo no sea perfecto para nuestro estado. Porque, ¿sabes qué?, esto no es un decreto solo para Virginia Occidental. No es un decreto para Michigan.

Manchin empezó a hablar de la desocupación. Ahora que iban a distribuirse tan rápido las vacunas, decía, quería ver a gente volviendo al trabajo, en lugar de cobrando subsidios y quedándose en casa. Le preocupaba que las empresas no encontraran trabajadores.

—Tú has sido gobernador —dijo ella—. Ya sabes que nada es perfecto. Al final intentas que sea simplemente bueno. Estás siendo egoísta.

Sabenow sabía que había sido brusca, quizás incluso demasiado. Pero le pareció que había que hacerlo. En el Caucus Demócrata del Senado todos estaban en ascuas por Joe. Alguien tenía que decirle lo que pensaban los demás. La rabia generada por su bloqueo era muy real. Y además sabía, como todos, que a Manchin le gustaba gustar. Solía invitar a gente a su barco. No era de esos senadores que disfrutan siendo el malo de la película.

A continuación Stabenow se fue al despacho del senador de Virginia Tim Kaine. La senadora Kyrsten Sinema, de Arizona, demócrata moderada, también estaba allí, y levantó la vista.

—¿Y bien? —preguntó.

—No lo sé —le respondió Stabenow—. Le he dicho la verdad. Le he dicho lo que me parecía que tenía que oír. No lo sé.

Lance West y el jefe de gabinete de Schumer iniciaron una campaña diplomática informal itinerante. West iba y venía entre su despacho y el de Schumer. La mayoría de los reporteros no eran capaces de reconocerlo, así que podía ir y venir sin demasiado ruido, a diferencia de lo que ocurría con el anterior jefe de gabinete de Schumer, Mike Lynch.

—Mierda, vais a hacer que el plan salte por los aires —le dijo Lynch a West, pese a ser conocido por su carácter tranquilo—. ¿Cómo puede ser?

Lynch le explicó en pocas palabras lo que le había dicho Pelosi a Schumer. Si se seguían rebajando las medidas propuestas, el Caucus Progresista Demócrata se echaría atrás.

—Si no son 400 dólares y hasta final de septiembre, lo rechazarán —le advirtió Lynch.

—¿De verdad? —West no acababa de creérselo. ¿De verdad tenía tanto poder el Caucus Progresista?

—Más vale que no los pongamos a prueba —respondió Lynch.

A West aquella frase fue la que más grabada se le quedó. Se fue a informar a Manchin, que no se lo tragó. ¿Serían capaces de cargarse el plan de Biden solo por darle en las narices? No podía ser. Pelosi se hacía la dura, como siempre. Los demócratas querían aprobar el decreto lo antes posible. Las ayudas al desempleo aprobadas vencerían en una semana, el 14 de mayo. Manchin le dijo que volviera allí. Que alcanzara un acuerdo. Que mantuviera los 300 dólares, pero que fuera flexible.

Luego West y Lynch hablaron de acordar 300 dólares hasta principios de septiembre, manteniendo la desgravación, pero limitada para las personas con mayores ingresos. Ese cambio tendría un efecto real en las personas que pasaban dificultades. Más de 18 millones de estadounidenses dependían de que se aumentaran las subvenciones por desempleo.

Aquello animó a Lynch. El texto original de Carper indicaba que las prestaciones durarían hasta el 4 de octubre de 2021. Si llegaban solo hasta el 6 de septiembre, Manchin apoyaría el plan. Era factible. Y si añadían un límite de ingresos a la exención de la desgravación, mejor.

385

Schumer se mostró satisfecho con aquel paso adelante. Parecía que volvían a contar con Manchin.

West informó a Louisa Terrell, directora del Departamento Legislativo de la Casa Blanca.

—Louisa, tenemos un acuerdo que le he presentado a Mike —anunció West—. Solo quería que lo supieras, porque creo que es una buena oferta, aceptable para nosotros.

Terrell dijo que se pondría en contacto con él.

Biden le había dicho a todo el mundo que solo podía hacer una llamada. Era lo que hacían los presidentes. Una sola llamada para presionar a un senador. No era algo que se pudiera hacer repetidamente.

—Necesitamos que haga otra llamada —le dijeron sus asesores a última hora del viernes. Schumer tenía la enmienda de

Carper a punto, preparada para salir justo después de votar la de Portman. Pero Manchin aún no había firmado oficialmente el acuerdo de Schumer. Era hora de cerrar el asunto, dijeron.

Biden suspiró. De acuerdo.

Llamó a Manchin, que estaba frente a su despacho cuando recibió la llamada. Se metió dentro.

Biden fue directo. Aquello ya duraba demasiado. Y Manchin seguía siendo un factor impredecible, a pesar de lo que hubieran estado negociando los colaboradores de Schumer y de Manchin.

—¿Qué cojones estás haciendo, Joe? —le preguntó Biden—. Venga ya, hombre. Mira, lo hemos arreglado para que puedas votar con Portman. Ya es hora de acabar con esto. Has ganado, Joe. Vas a quedar como el senador más poderoso de toda la cámara. Vas a quedar como todo un negociador.

»Acepta el sí. Votas con Portman. Modificamos la disposición de la ayuda al desempleo para que encaje con lo que tú quieres. Pero tienes que dejar que Carper pase en segundo lugar. Tienes que apoyar a Carper. Tenemos que cerrar esto.

Manchin no acababa de decir que sí.

—Actúan como si quisieran hacérmelo tragar a la fuerza —protestó—. Por mí se pueden ir a la mierda.

—Joe —dijo Biden—, nunca te pediría que votaras en contra de tus convicciones.

Manchin pensó que aquello significaba mucho, viniendo de un exsenador. La presión para apoyar al partido, o para apoyar a su equipo, era muy fuerte.

—Mi equipo es el de Virginia Occidental —dijo—. Aquí no me ha contratado nadie. Nadie puede despedirme. Solo mi equipo, en Virginia Occidental, y tengo que responder ante ellos.

Biden colgó con la sensación de que Manchin colaboraría. Lo mismo pensaban Klain y otros más.

Mike Lynch y Lance West hablaron por teléfono.

—¿Seguimos teniendo un trato? —preguntó Lynch.

—Sí —dijo West. Tenían un trato.

Schumer llamó a la Casa Blanca. Estaba hecho.

386

Manchin y West salieron del despacho privado para ir a ver a Schumer a su oficina. Manchin le prometió que daría apoyo a la enmienda de Portman, y luego a la de Carper. Mantendría la palabra dada a su amigo republicano, pero no dejaría tirado a Biden. Se sentaron para repasarlo por última vez.

- Ampliar la subvención existente de 300 dólares a la semana a los desempleados hasta el 6 de septiembre.
- Conceder una desgravación de 10 200 dólares a los desempleados, pero solo si los ingresos de la unidad familiar eran inferiores a 150 000 dólares al año.

—Yo aún te quiero, colega —le dijo Manchin a Schumer, una vez finalizado el diálogo. Y le dio un abrazo.

Al recordar esta reunión con Schumer más tarde, Manchin dijo:

—Chuck y yo tenemos unas peleas de órdago. Un italiano con un judío. Uno de Nueva York con uno de Virginia Occidental. —Eso lo decía todo.

387

Pero aún faltaban horas para la votación, tal como contó Schumer en la Casa Blanca. Necesitarían toda la tarde y las primeras horas de la mañana para poner por escrito los cambios y registrarlos en la Oficina de Presupuesto del Congreso. Había que calcular los costes. Dado que aún no tenían el texto final, no podían hacer esos cálculos. Había otras enmiendas que votar, parte de lo que empezaban a llamar un *vote-a-rama* (maratón de voto).

Manchin y Portman se vieron.

—Conseguí que bajaran de 400 a 300 dólares, que es lo que querías —le dijo a Portman—. La clave era no llegar a 400.

Portman le pidió que se ciñera a su enmienda: aprobar el subsidio de 300 dólares hasta mediados de julio.

—No puedo —dijo Manchin—. Ya he conseguido esos cambios, y ahora no puedo rectificarlos.

Lynch convocó una conferencia múltiple con jefes de gabinete de senadores demócratas hacia las 19.45. Les dio las gracias a todos por su paciencia.

El anuncio público del acuerdo realizado por Schumer hacia

las 20.00 del viernes ponía fin a nueve horas de punto muerto. Para cuando acabó la votación, aquella tarde, el Senado había batido su récord de tiempo para una votación: casi doce horas. Casi dos horas más que el récord anterior.

Los demócratas estaban agotados, pero aliviados.

El senador Blumenthal observó el acercamiento que se había producido entre Schumer y Manchin. Que pataleara lo que quisiera, pero había que mantenerlo cerca, integrado en el equipo. No era el único que se preguntaba si Harry Reid, en su misma posición, habría tenido tanta paciencia. El puesto de Manchin en la presidencia del Comité de Energía y Recursos Naturales del Senado no se había visto amenazado en ningún momento. Biden podía haber despotricado lo que quisiera, y cada vez que alguien contaba la historia parecía que había soltado más improperios. Pero ni Biden ni Schumer habían planteado ninguna amenaza, en ningún momento.

Aquella noche, al debatir con Ron Wyden, senador de Oregón y presidente del Comité Económico del Senado, Portman parecía frustrado. Tenía la sensación de que habían sido las ocho horas más largas de su vida, porque había tenido que estar presente, por si le llamaban para defender su enmienda.

—De pronto, si cobras subsidio de desempleo, no tienes que pagar impuestos; pero si estás trabajando, sí tienes que pagarlos. ¿Cómo es eso? —preguntó Portman, en el Senado. Wyden quitó importancia a las críticas de Portman.

—El partido que afirma querer ayudar a los trabajadores con sus impuestos no moverá un dedo.

Esa noche se aprobó la enmienda de Portman. Luego la de Carper, que dejó sin efecto la de Portman, tal como había planeado Schumer.

El sábado 6 de marzo, cuando se presentó el texto final, se aprobó el plan de rescate completo. 50 a 49. El senador Dan Sullivan de Alaska, republicano, se perdió la votación por tener que asistir al funeral de un familiar.

*B*iden siguió la votación del 6 de marzo en el Senado desde la Sala del Tratado de la Casa Blanca. Estaba trabajando en una declaración con Anita Dunn. Otros colaboradores bromeaban diciendo que lo que se estaba aprobando era un «bombazo» *(a big effing deal),* en referencia a su famoso comentario cuando se aprobó el Obamacare.

Biden estaba eufórico. Llamó a la consigna del Senado y le pidió al operador que le pusiera con cualquier demócrata que pasara por allí.

Llamó a Schumer.

—Fue un golpe de ingenio decidir esperar al viernes para alcanzar el acuerdo —dijo Biden—. No forzar el resultado, dejar que las cosas se arreglaran solas. —Sin prisas. Fijar el orden de presentación de las enmiendas con Portman y Carper. Eso era lo que había solucionado el problema—. ¿Sabes, Chuck? He visto muchas negociaciones como esta. Llevo mucho tiempo en la política. Pero lo que has hecho en este caso ha sido de lo más hábil que he visto nunca.

Llamó a Bernie Sanders.

—Tenemos que tomarnos nuestro tiempo para vender esto al público, hacer una gira por el país —sugirió Sanders. Antes rivales, ahora compañeros en la promoción de sus éxitos—. Organizar eventos, sacar rédito a lo que hemos conseguido.

Biden le dio las gracias por el consejo y por haberle apoyado. El visto bueno de Sanders había sido esencial para evitar que la facción progresista les abandonara.

El resto del Caucus Demócrata en el Senado fue invitado a una conferencia múltiple con Biden por Zoom. La cámara de Biden no funcionaba. Solo audio. El vídeo de Schumer sí estaba encendido. Se le veía emocionado. Dijo que estaba orgulloso de ver que se habían mantenido unidos, y definió aquel decreto como uno de los más importantes aprobados nunca.

—Deberíais estar muy orgullosos —dijo.

La votación final estaba programada para la semana siguiente. La versión revisada por el Senado se aprobó en el Congreso el 10 de marzo, por 220 a 211 votos. Biden y Harris, junto a un pequeño grupo de colaboradores, siguieron la votación desde la Sala Roosevelt.

—En circunstancias normales, lo veríamos todos juntos, como hicimos con la Ley de Asistencia Sanitaria Asequible —les dijo Biden.

Al día siguiente, Biden dio un discurso televisado para todo el país coincidiendo con el aniversario del confinamiento por la Covid-19.

—Hace un año nos vimos azotados por un virus al que no reaccionamos, por lo que se extendió sin control —dijo—. Ahora, gracias a todo el trabajo realizado, contaremos con suficientes vacunas para todos los estadounidenses adultos antes de que acabe mayo, meses antes de lo programado.

Biden no le asignó a Trump el mínimo mérito por las vacunas, gesto que muchos consideraron poco elegante, indigno de él. Zients consideraba que el mérito era de los médicos y de los científicos que habían desarrollado las vacunas, no de Trump.

—Es realmente un esfuerzo conjunto de todo el país, como el que presenciamos durante la Segunda Guerra Mundial —dijo Biden desde la Sala Este—. Porque aunque empleáramos todos nuestros recursos, que venzamos a este virus y recuperemos la normalidad depende de la unidad nacional.

Biden estaba de mejor humor después de firmar el decreto de rescate. Su presidencia empezaba con paso firme. Ahora, en la promulgación de leyes importantes, ya ganaba por 1 a 0.

Parecía satisfecho, pero no veía el decreto como un logro personal, como habría podido hacer cuando era más joven. Tenía setenta y ocho años y otra perspectiva.

—Solo hago lo correcto —les dijo a sus colaboradores—. He tardado mucho en llegar hasta aquí. Y estoy aquí para hacer este trabajo.

Les dijo que se encontraba cómodo con la batalla política, pero que no tenía la misma obsesión que en 1987, por ejemplo. Había visto los altibajos de muchos otros presidentes. Así que estaba decidido a aceptar lo que deparara el destino, día a día.

Mike Donilon permaneció próximo a Biden, pero se mantuvo fuera del foco mediático. Cuando un fin de semana entró en una cafetería llena de gente, en Alexandria, para encontrarse con un viejo amigo, nadie reparó en él. Klain tenía una gran cantidad de seguidores en Twitter, pero la mayoría de colaboradores de Biden no estaban saltando a la fama. Era justo lo contrario de lo que había ocurrido durante el primer año de Trump.

Muchos de los colaboradores de Biden dedicados a la gestión de los medios eran más jóvenes, y Pete Buttigieg, ahora titular de la Secretaría de Transportes, solo tenía treinta y nueve años. A Biden le encantaba que lo consideraran un impulsor de la siguiente generación. Pero Donilon, Dunn, Ricchetti y Klain, junto con Jill Biden, reflejaban la sensatez de la experiencia de Biden y su experiencia en política.

El 12 de marzo Biden celebró una fiesta en la rosaleda de la Casa Blanca.

—Esto cambia el paradigma —declaró, con la vicepresidenta Harris al lado—. Hay que decirle a la gente, con un lenguaje llano, sencillo y directo, qué es lo que estáis haciendo para ayudarles. Tenemos que ser capaces de contar una historia, de contar la historia de lo que vamos a hacer y de por qué importa, porque va a cambiar la vida de millones de personas, de un modo muy concreto y específico.

McConnell, líder republicano en el Senado, había quedado tocado por el sí de Manchin al plan de rescate. Les contó a sus colaboradores que Manchin, al igual que la senadora Sinema, sabía que «no habría sido muy inteligente por su parte ir contracorriente» en ocasión de la primera gran iniciativa de Biden. Biden era demasiado nuevo, demasiado popular.

McConnell se preguntaba si la presión de los demócratas sobre Manchin no haría que a la larga a Manchin se le quitaran las ganas de hacer mucho más por Biden en 2021. Quizá se sintiera algo quemado. La facción progresista se le echaba encima a diario, molestos con su política «de estado republicano».

—Está cabreadísimo —comentó McConnell sobre el estado de ánimo de Manchin el 5 de marzo, aunque muchos, tanto republicanos como demócratas, tuvieron la impresión de que más bien era él quien quería verlo así.

—Schumer ha hecho que Manchin y los suyos quedaran como tontos —dijo McConnell— con esa manipulación de las enmiendas de Carper y de Portman. —Ya se veía venir los anuncios que harían de la campaña. Dijo que aquello sería recordado como cuando en 2004 el senador John Kerry, candidato demócrata a la presidencia, votó a favor de la intervención en Irak y luego en contra.

El 21 de abril, hacia las cuatro de la tarde, Clyburn invitó a Manchin a su despacho en el Capitolio. En la reunión ambos iban acompañados de sus respectivos jefes de gabinete y de un asesor cada uno. Seis personas en la sala, tres frente a tres, sentados en sillones y butacas de cuero de color cerezo oscuro. A diferencia de la horda que había atacado el Capitolio, que aparentemente no había tenido ningún problema en encontrar su despacho, Manchin había necesitado que le indicaran el camino.

La *For the People Act* («ley Para el Pueblo»), para la democratización real de las instituciones, de la presidenta Pelosi, llamada H.R.1, llevaba un tiempo esperando en el Senado, después de haber sido aprobada por el Congreso en marzo.

En cuanto se sentaron, Clyburn habló sin tapujos: Manchin podía conservar su posición, en términos generales, como protector de la libertad de voto. Pero era intolerable que mantuviera aquella línea tan dura en cuanto a los derechos de votación. Manchin debía ceder en relación a los derechos de votación, que era un asunto claramente constitucional y moral.

—Nunca te he pedido que cambies de opinión con respecto a la libertad de voto —dijo Clyburn—. Pero me gustaría ver que esa libertad de voto se aplica del mismo modo a los derechos constitucionales que a los presupuestos —dijo, en referencia al proceso de votación por mayoría de la reconciliación presupuestaria—. A lo que decidamos nosotros.

—Reconciliación. Esa es una palabra más fácilmente aplicable a asuntos constitucionales que a la elaboración de presupuestos.

Manchin le escuchó, pero no le hizo ninguna promesa. Se mostró complaciente.

—Nos lo miraremos.

—Mira —le dijo Clyburn—, un país no tiene por qué ser racista para tolerar el racismo. Y eso es lo que estamos haciendo.

Dijo que las propuestas de votación de los republicanos a nivel estatal eran claramente racistas. Que había conocido a Strom Thurmond, el difunto senador segregacionista de Carolina del Sur, de donde procedía él también. Le dijo que Thurmond y él habían conseguido incluso salvar sus diferencias.

—Strom y yo nos llevábamos muy, muy bien.

Manchin le confesó que no tenía ni idea de que hubieran trabajado juntos.

—Trabajamos juntos para hacer cosas que había que hacer en Carolina del Sur —le contó Clyburn—. Y seguimos colaborando con sus hijos y su viuda. Yo aún trabajo con su familia.

De hecho, Strom tenía una hermana llamada Gertrude a la que Clyburn había conocido trabajando en el gobierno estatal, décadas antes.

—Gertrude y yo trabajábamos juntos, en el mismo despacho. Nuestras mesas estaban a apenas dos metros de distancia. Y él siempre me decía: «A mi hermana Gertrude le encantas, de verdad». Y yo le decía: «Bueno, pues demuéstrame el amor que le tienes a tu hermana y vayamos juntos en esto». E hicimos muchas cosas juntos buscando financiación para el estado.

Clyburn mencionó a su mentor, el juez Richard Fields, que seguía vivo. Tenía cien años. Había ido a una universidad históricamente negra de Virginia Occidental.

—La Bluefield State —dijo Manchin.

—Yo recuerdo cuando la West Virginia State era cien por ciento negra —dijo Clyburn—. Ahora esas universidades son blancas en un 80 u 85 por ciento.

Manchin le aseguró que quería ser de ayuda:

—Yo estoy a favor de todo lo necesario para preservar y proteger los derechos de sufragio.

Añadió que la ley de gran envergadura aprobada en Georgia en marzo, con la firma del gobernador republicano Brian Kemp, le había decepcionado. Esa ley restringía el voto por correo y endurecía los requisitos de identificación de los votantes, aunque los republicanos argumentaban que potenciaba el acceso al voto al aumentar en un día el periodo de votación presencial.

—Se cosecha lo que se siembra —dijo Manchin—. Si cambiamos las reglas, hacemos algo, cuando los republicanos vuelvan a tener el control harán lo mismo. Me cuesta creer que no podamos encontrar republicanos al otro lado del pasillo que estén de acuerdo en que tenemos que tener unas elecciones justas, accesibles y seguras.

—Bueno —respondió Clyburn—, yo solo te hago esta sugerencia. Tú encuentra el modo de hacerlo.

La reunión duró una hora. Manchin saludó amistosamente al marcharse, con su típico gesto amable de *exquarterback*. Pero tampoco esta vez prometió nada. Clyburn les dijo a sus colaboradores que no lo perdería de vista.

Clyburn estaba cada vez más decepcionado e indignado. Era el mayor paso atrás sufrido en décadas.

En total, desde las elecciones se habían aprobado casi cuatrocientas leyes que restringían los derechos de votación. Desde enero, se habían activado casi veinte nuevas leyes y había decenas aprobadas o en proceso de aprobación en ambas cámaras.

Trump y sus aliados habían puesto todas sus energías en una auditoría de los votos del condado de Maricopa, en Arizona, impulsada por los republicanos, en la que Giuliani estaba implicando a legisladores y altos cargos del estado. En Georgia, los republicanos exigían más auditorías de cientos de miles de votos de la zona de Atlanta.

—¿Vamos a declarar que es delito darle a alguien una botella de agua si se pasa ocho horas haciendo fila para votar? ¿Qué demonios es eso? Venga ya —exclamó Clyburn.

En mayo, Manchin no se había movido de su posición obstruccionista. Había emitido un informe de tres páginas que debía servir como punto de partida de nuevas negociaciones sobre una ley de sufragio acordada entre los dos partidos. Stacey Abrams, demócrata de Georgia, dijo que el informe de Manchin era un —importante primer paso— para alcanzar un acuerdo.

El 22 de junio los demócratas no contaban con los sesenta votos necesarios para aprobar la ley sobre derechos de sufragio en el Senado.

Lo positivo, según algunos demócratas, era que el asunto ahora estaba en el foco mediático. Podría ser una piedra angular para Biden y el partido en la campaña de 2022.

Pero Clyburn quería más.

—¡La democracia está en juego y el Senado está jugándosela! —les comentó a sus colaboradores, viendo las dificultades de los demócratas—. Y el director de la orquesta es un hombre llamado McConnell.

*B*iden envió a Blinken y a Austin, secretario de Estado y secretario de defensa respectivamente, a la reunión de ministros de Asuntos Exteriores de la OTAN celebrada en Bruselas el 23 y el 24 de marzo. Los treinta y seis aliados de la OTAN tenían casi 10 000 efectivos desplazados en Afganistán. El contingente estadounidense era el mayor con 3500 soldados. Todos los aliados habían demostrado su firme compromiso con la guerra de Afganistán a lo largo de los últimos veinte años.

—Escuchad atentamente y consultad —les pidió Biden, convencido de la importancia de tener fuertes alianzas en el panorama mundial.

Para Biden, uno de los errores más graves de Trump había sido hablar mal de la OTAN y centrar el debate en la contribución económica de cada país a la defensa común.

En una reunión a puerta cerrada, Blinken se pasó tres horas tomando notas.

—Esto es lo que estoy oyendo, señor presidente —le dijo aquella noche en una llamada segura desde Bruselas. No fue del todo una sorpresa, pero sí un golpe de realidad. Dijo que había oído un clamor en sonido cuadrafónico. Vamos, que resultaba apabullante. Blinken tocaba la guitarra en una banda, Coalition of the Willing.

Según le dijo al presidente, los otros ministros querrían que Estados Unidos aprovechara la retirada de sus tropas para impulsar a los talibanes a un acuerdo político. Lo ideal sería negociar la estructura básica de un futuro estado afgano, una constitución, y unas reformas. Los ministros tenían grandes esperanzas y hablaban de elecciones, de derechos humanos y de los derechos de las mujeres y de las niñas.

Aquello suponía una gran presión para Biden y para Blinken.

Ya de vuelta en Washington, Blinken consultó a sus colaboradores y a los expertos del Departamento de Estado, y luego cambió su recomendación. Antes, había apoyado plenamente la retirada total de la propuesta por Biden. Su nueva recomendación era prolongar la misión militar de Estados Unidos durante un tiempo para ver si podían alcanzar un acuerdo político. Ganar tiempo para negociar.

El secretario de defensa Austin también hizo una nueva propuesta, una variación sobre el mismo tema. Planteó una posición intermedia. En lugar de no hacer nada, ¿por qué no plantear una retirada lenta, tomando precauciones, en tres o cuatro fases, que facilite las negociaciones diplomáticas? Una retirada con un mayor nivel de seguridad también proporcionaría tiempo y espacio para el proceso político, y cierta cobertura, por si las conversaciones diplomáticas fallaban.

398   Mientras proseguía el debate interno sobre lo que hacer con la guerra de Afganistán, Biden y Jake Sullivan les pidieron a todos que respondieran a otra pregunta básica: en el mejor de los casos, ¿cómo quedarían las cosas si Estados Unidos se retiraba?

Los agentes de inteligencia de la CIA y del ejército plantearon un posible acuerdo negociado entre el gobierno afgano y los talibanes sin enfrentamientos prolongados a gran escala. Los grandes centros de población —Kabul y Herat— gozarían de una paz relativa y disfrutarían de las mejoras en estabilidad conseguidas en el transcurso de los últimos veinte años. El gobierno central tendría mucho menos control del resto del país, si es que lo conservaba. Eso, en el mejor de los casos, pero nadie decía que fuera a ser la situación más probable.

Otra pregunta que hicieron Biden y Sullivan fue: ¿qué creéis que harán Rusia y China si Estados Unidos se va?

Según las agencias de inteligencia estadounidenses, ambas potencias preferirían que Estados Unidos siguiera en Afganistán. China y Rusia aprovechaban los beneficios de una relativa estabilidad regional sin ningún trabajo o inversión por su parte.

Pero también había que considerar los peores escenarios

posibles. Austin, Milley y los agentes de inteligencia presentaron una larga lista de posibles consecuencias negativas de la retirada. El pronóstico no era muy halagüeño:

- La guerra civil entre el gobierno afgano y los talibanes se amplía y se potencia.
- La capital, Kabul, y otras ciudades caen en manos de los talibanes, lo que provoca la caída del estado afgano, en meses o años.
- Se produce un enorme éxodo de refugiados y al menos 500 000 afganos abandonan el país. Algunos pensaban que sería el doble, hasta un millón de personas.
- Al Qaeda, ahora debilitada, se recompondría y recuperaría la capacidad de atacar a Estados Unidos y a sus aliados.

Biden preguntó:

—¿Con qué antelación sabríamos de su capacidad para realizar ataques terroristas?

Los agentes de inteligencia le dijeron que unos seis meses.

—Es evidente que no podemos confiar en tener seis meses —dijo Biden—. Quiero que pongáis en marcha un sistema de vigilancia transhorizonte —en referencia al sistema de monitorización y de seguimiento de la capacidad de ataque de países vecinos— que nos permita sofocar cualquier ataque y evitar la recomposición de Al Qaeda o cualquier otra trama externa.

Austin les recordó a todos que, pese a la vigilancia transhorizonte, los servicios de inteligencia y del ejército perderían el control de un territorio que había sido fundamental para Estados Unidos.

La presentación del peor escenario posible prosiguió:

- Los afganos perderían sus derechos civiles.
- Toda la región quedaría desestabilizada.

—¿Y qué hay de Pakistán? —preguntó Biden. En su opinión, Pakistán era el estado más peligroso de la región, debido a su arsenal nuclear.

La toma de Afganistán por parte de los talibanes daría alas a los Tehrik-i-Taliban o TTP, los talibanes pakistaníes. El TTP era un grupo de resistencia armada al gobierno pakistaní acusado del asesinato de la ex primera ministra de Pakistán Benazir Bhutto en 2007.

Las advertencias de los líderes militares y de los agentes de inteligencia eran cada vez más funestas. Se habían pasado décadas monitorizando y estudiando a los talibanes. Sabían muy bien qué supondrían para el pueblo afgano, especialmente para las mujeres.

- Los derechos de las mujeres quedarían anulados, y las mujeres afganas podrían ser azotadas en público, de rodillas en el famoso estadio de fútbol de Kabul, o podrían dispararles en la cabeza ante la multitud, como ya había ocurrido durante los años de gobierno talibán. Los brazos y piernas cortados a los ladrones se exponían para que la gente los viera.
- Más de 16 000 escuelas abiertas en los últimos veinte años quedarían cerradas o destruidas.

Era una apabullante lista de posibles desastre humanos y consecuencias políticas.

—Vale —dijo Biden—, hablemos de las herramientas de que disponemos para reducir esos posibles riesgos y consecuencias.

Si las tropas estadounidenses se marchaban, dijo que su objetivo era disponer en menos de seis meses de una capacidad suficiente en la región del Golfo como para responder a nuevos problemas sin necesidad de contar con fuerzas desplegadas en el terreno en Afganistán. Así Estados Unidos podría seguir vigilando los objetivos terroristas en Afganistán y contar con una plataforma de acceso para actuar y destruirlos en caso necesario.

Para acabar, Sullivan y los agentes del Centro de Seguridad Nacional le presentaron a Biden dos informes: uno con los principales motivos para quedarse y otro con los principales motivos para retirarse. Ambos informes se basaban en profundos debates entre las agencias implicadas. Pero la historia de Biden con Afganistán resultaría igual de decisiva, si no más.

En 2015, en una entrevista, le preguntaron al presidente ruso Vladimir Putin si los dieciséis años pasados en la KGB habían influido en él. Su respuesta fue memorable:

—No hay ningún episodio en la vida de nadie que pase sin dejar huella.

Lo mismo podría decirse de los veinte años que había pasado Biden tratando de la guerra de Afganistán como presidente del Comité de Relaciones Internacionales del Senado, de sus ocho años como vicepresidente y de sus numerosos viajes al país.

Era mucho más que un episodio en la vida de Biden. De especial importancia era el plan de revisión de la estrategia en Afganistán, de tres meses de duración, encabezado por el presidente Obama durante el primer año de su presidencia. Como vicepresidente, Biden había participado en todas las reuniones, se había leído todos los informes de los servicios de inteligencia y se había implicado enormemente. De modo sutil a veces, y en otras no tanto, Biden había dejado claro que él consideraba que no había que mandar muchas más tropas, si es que había que mandarlas.

Un año más tarde, en 2010, Biden criticó en privado la decisión de Obama de enviar 30000 efectivos más. A su modo de ver, era una trágica demostración de poder por parte de los altos cargos de la seguridad nacional, a expensas de un joven presidente. En su opinión, Obama se había visto arrastrado por los «cinco bloques de granito», cinco actores clave del momento. Se trataba de la secretaria de Estado Hillary Clinton, el secretario de Defensa Robert Gates, el presidente de la Junta del Estado Mayor Conjunto Michael Mullen, el general David Petraeus, que era comandante del Mando Central, y el general Stanley McChrystal, comandante en jefe de las tropas en Afganistán.

McChrystal había escrito un informe clasificado sobre la guerra diciendo que sería un «fracaso» si no conseguía decenas de miles de soldados más. Quería 40000 más. Los otros cuatro bloques de granito —Clinton, Gates, Mullen y Petraeus— respaldaban a McChrystal.

En privado, Biden manifestó que, si tuviera que escribir sus memorias, señalaría «con precisión y en pocas palabras» el problema que veía en la posición de los cinco.

—Yo no dejaba de insistir en que los talibanes no eran Al Qaeda —dijo Biden. La insurgencia formaba parte de una

401

guerra civil interna, no del grupo terrorista que amenazaba a Estados Unidos.

Biden recordaba su visita a Afganistán poco después de ser elegido vicepresidente. Se reunió con David McKiernan, en aquel entonces comandante de las fuerzas estadounidenses, que dijo que no había visto ni rastro de Al Qaeda en dieciocho meses.

Biden recordaba haberle preguntado después al secretario de defensa Gates:

—Déjeme que le haga una sencilla pregunta. Si no existiera Al Qaeda, ¿estaríamos gastando más de cien mil millones de dólares en enviar a decenas de miles de hombres y mujeres a Afganistán?

La respuesta fue sí. Aquello le impactó.

Gates argumentó que la gran presencia militar de Estados Unidos contribuía a la estabilidad estratégica en el subcontinente.

Biden había declarado:

—Esos bloques de granito partían de una premisa básica, sobre la que apoyaban su tesis de que para estabilizar Pakistán teníamos que demostrar que estábamos preparados para derrotar a los talibanes. Es algo absolutamente ilógico. Los pakistaníes fueron quienes crearon a los malditos talibanes. ¿Cómo vamos a afianzar Pakistán derrotando al grupo que ellos mismos crearon y al que siguen apoyando?

Para justificar su petición de más tropas, los militares habían usado un juego de guerra clasificado llamado *Poignant Vision* («Visión Penetrante») que demostraba que, si no se enviaban al menos 40 000 soldados más, sería un desastre para la región.

Biden le dijo a Obama que los militares le estaban vendiendo «memeces» sobre la guerra. Por su experiencia de años en el Senado sabía que los militares estaban agobiando a Obama con toda aquella jerga técnica.

—Es como el niño que va a un colegio católico. Te enseñan que tienes que confesarte con el cura. Y en tercero aprendes cómo hacer tu penitencia. Ahora ya puedes ir ahí, decirle que has robado una cadena de oro al cura, y pasar por alto que había un reloj de oro al final de la cadena.

Eso era lo que estaban haciendo los líderes militares, según Biden.

402

—Así son esos tipos. Tienes que descubrir si hay un maldito reloj de oro al final de la cadena. —Hay mucho de todo esto que es nuevo para un presidente que había entrado en el Senado en 2004 y que solo había sido senador cuatro años antes de acceder a la presidencia—. Seguían cuatro o cinco principios que en mi opinión no tenían ningún fundamento.

Uno de ellos era seguir entrenando a los 400 000 agentes de las fuerzas de seguridad afganas y de la policía. Pero eso no garantizaría que pusieran fin a la contrainsurgencia, porque la capacidad de las tropas estadounidenses era mucho mayor que la de las fuerzas afganas.

Y si las fuerzas afganas no iban a poder tomar el control nunca, Estados Unidos tendría que estar allí siempre.

—Es un engaño por omisión, algo habitual —señaló Biden.

Biden se pasaba horas a solas debatiendo con Obama, en muchos casos durante su cita semanal para almorzar.

—Se creían que podían tomarnos el pelo a todos, con sus juegos de guerra, pero yo aprovechaba mis charlas del almuerzo. Y Biden no era el único que lo veía así. Cuando los líderes militares afirmaban que también necesitaban la plataforma que suponía Afganistán para lanzar sus drones Predator, los aviones pilotados por control remoto, el director de la CIA, Leon Panetta, dijo que los drones podían controlarse desde otros países.

—Menos mal que aún tenemos al viejo Leon —dijo Biden—, que ha levantado la voz para decir que él no lo ve así.

El plan de revisión estratégica de 2021 seguía adelante, y Biden básicamente se mostró de acuerdo con Blinken en que tenían que asegurarse de que no tomaban una decisión política unilateral.

Pero ahora la revisión había generado un ambiente de temor. Se había creado un conflicto entre los dos bandos creados en torno a Biden: retirarse sin más o dar una última oportunidad a la negociación.

Tal como solían decir los militares: todas las opciones son *subóptimas*. Ahora Biden tenía que elegir la menos *subóptima*.

—No me comparéis con el Todopoderoso —le dijo Biden a Blinken—. Comparadme con la alternativa.

$\mathcal{B}$linken volvió a hablar con los talibanes a través de intermediarios en Doha, Qatar, con la propuesta de retrasar la retirada de Estados Unidos. Los talibanes la rechazaron, afirmando que, si iba más allá del 1 de mayo, empezarían a atacar a las fuerzas americanas y en las capitales de provincia.

Eso era lo último que quería Biden. Si se producían nuevas bajas estadounidenses tras el año que llevaban sin víctimas con Trump en el Gobierno, aquello podía convertirse en un desastre político.

Blinken cambió de postura otra vez, y llegó a la conclusión de que los 3500 efectivos estadounidenses suponían un mínimo absoluto, insuficiente para plantar cara a los talibanes. Diez mil soldados quizá sí bastaran, pero no podía demostrarlo.

Biden le recordó a Blinken que seis años atrás, en 2015, cuando él era vicepresidente, estaban en la Sala de Crisis de la Casa Blanca debatiendo si debían prolongar o no la participación militar de Estados Unidos.

Los líderes militares habían planteado que debía prolongarse un año más. Decían que lo último que faltaba para que Afganistán fuera autosuficiente desde el punto de vista militar y que pudiera avanzar por su propio pie era conseguir que pudieran construir líneas de producción propias y encargarse del mantenimiento de los aviones. Y para eso se suponía que haría falta un año más.

—Eso pasó hace seis años —le recordó Biden a Blinken, señalando que aún no se había conseguido—. ¡Hace seis años!

No había un mejor ejemplo de cómo ocultaban los militares el reloj de oro. Blinken hizo consultas con algunos de los antiguos secretarios de Estado. Es un club muy informal. Uno le preguntó:

—¿Alguien se acuerda de quién gobernaba Afganistán el 10 de septiembre de 2001, el día antes de los atentados terroristas? Los talibanes. Llevaban cinco años en el gobierno. ¿Iba a entrar en guerra Estados Unidos para derrocar a los talibanes porque no nos gustara lo que estaban haciendo? No. ¿Por qué ahora sí?

—No fuimos a Afganistán para convertirlo en una democracia jeffersoniana —concluyó Blinken.

Austin también estaba de acuerdo en que 3500 efectivos no bastaban para plantar cara. A principios de abril de 2021, con Blinken y Austin apoyando de nuevo la retirada total, Biden les dijo a sus asesores que era eso precisamente lo que había decidido hacer. Las fuerzas del Ejército de Tierra de Estados Unidos abandonarían el país antes del 11 de septiembre de 2021, el vigésimo aniversario de los atentados terroristas. Dijo que no había oído que nadie le dijera que la situación fuera a ser diferente en un año, ni en dos ni en tres. Que veía más riesgo en quedarse que en marcharse. La cuestión era: ¿si no ahora, cuándo? Había demasiados quizás. Quizá mejorara. Quizá pudiéramos salir del apuro. Quizás esto, quizá lo otro. Habían conseguido rebajar significativamente la amenaza de Al Qaeda, aunque no hubiera desaparecido del todo. Sin embargo, la amenaza terrorista se había desplazado a otras regiones de Oriente Próximo. Las regiones de peligro más evidente eran Somalia e Irán.

Biden señaló que sus predecesores también habían querido retirarse. Obama lo había querido, dijo, y Trump también. Sin embargo la decisión más fácil había sido mantener las tropas desplegadas.

—Hay un recurso fácil, y ese es el motivo por el que aún tenemos tropas en Afganistán. Lo fácil es demorar la decisión —dijo—. Pero yo no me presenté a la presidencia para hacer lo fácil.

Sin embargo, no dijo qué pasaría a continuación. El desenlace no estaba claro, y él lo reconocía.

Su decisión y sus órdenes no se redujeron a un único documento, un Memorándum de Seguridad Nacional tradicional. El secretario Austin transmitió las órdenes detalladas a los man-

405

dos del ejército, y se redactaron una serie de informes llamados SOC (Sumarios de Conclusiones) que recogían el resumen de las reuniones y especificaban los requisitos para construir una estructura de vigilancia transhorizonte, sin perder la presencia en Kabul a través de la embajada.

Biden les confesó a sus asesores que la decisión no era fácil. Pero Sullivan no tenía la impresión de que le angustiara tanto. Biden parecía estar tranquilo con la decisión que había tomado.

—Lo que podemos hacer es situarnos en la mejor situación posible para afrontar la amenaza terrorista —dijo Biden— y, con nuestro apoyo, poner a las fuerzas de defensa nacionales afganas y al gobierno afgano en la mejor posición posible para afrontar las amenazas que puedan surgir del propio país.

El presidente del Estado Mayor Conjunto Milley consideró que la revisión estratégica se había hecho de forma objetiva y abierta.

—En esta guerra de Afganistán, la participación de Estados Unidos en el terreno está llegando a su fin —les dijo a sus oficiales—. La pregunta es: ¿se ha acabado esta guerra para nosotros?

La respuesta de Milley fue muy parecida a la de Biden: era demasiado pronto para saberlo, y resultaba difícil predecir el futuro.

Aunque veía la posibilidad de llegar a una situación terrible y desestabilizante, se sintió cómodo viendo que el presidente no seguía su consejo.

—Solo porque el general lo recomiende, no quiere decir que sea lo ideal. El presidente tiene una visión mucho más amplia.

Milley habló con el Estado Mayor en el Tanque, la sala de conferencias del Pentágono, sobre el la cuestión de la autoridad presidencial para tomar las decisiones finales en materia de seguridad nacional.

—Es algo que, como oficiales superiores del ejército, tenemos que pensar —dijo Milley—. Nos encontramos con un presidente que fue vicepresidente con Obama, y con tipos como Blinken, Sullivan y esos otros que ocuparon cargos de segunda y tercera fila en el gobierno de Obama. Y todos ellos tienen claros recuerdos de su primer año con Obama. Fue cuando el ejército y la secretaria de Estado, Hillary Clinton, insistieron tanto a Obama para que enviara 30 000 efectivos más a la guerra de Afganistán.

»En esa época yo era coronel, y Mullen era presidente de la Junta del Estado Mayor, y yo estaba en el sótano. Presencié parte de todo esto. El almirante Mullen, McChrystal y Petraeus, los tipos de uniforme, intentaban acorralar a un presidente, un presidente nuevo y joven de Chicago del que quizá (tampoco es que pudiera leerles la mente) creyeran que podían aprovecharse para forzarle a aumentar la presencia en Afganistán.

»Esto es lo que yo entiendo de lo que pasó, como coronel Milley. Hay un par de normas que tenemos que seguir: una es que nunca, jamás, hay que forzar a un presidente de Estados Unidos. Siempre hay que darle espacio para la decisión. Y número dos, tampoco hay que pasarse de listo y publicar nuestros consejos en la portada del *Washington Post*. Y por supuesto, menos aún dando charlas en público. Eso no se hace. Hay que dar consejo de manera honesta y desinteresada. En privado y al presidente, cara a cara o a través de documentos profesionales. Sin jueguecitos. Es lo que hacemos los militares. No socavamos la autoridad del presidente. No lo forzamos. Son las normas que seguimos, así de simple. Y si alguien no quiere seguirlas, va a tener que marcharse.

Sobre Biden, Milley dijo:

—Tratamos con un político veterano que lleva cincuenta años en Washington, para bien o para mal. El motivo de que muchas decisiones se tomaran en la Casa Blanca fue el bloqueo del Congreso; fue un año negativo, en el que la gente perdió la confianza. Y por eso hubo tantas quejas de generales sobre microgestión durante el gobierno de Obama.

Austin y Milley decidieron acelerar la retirada porque sería más seguro para las tropas de Estados Unidos. Esperaban que todas las tropas pudieran estar de vuelta para mediados de julio. Un visitante que pasó por el despacho de Austin declaró que se había encontrado al nuevo secretario de Defensa «muerto de miedo» ante la posibilidad de que algún día pudiera originarse un nuevo atentado terrorista en Afganistán.

—Cuando alguien escriba un libro sobre esta guerra —dijo Ron Klain a los demás—, empezará el 11 de septiembre de 2001 y acabará el día en que Joe Biden dijo: «Nos volvemos a casa».

Prácticamente, Biden estaba condenando a Afganistán a la guerra civil y a un potencial colapso, pero Klain, en una de las últimas reuniones, dijo que era esencial que las familias americanas que se habían sacrificado por esta guerra, especialmente las que habían perdido seres queridos, no sintieran que Biden les estaba dando la espalda. Tras anunciar públicamente la decisión de la retirada, Klain recomendaba que Biden visitara personalmente la Sección 60 del Cementerio Nacional de Arlington y presentara sus respetos a los que habían dado la vida en esta misión. Y que se asegurara de que las familias lo veían.

El 14 de abril Biden dio un discurso de dieciséis minutos dirigiéndose a la nación. En lugar de convertirlo en un momento dramático, hablando desde el Despacho Oval, habló desde la Sala del Tratado, por la tarde.

—Soy el cuarto presidente de Estados Unidos que gobierna con las tropas americanas desplegadas en Afganistán: ha habido dos republicanos y dos demócratas —dijo—. No voy a pasar esta responsabilidad a un quinto.

»—Los últimos doce años, desde que me convertí en vicepresidente, llevo conmigo una tarjeta que me recuerda el número exacto de soldados americanos que han muerto en Irak y Afganistán. El número exacto, no una aproximación ni un número redondeado, porque cada uno de esos muertos es un ser humano que ha dejado atrás una familia. Y es necesario llevar la cuenta exacta de cada uno de ellos.

»—A día de hoy, han muerto 2448 militares en conflictos en Afganistán, y 20 722 han resultado heridos. Es hora de poner fin a esta guerra interminable —dijo.

Luego Biden visitó el Cementerio Nacional de Arlington y, con su mascarilla puesta, recorrió a solas la Sección 60, donde están enterrados los muertos de Afganistán e Irak.

—Aún hoy me cuesta entrar en un cementerio y no pensar en mi hijo Beau —comentó Biden. Se giró hacia los cientos de lápidas blancas, abrió los brazos y dijo—: Miradlos a todos.

Lindsey Graham estaba furioso con Biden y Trump, por la decisión final de retirar todas las fuerzas estadounidenses de Afganistán. En su opinión, ninguno de los dos se daba cuenta de las consecuencias que tendría.

—Odio a Joe Biden por esto —declaró Graham—. Odio a Trump. He perdido todo el respeto por Biden. Y gran parte del respeto que sentía por Trump. —Este había intentado retirar a todas las tropas americanas pero se había encontrado con una enorme resistencia por parte de los líderes militares.

Graham, que había hecho más de veinte viajes a Afganistán en los últimos veinte años, estaba convencido de que sabía más del conflicto que nadie en el Congreso, y que la mayoría de militares. El problema, según dijo, era:

—No se puede encontrar una solución aceptable para los islamistas radicales. No se les puede apaciguar. Los talibanes son un movimiento islámico radical, alejados de todos los valores que nosotros defendemos. Que oprime a las mujeres, que no tolera en absoluto la diversidad religiosa y que devolvería Afganistán al siglo XI si pudiera. Lo único que puedo decir es que un movimiento de estas características acabará hostigándonos de nuevo.

»Pensábamos que los talibanes no eran más que un puñado de pirados. Pero los talibanes son un movimiento islámico radical de alcance regional que no tiene objetivos extraterritoriales, pero que crea un ambiente permisivo para el terrorismo internacional. Crearán la inestabilidad necesaria para el regreso de Al Qaeda.

»Yo creo que los talibanes van a crear un refugio seguro para los que quieren atacarnos.

»Hemos abandonado los mejores puestos de escucha que podíamos tener para controlar el terrorismo internacional, que son las bases de la CIA en la frontera entre Pakistán y Afganistán.

Pero también dijo que lo entendía:

—El pueblo estadounidense quiere que volvamos a casa. La gente está cansada.

»Temo por la estabilidad de Pakistán porque Afganistán se desplazará hacia el sur. Pero habrá una guerra civil. En algunas partes del país las mujeres quedarán en unas manos muy peligrosas y toda esa mierda aparecerá en la televisión americana. Biden y Trump aparecerán como los promotores del movimiento responsable del 11 de septiembre.

409

Graham dijo que tenía un objetivo más importante.

—Mi trabajo es conservar lo que queda del ala de John McCain en el Partido Republicano, el ala de Ronald Reagan que cree que Estados Unidos es un líder indispensable. Que sacrificaremos lo que haga falta para mantener nuestra seguridad y nuestros valores en todo el mundo. Que esa idea de que podemos retirarnos de allí y estar seguros aquí es una locura. Que si no entendemos que el mejor modo de proteger Estados Unidos es estar presentes en la trastienda del enemigo, asociados con quienes rechacen el islamismo radical, somos idiotas.

»Si no se lucha por el rescate de Afganistán, los traductores y todos los que acudieron en nuestra ayuda para luchar por su país van a ser masacrados. Será una mancha en nuestro honor. Eso es lo que creo.

El general retirado David Petraeus, que había comandado las fuerzas estadounidenses en Afganistán y que se había erigido en el arquitecto moderno de la estrategia de contrainsurgencia que tanto criticaba Biden, estalló de inmediato contra la decisión.

—¿De verdad vamos a permitir que las grandes ciudades caigan en manos de los talibanes? La guerra civil resultante será brutal, sangrienta, y tendrá todas las terribles manifestaciones de una guerra nada civil.

»Tenemos un gobierno que habla de volver a apoyar la democracia y los derechos humanos. Bueno, pues ya veo. Aquí tenemos un lugar donde podríamos estar defendiendo eso precisamente y donde la alternativa no es nada halagüeña. ¿Y no queremos mantener a 3500 soldados? Eso demuestra que nuestro apoyo a la democracia, a los derechos humanos y a los derechos de las mujeres es bastante falso.

Lo de la vigilancia transhorizonte y la capacidad de ataque era una ficción.

—Los drones tendrían que volar seis u ocho horas, y no pueden recargarse en el aire. Eso es un grave problema. ¿Y no compensa tener desplegados 3500 soldados? Es un error tremendo, trágico, que demuestra que no se dan cuenta de la importancia de tener fuerzas estadounidenses en el terreno y vigilancia aérea, un buen apoyo por aire y otras plataformas de inteligencia. Será como Saigón en 1975, cuando los helicópteros evacuaban a los últimos estadounidenses de Vietnam. Solo que esta vez los helicópteros estarán rescatando a estadounidenses del tejado de la embajada en Kabul justo antes de las elecciones al Congreso y al Senado en otoño de 2022.

El expresidente George W. Bush dijo en público que la decisión de Biden era un error.

—Me temo que las mujeres y las niñas afganas van a sufrir un daño inenarrable.

Biden no esperaba ver tantas críticas en la televisión y en los periódicos. La gente que tanto protestaba pidiendo que se pusiera fin a la guerra más larga ahora estaba pendiente del futuro de los diversos colectivos afganos, entre ellos el de las mujeres y niñas.

Él tenía la impresión de que habían pasado del «tenemos que poner fin a esta guerra» al «¿qué vamos a hacer con esta gente?». Se hablaba de ello con grandilocuencia. Varios días después del anuncio, Blinken y Sullivan se encontraban con el presidente en el Despacho Oval. Aunque la decisión ya estaba tomada, Blinken vio que Biden aún sufría por lo controvertido del asunto.

—Señor presidente —dijo Blinken, intentando suavizar la situación—, ha sido una decisión increíblemente dura. —Se había hecho al estilo presidencialista americano—. Yo le admiro por haberla tomado.

Tal como habían hablado, podía haber escurrido el bulto, como habían hecho sus predecesores. Y sin embargo había afrontado el problema.

Biden estaba de pie junto al escritorio Resolute. Blinken se daba cuenta de que el presidente aún cargaba con el peso de la decisión. Los presidentes vivían en el mundo de lo *subóptimo*.

El presidente dio unas palmaditas sobre el escritorio.

—Sí —dijo—. La responsabilidad es mía, y la acepto.

411

*E*l sábado 8 de mayo, Trump, Lindsey Graham y Gary Player, el gran golfista sudafricano de ochenta y cincos años ganador de nueve grandes torneos, se encontraban en la calle del hoyo 10 del Trump International Golf Club en West Palm Beach, Florida.

Trump había dejado la Casa Blanca ciento ocho días antes y vivía en su mansión de Florida, entre las ovaciones de los clientes del *resort* y del club del golf. Mientras se sentaba a comerse su filete bien hecho o su hamburguesa, la gente solía acercársele con el pulgar levantado y le decía que era el presidente electo por derecho. Le entregaban artículos impresos en los que se afirmaba que se había producido un fraude electoral. Player, un tipo de metro setenta, era todo un fanático del *fitness*. Aún podía levantar ciento sesenta kilogramos en el *press* de piernas, y se permitió bromear con Trump diciéndole: «Señor, pierda un kilito o dos», cuando el expresidente le concedió la Medalla Presidencial de la Libertad el día después de la insurrección en el Capitolio.

Player, amigo y partidario de Trump, sacó un palo de rescate de la bolsa, de los que se usan para situaciones delicadas.

—Así se cubren 150 yardas —dijo Player, señalando la diferencia con las 250 yardas habituales—. Primero hay que aflojar la mano. Se golpea con la cara del palo abierta y se hace un *swing* más corto. Así la bola sube, y el resultado es mejor que con un hierro nueve.

Player, apodado el Caballero Negro por ir siempre vestido de ese color, hizo un *swing* corto, controlado. La bola se elevó trazando un arco perfecto, cayó en el *green*, dio un bote y fue rodando hasta el hoyo.

—¡Uau! ¡Uau! —exclamaron Trump y Graham, riendo con ganas.

El golpe de Player —echándose atrás, suavizando el impacto, reduciendo el *swing* con un palo más pequeño, ejerciendo un mayor control— era una metáfora casi perfecta de lo que Graham llevaba diciéndole a Trump desde las elecciones.

—Señor presidente —le había dicho Graham esa misma mañana—, este partido no va a poder crecer sin usted. Pero tenemos daños que reparar.

En opinión de Graham, una interminable lluvia de agravios y odio habían apartado a Trump del lugar que debía ocupar. A menudo él mismo se preguntaba si Trump sería consciente de los daños sufridos. ¿Sería capaz de repararlos?

Trump cambió de tema; prefería hablar de las elecciones de medio mandato, en 2022. Aún tenía en mente las elecciones de 2020. Le habían hecho trampas, repetía. Le habían robado las elecciones. Los republicanos no le habían apoyado lo suficiente.

Volvió a denunciar con rabia a Mitch McConnell y a la congresista Liz Cheney. Trump nunca perdonaría a McConnell por haber dicho que su comportamiento en los momentos previos al 6 de enero habían sido un «desgraciado abandono del deber». Aquello había sido una puñalada en la espalda.

Pence podía haberle salvado dejando la decisión en manos del Congreso, añadió Trump.

—No —replicó Graham—. Mike Pence hizo lo que tenía que hacer.

Trump no le hizo caso.

Graham se había acostumbrado a aquella rutina. Trump siempre decía que le habían hecho trampas, que le habían robado.

—Perdió unas elecciones muy competidas —dijo Graham, quizá por centésima vez. Pero Trump también hizo caso omiso a aquel comentario.

Graham tenía la impresión de que no reconocería nunca la derrota, y estaba convencido de que podía ayudarles más a Trump y al Partido Republicano manteniéndose en la órbita del expresidente, aplacando sus peores impulsos. Los republicanos necesitarían la ayuda de Trump en 2022 para recuperar el Congreso y el Senado.

Podría ser un mediador para los que no soportarían estar en la misma sala que Trump, pero que tenían el mismo objetivo: ganar. Además, Trump era divertido. Aunque sus enemigos no le vieran la gracia.

Entre golpes, Player les habló a Trump y a Graham de un nuevo campo de golf que estaba pensando construir en la sabana sudafricana. Era un lugar muy bonito donde los golfistas podrían avistar todo tipo de animales —búfalos, leones, cebras, elefantes— paseando por la pradera.

—¿Y qué pasará, Gary, cuando un par de leones miren y digan: «¿Sabes? Ese tipo parece bastante robusto. Me gustaría comérmelo. Vamos a comérnoslo» —bromeó Trump.

—Bueno, hay vallas y todo eso.

—¿Quieres decir que no pueden trepar por una valla? —preguntó Trump, escéptico.

—Si te subes a un *jeep*, ellos no se subirán al *jeep* —le aseguró Player—. Pero si te bajas, te comerán.

—¿Y cómo sabes que no van a subirse al *jeep*?

—Yo no apostaría la vida.

Trump insistió:

—¿Llevas pistola?

—No —dijo Player.

—Bueno, pues yo sí —respondió Trump.

Graham no había oído a Trump riéndose tanto y pasándoselo tan bien en mucho tiempo. Estaba de buen humor, ocurrente. No se hablaba de la presidencia. Nada de tuits. Curiosamente la expulsión de Twitter y Facebook había tenido un efecto liberador, o eso decía.

—He descubierto que ahora tengo horas para hacer otras cosas —le había dicho en otra ocasión.

El golf era su mayor distracción, y ese día Trump se había llevado a un donante de fondos al partido y un *caddy*. Player llevaba consigo a su nieto. Seis hombres, con sus carritos de golf cruzando el campo durante horas mientras las bolas de golf volaban por todas partes, como en un aeropuerto con un tráfico aéreo excesivo.

Gary Player hizo un resultado de 68, cuatro bajo par. Trump

quizá 6 sobre par. Graham hizo 6 hoyos buenos, 6 malos y otros 6 regulares.

—Un resultado regular, nada del otro mundo —dijo. Trump había criticado el *swing* de Graham—. Te lanzas sobre la bola.

Tras la partida, Graham siguió insistiendo:

—Cuando gana más fuerza es cuando habla de sus políticas —le dijo a Trump. Tenía una lista—. Reforzar las fronteras para evitar el caos, la reforma fiscal, menos interferencia con otras agencias, controlar a Irán, plantar cara a China.

Los demócratas y Biden abarcaban demasiado, eran demasiado radicales, dijo Graham.

—Tal como están actuando los demócratas, nos van a meter de nuevo en el juego —aseguró, y fue más allá—. Si las elecciones se celebraran el martes próximo, ganaríamos el Congreso. Vamos a tener buenas posibilidades de regresar y hacernos con el Senado. Pero no podemos hacerlo sin usted, señor presidente. Tiene que ayudarnos. Va a tener que centrarse en el futuro, no en el pasado, para aumentar nuestras posibilidades de éxito.

Graham era como el tutor de un alcohólico haciendo esfuerzos para que su paciente no se tomara ninguna copa más. Trump, en cambio, estaba siempre dispuesto a echar un traguito del pasado.

—Tiene que decidir a quién debe apoyar y a quién no —dijo Graham—. Tiene que contar con el mejor equipo posible. Le interesa que ganemos en el Congreso y en el Senado, y eso significa que el 6 de enero no habrá significado su muerte política, si el partido consigue regresar.

Y ahí estaba la clave:

—El mejor modo de hacer eso es escoger a personas que puedan ganar en sus respectivos estados, en sus distritos. Y quizá no sean las personas que mejor le caigan, pero tienen que ser los que puedan ganar.

Trump iba a tener que apoyar a algunos que no siempre se hubieran declarado trumpistas, o incluso que no fueran aliados suyos.

—Tiene que apoyar a la mayoría de mis colegas —añadió Graham.

En total, en ese momento había 15 senadores republicanos

415

que se presentaban a la reelección, entre ellos Lisa Murkowski, que había votado a favor de condenar a Trump en febrero.

—No —dijo Trump sobre Murkowski—. A esa desde luego que no.

Había sido muy desleal, y desagradecida con todo lo que él había hecho por Alaska, como dar vía libre a la exploración de yacimientos de petróleo y gas.

Graham le dijo a Trump que en Georgia estaba intentando reclutar a Herschel Walker, un tipo que le gustaba mucho al expresidente. Walker, exjugador de fútbol americano considerado uno de los mejores de la historia, era también un viejo amigo de Trump.

La candidatura de Walker marcaría un antes y un después en el Partido Republicano. Era un afroamericano famoso y conservador. Pero, en Washington, a muchos asesores veteranos les preocupaba su pasado y su salud mental. Una vez había declarado en la ABC que cuando tenía invitados en casa le gustaba jugar a la ruleta rusa, con una pistola cargada que se apoyaba en la sien. Había apoyado las alegaciones de fraude electoral de Trump y su lucha por «impedir el robo». En 2022, la carrera electoral en Georgia exigiría disciplina.

Graham también le dijo a Trump que debía trazarse una agenda política del «America First» basada en el «Contract with America», el ambicioso plan conservador redactado por Newt Gingrich que especificaba las leyes que aprobarían los republicanos si volvían a ganar en el Congreso. Seis semanas después de su publicación, los republicanos derrotaron a los demócratas en las elecciones de medio mandato, haciéndose con 54 escaños en el Congreso y el control de ambas cámaras.

Tras una hora y media, el seminario posgolf de Graham había llegado a su fin. Había dejado claro lo que pensaba.

—También puedo liarme a tortas y plantar cara por él —dijo Graham, después de que se fuera Trump—. Pero siempre soy el que le empuja para que adopte la posición menos beligerante.

»Si quiere presentarse en 2024, tendrá que afrontar sus problemas de personalidad. Es más fácil afrontar los problemas de personalidad de Trump que dejar que el partido reviente, que pasar por una guerra civil. Si alguien intenta sacar a

Trump del Partido Republicano, se iniciaría un movimiento para la creación de un tercer partido político.

»En cuanto a política, nos encontramos en un punto bastante bueno. Pero tenemos al capitán del equipo bastante perjudicado.

Desde luego Trump no estaría en absoluto de acuerdo.

—¿De verdad los resultados son tan buenos? —le preguntó el 16 de junio Trump a John McLaughlin, que llevaba mucho tiempo analizando los estudios de opinión para él. Estaban en una sesión informativa en su club de golf en Bedminster, Nueva Jersey.

—Sí —confirmó McLaughlin, asintiendo y señalando el informe elaborado por su equipo sobre la encuesta realizada el 21 de mayo entre votantes republicanos, que decía que el 73 por ciento deseaba que se volviera a presentar en 2024. Y el 82 por ciento decía que le apoyarían en las primarias si se presentaba. McLaughlin pasó a la página siguiente. La pregunta planteada a los votantes republicanos era: «Pensando en las primarias republicanas de 2024 para la presidencia, si esas elecciones se celebraran hoy, con los siguientes candidatos, ¿por quién votaría?».

El resultado mostraba que Trump dominaba la disputa entre posibles contendientes: entre más de una docena de candidatos, el 57 por ciento lo elegía a él. Mike Pence aparecía en segundo lugar, con solo el 10 por ciento. Ron DeSantis, gobernador de Florida, figura emergente, ocupaba el tercer lugar con un 8 por ciento.

—¿Alguna vez has visto resultados así? —le preguntó Trump.

—No —dijo McLaughlin—. Estas cifras, sus cifras, son mejores que las que obtuvo Reagan. En muchos aspectos, usted es un presidente más conservador que Reagan. Ha transformado el Partido Republicano en el partido de los trabajadores y trabajadoras de América, mientras que Reagan siempre trabajó para atraer a los demócratas reaganistas y a los votantes de clase obrera.

Aquel no era un encuentro esporádico. Trump mantenía activo su operativo político, aunque hubiera disminuido significativamente de tamaño desde que había abandonado la presidencia.

Otras encuestas mostraban que Trump contaba con un gran apoyo de los republicanos, pero también había otras consideraciones. Una encuesta realizada en abril por NBC News y el *Wall Street Journal* entre votantes registrados de todo el país daba a Trump un 32 por ciento de valoraciones positivas y un 55 por ciento de valoraciones negativas, frente al 50 por ciento de valoraciones positivas y el 36 por ciento de negativas de Biden.

—Cuanto más le atacan, más se refuerzan sus bases —le dijo McLaughlin—. Más se intensifican. No va a perder sus apoyos.

McLaughlin llevaba semanas insistiéndole a Trump en que el apoyo con que contaba Biden podía acabar desapareciendo como le sucedió a Jimmy Carter poco antes de las elecciones de 1980, cuando la crisis de los rehenes en Irán provocó una crisis en su gobierno, y Ronald Reagan acabó ganando.

—El péndulo volverá al otro lado, señor presidente —le dijo—. Hay que tener paciencia. Dar tiempo, esperar y ver. La gente se arrepentirá de haber votado a Biden. Las vacunas son cosa suya. Usted es quien dejó el país en posición ideal para el rebote económico. Biden no se puede otorgar el mérito de eso.

Kellyanne Conway seguía formando parte del círculo íntimo de Trump.

—Mi Kellyanne, mi Kellyanne —solía decir, cuando la llamaba tras una partida de golf.

Dado que Conway había dejado la Casa Blanca el año anterior y no se había unido formalmente a la campaña de 2020, se había distanciado un poco de la derrota de Trump, cinco años después de haber gestionado su campaña, en 2016.

—Si quiere decir «mi Kellyanne», no pasa nada —le respondió—. Pero necesito que me vea con otros ojos.

Ya no estaba en nómina, y desconfiaba de los asesores que contaban con la colosal estructura de financiación de Trump para mantener su estatus tras la campaña.

—Yo soy una de las personas, si no la única, que ha estado

cerca de usted sin llevarse ni un céntimo de los 1400 millones invertidos en su campaña de reelección.

—Vale —dijo Trump—. Entendido.

—Hay ocho o diez cosas que tiene que saber. Hay que volver a lo esencial. ¿Por qué ganó en 2016? Ganó porque tiene esa capacidad de comunicación con el pueblo. El pueblo suele sentirse olvidado. Usted les dio protagonismo. De hecho, se beneficiaron económicamente, culturalmente, emocionalmente. Registraron un impulso económico y social mientras usted fue presidente. Y son los que más han sufrido su pérdida.

»Son los que más han sufrido porque son los mineros del carbón, los trabajadores de las fundiciones y de las centrales eléctricas. Son la gente de salario medio. Los que no tienen un hijo, sino tres o cuatro, y van a perder su movilidad económica.

Ya estaba bien de lamentarse, de obsesionarse con las elecciones. Había que hablar de los problemas reales. Recuperar el apoyo de las mujeres suburbanas que le habían apoyado en 2016. Volver a hablar con rabia de China, y no de Georgia.

Trump dijo que le agradecía el consejo. Sentía cierta nostalgia de su campaña de 2016, cuando iba de un lado a otro en su avión privado, acompañado únicamente de un puñado de colaboradores, de mitin en mitin. Quería recuperar aquello, ser el forastero recién aterrizado en la política. Su campaña de 2020, en cambio, tenía un aire más institucional.

—Por eso te vas a ocupar de todo la próxima vez, cariño —le dijo Trump.

Conway se rio, pero no le prometió nada.

—Mire, usted fue el candidato aspirante ambas veces, aunque la segunda fuera el presidente de Estados Unidos. Y la segunda vez lo que no tenía era la sed de victoria, el desparpajo. Y no es que le faltaran medios o personal. De hecho, Arlington —donde tenía su sede de campaña— se convirtió en Brooklyn —donde la tenía Hillary Clinton en 2016—, prácticamente.

—¿Qué quieres decir?

—Que Trump 2020 recordaba a Hillary 2016. Demasiado dinero, demasiado tiempo, demasiado ego.

Más adelante, de nuevo en el campo de golf, con sus amigos y sus donantes, Trump les dijo a sus compañeros de partida que estaba pensando en usar su Boeing 757 privado para burlarse de Biden. Como un Air Force One en la sombra, volando por todo el país de cara a las elecciones de medio mandato de 2022.

—Al pueblo americano le encanta ese avión —dijo—. Estoy pensando en pintarlo de rojo, blanco y azul. Como el Air Force One, como yo creo que tendría que ser el Air Force One.

»—Esa es mi marca. Yo no voy en avioncitos de empresa. No voy a presentarme en un pequeño Gulfstream, como un presidente de empresa cualquiera.

71

—*N*o me gustó que me llamara asesino —le dijo el presidente ruso Vladimir Putin al presidente Biden el 13 de abril, en una llamada telefónica.

A Biden le habían preguntado en una entrevista para ABC News si pensaba que Putin era un asesino y había respondido «sí».

—Me hicieron una pregunta —le dijo Biden a Putin—. Y di una respuesta. Era una entrevista sobre un tema completamente diferente. Y no fue algo premeditado.

Como si eso mejorara la situación. El Kremlin había calificado aquello de insulto sin precedentes y había llamado a consultas a su embajador en Estados Unidos. Putin además le devolvió el golpe, diciendo en público que «para reconocer a un asesino, nadie mejor que otro asesino», y despotricó sobre el trato que daba el gobierno de Estados Unidos a los nativos americanos, y sobre la decisión de lanzar bombas atómicas sobre Japón durante la Segunda Guerra Mundial.

La llamada formaba parte de una campaña de Biden para que Putin se diera cuenta de que la relación que iba a tener con él sería más fría que la que tenía con Trump.

Antes de hacerla, Biden le había dicho a Jake Sullivan que quería plantear una nueva estrategia para Rusia. ¿Qué intentamos conseguir?

—Demos un paso atrás. No estoy buscando un nuevo punto de partida —dijo Biden, en referencia al enfoque de Obama—. No espero tener buenas relaciones, pero sí quiero encontrar una manera de proceder estable y predecible con Putin y con Rusia.

Como primer paso, Biden les pidió a las agencias de inteligencia que comprobaran la veracidad de ciertas acciones recientes supuestamente emprendidas por Rusia.

Las agencias de inteligencia le informaron de que podían asegurar con un alto nivel de convicción que Rusia estaba detrás de tres importantes agresiones: el envenenamiento del líder opositor Alexey Navalny, los ciberataques masivos que habían afectado a 16000 sistemas informáticos en todo el mundo permitiendo que Rusia los espiara y la interferencia en las elecciones presidenciales de 2020 para ayudar a Trump.

Durante su llamada a Putin, en abril, Biden planteó las acusaciones.

—Se equivoca en todo —dijo Putin—. No tiene ninguna prueba. Nosotros no interferimos en sus elecciones. No hicimos nada de eso.

Biden no le dio credibilidad.

—Le advierto que vamos a dar una respuesta —dijo, y describió una serie de sanciones agresivas—. Se producirán esta semana, y quiero que lo sepa por mí directamente. Y se deben, específicamente, a las cosas que han hecho ustedes. Ya dije que respondería, y estoy respondiendo.

También le advirtió a Putin que no iniciara una nueva incursión militar en Ucrania.

Putin siguió negándolo rotundamente y dijo que le había sentado muy mal que le llamara asesino.

—Veámonos —dijo Biden, que le propuso una reunión cara a cara—. Usted y yo. Usted me plantea sus preocupaciones y yo le planteo las mías. Sobre cualquier tema. Nos sentamos cara a cara y lo hablamos.

—A ver si lo entiendo —respondió Putin—. ¿Quiere que quedemos y hablemos de todos los problemas de nuestra relación? ¿De todos?

Sullivan, que estaba escuchando, pensó que Putin, siempre desconfiado, quería asegurarse de que aquello no era una trampa. Biden le aseguró a Putin que sería un diálogo abierto. Sabía que Putin era consciente de que la reunión demostraría que el presidente estadounidense lo respetaba. Ya se habían visto diez años atrás, en 2011, cuando Biden era vicepresidente y Putin ejercía temporalmente de primer ministro.

Más tarde Biden declaró al *New Yorker* que durante esa reunión le había dicho:

—Señor primer ministro, le miro a los ojos y me convenzo de que usted no tiene alma.

Como respuesta, Putin había esbozado una sonrisa y le había dicho, a través de un intérprete:

—Nos entendemos bien.

Para Biden, que un presidente de Estados Unidos se reuniera con el líder ruso era algo normal. Aunque la potencia económica de Rusia tendiera a la baja, con un PIB de menos del 10 por ciento del estadounidense, el país aún contaba con más de 2000 armas nucleares estratégicas y miles de otras armas nucleares tácticas menores. También contaba con un gran número de unidades militares convencionales y no convencionales desplegadas por todo el mundo.

—Muy bien —le respondió Putin por fin—. A mí también me gustaría celebrar esa reunión. Que nuestros equipos se pongan a prepararla.

Biden solía citar la popular frase de Tip O'Neill, antiguo presidente del Congreso, de que toda la política es local.

—¿Saben? —dijo Biden—. Toda la diplomacia es personal. Al final, hay que desarrollar esas relaciones personales.

El 15 de abril, la Casa Blanca y el Departamento del Tesoro anunciaron sanciones contra el Banco Central Ruso, el Ministerio de Economía, su fondo soberano de inversión, seis compañías tecnológicas y treinta y dos entidades e individuos por intentar influir en las elecciones presidenciales de 2020, y contra ocho individuos y grupos implicados en la ocupación rusa de Crimea y en la consiguiente represión de sus habitantes.

Poco después, Biden y Putin anunciaron que se reunirían el 16 de junio en Ginebra, Suiza.

—Sé que se ha hablado mucho de esta reunión, pero para mí no tiene demasiado misterio —les dijo Biden a los reporteros el 16 de junio, a orillas del lago, tras la reunión—. En primer lugar, tal como sabéis los que lleváis un tiempo siguiéndome, no hay nada que pueda reemplazar a un diálogo cara a cara entre líderes. Nada. Y el presidente Putin y yo compartimos una responsabilidad especial, la de gestionar la relación entre dos países poderosos y orgullosos, una relación que debe mantenerse estable y predecible.

—¿Por qué confía tanto en que él cambiará de actitud, señor presidente? —le preguntó Kaitlan Collins, jefa de corresponsalía de la CNN en la Casa Blanca.

Biden, que ya estaba marchándose, volvió al estrado, irritado.

—No confío en que cambie de actitud —dijo, mirando fijamente a Collins y señalándola con el dedo—. ¿De dónde narices... a qué os dedicáis vosotros? ¿Cuándo he dicho que confiaba? He dicho...

—Ha dicho que en los próximos seis meses podrá determinar...

—He dicho... lo que he dicho es... a ver si nos aclaramos. He dicho que lo que hará que Rusia cambie de actitud es que el resto del mundo reaccione y les otorgue un papel menor en el mundo. No es que confíe en nada; simplemente estoy planteando un hecho.

—Pero, dado que su actitud en el pasado no ha cambiado —insistió Collins—, que en la rueda de prensa, tras pasar varias horas sentado con usted, ha negado cualquier implicación en los ciberataques, ha quitado importancia a los abusos contra los derechos humanos y que incluso se ha negado a pronunciar el nombre de Aleksey Navalny, ¿cómo podemos decir que la reunión ha sido constructiva, si el presidente Putin prácticamente la ha saboteado?

Biden le espetó a la reportera, de veintinueve años:

—Si usted no lo entiende, ha escogido la profesión equivocada.

En Twitter los cortes de vídeo de la rueda de prensa se hicieron virales. Ese mismo día, de pie junto al Air Force One, Biden dijo:

—Debo una disculpa a la periodista que me hizo la última pregunta. No tenía que haber sido tan impertinente con mi última respuesta.

Collins dijo que la disculpa era innecesaria.

El episodio sirvió de recordatorio del historial de meteduras de pata de Biden, que últimamente parecía haberse frenado, ya que desde que era presidente solía ceñirse al guion.

Ese aspecto de Biden —su tendencia a mostrarse irritable o a introducir declaraciones polémicas— seguía presente en él, y ahora formaba parte de su presidencia. Varios colaboradores suyos manifestaron en privado que Klain y Dunn estaban trabajando para resolver el problema, manteniéndolo alejado de eventos no guionados y evitando entrevistas largas. Ellos llamaban a ese efecto «el muro», una iniciativa destinada a proteger al presidente de sí mismo.

Pero el Biden que hablaba fuera del guion a veces hacía su aparición.

—A los progresistas no les gusto porque no estoy dispuesto a seguir lo que yo, como ellos, llamaría una agenda «socialista» —le dijo a David Brooks, columnista del *New York Times*, en mayo.

Sus comentarios molestaban a muchos progresistas porque usaba la palabra «socialista» para referirse a ellos.

A finales de junio, Biden anunció que había alcanzado un gran pacto bipartito sobre infraestructuras con senadores republicanos, pero poco después dio la impresión de que el acuerdo quedaba invalidado, al decir que quedaba supeditado a un paquete de gasto mayor que habría que aprobar mediante la reconciliación presupuestaria.

—Hay que hacer ambas cosas —declaró—, y voy a trabajar estrechamente con la presidenta Pelosi y con el líder de la mayoría, Schumer, para asegurarme de que ambos impulsan el proceso legislativo en tándem. Y déjenme que haga hincapié en eso: en tándem.

Sus declaraciones sorprendieron a algunos demócratas, que siempre veían una doble intencionalidad en cada estrategia. Y molestaron a los republicanos, a quienes no les gustó que añadiera una condición después de hacer una declaración tan triunfalista sobre un gran pacto entre ambos partidos.

Steve Ricchetti se pasó días al teléfono, reparando las relaciones de la Casa Blanca a ambos lados del pasillo central y manteniendo vivas las conversaciones. Al final Biden publicó un informe de 628 palabras para aclarar su posición.

McConnell criticó las evasivas del presidente:

—Casi hace que te dé vueltas la cabeza —dijo.

Pero Biden insistía: las infraestructuras eran una parte fundamental, imprescindible, de su agenda. Se puede cometer un error, pero hay que seguir adelante.

—¡Arriba!

Y a veces hay que enfrentarse a algún tropiezo, literalmente.

El 19 de marzo, Biden cayó de rodillas al subir por las escaleras del Air Force One, cuando se disponía a viajar a Atlanta. Se puso en pie, subió unos peldaños más y se volvió a caer.

Los republicanos ridiculizaron a Biden y disfrutaron con la grabación en vídeo, sobre todo porque los agentes de campaña de Biden se habían reído en alguna ocasión del paso vacilante de Trump durante la carrera presidencial de 2020.

La Casa Blanca aseguró a los reporteros que Biden se encontraba «bien al cien por cien». No obstante, a él no le había gustado nada aquello. Más tarde contaría que una vez dentro del avión se había quedado murmurando, enfadado.

—Mierda —susurró Biden—. ¡Mierda!

Y lo dijo lo suficientemente fuerte como para que le oyeran otros.

El asunto ruso seguía pendiente. Los servicios de inteligencia de Estados Unidos pudieron relacionar un enorme número de ataques para el cibersecuestro de datos con delincuentes rusos, que bloqueaban electrónicamente el acceso a los ordenadores a menos que se pagara un rescate, en muchos casos de millones de dólares. Y eso suponía un enorme problema. No era solamente una guerra cibernética; también era una guerra económica. No tenían pruebas que vincularan a los servicios de inteligencia rusos ni a Putin directamente, pero era evidente que Putin ejercía un control férreo sobre todo lo que ocurría en Rusia.

El 9 de julio el presidente Biden y Putin hablaron por una línea segura de teléfono. Biden le exigió a Putin que actuara contra los delincuentes rusos implicados en aquellos ataques cibernéticos.

—Si usted no puede o no quiere hacerlo, lo haré yo —dijo Biden—. Solo quiero dejarlo claro, para que no haya ambigüedades.

Al final de la conversación, Biden añadió:

—¿Sabe, señor presidente? Los grandes países también tienen grandes responsabilidades. Y grandes vulnerabilidades.

Estados Unidos tenía una capacidad ofensiva cibernética formidable, y Putin lo sabía. Biden lo dejó ahí. Era lo más que iba a acercarse a lanzar una amenaza directa al presidente ruso.

Biden se había pasado toda su vida intentando alcanzar la presidencia. Pero, una vez en la avenida de Pensilvania 1600, sus colaboradores principales se dieron cuenta de que se encontraba incómodo. Echaba de menos Delaware. Su casa. En su círculo íntimo, Biden empezó a llamar a la Casa Blanca «la tumba». Era un lugar frío, solitario. El virus hacía imposibles los eventos sociales, al menos al inicio, cuando estaban solos él y Jill y sus dos pastores alemanes. Recibían visitas de familiares, pero el recuerdo de una vida tranquila en Delaware, donde disfrutaba comiendo helado de chocolate recién sacado del congelador por la noche, le resultaba mucho más atractivo. Biden no dejaba de decir a sus colaboradores y amigos que el personal de la Casa Blanca era estupendo. Todo el mundo era muy amable. No dejaban de preguntarle si quería algo, o si podían traerle algún tentempié. Era como un hotel elegante. Incluso los aposentos privados, que no había visitado nunca durante sus ocho años como vicepresidente, daban esa imagen. Las bonitas alfombras. Los cuadros en las paredes. Las aparatosas lámparas de araña. Todo aquello le recordaba el Waldorf Astoria.

—No estoy acostumbrado a quitarme el abrigo y que alguien venga y me lo coja para colgarlo —contó Biden—. Pero son todos muy agradables.

La mansión del vicepresidente, a cuatro kilómetros de la Casa Blanca, en un terreno arbolado de cinco hectáreas, se ajustaba más a su gusto, algo más informal.

Enseguida cogió el hábito de pasar los fines de semana en Wilmington. Se subía al Marine One, volaba hasta Andrews y

427

volvía a casa, donde podía dar paseos y hacer largas llamadas telefónicas a viejos colegas senadores de Delaware que seguían llamándole Joe.

—No se siente cómodo viviendo en la Casa Blanca —contaba Ron Klain—, con todo ese personal. Él no es así. Le gusta vivir en una casa normal. Joe Biden siempre ha tenido la necesidad de sentirse en el trabajo o en casa. Y en la Casa Blanca es como si estuviera en la casa de otro.

Biden tenía una confianza ciega en sus asesores más próximos, que habían trabajado con él durante décadas. Todos se conocían. Lo conocían a él. Y lo que compartían no podía verse afectado por un mal día, o por cualquier desastre que se produjera.

Había motivos para la esperanza. El 20 de enero, día de su nombramiento, en Estados Unidos se registraron 191 458 nuevos casos de covid-19 y 3992 nuevas muertes. Hacia finales de junio la tasa de muertes diarias en Estados Unidos había caído por debajo de los trescientos, lo que suponía un descenso espectacular, de más del 90 por ciento, y eso se debía en gran medida al éxito del programa de vacunación.

Los Centros para el Control de Enfermedades anunciaron que la gente con la pauta completa de vacunación podía reunirse y retomar sus actividades sin mascarilla. Se reabrieron negocios, y los restaurantes y cafeterías aceptaron de nuevo a clientes en el interior. Volvió la actividad a las calles. Sin embargo, aún no estaba clara cuál sería la evolución de la pandemia. La variante Delta, agresiva y muy contagiosa, amenazaba al mundo. Las dudas y la oposición planteadas por muchos ante las vacunas podría acabar impidiendo que Estados Unidos alcanzara la inmunidad de rebaño. Seguía sin estar clara la efectividad de las vacunas a largo plazo en caso de mutaciones del coronavirus.

—Ahora cada día se presenta en la oficina con un «espacio emocional intermedio» —comentó un día Klain a sus allegados.

No era solo una impresión de Klain; así es Biden. También en su papel de presidente, es un hombre emocional, que expresa lo que siente sobre cualquier tema. Ese «espacio emocional intermedio» no resultaba natural en él.

—Ninguna noticia que le dé puede ser peor que las que ha recibido tantas veces a lo largo de su vida —dijo Klain—: la muerte de su primera esposa y de su hija en 1972, o la muerte de Beau, en 2015. Del mismo modo, tampoco le puedo dar noticias que no sean mejores que otras que ha recibido en otros momentos de su vida.

Por ejemplo la de que, apenas nueve meses después de acabar quinto en las primarias de New Hapshire, consiguiera resultar elegido presidente de Estados Unidos.

—Su problema es el exceso de dramatismo —le dijo Lindsey Graham a Trump en otra de sus interminables llamadas telefónicas, ya convertidas en rutina, a finales de verano—. Demasiada volatilidad. Si quisiera, podría resolver sus problemas mucho más fácilmente que Biden.

»No deja de decir que le robaron las elecciones, que le hicieron trampa. Perdió unas elecciones por poco.

»Ha jodido su presidencia.

Trump le colgó el teléfono de golpe.

Al día siguiente, fue él quien llamó a Graham.

—Mire, no le culpo —dijo Graham—. ¡Yo también habría colgado!

Había sido duro, pero Graham le recordó a Trump que estaba de su lado, que era su amigo incondicional. Estaba intentando rehabilitarlo. Si Trump volvía con otro tono y otro enfoque, ¿qué podría suceder?

Trump le respondió diciendo que a sus seguidores les encantaba su personalidad.

—Si cambiara, perdería a mis bases —dijo—. Ellos esperan que luche, que sea rebelde. —Y era algo que llevaba dentro. No había jodido nada. Le habían robado las elecciones.

La noche del martes 22 de junio, Trump y Graham tuvieron otra larga conversación telefónica.

Graham quería que Trump cambiara su modo de hablar sobre Biden. Le dijo que las políticas de Biden eran desastrosas y que les proporcionarían una ocasión a los republicanos. Pero Trump no había conseguido derrotarlo en la campaña presidencial y eso había permitido que Biden se definiera a sí mismo. Ahora Biden se estaba definiendo a sí mismo otra vez.

—Usted puede defender la causa contra Biden mejor que nadie —señaló Graham—. Pero no puede hacer eso y seguir quejándose al mismo tiempo. Los medios no están de su parte. Van a coger cualquier frase insustancial que pronuncie en algún discurso sobre 2020, y eso eclipsará cualquier otra cosa que diga sobre la mala gestión de Biden.

—Si volvemos al ataque en 2022 y nos hacemos de nuevo con el Congreso y el Senado, la gente empezará a creerlo. Si no conseguimos hacernos con el Congreso y el Senado en 2022, el trumpismo morirá, creo yo. El 6 de enero será recordado como el día de su funeral.

—Si no ganamos en 2022, estamos jodidos.

En el Congreso los republicanos solo estaban 5 escaños por debajo. Pero el líder de la minoría en la cámara, Kevin McCarthy, tenía mucho trabajo gestionando lo ingestionable. Demasiadas facciones. Graham había sido diputado ocho años antes de pasar al Senado, en 2003, y lo conocía bien.

—Tiene los Grupos de Estudio Republicanos. Tiene a los moderados. La Cámara de Representantes es un espectáculo terrible que no cesa.

Graham estaba convencido de que Trump no se habría erigido en candidato presidencial republicano en las elecciones del partido, en 2016, si no se hubiera mostrado tan duro en materia de inmigración. Los estadounidenses querían un mayor control de sus fronteras. Trump eso lo había entendido. Había conseguido que aquello funcionara en las elecciones en el seno del partido y se había ganado a los votantes que no se identificaban con la línea política de Paul Ryan o Mitch McConnell. Biden, que quería ampliar y simplificar el proceso legal de inmigración, ya se estaba enfrentando a las críticas de los republicanos por la última oleada de inmigrantes procedentes de América Central.

En cuanto a economía y a gasto público, Graham pensaba que el pueblo entiende de forma instintiva que no todo puede ser gratis. La gente recibía incentivos por no trabajar. La inflación es la gran enemiga de la clase media.

—Una frontera descontrolada —dijo Graham, resumiendo

su posición—; una oleada de delincuencia y el aumento del precio del gas y de los alimentos podría llevar a una gran victoria republicana en 2022.

—¿Tan grande crees que podría ser? —preguntó Trump.

—Sí —aseguró Graham.

Pero entonces Trump volvió con lo de que le habían robado las elecciones.

—Tú sabes que gané en Georgia —insistió.

—No —dijo Graham—. Eso me lo he perdido. No me lo ha contado nunca.

—Eliminaron a 100 000 personas del censo —dijo Trump.

—Señor presidente —replicó Graham—, con todo el respeto, eso no significa que ganara en Georgia.

Más de 67 000 residentes en Georgia habían sido eliminados del censo electoral porque habían notificado cambios de domicilio, y 34 000 porque la comunicación enviada por correo a su domicilio había sido devuelta al remitente.

—No hay nada que se pueda hacer para que recupere Georgia o Arizona. Punto. Nada que le vaya a dar el triunfo en ningún otro estado. Sus protestas sobre las elecciones no se aguantan —repitió. Había habido algún problema menor de recuento, nada que pudiera influir en el resultado en ningún estado. Le recordó a Trump que tanto él como sus colaboradores lo habían comprobado—. No es cierto que en Georgia hayan votado 60 000 menores de dieciocho años, ni que en Arizona hayan votado 8000 condenados desde la cárcel. Eso no es cierto.

Trump insistió. Le habían robado las elecciones.

—Estará de acuerdo conmigo en que tiene la ocasión de volver al ataque —dijo Graham, cambiando de enfoque una vez más.

—Sí.

—Pues centrémonos en eso, señor presidente. Puede protagonizar el mayor regreso de la historia de Estados Unidos. Le han dado por muerto a causa del 6 de enero. La gente cree que el Partido Republicano, bajo su dirección, se ha hundido. Si usted, como líder, pudiera conducirnos a la victoria en 2022 y recuperara la Casa Blanca, sería el mayor regreso en la historia de Estados Unidos.

432

»No voy a fingir que sé lo que piensa la gente en todo el país, pero sí sé lo que quiere el votante republicano de primarias en Carolina del Sur. A un Trump firme como una piedra.

Pero eso no duraría eternamente.

—Señor presidente, cada vez son más los que se preguntan si no ha recibido demasiados golpes, si no está ya derrotado. Y son votantes de Trump. Tiene que demostrarles que puede cambiar.

Por Mar-a-Lago no dejaban de pasar autores con la intención de escribir libros sobre Trump, para múltiples entrevistas.

—Me van a dejar fatal en sus libros —dijo Trump.

—Sí, probablemente tenga razón —concedió Graham.

—Pero he pensado que quizá, si al menos hay una línea en el libro que no sea tan desastrosa, valdrá la pena.

—Estoy con usted —dijo Graham—. ¿Por qué no?

—Hablo con todo el mundo.

A Graham le dio la impresión de que Trump estaba abriendo la puerta a todo el que se lo pidiera.

—Al menos así consigo contar mi versión de la historia —dijo. Daba la impresión de que le encantaba que le entrevistaran.

—Si usted no pensara que ha hecho un buen trabajo, ¿por qué iban a pensarlo los demás?

—Yo pienso que he hecho un buen trabajo.

—Pues dígale a la gente por qué. Defienda su presidencia. ¿Cree que vale la pena defender eso?

—Sí.

—Pues defiéndalo. A mí me gustó su presidencia. Me desgastó. En los últimos tres años he echado un montón de canas.

Trump gestionaba bien los medios la mitad del tiempo, pero la otra mitad «él mismo era su peor enemigo», tal como decía Graham. Tratar con Trump era como colocarse cerca del sol. Puedes llegar a quemarte. Para los republicanos como él, la cuestión era: ¿hasta qué punto puedes acercarte al sol sin quemarte?

—Yo creo que es recuperable. Creo que tiene magia, y también zonas oscuras. Lo he dicho mil veces. Solo desea triunfar,

433

y lo que yo más deseo es que la gente lo vea como un triunfador. Quiere ser recordado como un buen presidente.

Cuando Trump decía que consideraba que había sido un buen presidente, Graham le decía:

—Es cierto, lo ha sido. Pero perdió.

—Me robaron las elecciones.

En cualquier caso, antes de que pudiera regresar al ring, Trump tenía que distanciarse de los hechos del 6 de enero.

—El 6 de enero fue un día horrible en la historia de Estados Unidos. Fue una repetición de 1968, cuando uno se despertaba por la mañana preguntándose qué más podía pasar. Mataron a Bobby Kennedy. Mataron al Dr. King. Hubo altercados por las calles. Se celebró una convención demócrata que fue un caos absoluto. Y pese a todo ganamos. Volveremos a hacerlo.

Graham le dijo a Trump que dejara de disculpar la conducta de los que tomaron el Capitolio al asalto.

Pero Trump no lo hizo.

—Era gente pacífica. Era una gente estupenda —dijo, en una entrevista concedida el 11 de julio a Fox News—. El amor, el amor se sentía en el aire, no he visto nunca algo así.

»Era gente que avanzaba desarmada. Y, francamente, las puertas estaban abiertas, y la policía, en muchos casos, bueno… tienen cientos de horas de grabaciones. Deberían publicar las grabaciones para que se viera lo que ocurrió realmente.

Sin embargo, durante el asalto habían resultado heridos más de cien agentes de policía.

Graham no quería oír nada de eso. En verano, los fiscales del Estado habían presentado cargos contra más de quinientos participantes en el ataque.

—¿Qué tal le va, jefe? —le dijo Brad Parscale a Trump en una llamada telefónica realizada a principios de julio.

Aunque Parscale, antiguo gestor de campaña de Trump, había sido expulsado del círculo íntimo del expresidente el año antes, tras la debacle del mitin de Tulsa, había vuelto a ser admitido. Con sus asesores, Trump solía pasar del frío al calor y de nuevo al frío con facilidad.

—Señor, ¿se va a presentar?

—Me lo estoy pensando —dijo Trump. Parecía inquieto. Impaciente. Le gustaba la idea—. La verdad es que me lo estoy planteando seriamente.

—Bueno, eso es lo que quería oír —respondió Parscale.

—Tenemos que seguir con esto, Brad —dijo, y se preguntó en voz alta si Biden sufriría demencia—. Está decrépito.

—Tenía un ejército. El ejército de Trump. Y quiere recuperarlo —añadió Parscale—. Parece que siente la presión de verse fuera de la pelea, y no para de darle vueltas a cómo volver al combate. No creo que él lo vea como un regreso. Lo ve más bien como una venganza.

435

EPÍLOGO

$\mathcal{A}$l otro lado del río Potomac, en Quarters 6, en el interior de su Unidad de Información Sensible Clasificada, rodeado de múltiples pantallas de vídeo conectadas con la Casa Blanca y con el mundo, el presidente del Estado Mayor Conjunto Mark Milley seguía intentando interpretar los altercados del 6 de enero.

—El 6 de enero fue uno de los días de mayor riesgo —dijo Milley a sus colegas—. Ni yo ni nadie, que yo sepa, ni en el FBI o en ningún otro sitio, podía imaginarse que miles de personas pudieran asaltar el Capitolio.

»Rodear el Capitolio, básicamente, y tomarlo al asalto desde diferentes puntos a la vez, y hacer lo que hicieron... eso fue otra cosa.

»El 6 fue un día dramático; lo más dramático que podemos llegar a ver, a un paso de la guerra civil.

En Washington la gente había acabado por pensar que ya antes había habido señales de alarma. Pero Milley sabía que los mensajes compartidos en Internet no eran muy coherentes, y que no aportaban datos específicos y creíbles como para poder prevenir una catástrofe.

Había sido un grave fracaso de la inteligencia estadounidense, comparable a la falta de atención a las advertencias previas a los atentados del 11 de septiembre de 2001 o al ataque a Pearl Harbor, algo que dejaba al descubierto los fallos y las vulnerabilidades del sistema estadounidense.

¿Qué es lo que se les había pasado por alto a Milley y a otros como él? ¿Qué era lo que no habían entendido? Milley, que siempre repasaba la historia, pensó en la Revolución rusa de 1905, en la que pocos pensaban. El alzamiento había fracasado, pero había sentado las bases para la Revolución de 1917 que había llevado a la creación de la Unión Soviética. Vladimir Lenin, líder de la Revolución de 1917, diría después que la revolución de 1905 había sido «el gran ensayo final».

¿Habría sido el 6 de enero otro ensayo final?

Milley les dijo a sus colaboradores:

—Lo que habéis visto podría ser el prólogo de algo mucho peor aún por llegar.

Él sabía que la historia avanza lenta, pero que en ocasiones, sin previo aviso, da un gran paso adelante, imparable. Si aquello suponía el final de Trump, o si por el contrario no era más que el inicio de la siguiente fase de Trump, era algo que solo podrían determinar más adelante, en retrospectiva.

Trump no estaba ocioso. El verano de 2021 se lo pasó celebrando mítines por todo el país, como si estuviera en campaña. El 26 de junio, en su mitin de Wellington, Ohio, había más de 10 000 personas con sombreros de Trump y carteles que decían: «¡Salvemos América!».

—No perdimos. No perdimos. No perdimos —le decía Trump a su público.

—¡Cuatro años más! ¡Cuatro años más! ¡Cuatro años más! —clamaban ellos.

—¡Ganamos las elecciones dos veces! —dijo Trump, insistiendo en que había ganado a Biden. La multitud rugió—. Y es posible que tengamos que ganar una tercera vez.

A la hora y media de mitin, Trump los encendió de nuevo. Aquello no era una despedida.

—No nos rendiremos —dijo, adoptando una cadencia más propia de Churchill. Era un discurso de guerra—. No nos vendremos abajo. No cederemos. No daremos nuestro brazo a torcer. No retrocederemos. Nunca, nunca nos rendiremos. Compatriotas estadounidenses, nuestro movimiento no se ha acabado. De hecho, la lucha no ha hecho más que empezar.

Milley se preguntaba si aquello no reflejaría simplemente el deseo de Trump de dar una imagen de fuerza. ¿O era reflejo de su deseo de contar con un poder absoluto?

ϒ

Los presidentes gestionan los asuntos inacabados de sus predecesores. Nadie era más consciente de eso que Joseph R. Biden Jr.

Biden y sus asesores odiaban pronunciar el nombre de Trump. Sus colaboradores a menudo se recordaban unos a otros que debían evitar la palabra que empezaba por T.

Pero la huella de Trump era palpable en la Casa Blanca, incluso en las estancias privadas. Una noche Biden entró en una sala con una enorme pantalla de vídeo que cubría toda una pared. Para relajarse, Trump solía cargar programas que le permitían jugar de forma virtual en los campos de golf más famosos del mundo.

—Menudo capullo —dijo Biden una vez mientras examinaba el equipo de golf del expresidente.

Otro presidente que había sufrido la presión de la pesada huella de su predecesor había sido Gerald Ford, en 1974. Ford llamaba al Watergate la «pesadilla nacional». El Watergate desapareció, pero Nixon no. En sus primeros treinta días como presidente, Ford se mostró cada vez más molesto al ver que Nixon ocupaba un lugar destacado en las noticias.

—Necesitaba tener mi propia presidencia —diría Ford más tarde.

La solución que encontró fue la amnistía total a Nixon. Le pareció que sería lo mejor para el país, y el único modo de librarse del pasado. La decisión fue recibida con una indignación casi generalizada, y Ford perdió la presidencia dos años más tarde, en gran parte debido a las sospechas de que había actuado con la intención de salvar de la cárcel a su mentor y predecesor en el cargo.

Biden dijo que él nunca amnistiaría a Trump. Pero se encontraba con el mismo dilema que Ford: ¿cómo haces que el país pase página? ¿Cómo consigues tu propia presidencia?

Biden no le quitó ojo a Trump, aunque se guardó sus observaciones para sí mismo. Sus colaboradores observaron que en ocasiones podía mostrarse irascible, y que algunas mañanas entraba en el Despacho Oval disgustado por lo que había oído de Trump en el programa de entrevistas de la MSNBC, *Morning Joe*.

439

Υ

Hace cinco años, el 31 de marzo de 2016, cuando Trump estaba a punto de ser elegido candidato a la presidencia del Partido Republicano, trabajamos juntos por primera vez y entrevistamos a Trump en el Trump International Hotel, entonces inacabado, en la misma avenida Pensilvania, en Washington.

Ese día nos dimos cuenta de que era una fuerza política extraordinaria, en muchos aspectos de manual. Una persona ajena a la clase política. *Antiestablishment*. Un hombre de negocios. Un constructor. Grandilocuente. Seguro de sí mismo. Un batallador de palabra fácil.

Pero también vimos zonas oscuras. Podía ser mezquino. Cruel. Le aburría la historia de Estados Unidos y quitaba importancia a tradiciones establecidas que habían guiado a otros líderes durante mucho tiempo. Le tentaba la perspectiva de tener poder. Y no dudaba en usar el recurso del miedo para conseguir lo que quería.

—El verdadero poder es —no quiero pronunciar la palabra siquiera— el miedo —nos dijo Trump—. Yo saco al exterior la rabia de la gente. Siempre lo he hecho. No sé si es algo positivo o negativo, pero, sea como sea, lo hago.

¿Podrá imponer de nuevo su voluntad? ¿Serán capaces él y sus seguidores de superar cualquier límite para recuperar el poder?

El peligro sigue ahí.

Nota a los lectores

Casi todas las entrevistas para este libro se realizaron aplicando la norma de base del periodismo del *deep background* (información con atribución reservada). Eso significa que toda la información podía ser usada, pero sin mencionar las fuentes. El libro se ha elaborado a partir de cientos de horas de entrevistas con más de doscientos protagonistas y testigos de estos eventos. Casi todos nos permitieron grabar las entrevistas. En el caso en que atribuimos citas directas, ideas o conclusiones a alguna fuente, esa información procede de la persona, de algún colega con información directa o del Gobierno, o de documentos personales, agendas, correos electrónicos, apuntes de reuniones, transcripciones u otros documentos.

El presidente Trump y el presidente Biden declinaron ser entrevistados para este libro.

Agradecimientos

*E*stamos profundamente agradecidos a Jonathan Karp, presidente y director general de Simon & Schuster, que supervisa una editorial que publica miles de títulos al año, y aun así encontró tiempo para ocuparse de la edición de nuestro libro. Colaboró con nosotros en todas las fases: concepción, preparación, e incluso con los pies de foto y las cubiertas. Fue un gran estímulo, siempre haciendo las preguntas importantes: ¿esto lo hemos interpretado bien? ¿Esto lo entendemos? ¿Con quién más podríamos hablar?

Jon es un editor concienzudo y apasionado, siempre en busca de la verdad y de la claridad. Le encantan los libros, los escritores y los lectores, y entiende el oficio del editor como un deber cívico y una responsabilidad moral al mismo tiempo.

Gracias en especial a Kimberly Goldstein, que supervisó los aspectos organizativos y técnicos necesarios para la publicación de este libro. Es estupenda. Y gracias a otros ejecutivos y jefes de equipo de Simon & Schuster que nos prestaron un apoyo incondicional: Dana Canedy, Julia Prosser, Lisa Healy, Lisa Erwin, Paul Dippolito, Irene Kheradi, Stephen Bedford, Kate Mertes, Richard Shrout, W. Anne Jones, Jackie Seow, Rafael Taveras, Mikaela Bielawski y Elisa Rivlin.

Fred Chase, nuestro corrector, se trasladó a Washington desde su casa en Texas y se leyó repetidamente el manuscrito, aportando sus grandes dotes de observación y su dominio del lenguaje. Mary E. Taylor dedicó muchas horas a ayudarnos en este proyecto, poniendo a nuestro servicio su gran experiencia profesional. Siempre le estaremos agradecidos.

Robert B. Barnett, abogado y asesor, se ha ganado el título

de Gurú Editorial de Washington. Nos guio en todo momento, con gran sabiduría y dedicación, siempre accesible.

Woodward lleva cincuenta años en el *Washington Post*. Costa, ocho. El *Post* es una de las grandes instituciones de Estados Unidos, y no para de crecer: un periódico que exige mucho, tradicional pero al mismo tiempo innovador. Jeff Bezos, dueño del *Post*, le ha aportado dinamismo y una estabilidad muy necesaria. Fred Ryan, editor, nos ha prestado apoyo a ambos y ha sido un firme defensor de la libertad de prensa. En la redacción, tenemos que dar las gracias al exdirector ejecutivo Marty Baron y a los directores editoriales Cameron Barr y Tracy Grant por animarnos a trabajar juntos, y nos ilusiona la llegada de Sally Buzbee, sucesora de Marty, que sin duda dará un gran impulso al *Post* en los próximos años. Valoramos mucho el trabajo de Steven Ginsberg, director de la sección nacional, así como de todo su equipo.

Gracias a la directora de fotografía del *Post*, MaryAnne Golon, y a Thomas Simonetti, editor fotográfico, que nos prestaron una gran ayuda con las fotografías que hemos incluido en este libro.

Valoramos mucho la relación que tenemos con cientos de colegas en el *Post*, desde los empleados de la sala de correo a los reporteros que han trabajado estrechamente con nosotros, o los directores de sección veteranos que hacen que el periódico salga cada día. Son demasiados nombres como para incluirlos aquí. Pero esperamos que sepan lo mucho que significan para nosotros. Nos sentimos honrados de formar parte de la familia del *Post*.

Para escribir un libro sobre la Casa Blanca y las campañas presidenciales se requiere un estudio constante. Hemos aprendido mucho de lo publicado por el *Post*, el *New York Times*, el *Wall Street Journal*, la CNN, NBC News y MSNBC, ABC, CBS News, Associated Press, Reuters, Axios, *The Atlantic* o Politico, entre muchos otros medios.

En los últimos meses de la presidencia de Trump nos encontramos trabajando simultáneamente con otros escritores. Como es natural, en ocasiones nos encontrábamos siguiendo la misma trayectoria que otros periodistas cuyo trabajo respetamos mucho, en particular *I Alone Can Fix It* de Carol Leonnig y Philip Rucker, *Landslide* de Michael Wolff y *Frankly, We Did Win This Election* de Michael C. Bender.

Woodward

Muchas gracias a mis excompañeros y aún hoy amigos: Carl Bernstein (por casi cincuenta años de consejos y amistad), Don Graham, Sally Quinn, David y Linda Maraniss, Rick Atkinson, Christian Williams, Paul Richard, Patrick Tyler, Tom Wilkinson, Steve Luxenberg, Scott Armstrong, Al Kamen, Ben Weiser, Martha Sherrill, Bill Powers, John Feinstein, Michael Newman, Richard Snyder, Jamie Gangel, Danny Silva, Andy Lack, Betsy Lack, Rita Braver, Carl Feldbaum, Anne Swallow, Seymour Hersh, Richard Cohen, Steve Brill, Tom Boswell, Wendy Boswell, Judy Kovler, Peter Kovler, Ted Olson, Lady Olson, Karen Alexander, Brendan Sullivan, Bill Nelson, Jim Hoagland, Jane Hitchcock, Robert Redford, David Remnick, David Martin, Gerald Rafshoon, Cheryl Haywood, George Haywood, Jim Wooten, Patience O'Connor, Christine Kuehbeck, Wendy Woodward, Sue Whall, Catherine Joyce, Jon Sowanick, Bill Slater, Cary Greenauer, Don Gold, Kyle Pruett, Marsha Pruett, Veronica Walsh, Mickey Cafiero, Grail Walsh, Redmond Walsh, Diana Walsh, Kent Walker, Daria Walsh, Bruce McNamara, Josh Horwitz, Ericka Markman, Barbara Guss, Bob Tyrer, Sian Spurney, Michael Phillips, Neil Starr, Shelly Hall, Evelyn Duffy, Dr. William Hamilton, Joan Felt, Ken Adelman, Carol Adelman, Tony D'Amelio, Joanna D'Amelio, Matt Anderson, Brady Dennis, Jeff Glasser, Bill Murphy, Josh Boak, Rob Garver, Stephen Enniss, Steve Milke, Pat Stevens, Bassam Freiha, Jackie Crowe, Brian Foley, Cyrille Fontaine, Dan Foley, Betty Govatos y Barbara Woodward.

Agradezco la gran generosidad de Rosa Criollo a lo largo del tiempo que ha durado este proyecto.

Robert Costa tiene treinta y cinco años, la mitad que yo, que tengo setenta y ocho. Pero entiende mucho mejor que yo la política, lo que ocurre en Washington y el periodismo en general. Es una maravilla. Me ha enseñado mucho, y ha conseguido que hiciéramos preguntas de calado, honestas, y que supiéramos examinar luego las respuestas. Yo a veces me conformaba con hacer una o dos entrevistas al día. Muchos días él hacía siete. No he conocido a nadie con más energía o

445

curiosidad. Él ha dado estructura a este texto, descubriendo al instante las relaciones entre Biden y Trump y las conexiones políticas entre los partidos republicano y demócrata, la Casa Blanca y el Congreso.

Llevo en mente a mi familia en todo momento: a mi hija Diana, a mi hija Tali y su marido, Gabe, y a mis nietos, Zadie y Theo.

Elsa Walsh, mi esposa, ha dedicado semanas enteras a este libro. Charlas formales e informales, y más charlas. Pero sobre todo es una correctora brillante, concienzuda y con criterio. Tanto a Costa como a mí nos hizo numerosas sugerencias para reescribir fragmentos, y siempre resultaba muy persuasiva. Me ha demostrado, una vez más, que en una página puede haber más sugerencias y correcciones que texto original. Lo de Elsa es algo misterioso. Tras haber hecho más de doscientas entrevistas, casi todas grabadas, Costa y yo tenemos 6200 páginas de transcripciones. Eso podría servir para unos veinte libros serios, toda una biblioteca sobre las presidencias de Trump y Biden. A veces perdíamos la noción de lo que podía ser importante y lo que no. Pero Elsa no. Ella tenía claro quién tenía la información esencial y a través de quién podíamos conseguirla. Una tarde sacó un fajo de transcripciones y se retiró, con su bolígrafo verde. Enseguida se puso a bombardearnos a preguntas. ¿Por qué esto no está en el borrador definitivo? ¿No veis que esto guarda relación con lo que dijo esta otra persona? Cada día nos enviaba recortes de nuestro propio periódico, o del *New York Times*, o del *Wall Street Journal*, o de publicaciones políticas o militares, e incluso nos pasaba listas de tareas y listas de lecturas recomendadas.

Todo está relacionado, decía constantemente. Os sugiero que contactéis con esta persona o que volváis a hablar con esta otra... ¿Habéis profundizado lo suficiente en este tema? Con su trabajo ha hecho mejor cada fragmento del libro, y la obra entera.

Tal como suelo recordarme a mí mismo de vez en cuando, Elsa es discípula de Henry James y de su principio sobre la importancia de la amabilidad. Siempre es amable. No hay palabras para agradecerle todo lo que ha aportado a nuestra vida juntos y a mi trabajo como escritor, y a los diecisiete libros que he escrito desde que estamos juntos.

Cuando nos casamos, en 1989, en la boda se leyó un poema de Wallace Stevens:

Una unión tan grande que nos llena de dicha
nos une a nuestros seres amados.
Ven cerca de mí, más cerca, tócame la mano.
Frases que surgen de la intimidad, pronunciadas dos veces,
una vez con los labios, otra con nuestras acciones.

Costa

Mis hermanos James Costa, Ellen Duncan y Tim Costa son pilares en mi vida, igual que mis padres, Tom y Dillon Costa. Los cónyuges de mis hermanos, Meghan Daly Costa y Paul Duncan, y mis sobrinas, Dillon y Sloane Duncan, llenan de alegría nuestras vidas.

Mi agradecimiento especial a toda la familia Dalton y Costa. Mis queridos tíos y primos son muchos y no puedo mencionarlos a todos aquí. Ya sabéis lo mucho que significáis para mí.

Estoy muy agradecido de contar con grandes amigos de familia en el condado de Bucks y por todo el país, y por los amigos que tengo en Washington. Tengo la suerte de haber coincidido con unos colegas brillantes y encantadores en mi trabajo como periodista de prensa y televisión. Desde 2014 tengo la suerte de trabajar en el *Post*, y debo dar las gracias a los reporteros y editores que se han convertido en mis colegas y con los que he cubierto grandes temas.

En la PBS y la WETA, Sharon Rockefeller me abrió la puerta y me concedió el privilegio de moderar el *Washington Week*. Muchas gracias al excelente equipo del programa, a los ejecutivos de la PBS y al consejo y la Corporación de Cadenas Públicas.

Formar parte de la MSNBC y de NBC News como analista político durante cinco años fue una maravilla. Muchas gracias a Rashida Jones, Elena Nachmanoff, Andy Lack y a los presentadores, reporteros e infatigables productores que acabaron convirtiéndose en buenos amigos.

El reverendo John Jenkins, rector de la Universidad de Notre Dame, fue quien me animó a ser periodista en un momento crítico de mis estudios, y ha sido mi mentor durante más de una

447

década. Mi profesor de periodismo Robert Schmuhl sigue muy presente en mi trabajo, guiándome con sus sabios consejos.

Michael Bamberger, escritor, me ha enseñado mucho sobre escribir y escuchar, y sobre cómo hallar la verdad emocional en las cosas más pequeñas.

Mi agradecimiento especial a tres de mis profesores del Pennsbury High School: Al Wilson, Steve Medoff y Frank Sciolla, que con su visión y su empeño me guiaron hacia el periodismo.

No tengo palabras para decir lo estupendo que ha sido llegar a conocer a Bob, Elsa y Diana Woodward. Les estaré agradecido eternamente.

Y Bob, la verdad es que me has dado una clase magistral sobre periodismo y liderazgo. Cada día ha sido un regalo.

448

Créditos fotográficos

Jabin Botsford (*The Washington Post*): 3, 4, 5, 8, 9, 10, 12, 13, 15
Jahi Chikwendiu (*The Washington Post*): 2
Al Drago (para *The Washington Post*): 7
Demetrius Freeman (*The Washington Post*): 5, 10
Salwan Georges (*The Washington Post*): 9, 14
Andrew Harnik (AP Photo): 11
Evelyn Hockstein (para *The Washington Post*): 1
Calla Kessler (*The Washington Post*): 14
Melina Mara (*The Washington Post*): 13
Khalid Mohammed-Pool (Getty Images): 11
Bill O'Leary (*The Washington Post*): 2
Astrid Riecken (para *The Washington Post*): 6
Michael Robinson Chávez (*The Washington Post*): 6
Toni L. Sandys (*The Washington Post*): 8
Patrick Semansky (AP Photo): 4
Brendan Smialowski (AFP): 16
Alex Wong (Getty Images): 1, 12

Notas

$\mathcal{L}$a información de este libro procede sobre todo de entrevistas a fondo que han llevado a cabo los autores, con participantes de primera mano y testigos, o a partir de notas y documentos contemporáneos. Siguen a continuación fuentes adicionales y suplementarias.

Prólogo

16 *Las escenas de un Trump vociferante*: *Full metal jacket (La chaqueta metálica)*, Stanley Kubrick, 17 de junio de 1987, Warner Bros.

17 *Los chinos estaban invirtiendo*: Véase «Military and Security Developments Involving the People's Republic Of China», Informe Anual al Congreso de la Oficina del Secretario de Defensa, 2020.

17 *desfile militar extraordinario en la plaza de Tiananmen*: Helen Regan y James Griffiths, «No Force Can Stop China's Progress, says Xi in National Day Speech», CNN, 1 de octubre de 2019.

17 *última arma de las que «cambian el juego»*: Tetsuro Kosaka, «China Unveils ICBM Capable of Reaching U.S. With 10 Warheads», *Nikkei Asia*, 2 de octubre de 2019; Rajeswari Pillai Rajagopalan, «Hypersonic Missiles: A New Arms Race», *The Diplomat*, 25 de junio de 2021.

18 *enviando aviones militares cada día*: Steven Lee Myers, «China Sends Warning to Taiwan and U.S. With Big Show of Air Power», *The New York Times*, 18 de septiembre de 2020; Yimou Lee, David Lague y Ben Blanchard, «China Launches "Gray-Zone" Warfare to Subdue Taiwan», Reuters, 10 de diciembre de 2020.

18 *aplastar decididamente*: Yew lun tian, «Attack on Taiwan and Option to Stop Independence, Top China General Says», Reuters, 28 de mayo de 2020.

18 *En el Mar de China Meridional*: «China's Military Aggression in the Indo-Pacific Region», Departamento de Estado de EE.UU., 2017-2021, State.gov.

19 *ABLE ARCHER*: Véase *The Spy and The Traitor*, Ben Macintyre, Nueva York, Broadway Books, 2018, pp.178-182.

19 *más tarde director de la CIA*: Ibid, p.182.

21 *«un momento Reichstag»*: Jeffrey Herf, «Emergency Powers Helped Hitler's Rise. Germany Has Avoided Them Ever Since», *The Washington Post*, 19 de febrero de 2019.

25 *pero sí que diré que le he preguntado*: Carta de la presidenta de la Cámara Nancy Pelosi a sus colegas demócratas, «Dear Colleague on Events of the Past Week», 8 de enero de 2021, speaker.gov.

27 *había dicho desde hacía años*: Véase *The Button*, William J. Perry y Tom Z. Collina, Texas, BenBella, 2020.

27 *En un artículo publicado*: William J. Perry y Tom Z. Collina, «Trump Still Has His Finger on the Nuclear Button. This Must Change», *Politico*, 8 de enero de 2021.

27 *Dos semanas después*: Bernard Gwertzman, «Pentagon Kept Tight Rein in Last Days of Nixon Rule», *The New York Times*, 25 de agosto de 1974.

28 *Nixon se había vuelto cada vez más irracional*: *Los días finales*, Bob Woodward y Carl Bernstein, Argos Vergara, Cerdanyola, 1976, traducción de Iris Menéndez.

29 *De repente, en torno a*: Video: Manu Raju, CNN Breaking News, 12.03 p.m., 8 de enero de 2021.

Capítulo 1

31 *Ante cuatro banderas americanas*: «Trump Condemns Hatred "On Many Sides" in Charlottesville White Nationalist Protest», CBS News, 12 de agosto de 2017.

31 *el aspecto y los modales de un sacerdote de parroquia*: Annie Karni, «In Biden White House, the Celebrity Staff Is a Thing of the Past», *The New York Times*, 18 de mayo de 2021.

31 *Su madre era organizadora en el sindicato local*: Scott MacKay, «Commentary: From South Providence to the Biden Campaign, Meet Mike Donilon», Rhode Island Public Radio, 12 de octubre de 2020.

32 *Heather Heyer, un contramanifestante de 32 años*: Harmeet Kaur y Hollie Silverman, «Charlottesville Police to Remove Same Version of Car That Killed Heather Heyer from Its Fleet», CNN, 13 de diciembre de 2019.

33 *Biden publicó un tuit*: @JoeBiden, «There is only one side. #charlottesville», 18.18, 12 de agosto de 2017, Twitter.com.

33 *Trump no cejó*: «President Trump News Conference», C-SPAN, 15 de agosto de 2017.

33 *«puto problemón» (big fucking deal)*: «Remarks by Vice President Biden at Health Care Bill Signing Ceremony at the White House», C-SPAN, 23 de marzo de 2010.

34 *Al cabo de dos semanas*: Joe Biden, «We Are Living Through a Battle for the Soul of This Nation», *The Atlantic*, 27 de agosto de 2017.

Capítulo 2

35 *Ryan declaró públicamente que se sentía «asqueado»*: David A. Fahrenthold, «Trump Recorded Having Extremely Lewd Conversation About Women in 2005», *The Washington Post*, 8 de octubre de 2016.

35 *A Ryan le gustaba considerarse un «político de pies a cabeza»*: Julie Hirschfeld Davis, «Bidding Congress Farewell, Paul Ryan Laments Nation's "Broken" Politics», *The New York Times*, 19 de diciembre de 2018.

36 *El memorándum*: El material de referencia fue obtenido por los autores.

36 *Ryan probó el resultado de su investigación*: «Paul Ryan at Trump Tower». Observaciones a reporteros disponibles en C-SPAN.org. Publicado el 9 de diciembre de 2016.

37 *Ryan se enteró de que Trump estaba a punto de anunciar*: Damian Paletta y Todd C. Frankel, «Trump Says No Plan to Pull Out of NAFTA "At This Time"», *The Washington Post*, 27 de abril de 2017.

37 *Ryan empezó a dictar*: Austin Wright, «Ryan, House and Senate GOP Outraged by Trump News Conference», *Politico*, 15 de agosto de 2017.

38 *El 21 de marzo de 2018*: Mike DeBonis y Erica Werner, «Congressional Negotiators Reach Deal on $1.3 Trillion Spending Bill Ahead of Friday Government Shutdown Deadline», *The Washington Post*, 21 de marzo de 2018.

39 *Aquella mañana, en Fox News*: Video: «Pete Hegseth: This Is a Swamp Budget», Fox News, 23 de marzo de 2018, foxnews.com.

39 *Trump tuiteó*: @realDonaldTrump, «I am considering a VETO of the Omnibus Spending Bill... and the BORDER WALL, which is desperately needed for our

National Defense, is not fully funded», («Estoy pensando en el VETO para el proyecto de gastos ómnibus... y el MURO FRONTERIZO, que se necesita desesperadamente para nuestra Defensa Nacional, no ha recibido financiación plena»). 23 de marzo de 2018, Twitter.com.

39 *Su propio padre murió cuando él era aún adolescente*: Robert Costa, «My Brother, Paul Ryan», *National Review,* 20 de agosto de 2012.

40 *El 11 de abril de 2018*: Paul Kane, John Wagner y Mike DeBonis, «Speaker Ryan Will Not Seek Reelection, Further Complicating GOP House Prospects», *The Washington Post,* 11 de abril de 2018.

Capítulo 3

41 *hubo acusaciones de plagio*: Neena Satija, «Echoes of Biden's 1987 Plagiarism Scandal Continue to Reverberate», *The Washington Post,* 5 de junio de 2019.

41 *su autobiografía de campaña, que tenía 365 páginas*: *Promises to Keep: On Life and Politics,* Joe Biden, Nueva York, Random House, 2007.

41 «¡Levántate!»: Ibid., pp. ii–iii.

42 *Dio a Biden importantes papeles*: Véase *The Price of Politics,* Bob Woodward, Nueva York, Simon & Schuster, 2013.

42 *El Presidente Obama aludía con insistencia*: Peter Baker, «Biden and Obama's "Odd Couple" Relationship Aged into Family Ties», *The New York Times,* 28 de abril de 2019.

42 *una breve noticia en octubre de 2014*: Luis Martínez y Arlette Sáenz, «Joe Biden's Son Hunter Biden Discharged from Navy After Positive Cocaine Test», ABC News, 16 de octubre de 2014.

43 *En sus memorias de 2021*: *Beautiful Things,* Hunter Biden, Nueva York, Gallery Books, 2021, pp. 215–17. [*Cosas bonitas,* Ediciones B, Barcelona, 2021, traducción de M. Carmen Cáceres].

43 *Pocos meses más tarde*: Michael D. Shear, «Beau Biden, Vice President Joe Biden's Son, Dies at 46», *The New York Times,* 30 de mayo de 2015.

43 *una vida que incluía*: Steve Holland, «Standing Among U.S. Graves, Biden Explains Afghanistan Decision in Personal Terms», Reuters, 14 de abril de 2021.

44 *Al día siguiente*: «Full text: Biden's Announcement That He Won't Run for President», *The Washington Post,* 21 de octubre de 2014.

Capítulo 4

45 *Jill y Joe Biden*: *Where the Light Enters,* Jill Biden, Nueva York, Flatiron Books, 2019.

46 *A medida que iba pasando la noche*: Lauren Easton, «Calling the Presidential Race State by State», Associated Press, 9 de noviembre de 2020.

46 *No se oyó*: Vídeo: «Conversation with President Amy Gutmann & The Honorable Joseph R. Biden, Jr.», Irvine Auditorium, Universidad de Pennsylvania, 30 de marzo de 2017, president.upenn.edu/bidenevent-3-30-17.

46 *Biden se sentó a escuchar*: «Donald Trump Inauguration Speech Transcript», *Politico,* 20 de enero de 2017; *Promise Me, Dad,* Joe Biden, Nueva York, Flatiron Books, 2017.

46 *El 1 de marzo en el* New York Post: Emily Smith, «Beau Biden's Widow Having Affair with His Married Brother», *New York Post,* 1 de marzo de 2017.

47 «*Y peor aún, empecé a caer de nuevo*» en las drogas: *Beautiful Things,* Hunter Biden, Nueva York, Gallery Books, 2021, p. 183.

47 *Richmond era una estrella en ascenso*: Bryn Stole, «As Congressional Black Caucus Chair, Cedric Richmond Steps Forward to Cut a National Figure», *The Advocate,* 10 de agosto de 2018.

47 *centrocampista y lanzador*: Ben Terris y National Journal, «The Fiercest Battle in D.C. Is on the Baseball Diamond», *The Atlantic*, 11 de junio de 2013.

48 *la lista de más vendidos durante una semana*: «Hardcover Nonfiction», *The New York Times*, 3 de diciembre de 2017.

49 *el arquitecto negro*: Roy S. Johnson, «Overlooked No More: Joseph Bartholomew, Golf Course Architect», *The New York Times*, 5 de febrero de 2020.

Capítulo 5

50 *Don McGahn, que trabajaba estrechamente*: Robert Costa, «McGahn's Last Stand», *The Washington Post*, 4 de octubre de 2018.

50 *Acusó a Kavanaugh*: Emma Brown, «California Professor, Writer of Confidential Brett Kavanaugh Letter, Speaks Out About Her Allegation of Sexual Assault», *The Washington Post*, 16 de septiembre de 2018.

51 *el 6 de noviembre trajo consigo ganancias para los azules*: Jane C. Timm, «Democrats Gain 40 House Seats, as NBC Projects TJ Cox Wins California's 21st District», NBC News, 6 de diciembre de 2018; Harry Enten, «Latest House Results Confirm 2018 Wasn't a Blue Wave. It Was a Blue Tsunami», CNN, 6 de diciembre de 2018.

53 *un memorándum muy detallado de 11 páginas*: Este memorándum político de Biden fue obtenido por los autores.

53 *auténticamente colosal*: Annie Karni, «A Peek Inside Hillary Clinton's Brooklyn HQ», *Politico*, 16 de julio de 2015.

Capítulo 6

54 *El presidente Trump nombró*: Shannon Van Sant, «Trump Appoints Gen. Mark Milley Chairman of the Joint Chiefs of Staff», NPR, 8 de diciembre de 2018.

54 *Trump dejó muy claro*: David Brown, Daniel Lippman y Wesley Morgan, «Trump's Newest "Central Casting" General», *Politico*, 10 de julio de 2021.

54 *graduado de West Point y lobista*: Kenneth P. Vogel, Michael LaForgia y Hailey Fuchs, «Trump Vowed to "Drain the Swamp," but Lobbyists Are Helping Run His Campaign», *The New York Times*, 6 de julio de 2020.

54 *Durante la vista de confirmación de Milley*: «Hearing to Consider the Nomination of General Mark A. Milley, for Reappointment to the Grade of General and to Be Chairman of the Joint Chiefs of Staff», Comité de Servicios Armados, Senado de Estados Unidos, 11 de julio de 2019, armed-services.senate.gov.

55 *Mattis bautizó*: Véase *Rabia*, Roca Editorial, Bob Woodward, Barcelona, 2020, traducción de Ana Herrera, Ana Momplet y Jorge Rizzo.

56 *sirvió como consultor general*: Michael Kranish y Hamza Shaban, «In Corporate Role, William P. Barr Clashed with Justice Department That He Now Seeks to Lead», *The Washington Post*, 8 de diciembre de 2018.

56 *había criticado públicamente*: Andrew Prokop, «Trump's Attorney General Nominee Wrote a Memo Expressing Deep Suspicion of the Mueller Probe», *Vox*, 20 de diciembre de 2018.

57 *Según las normas*: Oficina de Publicaciones del Gobierno de EE.UU., «Confirmation Hearing on the Nomination of Hon. William Pelham Barr to Be Attorney General of the United States», Vista del Senado 116-65, 15 y 16 de enero de 2019, Congress.gov.

58 *Mueller finalmente acabó su informe*: Robert S. Mueller, «Report on the Investigation into Russian Interference in the 2016 Presidential Election», Departamento de Justicia de EE.UU., marzo de 2019.

59 *Mueller escribió una de las frases más retorcidas*: Ibid., p. 2.

59 *Barr publicó una carta*: «Read Attorney General William Barr's Summary of the Mueller Report», *The New York Times*, 24 de marzo de 2019.

59 *«Ha sido una exoneración absoluta y total»*: presidente Trump, C-SPAN, 24 de marzo, 2019.

59 *El propio Mueller se quejó*: Devlin Barrett y Matt Zapotosky, «Mueller Complained That Barr's Letter Did Not Capture "Context" of Trump Probe», *The Washington Post*, 30 de abril de 2019.

59 *700 antiguos fiscales federales*: Dartunorro Clark, «Hundreds of Former Prosecutors Say Trump Would Have Been Indicted if He Were Not President», NBC News, 6 de mayo de 2019.

59 *En un pleito que atañía a la Ley de Libertad de información*: Aaron Blake, «A GOP-Appointed Judge's Scathing Review of William Barr's "Candor" and "Credibility," Annotated», *The Washington Post*, 5 de marzo de 2020.

59 *«Quedó en nada»*: Entrevista de Bob Woodward con el presidente Donald J. Trump, 20 de diciembre de 2019, en *Rabia*, Roca Editorial, Bob Woodward, Barcelona, 2020.

Capítulo 7

60 *veterana de la Casa Blanca de Obama*: Jordan Fabian, «Biden Hires Former Obama Official Anita Dunn as Senior Adviser», Bloomberg News, 15 de enero de 2021.

60 *la residencia que tenía alquilada*: Kristen Schott, «See the NoVA Home Where the Bidens Used to Reside», *Northern Virginia magazine*, 8 de enero de 2021

60 *no iba codo con codo*: Ryan Lizza, «Why Biden's Retro Inner Circle Is Succeeding So Far», *Politico*, 19 de diciembre de 2019.

61 *Prestemos atención a los demócratas tipo Biden*: Nate Cohn, «Moderate Democrats Fared Best in 2018», *The New York Times*, 10 de septiembre de 2019.

62 *Klain había respaldado*: Alex Thompson y Theodoric Meyer, «Ron Klain's Possible Resurrection», *Politico: West Wing Playbook*, 11 de noviembre de 2020.

62 *Este mensaje de correo era parte del conjunto*: Ibid.

63 *Kathleen le había acusado de despilfarrar*: Margie Fishman, «Divorce Filing Details Split of Kathleen, Hunter Biden», *The News Journal*, 2 de marzo de 2017.

64 *cuyas credenciales progresistas la convertían en una verdadera fuerza*: Gabriel Debenedetti, «Rising Stars Collide in Shadow 2020 Primary», *Politico*, 29 de enero de 2018.

64 *estaba obteniendo entusiásticas reseñas*: Eric Bradner, «Pete Buttigieg Makes Star Turn in Town Hall Spotlight», CNN, 11 de marzo de 2019.

Capítulo 8

65 *«¿Qué opináis?»*: Jill Biden, *CBS This Morning*, 7 de mayo de 2019.

65 *Lo entendemos, abuelo*: Naomi Lim, «"Pop, you Got to Run"», *Washington Examiner*, 26 de septiembre de 2019.

65 *Los rincones más derechistas de internet*: Samantha Putterman, «Fact-checking the Pedophilia Attacks Against Joe Biden», *PolitiFact*, 12 de agosto de 2020.

65 *«Lo hacemos todo con reuniones familiares»*: «Biden School Celebration: Conversation with Joe Biden and Presidential Historian Jon Meacham», Universidad de Delaware, 26 de febrero de 2019.

66 *Lo que no desveló Biden*: *Beautiful Things*, Hunter Biden, Nueva York, Gallery Books, 2021, pp. 204-17.

66 *«Un día, de repente»*: Ibid., p. 215.

67 *«huir, huir y huir»*: Ibid., p. 217.

Capítulo 9

68 *como idea con un seguimiento enorme*: The Soul of America: The Battle for Our Better Angels, Jon Meacham, Nueva York, Random House, 2018.

69 *Meacham le dijo*: Video: «Biden School Celebration: Conversation with Joe Biden and Presidential Historian Jon Meacham», Univ. de Delaware, 26 de febrero de 2019.

69 *Un M. Schlesinger Jr. informal*: Annie Karni and John Koblin, «Helping to Shape the Words of the President-Elect: A Presidential Historian», *The New York Times*, 9 de noviembre de 2020.

69 *Blunt Rochester era la primera mujer*: Christina Jedra y Xerxes Wilson, «Lisa Blunt Rochester Wins Second Term in Congress», *The News Journal*, 6 de noviembre de 2018.

71 *Su tendencia a abrazar*: Natasha Korecki, Marc Caputo y Alex Thompson, «"Friendly Grandpa" or Creepy Uncle? Generations Split over Biden Behavior», *Politico*, 1 de abril de 2019.

71 *cuando el movimiento Me Too*: Hailey Fuchs, «Me Too Is Still a Movement», *The Washington Post*, 11 de agosto de 2019.

72 *«Un beso raro cambió mi forma de ver a Joe Biden»*: Lucy Flores, *New York Magazine*, 29 de marzo de 2019.

72 *Luego, en un discurso*: Lisa Lerer, «Joe Biden Jokes About Hugging in a Speech, Then Offers a Mixed Apology», *The New York Times*, 5 de abril de 2019.

72 *En su libro*: Where the Light Enters, Jill Biden, Nueva York, Flatiron Books, 2019, p. 53.

72 *«Debe respetar el espacio de la gente»*: Jill Biden, *CBS This Morning*, 7 de mayo de 2019.

Capítulo 10

73 *el campo más amplio desde hacía décadas*: Matthew Yglesias, «The Comically Large 2020 Democratic Field, Explained», *Vox*, 17 de diciembre, 2018.

73 *Vestido con traje pero con el cuello de la camisa abierto*: @JoeBiden, «The core values of this nation... our standing in the world... our very democracy... everything that has made America-America-is at stake. That's why today I'm announcing my candidacy for President of the United States». («Los valores fundamentales de esta nación… nuestra postura en el mundo… nuestra verdadera democracia… todo lo que ha hecho a América, América… está en peligro. Por eso anuncio hoy mi candidatura a la presidencia de Estados Unidos»). #Joe2020, 6:00 a.m., 25 de abril de 2019, Twitter.com.

73 *Los progresistas lo detestaban abiertamente*: Elana Schor, «Joe Biden Faces a Challenge Winning Over Progressives», Associated Press, 22 de marzo de 2019.

74 *Biden se subió al tren Amtrak*: Michael Scherer y John Wagner, «Former Vice President Joe Biden Jumps into White House Race», *The Washington Post*, 25 de abril de 2019.

74 *Entonces Biden se dirigió*: Michelle Ye Hee Lee, «Joe Biden Campaign Reports Raising $6.3 Million in 24 Hours», *The Washington Post*, 26 de abril de 2019.

75 *El margen de victoria de Trump*: Tim Meko, Denise Lu y Lázaro Gamio, «How Trump Won the Presidency with Razor-Thin Margins in Swing States», *The Washington Post*, 11 de noviembre de 2016.

75 *«Bienvenido a la carrera de Sleepy Joe»*: @realDonaldTrump, 25 de abril de 2020, Twitter.com.

75 *«Me siento como un hombre joven»*: Video: @thehill, Presidente Trump: «I just feel like a young man. I'm so young. I can't believe it. I'm the youngest person—I am a young, vibrant man. I look at Joe—I don't know about him», «Me siento

como un hombre joven. Soy muy joven. Es increíble —les dijo Trump—. Soy un hombre joven y lleno de entusiasmo. Y si miro a Joe... no veo nada de eso». 12.37, 26 de abril de 2019, Twitter.com.

76 *Cuando Biden, que aparecía*: Video: «Joe Biden on Why He's Running for President», *The View*, ABC News, 26 de abril de 2019.

76 *«Soy un hombre de los sindicatos»*: «Joe Biden Campaign Rally in Pittsburgh», C-SPAN, 29 de abril de 2019.

76 *Anzalone volvió con resultados de una votación*: Documento de encuestas de campaña obtenido por los autores.

Capítulo 11

77 *sus días como maestro de escuela*: Gillian Brockell, «A Civil Rights Love Story», *The Washington Post*, 10 de enero de 2020.

77 *se les servían filetes de pescadilla frita*: Jonathan Martin, «Hoping to Woo Black Voters, Democratic Candidates Gather at James Clyburn's Fish Fry», *The New York Times*, 21 de junio de 2019.

77 *Biden había dicho que había una «cierta cortesía»*: Isaac Stanley-Becker, «"We Got Things Done": Biden Recalls "Civility" with Segregationist Senators», *The Washington Post*, 19 de junio de 2019.

77 *«Estuve en un caucus con James O. Eastland»*: Ibid.

78 *Cuando más tarde un montón de reporteros*: Justin Wise, «Biden Defends Remarks About Segregationist Senators: "Apologize for What?"», *The Hill*, 19 de junio de 2019.

78 *Clyburn procuró defender a Biden*: Emma Dumain, «Biden Said He Found Common Ground with Segregationists», McClatchy, 19 de junio de 2019.

78 *Emily, que era bibliotecaria*: Emma Dumain, «Emily Clyburn—Librarian, Activist, Wife of SC Congressman Jim Clyburn—Dies at 80», *The State*, 19 de septiembre de 2019.

79 *«Sobre el tema de la raza»*: «Transcript: Night 2 of the First Democratic Debate», *The Washington Post*, 28 de enero de 2019.

79 *A la semana siguiente*: «Harris Gets Big Debate Bounce While Biden Sinks Quinnipiac University National Poll Finds», *Quinnipiac University Poll*, 2 de julio de 2019, poll.qu.edu.

Capítulo 12

80 *La subida de la senadora Harris al escalón superior no duró*: Astead W. Herndon, Shane Goldmacher y Jonathan Martin, «Kamala Harris Says She's Still "In This Fight", but out of the 2020 Race», *The New York Times*, 3 de diciembre de 2019.

80 *los dos faros dirigentes*: Jonathan Martin, «Elizabeth Warren and Bernie Sanders Have a Problem: Each Other», *The New York Times*, 16 de diciembre de 2019.

80 *Su ataque al corazón el 1 de octubre*: Sean Sullivan y Amy Gardner, «Sanders's Heart Attack Raises Questions About His Age, Potential Damage to Campaign», *The Washington Post*, 5 de octubre de 2019.

80 *se centró en Biden*: Robert Costa, «Ascendant Bernie Sanders Turns His Focus to Joe Biden as Iowa Nears», *The Washington Post*, 2 de enero de 2020.

80 *su victoria repentina*: April McCullum, «As Mayor, Bernie Sanders Had to Wait for a Revolution», *Burlington Free Press*, 27 de febrero de 2016.

82 *estaba gastando millones de dólares*: Asma Khalid, «In a Month, Michael Bloomberg Has Spent More than $100 Million on Campaign Ads», NPR, 27 de diciembre de 2019.

82 *Durante una entrevista del 5 de diciembre de 2019 en el Despacho Oval*: Entrevista de Bob Woodward con el presidente Donald J. Trump, 5 de diciembre de 2019, en *Rabia*, Roca Editorial, 2020.

Capítulo 13

83 *Blinken había trabajado como número 2*: Graeme Wood, «Biden's Sleepily Reassuring Appointments», *The Atlantic*, 23 de noviembre de 2020.

83 *tocaba en una banda de dad-rock*: Claire Shaffer, «Yes, Biden's Secretary of State Hopeful Antony Blinken Has a Band», *Rolling Stone*, 23 de noviembre de 2020.

83 *Aquel enero, surgió en China*: Véase *Rabia*, Bob Woodward, Roca Editorial, Barcelona, 2020.

83 *Klain supervisó*: Juliet Eilperin y Lena H. Sun, «Ebola Czar Ron Klain to Leave Feb. 15 After Leading U.S. Response to Outbreak», *The Washington Post*, 29 de enero de 2015.

84 *Biden y su equipo redactaron un artículo de opinión*: Joe Biden, «Trump Is Worst Possible Leader to Deal with Coronavirus Outbreak», *USA Today*, 27 de enero de 2021.

84 *«Será la amenaza a la seguridad nacional más importante»*: *Rabia*, Bob Woodward, Roca Editorial, 2020.

85 *Agobio de Trump ante Biden*: Natasha Korecki, «How Trump's Biden Mania Led Him to the Brink of Impeachment», *Politico*, 27 de septiembre de 2019.

85 *En la llamada, cuya transcripción*: «Telephone Conversation with President Zelensky of Ukraine», 25 de julio de 2019, transcripción, desclasificada el 24 de septiembre de 2019, White House.gov.

85 *Trump fue absuelto*: Seung Min Kim, «In Historic Vote, Trump Acquitted of Impeachment Charges», *The Washington Post*, 5 de febrero de 2020.

86 *Greg Schultz estaba bajo una presión creciente*: Alexander Burns, Jonathan Martin y Katie Glueck, «How Joe Biden Won the Presidency», *The New York Times*, 7 de noviembre de 2020.

86 *Los caucus de Iowa del 3 de febrero fueron una auténtica paliza*: Nathan Robinson, «Joe Biden Flopped in Iowa», *The Guardian*, 4 de febrero de 2020.

86 *Buttigieg, resurgiendo en las encuestas*: Chris Sikich, «Pete Buttigieg Surges in New Hampshire After Seizing Iowa Narrative with Claim of Victory», *Indianapolis Star*, 7 de febrero de 2020.

86 *«El historial de Pete»*: Adam Shaw, «Brutal Biden Campaign Ad Mocks Buttigieg's Experience as South Bend Mayor», Fox News, 8 de febrero de 2020.

Capítulo 14

88 *el Caucus Negro del Congreso celebró una reunión*: Matt Viser y Cleve R. Wootson Jr., «Eighteen Days That Resuscitated Joe Biden's Nearly FiveDecade Career», *The Washington Post*, 29 de febrero de 2020.

88 *«Mi segundo punto es el 10-20-30»*: Tracy Jan, «Reparations, Rebranded», *The Washington Post*, 24 de febrero de 2020.

89 *una nominación de Sanders*: Jonathan Martin and Alexander Burns, «Bernie Sanders Wins Nevada Caucuses, Strengthening His Primary Lead», *The New York Times*, 22 de febrero de 2020.

89 *«Todo el mundo tiene que estar representado»*: «Read the Full Transcript of the South Carolina Democratic Debate», CBS News, 25 de febrero de 2020.

90 *Clyburn habló en North Charleston*: «Representative Jim Clyburn Endorses Joe Biden Ahead of South Carolina Primary», C-SPAN, 26 de febrero de 2020.

90 *Durante meses hubo quejas constantes*: Jeff Zeleny y Arlette Sáenz, «Joe Biden

Grapples with Attacks from Trump and the Rising Warren Threat», CNN, 7 de octubre de 2019.

90 *Durante una entrevista*: Transcripción, «Clyburn on Biden Endorsement», CNN, 28 de febrero de 2020.

91 *Biden estaba conmovido*: «"He Reminds Me of My Son Beau"», CNN, 2 de marzo de 2020.

Capítulo 15

93 *El supermartes*: «Live Results: Super Tuesday 2020», *The Washington Post*, washingtonpost.com/elections.

93 *guerrearon con la campaña de Clinton*: Alex Seitz-Wald, «How Sanders Delegates Organized a Walkout Under Everyone's Nose», NBC News, 26 de julio de 2016.

94 *Biden suspendió la campaña en persona*: Sydney Ember, Annie Karni, y Maggie Haberman, «Sanders and Biden Cancel Events as Coronavirus Fears Upend Primary», *The New York Times*, 10 de marzo de 2020.

94 *El cambio fue raro*: Matt Viser y Annie Linskey, «Live from His Basement, Joe Biden Pushes for Visibility as Democrats Worry», *The Washington Post*, 25 de marzo de 2020.

94 *Trump se reía de Biden*: Aaron Sharockman, «Biden Isn't in the Basement, but the Trump Campaign Keeps Saying So», *PolitiFact*, 4 de octubre de 2020.

94 *El hermano mayor de Warren*: Jess Bidgood, «Elizabeth Warren's Oldest Brother Dies of Coronavirus in Oklahoma», *The Boston Globe*, 23 de abril de 2020.

95 *un memorándum muy mordaz de tres páginas*: Memorándum de campaña obtenido por los autores.

96 *el rumor de que los demócratas reemplazarían a Biden*: Douglas MacKinnon, «Bye Bye Biden? Democrats Could Replace Joe Biden with John Kerry as Presidential Candidate», *The Sun*, 31 de julio de 2020.

96 *Parscale estaba muy unido al yerno de Trump*: Ashley Parker and Josh Dawsey, «Adviser, Son-in-Law and Hidden Campaign Hand», *The Washington Post*, 26 de julio de 2019.

Capítulo 16

97 *muy amiga de la mujer de Robert Mueller*: Dareh Gregorian, «Who Is Attorney General William Barr?», NBC News, 18 de abril de 2019.

97 *Barr había ido a ver a Bush*: «William P. Barr Oral History», Miller Center, Universidad de Virginia, 5 de abril de 2001.

Capítulo 17

101 *Trump convocó una reunión*: Kaitlan Collins, Joan Biskupic, Evan Perez, and Tami Luhby, «Barr Urges Trump Administration to Back Off Call to Fully Strike Down Obamacare», CNN, 5 de mayo de 2020.

102 *Otros republicanos también meneaban la cabeza*: Jessie Hellmann, «GOP Senator: DOJ's Obamacare Argument "as Far-fetched as Any I've Ever Heard"», *The Hill*, 12 de junio de 2018.

103 *Atrapado en el tiempo*: *Groundhog Day (Atrapado en el tiempo)*, Harold Ramis, Columbia Pictures, 1993.

104 *La mañana del 14 de mayo, Trump dijo*: Entrevista de Donald J. Trump con Maria Bartiromo de Fox News, 14 de mayo de 2020.

104 *Durham, que estaba explorando*: Michael Balsamo y Eric Tucker, «Barr Appoints Special Counsel in Russia Probe Investigation», Associated Press, 1 de diciembre de 2020.

105 *Barr preparó un pequeño discurso*: Matt Zapotosky, «Barr Says He Does Not Expect Obama or Biden Will Be Investigated by Prosecutor Reviewing 2016 Russia Probe», 18 de mayo de 2020.

Capítulo 18

106 *«En lo más profundo de Delaware»*: Marc Caputo y Christopher Cadelago, «Dems Warm to Biden's Bunker Strategy», *Politico,* 24 de junio de 2021.
106 *«Punxsutawney Joe»*: Ibid.
106 *La ventaja de Biden se amplió*: Justin Wise, «Poll: Biden Widens Lead over Trump to 10 points», *The Hill,* 31 de mayo de 2020.
106 *Trump dijo que había que inyectarse lejía*: Allyson Chiu, Katie Shepherd, Brittany Shammas y Colby Itkowitz, «Trump Claims Controversial Comment About Injecting Disinfectants Was "Sarcastic"», *The Washington Post,* 24 de abril de 2020.
107 *«Yo intenté minimizarlo siempre»*: Entrevista de Bob Woodward con el presidente Donald J. Trump, 19 de marzo de 2020 en *Rage,* Nueva York, Simon & Schuster. 2020, p. xviii.
107 *Trump había tuiteado aquel mismo mes*: @realDonaldTrump, 14.47, 9 de marzo de 2020, Twitter.com.
107 *«Nuestro país no está hecho para estar cerrado»*: «President Trump with Coronavirus Task Force Briefing», C-SPAN, 23 de marzo de 2020.
108 *receptores de superficie celular llamados ACE2*: Kate Sheridan, «The Coronavirus Sneaks into Cells Through a Key Receptor», STAT News, 10 de abril de 2010; Krishna Sriram, Paul Insel y Rohit Loomba, «What Is the ACE2 receptor», *The Conversation,* 14 de mayo de 2020.
108 *Durante una entrevista con Trump*: Entrevista de Bob Woodward con el presidente Donald J. Trump, 19 de marzo de 2020, en *Rabia.*
110 *Estaba escribiendo un libro*: *Juntos, el poder de la conexión humana,* Dr. Vivek Murthy, Nueva York, HarperCollins, 2020.

Capítulo 19

111 *en más de 140 ciudades*: Derrick Bryson Taylor, «George Floyd Protests: A Timeline», *The New York Times,* 28 de marzo de 2021.
111 *siete minutos y 46 segundos*: Paul Walsh, «7 Minutes, 46 Seconds: Error in George Floyd Killing Timeline Won't Affect Charges, County Says», Minneapolis *Star Tribune,* 18 de junio de 2020.
111 *Trump le dijo a Woodward*: *«Son pirómanos»*: entrevista de Bob Woodward con el Presidente Donald J. Trump, 3 de junio de 2020, en *Rabia.*
111 *uno de los consejeros de alto rango más conservadores de Trump*: Nick Miroff y Josh Dawsey, «The Adviser Who Scripts Trump's Immigration Policy», *The Washington Post,* 17 de agosto de 2019.
112 *como los disturbios de 1968 en Washington, D.C.*: Denise Kersten Wills, «"People Were Out of Control": Remembering the 1968 Riots», *Washingtonian Magazine,* 1 de abril de 2008.
113 *el asalto del FBI en 1993*: Tara Isabella Burton, «The Waco Tragedy, Explained», *Vox,* 19 de abril de 2018.
113 *el presidente Lyndon B. Johnson había desplegado*: Lauren Pearlman, «A President Deploying Troops at Home Subverts Local Control and Accountability», *The Washington Post,* 5 de junio de 2020.
114 *a Trump al búnker subterráneo*: Jonathan Lemire y Zeke Miller, «Trump Took Shelter in White House Bunker as Protests Raged», A.P., 31 de mayo de 2020.

116 *dijo a los gobernadores*: Robert Costa, Seung Min Ki y Josh Dawsey, «Trump Calls Governors "Weak," Urges Them to Use Force Against Unruly Protests», *The Washington Post*, 1 de juni de 2020.

116 *«Tienen que dominarlos»*: «President Trump's Call with US Governors over Protests», CNN, 1 de junio de 2020.

Capítulo 20

118 *Joe Lengyel, que era el jefe*: «Guard Chief Stresses Strategic Use of Force, Parity with Active Force», Defense.gov, 4 de marzo de 2020.

118 *Hacia las 18.30*: Oficina de Publicaciones del gobierno de Estados Unidos, vista de supervisión ante el Comité Nacional de Recursos, Cámara de Representantes de Estados, 28-29 de junio de 2020.

119 *«Bolas de pimienta»*: Ibid.

119 *Trump habló durante siete minutos*: Transcripción del «President Trump's Rose Garden Speech on Protests», CNN, 1 de junio de 2020.

121 *Docenas de tropas de la Guardia Nacional*: Phillip Kennicott, «The Dystopian Lincoln Memorial Photo Raises a Grim Question: Will They Protect Us, or Will They Shoot Us?», *The Washington Post*, 3 de junio de 2020.

Capítulo 21

124 *«Debemos estar muy atentos hacia la violencia»*: «Joe Biden's Remarks on Civil Unrest and Nationwide Protests», CNN, 2 de junio de 2020.

125 *«Siempre he creído»*: Matthew Impelli, «U.S. Secretary of Defense Breaks with Trump, Says He Doesn't Support Invoking Insurrection Act», *Newsweek*, 3 de junio de 2020.

Capítulo 22

131 *Milley decidió disculparse públicamente*: Transcripción: «General Mark Milley's Message to the National Defense University Class of 2020», *Joint Staff Public Affairs*, 11 de junio de 2020.

132 *como el perro del gramófono*: Michael P. Farrell, «A Visual History of Albany's Top Dog: Nipper Through the Years», Albany *Times Union*, 25 de enero de 2021.

132 *el asunto de las banderas confederadas*: Dan Lamothe y Josh Dawsey, «U.S. Military Faces a Reckoning on How to Handle Its Confederate Symbols Without Provoking Trump», *The Washington Post*, 12 de junio de 2020.

134 *La cortina de humo*: Wag the Dog (La cortina de humo), Barry Levinson, Estados Unidos, New Line Cinema, 1997.

Capítulo 23

136 *Los funcionarios de sanidad de la ciudad*: Nicole Sganga, Musadiq Bidar y Eleanor Watson, «Oklahoma Officials Worry About Trump's Rally as Tulsa County Covid Infections Rise to Record Levels», CBSNews.com, 18 de junio de 2020.

136 *Un día antes, Trump le dijo a Woodward*: Véase *Rabia*.

136 *un mar de asientos azules vacíos*: Philip Rucker y Robert Costa, «Trump Rallies in Red-State America-and Faces a Sea of Empty Blue Seats», *The Washington Post*, 20 de junio de 2020.

138 *La pandemia «está desapareciendo», insistía*: Annie Karni y Maggie Haberman, «Away from Gridlock in Washington, Trump Puts on a Show for His Club», *The New York Times*, 7 de agosto de 2020.

138 *«El estado profundo»*: @realDonaldTrump, 22 de agosto de 2020, 7.49, Twitter.com.

138 *También era donante habitual*: Sarah Karlin-Smith, «Trump to Pick Texas Cancer Doctor to Head FDA», *Politico*, 1 de noviembre de 2019.

Capítulo 24

140 *Biden juró públicamente*: Brian Schwartz, «Joe Biden Pledges to Pick a Woman to Be His Running Mate», CNBC, 15 de marzo de 2020.

140 *Y era miembro también*: Stephanie Saul, «Kamala Harris's Secret Weapon: The Sisterhood of Alpha Kappa Alpha», *The New York Times*, 1 de julio de 2019.

141 *los dos colaboraron*: Edward-Isaac Dovere, «The Battle That Changed Kamala Harris», *The Atlantic*, 19 de agosto de 2020.

141 *«Nos guardábamos las espaldas el uno al otro»*: *The Truths We Hold: An American Journey (Nuestra verdad)*, Kamala Harris, Nueva York, Penguin, 2019.

142 *Publicó una foto en Instagram*: @kamalaharris, «Este fin de semana he asistido al funeral por mi querido amigo Beau Biden. Ha sido un conmovedor tributo a Beau, que se preocupaba muchísimo por su familia, por la gente de Delaware y por nuestro país. Me siento muy afortunada de haber conocido a Beau y ser amiga suya, y haber tenido la oportunidad de trabajar estrechamente con él como fiscales generales. Mi corazón y mis oraciones van con su familia, a la que él amaba tan apasionadamente», 8 de junio de 2015, Instagram.com.

142 *«Beau siempre la apoyó»*: Scott Bixby, «Kamala Harris Was in Biden Circle of Trust. Then Came Debate Night», *The Daily Beast*, 13 de julio de 2020.

142 *Harris era hija*: Ellen Barry, «How Kamala Harris's Immigrant Parents Found a Home, and Each Other, in a Black Study Group», *The New York Times*, 13 de septiembre de 2020.

142 *su historial de voto era invariablemente liberal*: David Lightman, «How Liberal Is She? Watchdog Groups Rate the Senate Record of Kamala Harris», *The Sacramento Bee*, 12 de agosto de 2020.

143 *Fue fotografiada la ficha que tenía Biden*: Colby Itkowitz, «Joe Biden's Personal Notes on Kamala Harris: No Grudges», *The Washington Post*, 28 de julio de 2020.

143 *Hasta los rivales de Harris*: Julie Pace, David Eggert y Kathleen Ronayne, «How Biden Decided: Whitmer Pulled Back, Pushing Pick to Harris», Associated Press, 12 de agosto de 2020.

143 *El 11 de agosto Biden se sentó frente*: Philip Elliott, «How Joe Biden's Enduring Grief for His Son Helped Lead Him to Kamala Harris», *Time*, 12 de agosto de 2020.

143 *En su escritorio descansaba*: Michel Martin, «Joe Biden Remembers His Son in His New Memoir», NPR, 8 de noviembre de 2017.

144 *Había unos 10 millones más de mujeres que de hombres registradas para votar*: «Elections: Data and Analysis for Current and Past Races with Women Candidates, by Election Year», Rutgers: Center for American Women and Politics, cawp.rutgers. edu; Ruth Igielnik, «Men and Women in the U.S. Continue to Differ in Voter Turnout Rate, Party Identification», Pew Research Center, 18 de agosto de 2020.

144 *La campaña recaudó 48 millones de dólares en las 48 horas*: James Oliphant y Kanishka Singh, «Biden Campaign Raises $48 Million in 48 Hours After Naming Kamala Harris as VP Choice», Reuters, 13 de agosto de 2020.

144 *El 12 de agosto*: «Joe Biden Introduction of Senator Kamala Harris as Running Mate», C-SPAN, 12 de agosto de 2020.

Capítulo 25

145 *Un agente del Servicio Secreto interrumpió*: Clarence Williams, Anne Gearan, Carol D. Leonnig y Martin Weil, «Secret Service Shoots Man Near the White House», *The Washington Post*, 10 de agosto de 2020.

145 *Trump tuiteó*: @realDonaldTrump, 7.33, 12 de agosto de 2020, Twitter.com.

145 *La campaña de Trump emitió un vídeo*: Donald J. Trump for President, 11 de agosto de 2020, youtube.com.

146 *Bill Stepien, después de haber despedido a Brad Parscale*: Andrew Restuccia y Rebecca Ballhaus, «Trump Replaces Campaign Manager», *The Wall Street Journal*, 15 de julio de 2020.

146 *A finales de septiembre, la FDA envió*: Noah Weiland y Sharon LaFraniere, «F.D.A. to Release Stricter Guidelines for Emergency Vaccine Authorization», *The New York Times*, 22 de septiembre de 2020.

147 *Siete antiguos miembros de la FDA publicaron*: Robert Califf, Scott Gottlieb, Margaret Hamburg, Jane Henney, David Kessler, Mark Mclellan, y Andy von Eschenbach, «7 former FDA commissioners: The Trump Administration Is Undermining the Credibility of the FDA», *The Washington Post*, 29 de septiembre de 2020.

147 *Aquella misma tarde*: Transcripción del debate presidencial, Comisión de Debates Presidenciales, 29 de septiembre de 2020, debates.org.

147 *Bourla se unió al coro de voces*: «Moving at the Speed of Science: An open letter from Pfizer Chairman and CEO Albert Bourla to U.S. colleagues», 1 de octubre de 2020, Pfizer.com.

148 *«¿Se quiere callar de una vez, hombre?»*: Vicepresidente Joe Biden, Transcripción del debate presidencial, Comisión de Debates Presidenciales, 29 de septiembre de 2020, debates.org.

148 *Trump se había resistido a ir*: Noah Weiland, Maggie Haberman, Mark Mazzetti y Annie Karni, «Trump Was Sicker than Acknowledged with Covid-19», *The New York Times*, 11 de febrero de 2021.

148 *«cóctel de anticuerpos»*: Katie Thomas y Gina Kolata, «President Trump Received Experimental Antibody Treatment», *The New York Times*, 2 de octubre de 2020.

149 *Los funcionarios de salud de Estados Unidos hicieron frenéticos esfuerzos*: *Nightmare Scenario: Inside the Trump Administration's Response to the Pandemic That Changed History*, Yasmeen Abutaleb y Damian Paletta, Nueva York, HarperCollins, 2021.

149 *La Casa Blanca seguía siendo una zona caliente*: Josh Margolin y Lucien Bruggeman, «34 People Connected to White House, More Than Previously Known, Infected by Coronavirus: Internal FEMA Memo», ABCNews.com, 7 de octubre de 2020.

150 *En 2017, el Departamento de Estado negó categóricamente*: Meghan Keneally, «State Department Denies Tillerson called Trump a "Moron"», Associated Press, 4 de octubre de 2017.

Capítulo 26

151 *En 1987, el almirante William J. Crowe*: Véase *The Commanders* de Bob Woodward, Nueva York, Simon & Schuster, 1991, p. 40.

152 *«Yo derroté a ese loco y horrible virus chino»*: Donald J. Trump en una entrevista con Maria Bartiromo, Fox News, 11 de octubre de 2020.

153 *«Necesitamos que te unas al EJÉRCITO DE TRUMP para la operación de seguridad de las elecciones»*: Team Trump, 21 de septiembre de 2020, Facebook.com.

Capítulo 27

154 *como otras fiestas de Trump*: Annika Merrilees, «President Donald Trump Once Again Serves Fast Food to College Athletes at White House Celebration», ABCNews.com, 4 de marzo de 2019.

154 *El 22 de junio tuiteó*: @realDonaldTrump, 5.16, 22 de junio de 2020, Twitter. com.

154 *En su discurso ante la Convención Nacional Republicana*: «Full Transcript: President Trump's Republican National Convention Speech», *The New York Times*, 28 de agosto de 2020.

154 *19 minutos después de la medianoche*: Patrick Maks, «Calling the 2020 Presidential Race State by State», Associated Press, 8 de noviembre de 2020.

155 *La mesa de decisiones de la Fox News adjudicó Arizona a Biden*: Elahe Izadi, «Who Won Arizona? Why the Call Still Differs by Media Organization», *The Washington Post*, 5 de noviembre de 2020; David Bauder, «Two Fox News Political Executives Out After Arizona Call», Associated Press, 19 de enero de 2021.

155 *Predijo su victoria*: Grace Segers, «Joe Biden Expresses Confidence in Election Night Speech: "We Feel Good About Where We Are"», CBS News, 1.15, 4 de noviembre de 2020.

156 *«Este es un fraude»*: Transcripción del discurso de la noche electoral de 2020 en EE.UU. 4 de noviembre de 2020.

156 *un cambio de 44 000 votos*: Benjamin Swasey y Connie Hanzhang Jin, «Narrow Wins in These Key States Powered Biden to the Presidency», NPR, 2 de diciembre de 2020.

156 *Un análisis del* Washington Post *observaba*: David Brady y Brett Parker, «This Is How Biden Eked Out His 2020 Victory», *The Washington Post*, 12 de febrero de 2021.

157 *Los republicanos del Congreso habían ganado 10 escaños*: Nick Vlahos, «After Close Shave, Cheri Bustos Furious About Polling That Missed GOP Gains in House», *The Journal Star*, 6 de noviembre de 2020.

Capítulo 28

160 *El sábado 7 de noviembre*: Brian Slodysko, «Explaining Race Cals: How AP Called the Race for Biden», Associated Press, 7 de noviembre de 2020.

160 *«Joe Biden es elegido 46º presidente de los Estados Unidos»*: Katie Glueck, *The New York Times*, 7 de noviembre de 2020.

161 *dijo Biden sonriendo, con un traje oscuro*: Amber Phillips, «Joe Biden's Victory Speech, Annotated», *The Washington Post*, 7 de noviembre de 2020.

161 *Adoptando un lema*: Véase, por ejemplo, «A Time to Heal: Gerald Ford's America», C-SPAN, 31 de enero de 2010.

162 *la canción clásica de R&B de Jackie Wilson*: «(Your Love Keeps Lifting Me) Higher and Higher», Columbia Studios, 1967.

162 *secretaria de prensa de Biden en el Senado durante 10 años*: Entrevista de Margaret Aitken con Jim Gilmore, *Frontline*, 21 de julio de 2020.

164 *quería recitar*: Seamus Heaney, «The Cure at Troy: A Version of Sophocles' Philoctetes», Nueva York, Noonday Press, 1991.

164 *Matt pensó que había sido una llamada increíble*: Biden también envió una carta personal que fue entregada a los autores:

Joseph R. Biden

9 de noviembre de 2020

Para la familia Manlove:

En nombre de toda la familia Biden, os transmito mis más profundas condolencias por la súbita muerte de vuestros queridos Elaine y Wayne. Su pérdida nos ha dejado destrozados, como ha ocurrido con muchas personas en todo Delaware.

El legado de Elaine, amante esposa, madre, abuela, amiga y funcionaria pública, como comisionada de las elecciones de Delaware, queda encarnado en la auténtica democracia que ella entregó su vida para hacer mejor, más inclusiva y más igualitaria. Ya fuera como votante o como candidato, yo sabía, y mi voto también sabía, que el derecho más fundamental a votar estaría protegido bajo su vigilante mirada y su profundo amor a su país. Designada y querida por líderes de todas las tendencias políticas, Elaine abrazó el credo extraoficial de nuestro estado de que toda política es algo personal, por muy difícil que sea la tarea. Su alegría era contagiosa, unía a toda la gente entre sí, estrechado nuestros vínculos como compatriotas americanos. Y vimos en las elecciones más recientes que votaron más ciudadanos de Delaware que nunca. Pero todos sabemos que su unión más profunda era con su Wayne. Un hombre bueno, decente, honrado. Matthew, Joe, Michael, compartimos un vínculo de desdicha al haber perdido a seres queridos tan de repente, demasiado pronto. Sé que no hay palabras que puedan suavizar la pena que estáis sintiendo, pero quiero que sepáis que algún día el recuerdo de vuestros padres traerá una sonrisa a vuestros labios antes que una lágrima a vuestros ojos. Costará mucho tiempo, pero os prometo que ese día llegará. Y por ese día y por los días difíciles que se avecinan, espero que encontréis alivio en un himno que ha sostenido a nuestra familia, y que creo que sostiene a nuestro estado y nuestro país.

«Y Él te elevará en las alas de las águilas, te llevará con la brisa del amanecer, te hará brillar como el sol, y te sostendrá en la palma de Su mano.»

Que el espíritu de vuestros queridos padres sea elevado en alas de las águilas, brille como el sol y quede sostenido por la mano de Dios.

Con amor y simpatía,

JOE BIDEN

Capítulo 29

465

165 Biden, mientras era vicepresidente, le había dicho al presidente Obama: Obama's Wars, Bob Woodward, Nueva York, Simon & Schuster, 2010, p. 62.

165 Para Biden, cualquier cosa relacionada con su familia: «Senator Graham Speaks to Reporters» Calling for a Special Counsel to Investigate Hunter Biden, C-SPAN, 16 de diciembre de 2020.

167 Fotografías de Giuliani y consejeros de Trump con aspecto muy serio: Katelyn Burns, «The Trump Legal Team's Failed Four Seasons Press Conference, Explained», Vox, 8 de noviembre de 2020.

167 Giuliani divagó a sus anchas: Video: «Four Seasons Total Landscaping Press Conference», AP Archive, 17 de noviembre de 2020.

168 Cuando un reportero le dijo a Giuliani: Ibid.

170 Powell afirmó: «Election Drama Unfolds as Counting Continues», Sidney Powell en Lou Dobbs Tonight, Fox Business, 6 de noviembre de 2020.

Capítulo 30

171 Unos ocho segundos más tarde: @realDonaldTrump, «I am pleased to announce that Christopher C. Miller, the highly respected Director of the National Counterterrorism Center (unanimously confirmed by the Senate), will be Acting Secretary of Defense, effective immediately... Chris will do a GREAT job! Mark Esper has been terminated. I would like to thank him for his service», (Me complace anunciar que Christopher C. Miller, muy respetado Director del Centro Nacional Antiterrorista (unánimemente confirmado por el Senado) actuará como secretario de Defensa en funciones, con efectividad inmediata... ¡Chris hará un trabajo estupendo! Mark Esper ha sido despedido. Me gustaría darle las gracias por su servicio». 12.54, 9 de noviembre de 2020, Twitter.com.

171 *Anticipando el hecho de que le despidieran*: Meghann Myers, «Exclusive: Esper, on His Way Out, Says He Was No Yes Man», *Military Times*, 9 de noviembre de 2020.

172 *Kathrin Jansen*: Katie Thomas, David Gelles y Carl Zimmer, «Pfizer's Early Data Shows Vaccine Is More Than 90% Effective», *The New York Times*, 9 de noviembre de 2020.

172 *Pero Trump se negaba a creerlo*: @realDonaldTrump, 10 de noviembre de 2020, Twitter.com.

173 *«Las cosas no terminan hasta que terminan»*: @Mike_Pence, Told @VP Team Today, «it ain't over til it's over and this AIN'T over! President @realDonald-Trump has never stopped fighting for us and we're gonna Keep Fighting until every LEGAL vote is counted!», (Las cosas no terminan hasta que terminan... ¡y esta NO ha terminado! ¡El presidente @realDonaldTrump nunca ha dejado de luchar por nosotros, y vamos a seguir luchando hasta que se cuenten todos los votos LEGALES!» 13.41, 9 de noviembre de 2020, Twitter.com.

173 *Trump había hecho a* Breitbart News: «Exclusive—President Donald Trump: Paul Ryan Blocked Subpoenas of Democrats», *Breitbart*, 13 de marzo de 2019.

174 *en una sesión pública del Departmento de Estado con reporteros*: Vídeo: secretario de estado Mike Pompeo, «"There Will Be a Smooth Transition to a Second Trump Administration"», *The Washington Post*, 10 de noviembre de 2020.

Capítulo 31

176 *Milley dispuso las cosas para hablar*: «Remarks by General Mark A. Milley t the Opening Ceremony for the National Museum of the United States Army», *Joint Staff Public Affairs*, 11 de noviembre de 2020.

177 *Hollyanne, la mujer de Milley*: Courtney Kube, «Gen. Milley's Wife Saved Vet Who Collapsed at Veterans Day Ceremony in Arlington», NBC News, 13 de noviembre de 2020.

177 *«casi una figura tipo "Zelig"»*: David Ignatius, «How Kash Patel Rose from Obscure Hill Staffer to Key Operative in Trump's Battle with the Intelligence Community», *The Washington Post*, 16 de abril de 2021.

180 *Jonathan Swan y Zachary Basu*: «Episode 9: Trump's War with His Generals», Axios, 16 de mayo de 2021.

181 *Al día siguiente, jueves*: «Joint Statement from Elections Infrastructure Government Coordinating Council & The Elections Infrastructure Sector Coordinating Executive Committees», 12 de noviembre de 2020, cisa.gov.

181 *Trump despidió inmediatamente*: @realDonaldTrump, «The recent statement by Chris Krebs on the security of the 2020 Election was highly inaccurate... Therefore, effective immediately, Chris Krebs has been terminated as Director of the Cybersecurity and Infrastructure Security Agency», («Las declaraciones recientes de Chris Krebs sobre las elecciones de 2020 han sido altamente inexactas... Por tanto, con efecto inmediato, Chris Krebs ha sido despedido como Director de la Agencia de Seguridad de infraestructuras y Ciberseguridad»). 19.07, 17 de noviembre de 2020, Twitter.com.

181 *La Agencia Internacional de Energía Atómica acababa de informar*: «UN Agency: Iran Uranium Stockpile Still Violates Atomic Deal», Associated Press, 11 de noviembre de 2020.

Capítulo 32

184 *En una carta*: Los autores obtuvieron un ejemplar de la carta del equipo de Giuliani a la campaña de Trump.

185 *Al día siguiente, 19 de noviembre*: «Trump Campaign News Conference on Legal Challenges», C-SPAN, 19 de noviembre de 2020.

185 *El titular*: Bess Levin, «Rudy Giuliani's Hair Dye Melting Off His Face Was the Least Crazy Part of His Batshit-Crazy Press Conference», *Vanity Fair*, 19 de noviembre de 2020.

185 *«Seguimos presionando»*: Tucker Carlson, «Time for Sidney Powell to Show Us Her Evidence», Fox News, 19 de noviembre de 2020.

186 *Abrams*: David Marchese, «Why Stacey Abrams Is Still Saying She Won», *New York* magazine, 28 de abril de 2019.

186 *Había perdido su trabajo en la Casa Blanca en 2018*: Carol D. Leonnig and Josh Dawsey, «Trump's Personal Aide Apparently Lost White House Position over Gambling Habit», *The Washington Post*, 15 de marzo de 2018.

190 *«Hasta el momento la cosa no va bien»*: Mike Lillis, «Clyburn: Biden Falling Short on Naming Black Figures to Top Posts», *The Hill*, 25 de noviembre de 2020.

Capítulo 33

191 *Balsamo escribió un artículo*: Michael Balsamo, «Disputing Trump, Barr Says No Widespread Election Fraud», Associated Press, 1 de diciembre de 2020.

194 *Comey dando dos memorándums*: Zachary Cohen, «The Tweet That Got James Comey to Go to the Press», CNN.com, 8 de junio de 2017.

197 *«Lo hemos pasado de maravilla»*: @Donald Trump Junior, 8 de diciembre de 2020, Instagram.com.

197 *El perfil de Cortés en Twitter*: @CortesSteve, Perfil de Twitter el 7 de julio de 2021, Twitter.com.

197 *Los «deplorables»*: Hillary Clinton en una charla a periodistas en un acto de recogida de fondos en Nueva York, 9 de septiembre de 2020; Katie Reilly, «Read Hillary Clinton's "Basket of Deplorables" Remarks About Donald Trump Supporters», *Time*, 10 de septiembre de 2016.

Capítulo 34

199 *Rove también despreciaba públicamente*: Karl Rove, «This Election Result Won't Be Overturned», *The Wall Street Journal*, 11 de noviembre de 2020.

200 *«No se han ganado vuestro voto»*: Joey Garrison, «"They Have Not Earned Your Vote": Trump Allies Urge Georgia Republicans to Sit Out Senate Runoffs», *USA Today*, 3 de diciembre de 2020.

200 *Trump estaba perdiendo*: Alison Durkee, «Trump and the GOP Have Now Lost More than 50 Post-Election Lawsuits», *Forbes*, 8 de diciembre de 2020.

200 *El rechazo del alto tribunal*: Orden del juez Samuel Alito en *Mike Kelly, United States Congressman, et al., Applicants et al. v. Pennsylvania, et al.*, emitida el 8 de diciembre de 2020.

201 *«Una imagen vale más que mil palabras»*: @realDonaldTrump, 20.55, 23 de marzo de 2016, Twitter.com.

201 *Trump dijo más tarde a la columnista Maureen Dowd del* New York Times: «Trump Does It His Way», Maureen Dowd, *New York Times*, 2 de abril de 2016.

202 *Barr redactó una carta de dimisión*: «Read William Barr's Resignation Letter to President Trump», *The Washington Post*, 14 de diciembre de 2020.

203 *Trump aceptó su dimisión y tuiteó*: @realDonaldTrump, «Just had a very nice meeting with Attorney General Bill Barr at the White House. Our relationship has been a very good one, he has done an outstanding job! As per letter, Bill will be leaving just before Christmas to spend the holidays with his family...» («Acabo de tener una reunión muy agradable con el fiscal general Bill Barr en la Casa

Blanca. Nuestra relación siempre ha sido muy buena, y él ha hecho un trabajo sobresaliente. Bill se despedirá justo antes de Navidad para pasar las vacaciones con su familia...») 17.39, 14 de diciembre de 2020, Twitter.com.

203 *Pero debido a los diferentes procesos legales y legislativos de Trump*: Véase, por ejemplo, Ann Gerhart, «Election Results Under Attack: Here Are the facts», actualizada el 11 de marzo de 2021, washingtonpost.com.

203 *casi dos tercios de los republicanos de la Cámara*: Sarah Binder, «Why So Many House Republicans Co-Signed Texas's Lawsuit to Overturn the Election», *The Washington Post*, 15 de diciembre de 2020.

204 *«Muchos millones habíamos esperado»*: «McConnell Applauds President Trump & Congratulates President-Elect Biden», 15 de diciembre de 2020, mcconnell.senate.gov.

205 *Biden decía que la multitud*: Video: «Vice President Joe Biden Visits McConnell Center», Universidad de Louisville, 11 de febrero de 2011.

Capítulo 35

206 *Pero pronto Trump publicó un tuit*: @RealDonaldTrump, 7.11., 11 de diciembre de 2020, Twitter.com.

207 *Pfizer-BioNTech recibió la aprobación*: «Pfizer and BioNTech Celebrate Historic First Authorization in the U.S. of Vaccine to Prevent Covid-19», Pfizer, 11 de diciembre de 2020.

207 *Una semana más tarde*: «FDA Takes Additional Action in Fight Against CO-VID-19 by Issuing Emergency Use Authorization for Second Covid-19 Vaccine», Administración de Alimentos y Medicamentos de los Estados Unidos (FDA), 18 de diciembre de 2020.

207 *Pero la distribución no iba tan bien*: «Trends in Number of Covid-19 Vaccinations in the U.S.», Centros para el Control y la Prevención de Enfermedades, covid.cdc.gov/covid-data-tracker/#vaccination-trends.

207 *Los contagios y las muertes por coronavirus*: Herramienta de seguimiento de datos del Covid-19 de los Centros para el Control y la Prevención de Enfermedades, covid.cdc.gov.

207 *Klain fue testigo*: Ibid.

207 *Más de 140000 estadounidenses*: «The Employment Situation: December 2020», Oficina de Estadísticas Laborales de EE. UU., 8 de enero de 2021.

208 *Diecisiete unidades de tratamiento del ébola*: «Fact Sheet: The U.S. Response to the Ebola Epidemic in West Africa», 6 de octubre de 2014, Obamawhitehouse.archives.gov.

209 *Como hombre de negocios, la filosofía de Zients*: Chad Day, Luis Melgar y John McCormick, «Biden's Wealthiest Cabinet Officials: Zients, Lander, Rice Top the List», *The Wall Street Journal*, 23 de marzo de 2021.

211 *Se trata de centros sanitarios gestionados a nivel estatal y local*: «Fact Sheet: President Biden Announces Community Health Centers Vaccination Program to Launch Next Week and Another Increase in States, Tribes, & Territories' Vaccine Supply», Sala de prensa, 9 de febrero de 2021, WhiteHouse.gov.

211 *Más del 91 por ciento*: Departamento de Salud y Servicios Sociales de EE.UU., «Ensuring Equity in Covid-19 Vaccine Distribution: Engaging Federally Qualified Health Centers» Hrsa.gov.

212 *Dijo que los cheques debían ser*: Rachel Siegel, Josh Dawsey y Mike Debonis, «Trump Calls on Congress to Approve $2,000 Stimulus Checks, Hinting He Might Not Sign Relief Bill Without Changes», *The Washington Post*, 22 de diciembre de 2020.

Capítulo 36

214 *Un récord histórico de mujeres republicanas*: «Results: Women Candidates in the 2020 Elections», Rutgers University: Center for American Women and Politics, 4 de noviembre 2020.

214 *Que el* New York Times *calificó de «duro revés»*: Adam Nagourney, «A Stinging Setback in California Is a Warning for Democrats in 2022», *The New York Times*, 26 de diciembre de 2020.

Capítulo 37

216 *Byrne, un moscardón de negocios*: Cade Metz y Julie Creswell, «Patrick Byrne, Overstock CEO Resigns After Disclosing Romance with Russian Agent», *The New York Times*, 22 de agosto de 2019.

216 *También afirmó*: Sheelah Kolhatkar, «A Tycoon's Deep-State Conspiracy Dive», *The New Yorker*, 7, 2020.

217 *Truman había intentado utilizarla*: Youngstown Sheet & Tube Co. v. Sawyer, 343 US 579 (1952).

219 *Aquel lunes, 21 de diciembre*: Vídeo de Reuters: «"No Plan to Do So", Barr Says of Appointing Special Counsels," *The New York Times*, 21 de diciembre de 2020.

Capítulo 38

221 *Por el contrario, la enmienda*: Duodécima Enmienda a la Constitución de los Estados Unidos.

222 *Los republicanos controlaban más delegaciones en la Cámara de Representantes*: Kyle Kondik, «Republican Edge in Electoral College Tie Endures», Universidad de Virginia, Center for Politics, 9 de enero de 2020.

223 *Pence le dijo a Quayle que había analizado a fondo el vídeo*: «Electoral Ballot Count», C-SPAN, 6 de enero de 1993.

223 *Había una demanda interpuesta en el tribunal federal*: Jacques Billeaud, «US Supreme Court Asked to Decertify Biden's Win in Arizona», Associated Press, 13 de diciembre de 2020.

Capítulo 39

228 *Fue el primer senador en hacerlo*: «Sen. Hawley Will Object During Electoral College Certification Process», 30 de diciembre de 2020, Hawley.senate.gov.

228 *«¡EL SEIS DE ENERO NOS VEMOS EN DC!»*: @RealDonaldTrump, 2.06, 30 de diciembre de 2020, Twitter.com.

228 *Sus aliados*: Brian Schwartz, «Pro-Trump Dark Money Groups Organized the Rally That Led to Deadly Capitol Hill Riot», CNBC, 9 de enero de 2021.

229 *En agosto, Bannon había sido condenado*: Matt Zapotosky, Josh Dawsey, Rosalind S. Helderman y Shayna Jacobs, «Steve Bannon Charged with Defrauding Donors in Private Effort to Raise Money for Trump's Border Wall», *The Washington Post*, 20 de agosto de 2020.

Capítulo 40

231 *Lee recibió una circular de dos páginas*: Circular de John Eastman, «Privileged and Confidential: January 6 scenario», enviada a Mike Lee el 2 de enero de 2020, obtenida por los autores.

232 *Electores «sin fe»*: Robert Barnes, «Supreme Court Considers "Faithless" Presidential Electors and Finds More Questions than Answers», *The Washington Post*, 13 de mayo de 2020.

232 *El asesor de Trump Stephen Miller*: Mark Joyella, «On Fox News, Stephen Miller

469

Says "An Alternate Set of Electors" Will Certify Trump as Winner», *Forbes*, 14 de diciembre de 2020.

234 *De niño, Mark Meadows era «gordo y empollón», en sus propias palabras*: Gabriella Muñoz, «Mark Meadows' Journey from "Fat Nerd" to Trump Chief of Staff», *The Washington Times*, 12 de marzo de 2020.

235 *Había llorado abiertamente*: Maggie Haberman, «For Mark Meadows, Transition from Trump Confidant to Chief of Staff Is a Hard One», *The New York Times*, 16 de abril de 2020.

235 *Varios estados habían registrado*: Reuters staff, «Fact check: Clarifying the Comparison Between Popular Vote and Counties Won in the 2020 Election», Reuters, 29 de diciembre de 2020.

236 *Los abogados de Trump habían perdido*: Zoe Tillman, «Trump and His Allies Have Lost Nearly 60 Election Fights in Court (And Counting)», BuzzFeed News, 14 de diciembre de 2020.

Capítulo 41

238 *La primera circular*: Circular remitida a Lindsey Graham por el alcalde Rudy Giuliani y el equipo de abogados defensores de Trump, «Deceased People Who Voted in the 2021 Election in GA», 4 de enero de 2021, obtenida por los autores.

240 *Una segunda*: «Voting Irregularities, Impossibilities, and Illegalities in the 2020 General Election», 4 de enero de 2021, obtenida por los autores.

241 *Leyó un PowerPoint impreso*: «Analysis of Vote Irregularities in Georgia's 2020 General Election», enero de 2021, obtenida por los autores.

242 *Otra circular «confidencial»*: «Confidential Memo on Voting Irregularities in Georgia», 3 de enero de 2021, obtenida por los autores.

242 *Holmes recibió un correo*: Correo electrónico de Rudolph Giuliani a Lindsey Graham, «Voting Irregularities, Impossibilities, and Illegalities in the 2020 General Election», 4 de enero de 2021.

243 *que pregonaba conspiraciones*: Rachel Abrams, «One America News Network Stays True to Trump», *The New York Times*, 18 de abril de 2021.

243 *Encontró un caso del Tribunal Supremo de 2013*: Arizona v. Inter Tribal Council of Ariz., Inc., 570 U.S. 1 (2013).

Capítulo 42

248 *«Sé que todos»*: «Vice President Pence Remarks at Georgia Senate Campaign Event», C-SPAN, 4 de enero de 2021.

250 *Aquella noche en Georgia, Trump atacó*: «President Trump Remarks at Georgia U.S. Senate Campaign Event», C-SPAN, 4 de enero de 2021.

Capítulo 43

257 *La Policía Metropolitana detuvo a cinco personas*: Marissa J. Lang, Emily Davies, Peter Hermann, Jessica Contrera y Clarence Williams, «Trump Supporters Pour Into Washington to Begin Demonstrating Against Election», *The Washington Post*, 5 de enero de 2021.

257 *Trump ordenó a su equipo de campaña*: Maggie Haberman y Annie Karni, «Pence Said to Have Told Trump He Lacks Power to Change Election Result», *The New York Times*, 5 de enero de 2020.

258 *«Si el vicepresidente @Mike_Pence»*: @RealDonaldTrump, 1.00, 6 de enero de 2021, Twitter.com.

258 *Trump había prometido una manifestación «salvaje»*: @RealDonaldTrump, «Peter Navarro ha publicado un informe de 36 páginas alegando la existencia de un

fraude electoral "más que suficiente" para darle la victoria Trump. Un informe estupendo de Peter. Es estadísticamente imposible haber perdido las elecciones de 2020. Gran manifestación en D.C. el 6 de enero. ¡Acudid, será salvaje!», 19 de diciembre de 2020, Twitter.com.

259 *«Para que quede claro»*: Carta de la alcaldesa de Washington D.C., Muriel Bowser, al fiscal general en funciones Rosen, el secretario McCarthy y el secretario en funciones Miller, 5 de enero de 2021. Véase @MayorBowser, 13.53, 5 de enero de 2021, Twitter.com.

Capítulo 44

260 *«Lo único que tiene que hacer Mike Pence»*: @RealDonaldTrump, 8.17, 6 de enero de 2021, Twitter.com.

262 *Antes de que Trump saliera al escenario*: Vídeo de las declaraciones de Rudolph Giuliani: «Celebremos un juicio por combate por las elecciones», Reuters, 6 de enero de 2021.

263 *Pence publicó su carta de dos páginas*: @Mike_Pence, 13.02, 6 de enero de 2021, Twitter.com.

263 *Tras el discurso de una hora de Trump*: «Former President Donald Trump's January 6 Speech», transcripción de la CNN, 8 de febrero de 2021.

264 *«No, quiero estar aquí»*: Lesley Stahl, «Nancy Pelosi on the Riot at the Capitol, Congress' Mandate Under Joe Biden and the Youth in the Democratic Party», transcripción de las noticias de la CBS, *60 Minutes,* 11 de enero de 2021.

Capítulo 45

267 *Lo sacaron de la sala a las 14.13*: Elyse Samuels, Joyce Sohyun Lee, Sarah Cahlan y Meg Kelly, «Previously Unpublished Video Shows Pence, Romney, Schumer and Others Rushing to Evacuate the Capitol», *The Washington Post,* 10 de febrero de 2021.

268 *Trump publicó un tuit*: @RealDonaldTrump, «Mike Pence no ha tenido el valor de hacer lo que había que hacer para proteger nuestro país y nuestra Constitución, dándoles a los estados la oportunidad de ratificar un conjunto de hechos corregido y no los fraudulentos o inexactos que tuvieron que se vieron obligados a ratificar. ¡EE. UU. quiere la verdad!» 14.24, 6 de enero de 2021, Twitter.com.

271 *Ashli Babbitt recibió un tiro*: Dalton Bennett, Emma Brown, Atthar Mirza, Sarah Cahlan, Joyce Sohyun Lee, Meg Kelly, Elyse Samuels, Jon Swaine, «41 Minutes of Fear: A Video Timeline from Inside the Capitol Siege», *The Washington Post,* 6 de enero de 2021.

271 *E hizo el siguiente comentario*: Aaron Blake, «9 Witnesses Who Could Have Offered Vital Testimony at Trump's Impeachment Trial», *The Washington Post,* 13 de febrero de 2021.

272 *A las 15.13, Trump publicó un tuit*: @RealDonaldTrump, 15.13, 6 de enero de 2020, Twitter.com.

274 *Biden pospuso sus planes*: «President-elect Biden Remarks on U.S. Capitol Protesters», C-SPAN, 6 de enero de 2021.

Capítulo 46

276 *Pence llamó a Christopher Miller*: Lisa Mascaro, Ben Fox y Lolita C. Baldor, «"Clear the Capitol", Pence Pleaded, Timeline of Riot Shows», Associated Press, 10 de abril de 2021.

277 *Se decidieron por el vídeo*: «President Trump Video Statement on Capitol Protesters», C-SPAN, 6 de enero de 2021.

277 *Siete minutos más tarde*: @USMarshalsHQ, 16.24, 6 de enero de 2021, Twitter. com.

278 *Una fotografía de Hawley con el puño levantado*: Katie Bernard, «A Photographer and a Fist Pump. The Story Behind the Image That Will Haunt Josh Hawley», *The Kansas City Star*, 7 de enero de 2021.

278 *Dispuestos a acabar con aquel drama*: Matthew Choi, «Loeffler Reverses on Challenging Biden's Win After Riot at Capitol», *Politico*, 6 de enero de 2021.

279 *«Esto es lo que pasa»*: @RealDonaldTrump, «Esto es lo que pasa cuando se arrebata una victoria electoral aplastante de forma tan brusca y vil a los grandes patriotas que han recibido un trato mezquino e injusto durante tanto tiempo. Marchaos a casa en paz y amor. ¡Recordad este día siempre!», 18.01, 6 de enero de 2021, Twitter.com.

279 *«Cuando llegué a Washington esta mañana»*: Intervención de la senadora Kelly Loeffler en la cámara, «I Cannot Now in Good Conscience Object», C-SPAN, 6 de enero de 2021.

280 *El senador Mike Lee se mostró solemne*: «Sen. Lee Speaks on Counting Electoral Votes», 6 de enero de 2021, lee.senate.gov.

280 *«Trump y yo hemos recorrido un largo camino juntos»*: «Graham Addresses Electoral Results on Senate Floor», 6 de enero de 2021, lgraham.senate.gov.

281 *Poco después de las 3.40 de la madrugada*: Equipo de CBS News, «Pence Announces Biden's Victory After Congress Completes Electoral Count», *CBS News*, 7 de enero de 2021.

281 *Pence se encaminó hacia su comitiva de vehículos*: Josh Dawsey y Ashley Parker, «Inside the Remarkable Rift Between Donald Trump and Mike Pence», *The Washington Post*, 11 de enero de 2021.

Capítulo 47

282 *Pelosi y Schumer*: «Joint Statement on Call to Vice President Pence on Invoking 25th Amendment», 7 de enero de 2021, speaker.gov/newsroom.

283 *El vicepresidente trabajó*: La junta editorial, «Donald Trump's Final Days: The Best Outcome Would Be for Him to Resign to Spare the U.S. Another Impeachment Fight», *The Wall Street Journal*, 7 de enero de 2021.

283 *La secretaria de transportes de Trump*: @SecElaineChao, «It has been the honor of a lifetime to serve the U.S. department of Transportation», carta de dimisión, 13.36, 7 de enero de 2021, Twitter.com.

283 *Más tarde, en el aeropuerto*: Paul P. Murphy, Gregory Wallace, Ali Zaslav y Clare Foran, «Trump Supporters Confront and Scream at Sen. Lindsey Graham», CNN, 10 de enero de 2021.

285 *En realidad, Corea del Sur tiene un 29 por ciento de población cristiana*: Phillip Connor, «6 Facts About South Korea's Growing Christian Population», Pew Research Center, 12 de agosto de 2014.

Capítulo 48

La información contenida en este capítulo está extraída de varias entrevistas en profundidad.

Capítulo 49

293 *Unas 4000 personas*: «Trends in Number of COVID-19 Cases and Deaths in the US Reported to CDC, by State/Territory», seguimiento de datos de los Centros para el Control y la Prevención de Enfermedades, covid.cdc.gov.

293 *Se habían perdido 140 000 puestos de trabajo en diciembre*: «U.S. Current Em-

ployment Statistics Highlights: December 2020», Oficina de Estadísticas Laborales de EE. UU., 8 de enero de 2021, bls.gov.

293 *Trump se había condecorado con la distinción*: Glen Kessler, «Biden's Claim that Trump Will Be the First President with a Negative Jobs Record», *The Washington Post*, 2 de octubre de 2020.

294 *Una ampliación del crédito tributario por hijo*: «DeLauro, DelBene, Torres Introduce Legislation to Expand the Child Tax Credit to Permanently Give Families Monthly Payments and Cut Child Poverty Nearly in Half», 8 de febrero de 2021, delauro.house.gov.

295 *Y siempre había destacado como una honesta defensora de la infancia*: Congresista Rosa L. DeLauro, *The Least Among Us: Waging the Battle for the Vulnerable* (Nueva York: The New Press, 2017).

Capítulo 50

297 *Lo leyeron*: «Memorandum for the Joint Force», circular desclasificada de los jefes del Estado Mayor Conjunto, 12 de enero de 2021.

297 *La cobertura de la carta de Milley en los medios*: Alex Ward, «US Military Chiefs Warn Troops Against "Sedition and Insurrection" Before Biden Inauguration», *Vox*, 12 de enero de 2021.

298 *Con una pantalla de 44 metros por 4*: «Historic Conmy Hall Transformed with Christie LED Wall», 24 de septiembre de 2020, christiedigital.com.

299 *Los Boogaloo Boys*: Craig Timberg, Elizabeth Dwoskin y Souad Mekhennet, «Men Wearing Hawaiian Shirts and Carrying Guns Add a Volatile New Element to Protests», *The Washington Post*, 4 de junio de 2020.

Capítulo 51

302 *Cancelar sus planes de organizar un futuro gran torneo*: Doug Ferguson, «PGA Championship Leaving Trump National in '22 Tournament», Associated Press, 11 de enero de 2021.

302 *Otro duro golpe*: Steve Gardner, «Patriots' Bill Belichick Declines Medal of Freedom from Donald Trump, Says He Has 'Great Reverence' for Democracy», *USA Today*, 11 de enero de 2001.

303 *Pence, con una carta inusualmente emotiva*: Transcripción, «Read Pence's Full Letter Saying He Can't Claim 'Unilateral Authority' to Reject Electoral Votes», *PBS*, 6 de enero de 2021.

303 *El segundo movimiento*: «H.Res.24-Impeaching Donald John Trump, President of the United States, For High Crimes and Misdemeanors», Actas del congreso, 11 de enero de 2021, Congress.gov.

303 *«Tiene que irse»*: «The Latest: Pelosi Wants Fines for Bypassing House Security», Associated Press, 13 de enero de 2021.

304 *McConnell no dijo*: Nick Niedzwiadek, «McConnell Says He Hasn't Ruled Out Convicting Trump in Senate Trial», *Politico*, 13 de enero de 2021.

305 *«Queridos compatriotas»*: «A Message from President Donald Trump», archivos de la Casa Blanca de la Administración Trump, 13 de enero de 2021.

Capítulo 52

306 *Lo formuló como una respuesta de emergencia*: Vídeo: «Biden Unveils $1.9 Trillion Covid Relief Bill», *CBS News*, 15 de enero de 2021.

306 *Los componentes principales del plan*: «President Biden Announces American Rescue Plan», Sala de prensa, 20 de enero de 2021, WhiteHouse.gov.

307 *Algunos miembros de la Cámara criticaron*: Carta dirigida al presidente Biden

y a la vicepresidenta Harris, 28 de enero de 2021, firmada por el representante Ilhan Omar y más de cincuenta demócratas más de la Cámara de Representantes, omar.house.gov.

307 *Pero, a pesar de que entendía*: Mitch McConnell, *The Long Game: A Memoir* (Nueva York: Sentinel, 2016).

308 *Hacia el final de la reunión*: Grabación de la reunión telefónica con los autores.

309 *El 15 de enero*: «A Pillow Salesman Apparently Has Some Ideas About Declaring Martial Law», *The Washington Post*, 15 de enero de 2021.

311 *Más de 140 personas recibieron clemencia*: Rosalind S. Helderman, Josh Dawsey y Beth Reinhard, «Trump Grants Clemency to 143 People in Late-Night Pardon Blast», *The Washington Post*, 20 de enero de 2021.

311 *Por un instante, la voz de Biden se quebró*: «President-elect Biden Departure from Delaware», C-SPAN, 19 de enero de 2021.

Capítulo 53

314 *Trump había firmado de improviso un último indulto*: Alayna Treene, «Trump's Final Act as President: Pardoning Jeanine Pirro's Ex-Husband», *Axios*, 20 de enero de 2021.

314 *Un grupo de empleados estaba preparándolo todo para Biden*: Annie Linskey, «A Look Inside Biden's Oval Office», *The Washington Post*, 21 de enero de 2021.

316 *Harris tenía dos Biblias*: Chelsea Jane y Cleve Wootston Jr., «Kamala Harris Sworn into History with Vice-Presidential Oath», *The Washington Post*, 20 de enero de 2021.

317 *A Amanda Gorman mientras la joven negra*: *La colina que ascendemos*, Amanda Gorman, Lumen, 2021, traducción de Nuria Barrios, Barcelona.

318 *Una Biblia familiar con una cruz celta*: Shane O'Brien, «Celtic Cross Featured on Joe Biden's Irish Ancestors' Bible Used in Inauguration», 21 de enero de 2021.

319 *El discurso de Biden, de 2552 palabras*: «Discurso íntegro de Joe Biden en su toma de posesión como presidente de Estados Unidos», *El País*, 20 de enero de 2021.

319 *191500*: Jason Samenow, «Inaugural "Field of Flags" on the Mall Seen from Space», *The Washington Post*, 20 de enero de 2021.

319 *Un desayuno al estilo sureño, con carne*: Menú obtenido por los autores.

320 *«Ya saben que en el Air Force Two tenemos una tradición»*: «Former VP Mike Pence and Former Second Lady Karen Pence Return Home to Indiana», *WLKY News Louisville*, 20 de enero de 2021.

Capítulo 54

321 *Como descubrió más tarde la secretaria de prensa Jen Psaki*: Seung Min Kim, «On His First Day, Biden Signs Executive Orders to Reverse Trump's Policies», *The Washington Post*, 20 de enero de 2021.

323 *Biden decidió anunciar*: «Remarks by President Biden on the Fight to Contain the Covid-19 Pandemic», Sala de prensa, 26 de enero de 2021, WhiteHouse.gov.

324 *Biden había anunciado*: «Biden Says He Will Ask Americans to Wear Masks for the First 100 Days He's in Office», CNN, 3 de diciembre de 2021.

Capítulo 55

327 *Greene también había difundido*: Camila Domonoske, «QAnon Supporter Who Made Bigoted Videos Wins Ga. Primary, Likely Heading to Congress», *NPR*, 12 de agosto de 2020.

Capítulo 56

328 *La senadora Susan Collins*: Declaración: «Group of 10 Republican Senators Outline Covid-19 Relief Compromise, Request Meeting with President Biden», 31 de enero de 2021.

331 *Un detalle*: Ashley Parker, Matt Viser y Seung Min Kim, «"An Easy Choice"», *The Washington Post*, 7 de febrero de 2021.

335 *Las críticas que Bill Clinton manifestó en 1992*: Thomas B. Edsall, «Clinton Stuns Rainbow Coalition», *The Washington Post*, 14 de junio de 1992.

336 *El plan de Biden preveía*: «President Biden Announces American Rescue Plan», Sala de prensa, 20 de enero de 2021, WhiteHouse.gov.

Capítulo 57

339 *Collins estaba encantada*: «Senate Republicans on Covid-19 Relief Talks with President Biden», C-SPAN, 1 de febrero de 2021.

339 *Más tarde el* Washington Post: Ashley Parker, Matt Viser y Seung Min Kim, «Inside Biden's Decision to Go It Alone with Democrats on Coronavirus Relief», *The Washington Post*, 7 de febrero de 2021.

Capítulo 58

345 *En su turno de palabra en la cámara baja*: «Majority Leader Schumer Remarks on the Urgent Need to Begin the Process of Passing COVID Relief Legislation by Advancing the Budget Resolution Today», 2 de febrero de 2021, democrats. senate.gov.

345 *Los demócratas invirtieron 180 millones de dólares en la campaña*: Ellen Barry, «The Democrats Went All Out Against Susan Collins. Rural Maine Grimaced», *The New York Times*, 17 de noviembre de 2020.

Capítulo 59

352 *«Un despacho sorprendente»*: Maritsa Georgiou, «Tester Discusses Stimulus Proposal Talks, First Visit to Oval Office», NBC Montana, 3 de febrero de 2021.

353 *Sanders se había criado*: Bernie Sanders, «As a Child, Rent Control Kept a Roof over My Head», CNN, 30 de julio de 2019.

353 *Los republicanos habían aumentado su propuesta*: «Group of 11 Republican Senators Push for Targeted $650 Billion Covid-19 Relief Plan», 5 de marzo de 2021, collins.senate.gov.

Capítulo 60

357 *Trump había anunciado*: «Agreement for Bringing Peace to Afghanistan Between the Islamic Emirate of Afghanistan Which Is Not Recognized by the United States as a State and Is Known as the Taliban and the United States of America», 29 de febrero de 2020.

361 *En sus memorias publicadas en 2020*: Barak Obama, *A Promised Land*, Crown (Nueva York 2020), págs. 318-19.

361 *Biden era el primer presidente de EE.UU.*: «Remarks by President Biden on the Way Forward in Afghanistan», Sala del Tratado, 14 de abril de 2021, WhiteHouse.gov.

361 *los talibanes volverían a atacar*: Jacob Knutson, «Taliban Threatens to Attack U.S. Troops as Trump Withdrawal Date Passes», Axios, 1 de mayo de 2021.

Capítulo 61

363 *«Se oye a la turba»*: Transcripción «Trump Impeachment Trial Day Two», CNN, 10 de febrero de 2021.

364 «*El 6 de enero fue un día funesto*»: «McConnell on Impeachment: "Disgraceful Dereliction" Cannot Lead Senate to "Defy Our Own Constitutional Guardrails"», 13 de febrero de 2021, mcconnell.senate.gov.

365 *Graham apareció en Fox News*: «Trump Is Ready to "Move on and Rebuild the Republican Party," Sen. Graham», *Fox News Sunday*, 14 de febrero de 2021.

366 *Dijo que apoyaría «totalmente»*: «McConnell Says He'll "Absolutely" Support Trump if He's 2024 GOP Presidential Nominee", Axios, 26 de febrero de 2021.

Capítulo 62

369 *La senadora Elizabeth MacDonough*: Emily Cochrane, «Top Senate Official Disqualifies Minimum Wage from Stimulus Plan», *The New York Times*, 27 de febrero de 2021.

370 *Las parejas que ganaran 150000 dólares*: «Fact Sheet: The American Rescue Plan Will Deliver Immediate Economic Relief to Families», Departamento del Tesoro de EE.UU., 18 de marzo de 2021, treasury.gov.

371 *Warner y los suyos*: «Federal Reserve Chair to Sen. Warner, Broadband Is an Economic Necessity», 23 de febrero de 2021, warner.senate.gov.

371 *20 000 millones*: «Three programs-the Emergency Broadband Benefit, the ARP Emergency Connectivity Fund, and the ARP Capital Projects Fund-exclusively set aside funding for digital equity policies. These three programs together total $20.371 billion», Adie Tomer y Caroline George, «The American Rescue Plan Is the Broadband Down Payment the Country Needs», Brookings, 1 de junio de 2021, brookings.edu.

371 *Era un compromiso importante*: «Statement of Sen. Warner on Senate Passage of the American Rescue Plan», 6 de marzo de 2021, warner.se.

372 *Sin embargo, los republicanos mantuvieron el control*: «House Election Results 2014», *The New York Times*, 17 de diciembre de 2014.

372 *la mayoría más amplia*: Phillip Bump, «It's All but Official: This Will Be the Most Dominant Republican Congress Since 1929», *The Washington Post*, 5 de noviembre de 2014.

Capítulo 63

374 *A Manchin le gustó*: Larry Summers, «The Biden Stimulus Is Admirably Ambitious. But It Brings Some Big Risks, Too», *The Washington Post*, 4 de febrero de 2021.

374 *Biden se había comprometido*: «Fact Sheet: 441 Federally-Supported Community Vaccination Centers in First Month of Biden-Harris Administration», Sala de Prensa, 26 de febrero de 2021.

Capítulo 64

376 *que había roto filas con Pelosi*: Susan Page, «Inside Nancy Pelosi's War with AOC and the Squad», *Politico*, 15 de abril de 2021.

377 *Schumer trabajó con el senador Tom Carper*: Kristina Peterson, Andrew Duehren y Richard Rubin, «Senate Democrats Overcome Impasse, Reach Agreement to Advance Covid Relief Bill», *The Wall Street Journal*, 5 de marzo de 2021.

377 *«Como jefe de un grupo parlamentario»*: Transcripción de la Sala de Crisis, CNN, 4 de marzo de 2021.

378 *En el Senado*: Oficina de Publicaciones del Gobierno de EE.UU., Sesión Legislativa, Registro del Congreso, Vol. 167, N° 42, Senado de Estados Unidos, 5 de marzo de 2021, «Amendment N°. 972», S1219.

378 «*Solo le ha faltado llamar a Sanders*»: «Office of Management and Budget Director Confirmation Hearing», C-SPAN, 10 de febrero de 2021.

379 *Tanden también se retiró*: Seung Min Kim y Tyler Pager, «Tanden Withdraws as Budget Nominee in Biden's First Cabinet Defeat», *The Washington Post*, 2 de marzo de 2021.

Capítulo 65

385 *Parecía que volvían a contar con Manchin*: Emily Chochrane, «Senate Is on Track for Stimulus Vote After Democrats Agree to Trim Jobless Aid», *The New York Times*, 5 de marzo de 2021.

387 *El anuncio público del acuerdo*: Oficina de Publicaciones del Gobierno de EE.UU., Sesión Legislativa, Registro del Congreso, Vol. 167, Nº 42, Senado de EE.UU., 5 de marzo de 2021, S1230; Erica Werner, Jeff Stein, and Tony Romm, «Senate Democrats Announce Deal on Unemployment Insurance, Allowing Biden Bill to Move Forward», *The Washington Post*, 5 de marzo de 2021.

388 *Portman parecía frustrado*: «Senators Wyden and Portman on Extending Unemployment Benefits to September», C-SPAN, 5 de marzo de 2021.

388 *El sábado 6 de marzo*: H.R.1319-La American Rescue Plan Act, aprobada con sus enmiendas por el Senado por 50 votos a 49, 6 de marzo de 2021, 12.12 PM.

Capítulov 66

390 *Al día siguiente*: «Remarks by President Biden on the Anniversary of the Covid-19 Shutdown», Sala Este, Casa Blanca, 11 de marzo de 2021, White House.gov.

391 *El 12 de marzo*: «Remarks by President Biden on the American Rescue Plan», Jardín de las Rosas, Casa Blanca, 12 de marzo de 2021, WhiteHouse.gov.

Capítulo 67

393 *Pelosi, presidenta de la Cámara*: Ley «For the People Act» de 2021, H.R.1, 117º Congreso (2021-2022).

395 *En total, casi cuatrocientas leyes*: «Voting Laws Roundup: May 2021», Brennan Center for Justice, 28 de mayo de 2021, brennancenter.org.

395 *Desde enero, se habían activado*: Íbid.

395 *una auditoría de los votos del condado de Maricopa*: «Arizona Election Audit Enters New Phase as Ballot Count Ends», Associated Press, 25 de junio de 2021.

395 *En Georgia*: Mark Niesse, «More Ballot Reviews Pending in Georgia, Sowing Doubts in Elections», *The Atlanta Journal-Constitution*, 10 de junio de 2021.

396 *El 22 de junio los demócratas no contaban*: Dave Morgan, «Democrats Hope a Voting Rights Failure Sparks Change on Senate Filibuster», Reuters, 22 de junio de 2021.

Capítulo 68

400 *En 2015, en una entrevista*: «President Vladimir Putin Part 1», entrevista con Charlie Rose, 28 de septiembre de 2015, charlierose.com. El Kremlin publicó la cita de forma algo diferente: «¿Sabe? Cada fase de la vida tiene un impacto en nosotros mismos. Hagamos lo que hagamos, todo el conocimiento, la experiencia, se quedan con nosotros, los llevamos encima, y los usamos de uno u otro modo. En este sentido sí, tiene razón». Véase «Interview to American TV channel CBS and PBS», 29 de septiembre de 2015, en.kremlin.ru.

401 *McChrystal había escrito*: Bob Woodward, *Obama's Wars* (Simon & Schuster; Nueva York, 2010), pág. 161; Bob Woodward, «McChrystal: More Forces or "Mission Failure"», *The Washington Post*, 21 de septiembre de 2009, pág. A1.

402 *Para justificar su petición de más tropas*: Woodward, *Obama's Wars*, págs. 244-245.

Capítulo 69

407 *Esperaban que todas las tropas*: Thomas Gibbons-Neff, Eric Schmitt y Helene Cooper, «Pentagon Accelerates Withdrawal from Afghanistan», *The New York Times*, 25 de mayo de 2021.

408 *Biden dio un discurso de dieciséis minutos*: «Remarks by President Biden on the Way Forward in Afghanistan», Sala del Tratado, 14 de abril de 2021, WhiteHouse. gov.

408 *Luego Biden visitó*: Anna Gearan, Karen DeYoung y Tyler Page, «Biden Tells Americans "We Cannot Continue the Cycle" in Afghanistan as He Announces Troop Withdrawal», *The Washington Post*, 14 de abril de 2021.

411 *la decisión de Biden era un error*: Kate Martyr, «George W. Bush: Afghanistan Troop Withdrawal "A Mistake"», DW, 14 de julio de 2021.

Capítulo 70

412 *Player, un tipo de 170 cm de alto*: «Donald Trump Cracked Fat Joke with Golf Legends at Private Ceremony Day After Insurrection», TMZ Sports, 25 de febrero de 2021.

415 *en ese momento había 15 senadores*: «Senators up for Re-Election in 2020», U.S. Senate Press Gallery, 9 de julio de 2021, dailypress.senate.

416 *le gustaba jugar a la ruleta rusa*: Bob Woodruff, Jamie Hennessey y James Hill, «Herschel Walker: "Tell the World My Truth"», ABC News, 15 de abril de 2008.

416 *Había apoyado las alegaciones*: Bill Barrow, «In Georgia, Herschel Walker Puts GOP in a Holding Pattern», Associated Press, 26 de junio de 2021.

416 *haciéndose con 54 escaños*: Martine Powers y Reuben Fischer-Baum, «How to Flip the House», *The Washington Post*, 26 de junio de 2018.

417 *la encuesta realizada el 21 de mayo*: «National Survey Results General Election Likely Voters Political Environment, Trends & Analysis», McLaughlin & Associates, mayo de 2021, mclaughlinonline.com.

Capítulo 71

421 *A Biden le habían preguntado*: «Transcript: ABC News' George Stephanopoulos Interviews President Joe Biden», ABC News, 16 de marzo de 2021.

421 *El Kremlin había calificado*: Sarah Rainsford, «Putin on Biden: Russian President Reacts to US Leader's Criticism», BBC News, 18 de marzo de 2021.

421 *«nadie mejor que otro asesino»*: Vídeo: «Putin on Biden Killer Remark», Reuters, 18 de marzo de 2021, youtube.com.

423 *Más tarde Biden declaró*: Evan Osnos, «The Biden Agenda», *The New Yorker*, 20 de julio de 2014.

423 *Biden solía citar*: Tip O'Neill, expresidente del Congreso, *All Politics Is Local* (Random House; Nueva York, 1995).

423 *El 15 de abril*: «Fact Sheet: Imposing Costs for Harmful Foreign Activities by the Russian Government», Sala de Prensa, 15 de abril de 2021, WhiteHouse.gov.

423 *Poco después Biden y Putin anunciaron*: «Statement by White House Press Secretary Jen Psaki on the Meeting Between President Joe Biden and President Vladimir Putin of Russia», Sala de Prensa, 25 de mayo de 2021, WhiteHouse.gov.

423 *«Sé que se ha hablado mucho»*: «Remarks by President Biden in Press Conference», Hôtel du Parc des Eaux-Vives Geneva, Suiza, 16 de junio de 2021, White-House.gov.

424 «¿Por qué confía tanto...?»: Íbid.

424 «Pero...», insistió Collins: Íbid.

425 «A los progresistas no les gusto»: David Brooks, «Has Biden Changed? He Tells Us», *The New York Times*, 20 de mayo de 2021.

425 *A finales de junio Biden anunció*: «Remarks by President Biden on the Bipartisan Infrastructure Deal», Sala Este, 24 de junio de 2021, WhiteHouse.gov.

425 *Al final Biden publicó un informe de 628 palabras*: Seung Min Kim y Sean Sullivan, «Biden Tries to Move Beyond Flubbed Rollout of Infrastructure Deal», *The Washington Post*, 29 de junio de 2021.

426 *McConnell criticó*: «Democrats Pull the Rug out from Under Bipartisan Infrastructure Negotiators with "Unserious Demands"», 24 de junio de 2021, republicanleader.senate.gov.

426 *Biden cayó de rodillas*: «President Biden Departure from Joint Base Andrews», C-SPAN, 19 de marzo de 2021.

426 *La Casa Blanca aseguró*: Katie Rogers, «Biden Is "Doing 100 Percent Fine" After Tripping While Boarding Air Force One», *The New York Times*, 19 de marzo de 2021.

428 *Había motivos para la esperanza*: CDC Data Tracker, «Trends in Number of Covid-19 Cases and Deaths in the US Reported to CDC, by State/Territory», covid.CDC.gov.

428 *Los Centros para el Control de Enfermedades anunciaron*: «Remarks by President Biden on the Covid-19 Response and the Vaccination Program», Jardín de las Rosas, Casa Blanca, 13 de mayo de 2021, 15.58, WhiteHouse.gov.

Capítulo 72

431 *los republicanos solo estaban 5 escaños por debajo*: Nathan L. Gonzales, «These 4 States Could Decide Control of Congress in 2022», *Roll Call*, 16 de junio de 2021.

434 *«Era gente pacífica»*: Transcripción de una entrevista a Donald J. Trump realizada por Maria Bartiromo para Sunday Morning Futures, Fox News, 11 de julio de 2021.

434 *habían presentado cargos contra más de quinientos participantes*: «Six Months Since the January 6th Attack on the Capitol», Oficina del Fiscal de Estados Unidos, Distrito de Columbia, justice.gov.

Epílogo

438 *«No perdimos»*: «Former President Trump Holds Rally in Ohio», C-SPAN, 26 de junio de 2021.

438 *Tras una hora y media*: Íbid.

439 *la presión de la pesada huella*: Véase Bob Woodward, *Shadow* (Simon & Schuster; Nueva York, 1999), pág. 13.

440 *Hace cinco años*: entrevista de Bob Woodward y Robert Costa a Donald J. Trump, 31 de marzo de 2016.

ESTE LIBRO UTILIZA EL TIPO ALDUS, QUE TOMA SU NOMBRE
DEL VANGUARDISTA IMPRESOR DEL RENACIMIENTO
ITALIANO, ALDUS MANUTIUS. HERMANN ZAPF
DISEÑÓ EL TIPO ALDUS PARA LA IMPRENTA
STEMPEL EN 1954, COMO UNA RÉPLICA
MÁS LIGERA Y ELEGANTE DEL
POPULAR TIPO
PALATINO

PELIGRO

SE ACABÓ DE IMPRIMIR
UN DÍA DE OTOÑO DE 2021,
EN LOS TALLERES GRÁFICOS DE LIBERDÚPLEX, S.L.U.
CTRA. BV-2249, KM 7,4, POL. IND. TORRENTFONDO
SANT LLORENÇ D'HORTONS
(BARCELONA)